文史哲學集成

龔鵬程著

江西詩社宗派研究

文史哲出版社印行

江西詩社宗派研究 / 龔鵬程著. -- 初版. -- 臺北市：文史哲, 民 72.10
頁： 公分.（文史哲學集成；90）
參考書目：面
ISBN 978-957-547-296-9 (平裝)

1.宋（1045-1283）中國詩–宗派研究

文史哲學集成 90

江西詩社宗派研究

著 者：龔 鵬 程
出 版 者：文 史 哲 出 版 社
http://www.lapen.com.tw
登記證字號：行政院新聞局版臺業字五三三七號
發 行 人：彭 正 雄
發 行 所：文 史 哲 出 版 社
印 刷 者：文 史 哲 出 版 社
臺北市羅斯福路一段七十二巷四號
郵政劃撥帳號：一六一八〇一七五
電話886-2-23511028・傳真886-2-23965656
實價新臺幣六〇〇元
一九八三年（七十二年）十 月 初 版
二〇〇五年（九十四年）十二月 BOD 初版再刷

ISBN 978-957-547-296-9 00090

山谷黃先生大全詩註卷第一

天社　任淵

古詩二首上蘇子瞻

前篇梅以屬東坡　東坡報山谷書云古風二首託物引類得古詩人之風其推重如此故置諸篇首

江梅有佳實託根桃李場

文選古詩云冉冉孤生竹結根太山阿此句擬其體老杜有江梅詩又有詩云欲發照江梅吳淑事類梅賦云亦果中之嘉實文選謝景宣與謝伯茂齊書曰北土之性難以託根場謂場圃寒山子詩昨夜何悠悠場中可憐許上爲桃李遲下作蘭蕙諸此句並摘其字山谷詩律妙一世用意高遠未易窺測然置字下語皆有所從來孫莘老云老杜詩無兩字無來歷劉夢得論詩亦言無來歷字前輩未嘗用山谷自謂得法蓋亦以自表見也第恨淺聞未能盡知其緣委姑隨所見[illegible]於下[illegible]以識[illegible]

山谷黃先生大全詩注　存二十卷八册　宋黃庭堅撰　任淵注
南宋建刋本　有近人沈曾植手書題記　陳曾壽觀款

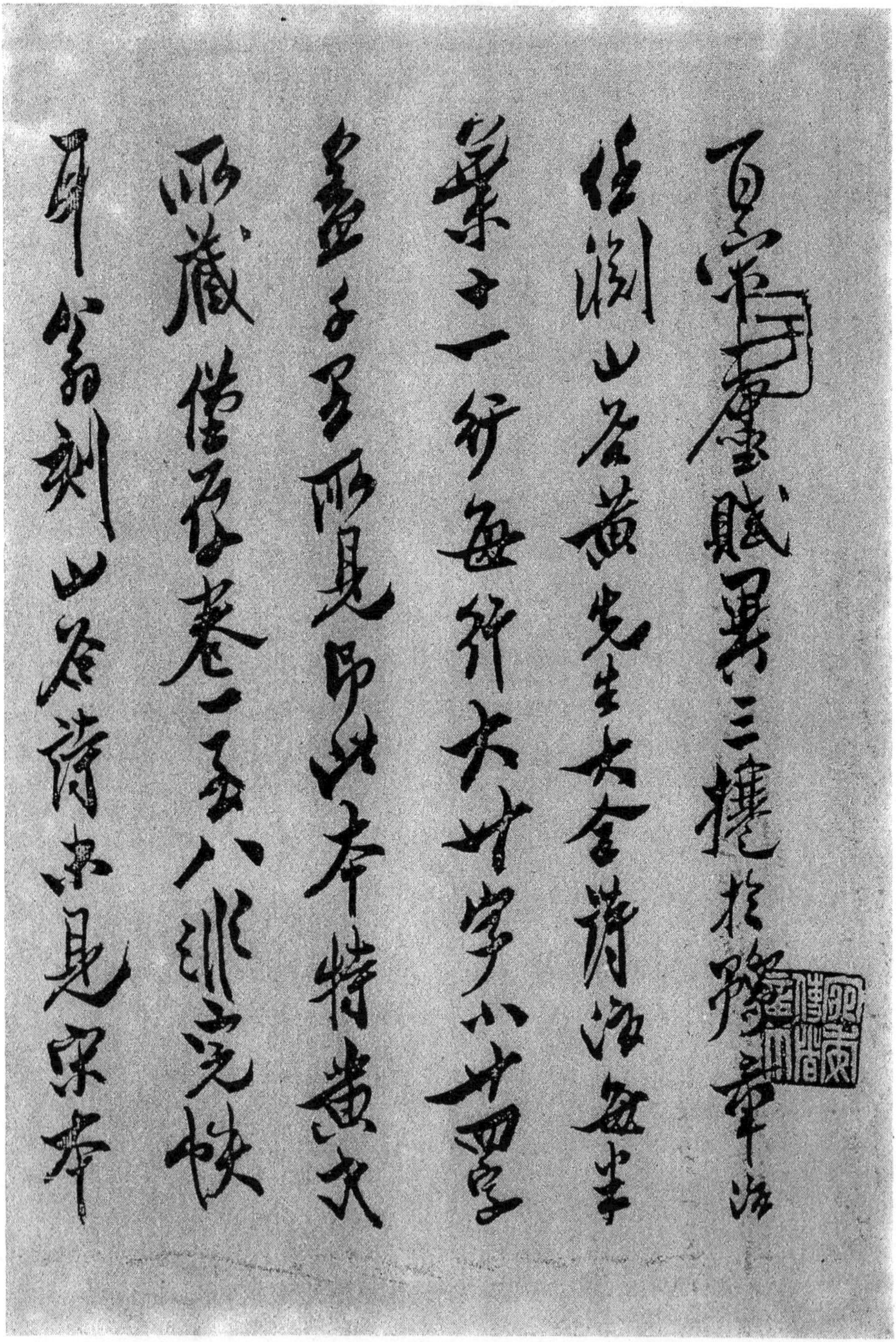

山谷黃先生大全詩注　存二十卷八册　宋黃庭堅撰　任淵注
南宋建刋本　有近人沈曾植手書題記　陳曾壽觀款

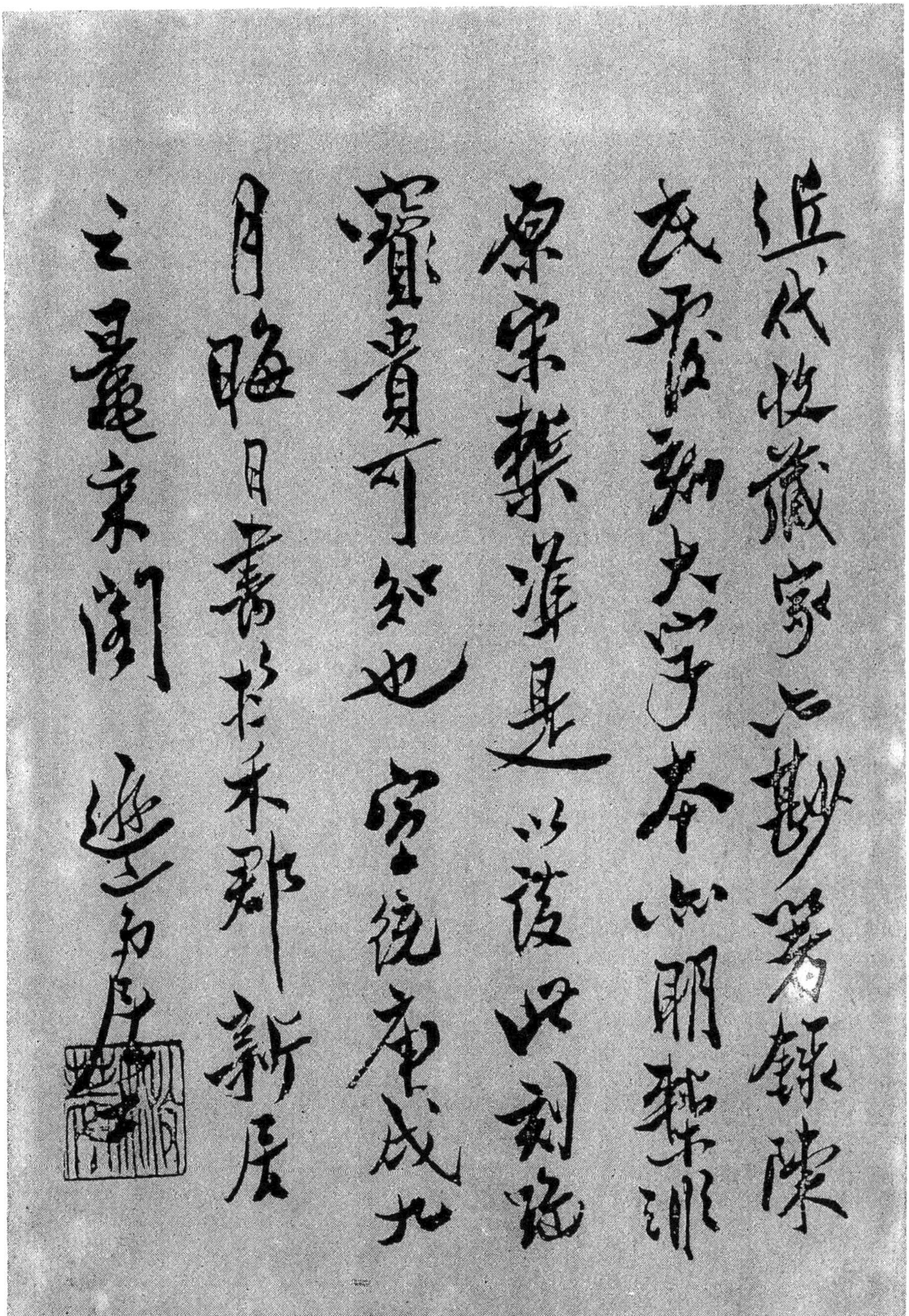

山谷黃先生大全詩注　存二十卷八册　宋黃庭堅撰　任淵注
南宋建刋本　有近人沈曾植手書題記　陳曾壽觀款

西

豫章先生文集卷第五

西禪寺常住

次韻荅曹子方雜言 輔

酺池寺湯餅一齋盂曲肱懶著書騎馬天津看逝水滿船風月憶江湖往時盡醉冷卿酒侍兒琵琶春風手竹間一夜鳥聲春明朝醉起雪塞門當年聞說冷卿客黃須鄴下曹將軍挽弓石八不好

豫章先生文集　宋黃庭堅撰　日本內閣文庫藏

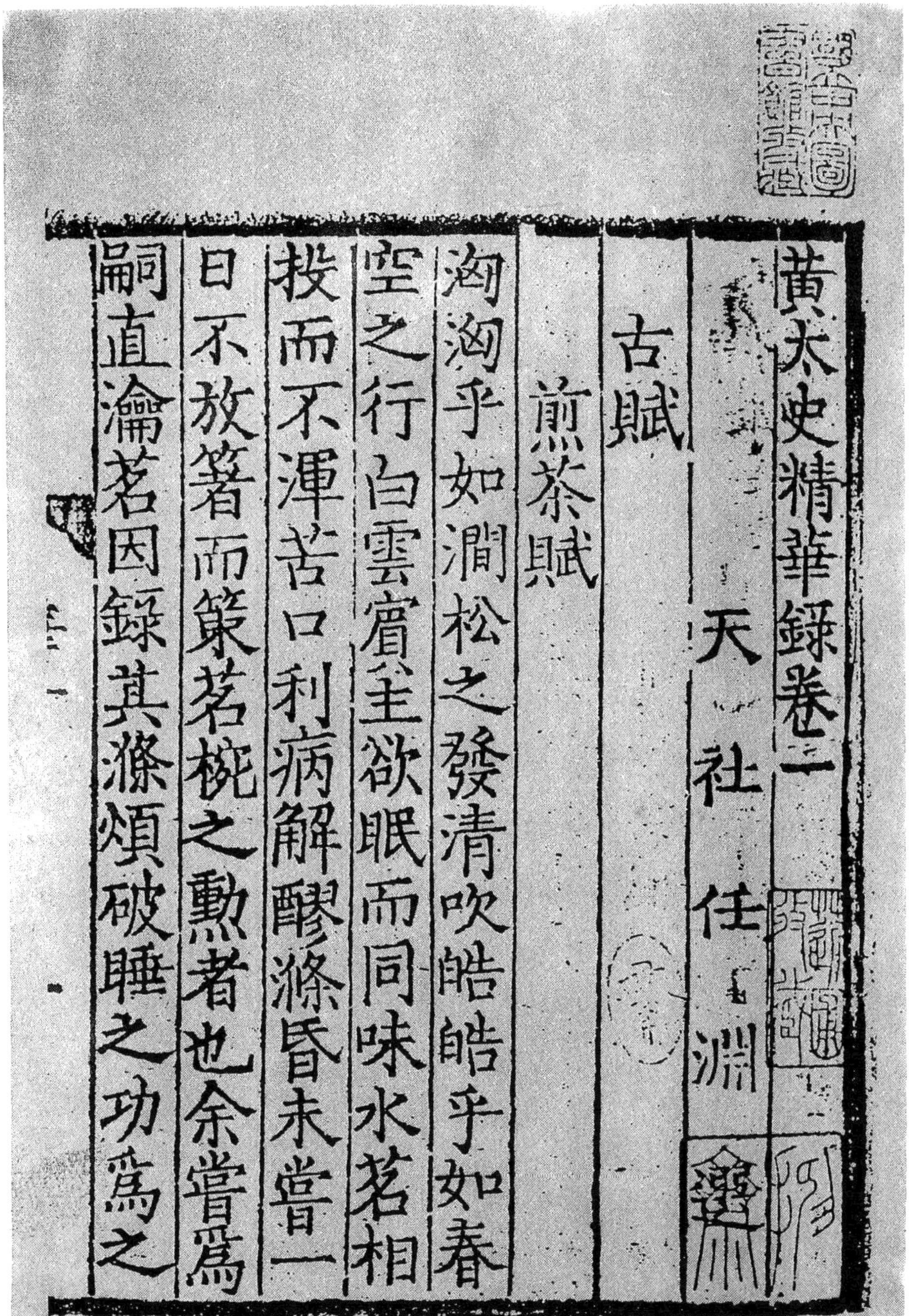

黃太史精華錄卷一

天社任淵選

古賦

煎茶賦

洶洶乎如澗松之發清吹皓皓乎如春空之行白雲賓主欲眠而同味水茗相投而不渾苦口利病解醪滌昏未嘗一日不放箸而策茗椀之勳者也余嘗爲嗣直瀹茗因錄其滌煩破睡之功爲之

黃太史精華錄　八卷一册　宋黃庭堅撰　任淵選　明初葉朱君美寫刋巾箱本　有民國六年袁克文手書題記

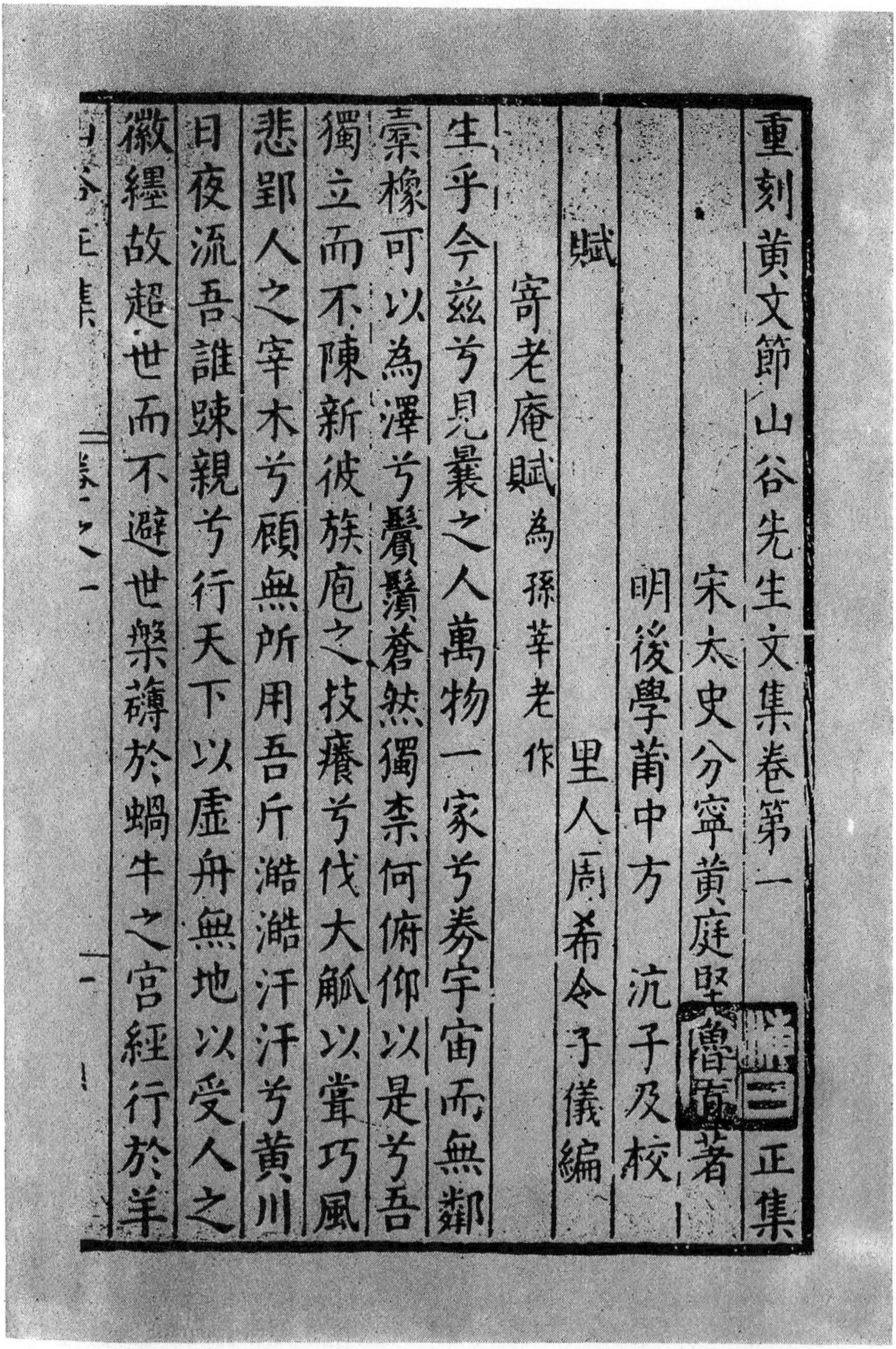

重刻黄文節山谷先生文集卷第一　正集

宋太史分寧黄庭堅魯直著

明後學蕭中方　沆子及校

里人周希令子儀編

賦

寄老庵賦為孫莘老作

生乎今茲兮見曩之人萬物一家兮券宇宙而無鄰槖橡可以為澤兮鬢鬚蒼然獨桀何俯仰以是兮吾獨立而不陳新彼族庖之技癢兮伐大瓠以糞巧風悲郢人之宰木兮顧無所用吾斤澔澔汗汗兮黄川日夜流吾誰踈親兮行天下以虛舟無地以受人之徽纆故超世而不避世樂礴於蝸牛之宮經行於羊

山谷正集　卷之一　一

重刻黄文節山谷先生文集　三十卷六册　宋黄庭堅撰　明周希令編　明萬曆三十一年寧州刋本　有近人沈曾植手書題記

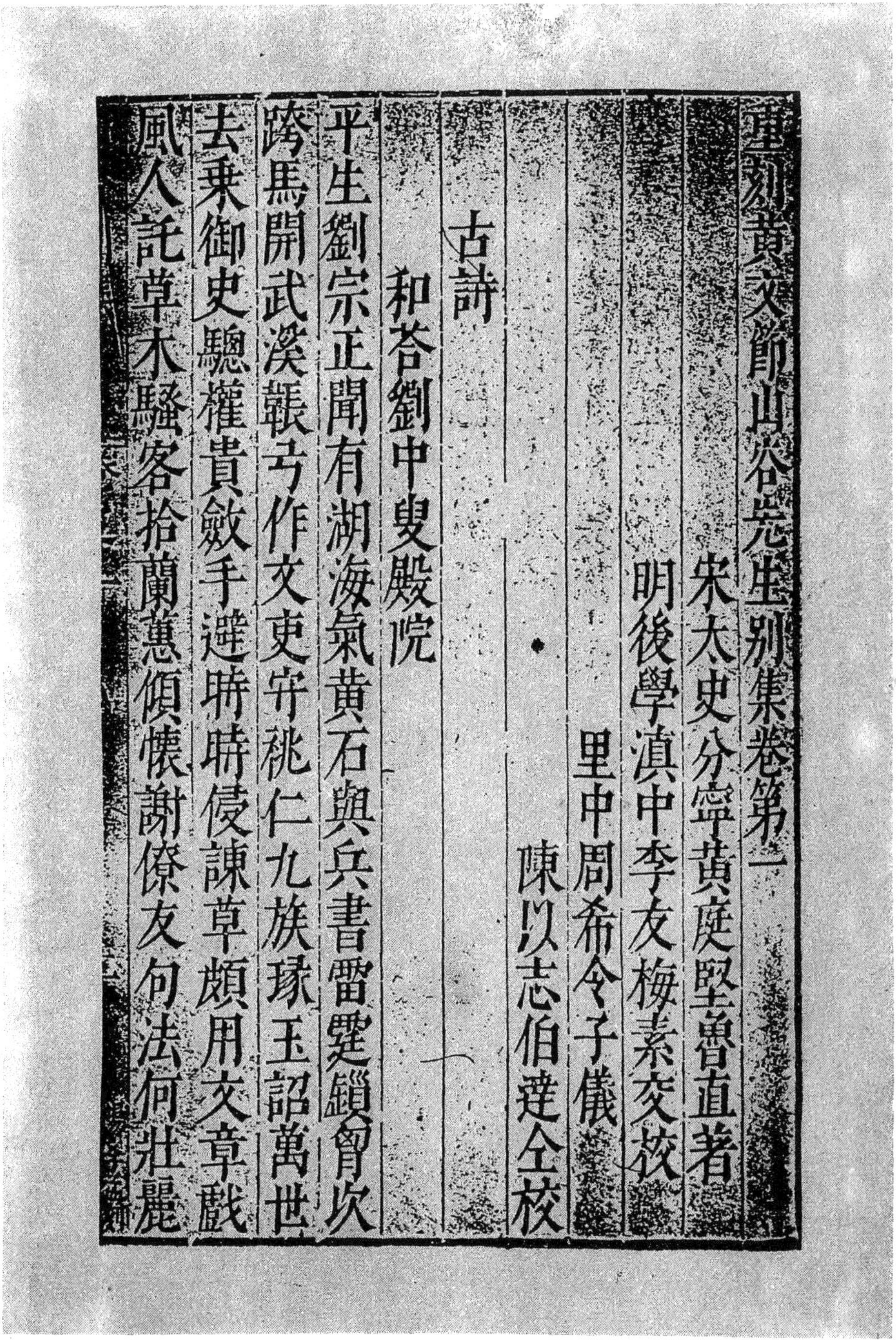
重刻黃文節山谷先生別集卷第一
宋太史分寧黃庭堅魯直著
明後學滇中李友梅素交校
里中周希令子儀
陳以志伯達仝校

古詩

和答劉中叟殿院

平生劉宗正聞有湖海氣黃石與兵書雷霆鎖胷次
跨馬開武溪韔弓作文吏守祧仁九族瑑玉詔萬世
去乘御史驄權貴斂手避睥睨侵諫草頗用文章戲
風人託草木騷客拾蘭蕙傾懷謝僚友句法何壯麗

重刻黃文節山谷先生別集　二十卷附年譜十五卷六冊　宋黃庭堅撰　明萬曆四十二年李友梅刋本　有近人沈曾植手跋

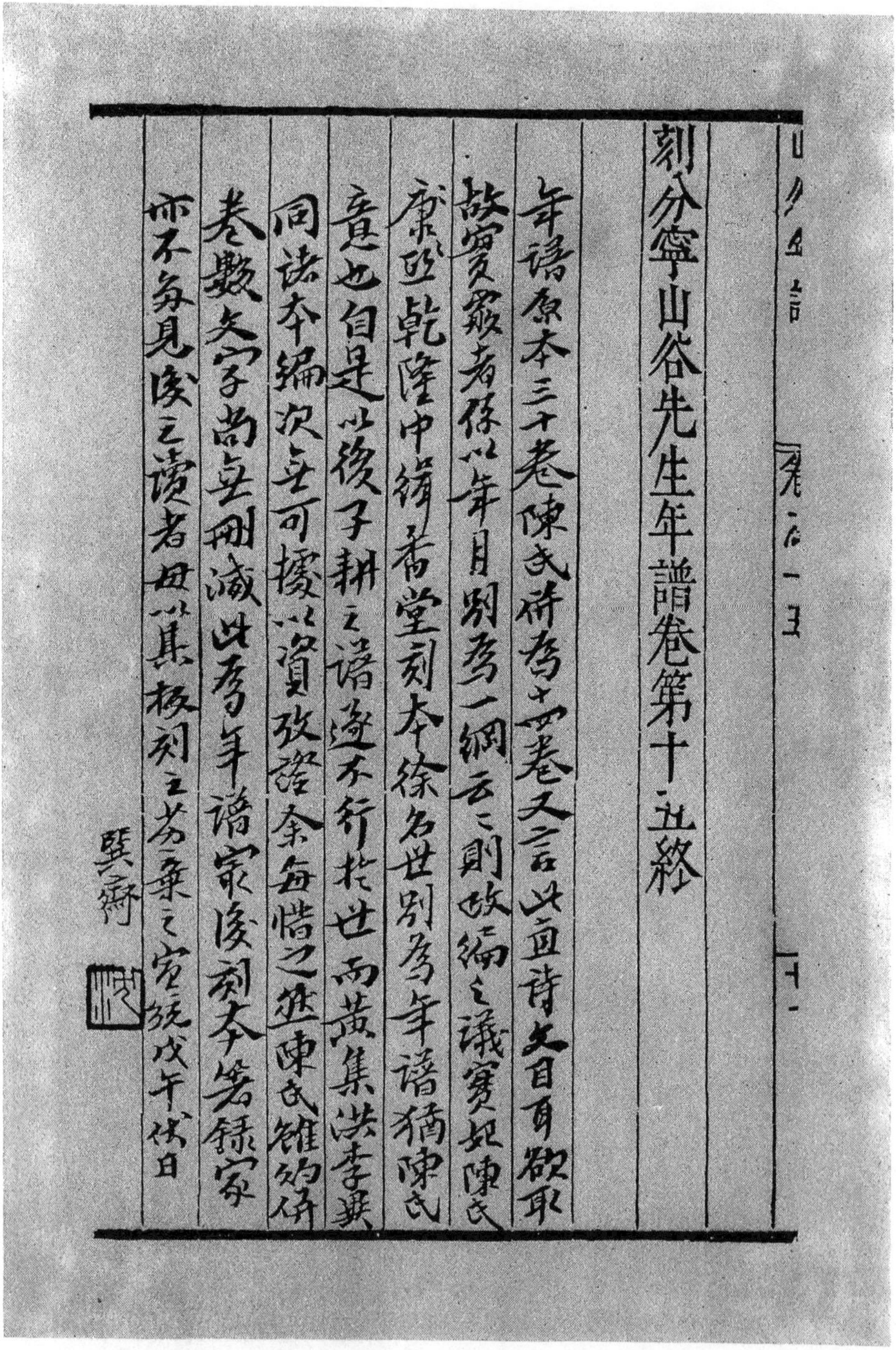

山谷年譜　卷之十五　十一

刻分寧山谷先生年譜卷第十五終

年譜原本三十卷陳氏併為十四卷又言此自詩文目可欲取

故實最者係以年月別為一綱云云則改編之議實始陳氏

康熙乾隆中緝香堂刻本徐名世別為年譜猶陳氏

意也自是以後子耕之譜遂不行於世而黃集洪李撰

同諸本編次無可據以資考證余每惜之然陳氏雖約併

卷數文字尚無刪減此為年譜家後刻本策錄家

所不多見後之讀者毋以其板刻之劣而棄之宣統戊午伏日

巽齋

沈

重刻黃文節山谷先生別集　二十卷附年譜十五卷六册　宋黃庭堅撰　明萬曆四十二年李友梅刋本　有近人沈曾植手跋

山谷詩集注卷第一

豫章黃庭堅　魯直

庭堅字魯直
號山谷老人

古詩二首上蘇子瞻

東坡和篇在本集十八卷

前篇梅以屬東坡○東坡報山
谷書云古風二首託物引類得
古詩人之風其推重之
如此故置諸篇首云

江梅有佳實託根桃李場　文選古詩云冉冉孤生竹結根大山阿此句倣其體老杜有江梅詩又有詩云欲發照江梅吳淑事類梅賦云亦果中之嘉實文選趙景真與嵇茂齊書曰非土之性難以託根場謂場圃寒山子詩昨

山谷詩集注　二十卷十册　宋黃庭堅撰　任淵注　明朝鮮覆刊宋紹定五年延平本　民國二年楊守敬手書題記

山谷內集詩注卷一

宋　黃庭堅　撰

任淵　注

古詩二首上蘇子瞻 前篇梅以屬東坡後篇松以屬東坡茯苓以屬門下士之賢者冤縮以自況東坡報山谷書云古風二首託物引類得古詩人之風其推重如此故置諸篇首云

江梅有佳實託根桃李場 文選古詩云冉冉孤生竹結根太山阿此句倣其體老杜有江梅詩又有詩云欲發照江梅吳淑事類梅賦云亦果中之佳實文選遊景眞與嵇茂齊書曰北土之性難以託根楊謂場圃寒山子詩昨晚何悠悠場中可憐許上為桃李逕下作蘭蓀渚此句並摘其字山谷詩律妙

山谷內集詩注　二十卷八册　宋黃庭堅撰　任淵注　清乾隆四十七年武英殿聚珍本　有清莫友芝批校並跋

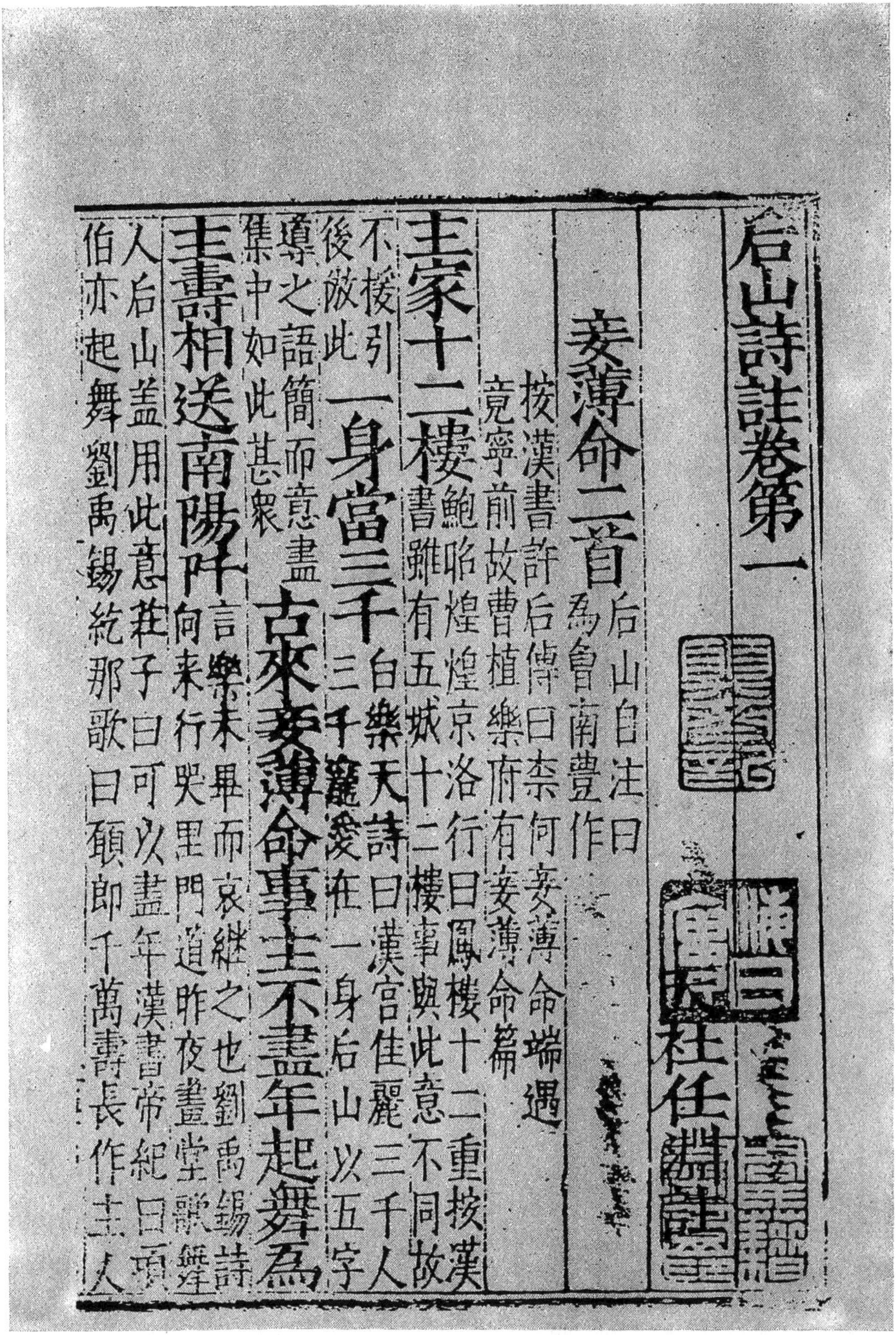

后山詩註卷第一

妾薄命二首 后山自注曰為曾南豐作

按漢書許后傳曰柰何妾薄命端遇竟寧前故曹植樂府有妾薄命篇

主家十二樓 鮑昭煌煌京洛行曰鳳樓十二重按漢書雖有五城十二樓事與此意不同故不援引後敘此 一身當三千 白樂天詩曰漢宮佳麗三千人三千寵愛在一身后山以五字導之語簡而意盡集中如此甚衆 古來妾薄命事主不盡年起舞為主壽相送南陽阡 言樂未畢而哀繼之也劉禹錫詩向來行哭里門道昨夜畫堂歌舞人后山蓋用此意莊子曰可以盡年漢書帝紀曰項伯亦起舞劉禹錫紀那歌曰願郎千萬壽長作主人

后山詩注　十二卷六冊　宋陳師道撰　任淵注　明嘉靖十年梅南書屋刊本　有近人沈曾植手書題記

陵陽先生詩卷第一

江西詩派

中書舍人韓　駒子蒼

古詩

上陳瑩中右司生日詩

悠悠大塊間萬類紛相敵偉哉拔俗人眞宰豈無力六經陷邪説諸儒用一律天未喪斯文公生抱絶識著書羅古今射策開胸臆前輩幾欲盡後來昧所適天將激頹波公生秉孤直數諫難居中三已無慍色海宇屬無虞天工或曠職天實佑　皇帝公生蘊奇德治（培）壅棟梁姿一旦壯王國禁綱雖小寬疲俗未全逸天惟念我民公生富才術敷揚雲雨勢諸方待膏澤天既責公深眉壽夫何惜行看佩相印不羨登仙籍南山雅望重北斗威聲赫稟生固難

陵陽先生詩　四卷二冊　宋韓駒撰
舊鈔本　近人繆荃孫手校並跋

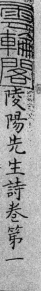

陵陽先生詩卷第一

江西詩派

中書舍人韓 駒 子蒼

古詩

上陳瑩中右司生日詩

悠悠大塊間萬類紛相敵偉哉拔俗人眞宰豈無力
六經陷邪説諸儒用一律天未喪斯文公生抱絕識
著書羅古今射策開胷臆前輩幾欲盡後來味所適
天將激頹波公生秉孤直數諫難居中三已無慍色
海宇屬無虞天工或曠職天實佑 皇帝公生蘊奇

陵陽先生詩　四卷二册　宋韓駒撰　清順治六年虞山馬士弘手鈔本　朱校　有馬氏及乾隆四十年汪大經手跋

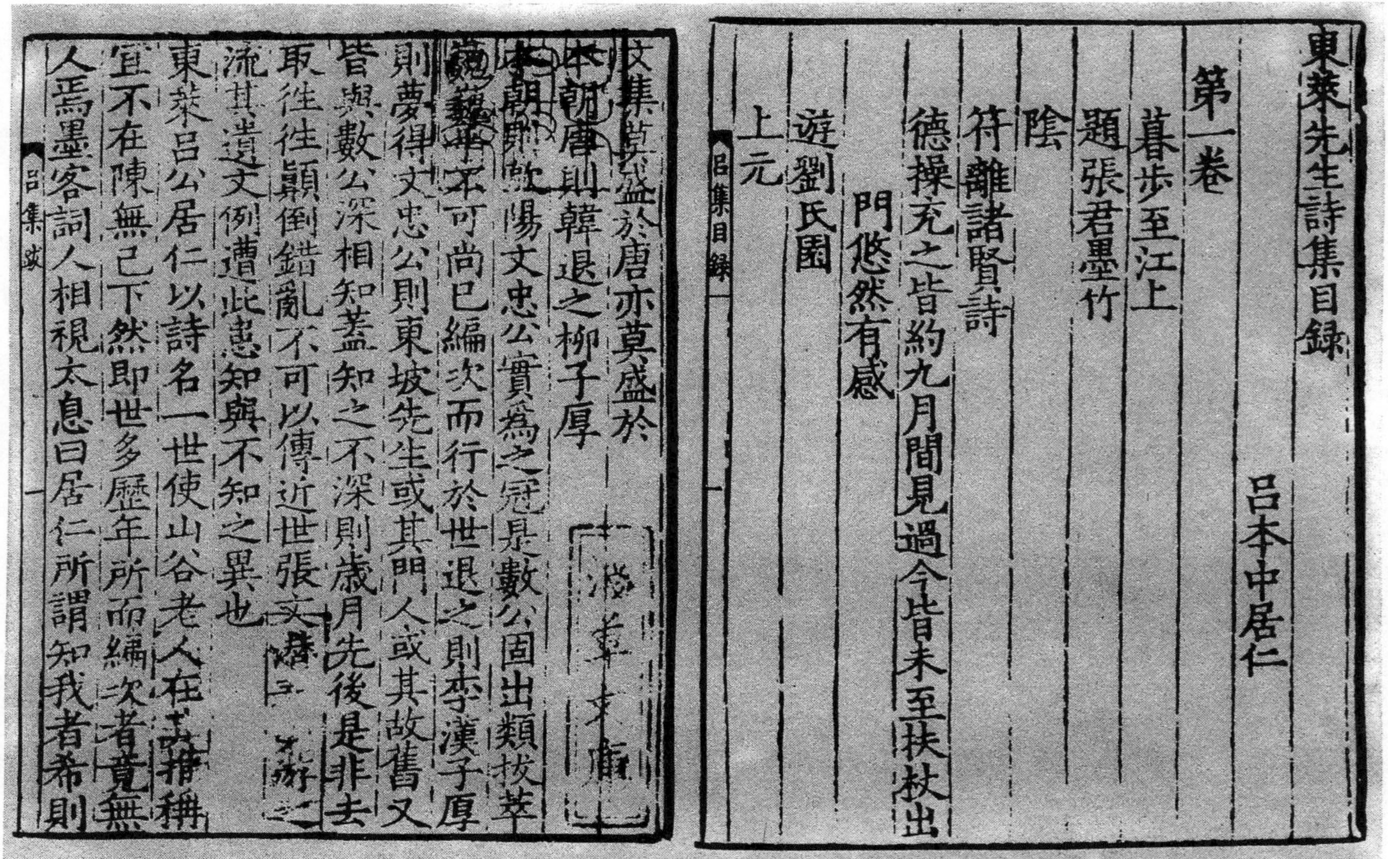

東萊先生詩集目錄
呂本中居仁
第一卷
暮步至江上
題張君墨竹
陰
符離諸賢詩
德操充之皆約九月間見過今皆未至扶杖出
門悠然有感
遊劉氏園
上元

呂集目錄

文集莫盛於唐亦莫盛於
本朝唐則韓退之柳子厚
本朝則歐陽文忠公實為之冠是數公固出類拔萃
[illegible]不可尚已編次而行於世退之則李漢子厚
則夢得文忠公則東坡先生或其門人或其故舊又
皆與數公深相知蓋知之不深則歲月先後是非去
取往往顛倒錯亂不可以傳近世張文[illegible]
流其遺文例遭此患知與不知之異也
東萊呂公居仁以詩名一世使山谷老人在亦推稱
宜不在陳無己下然即世多歷年所而編次者竟無
人焉墨客詞人相視太息曰居仁所謂知我者希則

呂集跋

東萊先生詩集　宋呂居仁撰　日本內閣文庫藏宋刊本　宋曾幾跋

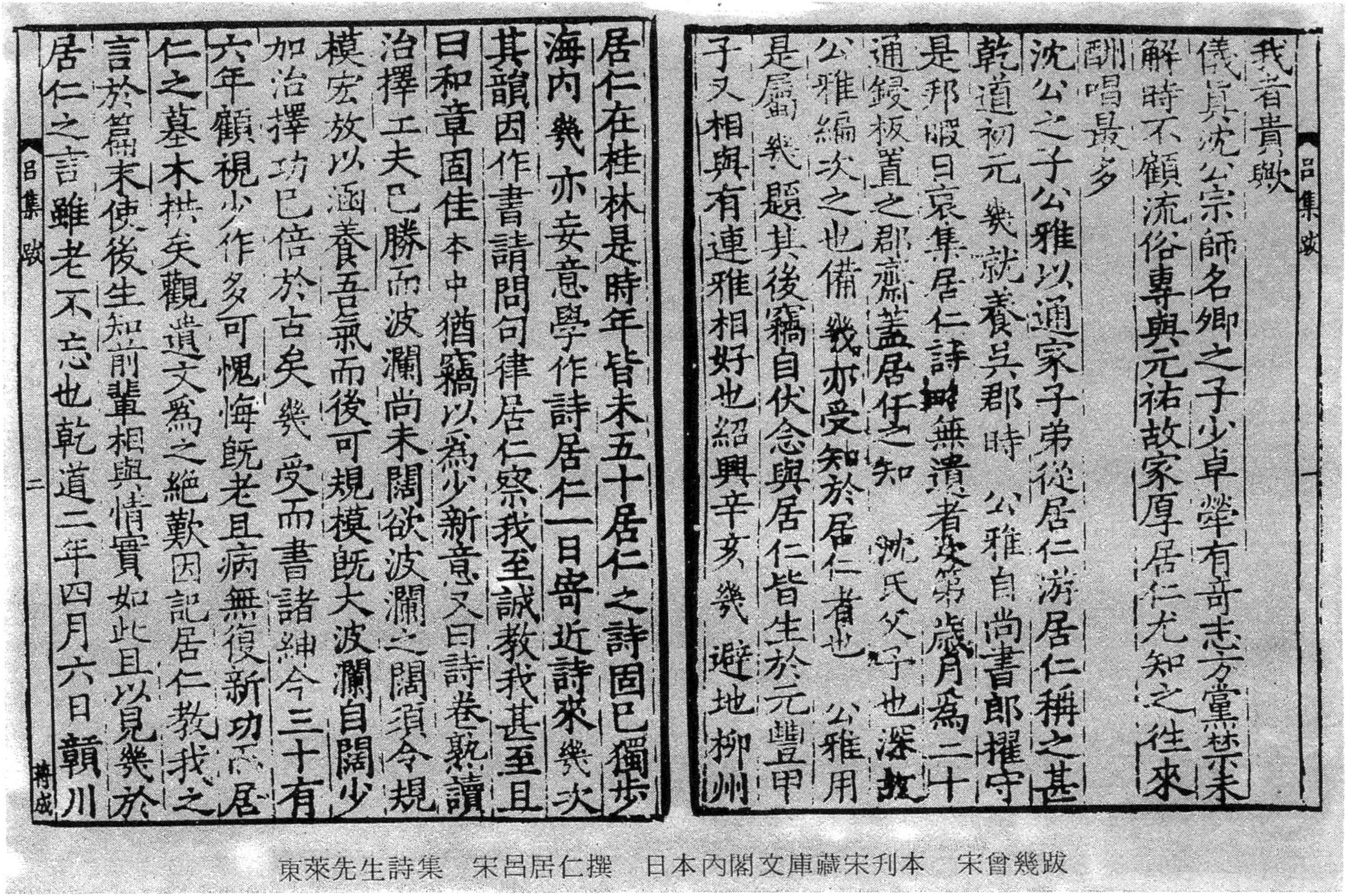

呂集跋　一

我者貴歟
儀真沈公宗師名卿之子少卓犖有奇志方黨禁未
解時不顧流俗專與元祐故家厚居仁尤知之往來
酬唱最多
沈公之子公雅以通家子弟從居仁游居仁稱之甚
乾道初元幾就養吳郡時　公雅自尚書郎權守
是邦暇日裒集居仁詩無遺者以第歲月爲二十
通鋟板置之郡齋蓋居仁之知　沈氏父子也深故
公雅編次之也備幾亦受知於居仁者也　公雅用
是屬幾題其後竊自伏念與居仁皆生於元豐甲
子又相與有連雅相好也紹興辛亥幾避地柳州

呂集跋　二

居仁在桂林是時年皆未五十居仁之詩固已獨步
海内幾亦妄意學作詩居仁一日寄近詩來幾次
其韻因作書請問句律居仁察我至誠教我甚至且
日和章固佳本中猶竊以爲少新意又曰詩卷熟讀
治擇工夫已勝而波瀾尚未闊欲波瀾之闊須令規
模宏放以涵養吾氣而後可規模既大波瀾自闊少
加治擇功已倍於古矣幾受而書諸紳今三十有
六年顧視少作多可愧悔既老且病無復新功而居
仁之墓木拱矣觀遺文爲之絶歎因記居仁教我之
言於篇末使後生知前輩相與情實如此且以見幾於
居仁之言雖老不忘也乾道二年四月六日贛川

蔣成

東萊先生詩集　宋呂居仁撰　日本内閣文庫藏宋刊本　宋曾幾跋

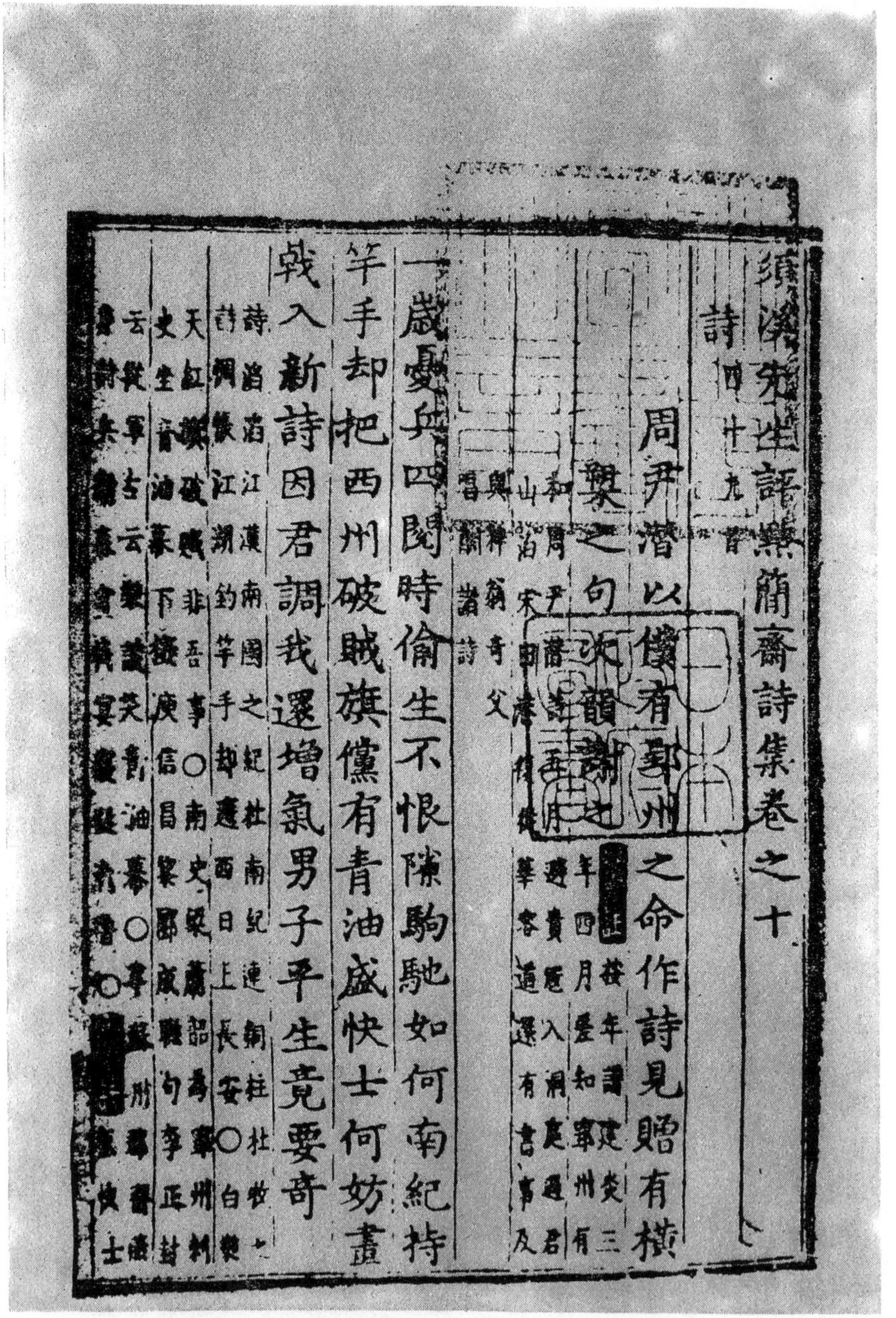

須溪先生評點簡齋詩集卷之十

詩四十九首

周尹潜以僕有郢州之命作詩見贈有横槊之句次韻謝之

一歳憂兵四閲時偷生不恨隙駒馳如何南紀持竿手却把西州破賊旗儻有青油盛快士何妨畫戟入新詩因君調我還增氣男子平生竟要奇

須溪先生評點簡齋詩集　宋陳與義撰　劉辰翁評點　朝鮮古活字本　日本內閣文庫藏

自序

舊嘗讀孔氏五經正義，因藉以考隋唐間文化狀況及漢晉以來學術之流變，成「孔穎達周易正義研究」一帙。比數年來，推廣舊業，汲益新知，溯流別而考嬗遞，玩大義以測微言，於唐宋文化變遷之故，尤所究心。妄謂呂本中所撰「江西詩社宗派圖」可以見此事之體要也，乃冥搜精思，困勉而成此考辨三十餘萬言。究社局之起，窮風格之變，而觀宋文化與社會之大凡焉。

蓋就國史觀之，唐舒宋蹙，固已劃然有別；唐復爲一外來文化與本土文化融滙冲激之所，性質或有類於晚清。然自海通以還，有識者綜觀既往、取鑑將來，不就唐風之烜赫，而獨有取於宋人軌轍者，其中必有故矣。嚴幾道與熊純如書，嘗謂研究人心政俗之變，宋史最宜究心，且與中國之今日相關；陳寅恪所撰「陳垣西域人華化考」「鄧廣銘宋史職官志考證序」及「贈蔣秉南序」亦云天水一朝，乃我民族歷數千年演進而造極之文化瓌寶，後若繼興，亦當自宋學之復興或重建始。諸如此類，要非一時佞世之談，非深有見於唐宋文化之性質與變遷者，不能爲也。

夫自漢祚之絕，迄於唐興，數百年間，文化流衍，或經魏晉南齊而入北魏北齊者，漢魏之禮樂政刑也；或由梁陳創制，歷世變而入隋唐者，南朝之典章文物也；或關隴風俗，雜揉胡漢，依託周官者，西魏北周之創作也。唐承隋後，有大一統之邦國，卽有大一統之意識，故於經學，則融合南北、包並古今，成五經正義百八十卷；於史學，則立史館，廣修南北諸朝史；於文字，則有顏元孫干祿字書、顏師古匡謬正俗、杜延業羣書新定字樣、歐陽融經典分毫正字等；所修類書，唐志所載，亦有四十八部。斯與其採西魏之制而為府兵、承北魏之俗而行均田者，同為一混合文化之特徵矣。加以交通西域，蕃胡或來往中國、或留居華化，益增此文化混同之勢。逮玄宗朝而至其極焉。玄宗以後，其勢始為之遽變，不惟國力日衰，藩鎮擾攘於外、閹寺控扼於內，抑且府兵廢、均田壞，統治階層亦隨科學之盛而漸轉移。故大曆貞元長慶之間，實唐史中一大變動期，舊局方衰，始制新裁，社會結構、價值系統、及一切文化創造，於是乎相挾而俱變。此卽宋文化之肇興也。前乎此者，集漢魏南北朝之大成；後乎此者，開宋元明清之新路，葉橫山所謂：「貞元元和，為古今詩運關鍵。後人論詩，胸無成識，謂為中唐；不知此中也者，乃古今百代之中，而非有唐之所獨，後此千百年，莫不從是以為斷」（三代唐詩序），蓋有見於此。然而不只詩也，特歌詩可為代表之耳。

案聞歌詩而知敎化，由來甚古，季札觀樂，卽其選例。孟子曰：王者之轍熄而詩亡，詩亡而後春秋作。是詩者王者之迹而史乘之亞也，不徒炫辭藻以悅耳目而已。此蓋格律本乎性情，而時序推移，風敎自殊，因歌詩以洩其幾微，有不得不然者；至於論詩旨趣之隨時代以變遷，亦與此相類。性情顯於格律、宗旨繫於意識，必與當時文化精神相孚應也。中唐以前之唐詩，卽集漢晉南北朝大成之文化所徵顯於外者；中唐以後之宋詩，卽新起文化之具呈於象者。故所謂唐詩宋詩，非朝代之別，而實為文化與風格之殊；後世之始學唐者，其末必入於宋，如明之由七子而公安、清之由虞山而同光，不惟詩運升降變化之塗使然，亦由文化性格有以致之。

雖然，此一新起之宋文化與宋詩，遂卽由中唐遽開生面乎？是不然也。中唐雖以社會變遷及哲學突破，而有世族結構之分化、知識階層之興起、會社組織之形成、經濟型態之改易等變革，然自外則有晚唐五代之動亂，自內則知識階層自我分裂腐化，其事遂弗能爲。趙宋初葉，承此頹波；至眞仁之世，始一變焉。顧炎武『日知錄』嘗引宋史之言，而申論之曰：「眞仁之世，田錫、王禹偁、范仲淹、歐陽修、唐介諸賢，以直言讜論倡於朝，於是中外薦紳知以名節爲高，廉悟相尙，盡去五季之陋」（卷十三），卽指慶曆變法而言，其事則與古文詩賦相始終也。

范仲淹作「唐異詩序」，以爲五代宋初詩文之大剝，皆由庠序未振而來，致不能抗心三代，追復古道；故慶曆變法，首在敎育。其後歐陽修、王安石，右古文、崇杜甫，而改科擧、行太學三舍法，塗轍則猶同於慶曆也。謂宋文化之肇建，不與詩文相始終者，可乎？大抵宋文化發軔於中唐、復興於慶曆，而具形於元祐，詩歌古文辭之發展亦然。始乎韓柳元白、而中黜於晚唐五季，漸賾漸變，底於元祐崇寧。後此有作，竟不能破其藩籬，亦可謂漪歟盛哉！

方是時，有呂本中居仁者，家世簪組，南渡以後，爲中原文獻之所歸，謂詩歌古文辭自元和以後俱衰，尹洙穆修歐陽修始倡爲古文，黃庭堅復大出力振歌詩之道，抑揚反覆，盡發古今之秘，故後學者同作並和，其源流皆出於豫章也，爲作「江西詩社宗派圖」一卷；以黃庭堅爲宗派之祖，其下連書陳師道后山等廿五人姓字，冠以序文。其圖所謂詩社、所謂宗派，與夫其序所云活法自得者，宋元以來，於其名義，多有爭執。其實皆不明其圖與宋文化之關係所致。夫詩社者，中唐社會變遷後之會集組織也；宗派者，中唐世族分化後之氏系結構也。市制崩壞，行會寖與鄉社相混，其所以收衆而系屬之者，亦無異於族姓之宗法、宗廟之燕毛。至於登壇誓詩、約盟揭賞，陳起桐陰之社、謝翺月泉之吟，或推子默爲社頭、要以山谷爲盟主，南北宋間，蓋比比焉。況宗族意識勃興於慶曆以後，歐蘇之族譜、范氏之義莊、温公之家儀、朱子之家禮，其勢與會社相推挽；南北朝隋唐以來舊家及新興鉅族，亦經權力與氏族之分化而復盛，血統源脈、家風宗祖等事，又與社集相呼應，論詩衡文，遂不能無取乎此矣。如「江西詩社宗派圖」命黃庭堅爲宗，陳師道等爲廿五派，尋其體例，猶社帖族譜然者，但其一例耳。顧當時以此意論文學者雖繁，而零辭碎語，無當體要，影響亦不及「江西詩社宗派圖」之大且久者，則江西乃觀念之社集，非實存之聚合，故能爲當代文化之具體反映也。

其所反映當代文化者，又可於活法之說見之。考江西之派，除生平難稽者外，多屬滎陽龜山門下。龜山敎人，全在以靜中觀喜怒哀樂未發氣象爲養心之要，又謂格物致知，在於反身而誠。此固呂本中養氣治擇之說所本，亦山谷以來治氣養心、而求其所以自得之論詩塗轍使然。當時所以有學詩如學道、學仙、學禪之喩，正由於此。盡心涵養，工夫精熟，時之又久，而後神融骨換，悟得正法眼，而照見物如實相；斯可以得其環中，超以象外，點鐵成金，化俗爲雅，且惟意所出，萬變不窮矣。此所謂活法、此所謂句眼，至於飽參、悟入、換骨、絕弦云云，莫不皆然。其義兼融三敎之義理，其說實爲一代之歸趣，證諸書畫陶瓷，不難取類；更求經學理學，亦多符契。故曰循言意之辨，見體製風格之談，究詩學之流變，探文化之精髓，苟不求諸江西，抑將何所考焉？且夫宋文化雖具形於元祐崇寧，而實下及於明清，弗究江西之原委，則元明以後之發展，亦必有矇然者矣。

余非詩人，而酒暖春深，寒爐冬雨，偶然多情，輒覺詩境不遠；窮源訪幽，日居月諸。寸寸積功，一一發覆，挹昔賢之芳潤、補前修所未及，愚有一得，乃復自忘鄙陋，率爾命篇；於四海怫慣煩寃之日，爲徵文考獻、鴦鍼通結之業，雖疑惑常解於師門，而哀樂得失，固不自知。世有君子，幸垂教焉。癸亥春分廬陵龔鵬程謹識於師大國文研究所

提要

呂本中「江西詩社宗派圖」一卷，原書久佚，載籍所錄，不無異同；至於名義、形制、性質、流傳、寫作年代等，尤夥如也。此書舊與江西宗派詩燕行，而刻宗派詩者既已非一時一人一地，於此圖又復諸多竄亂，遂於圖說及其所指之江西宗派，概難審知。今據宋人紬論書畫譜系派行之書，追想其體例；參稽筆記，以定其年世。碻知宗派圖者，非地域之劃分，而乃風格與價值之判斷，擧當代詩家，以社集宗廟之法系屬之，其事至簡，而影響甚大，且非有數百年醞釀相傳之力，不能成此一擧也。韓淲『澗泉日記』所謂：「渡江南來，呂舍人居仁議論文章，字字皆是中原諸老一二百年醞釀相傳者，不可不諷味」，卽指此言。後之考江西者，徒誦詩篇，憚尋理證，於此文化發皇醞釀之本末，咸所未晰，宜勿得其情實矣。至若宋詩之價值與特色，如山谷一脈及南宋詩家所云奪胎換骨、點鐵成金，與夫虛字、拗體、句眼、響字之類，不尋唐宋思想文化之史，焉得知其然復知其所以然之妙？義理不明，傅會滋多，不徒江西一社，茫茫難知，卽本中作圖之初意、宋文化發展之趨嚮，亦皆難以稽考，此甚可惜也！今承昔賢考覈鑽研之後，旣饒因藉之資，當爲推陳之論，撰「江西詩社宗派研究」一種，其大略曰：

社局起自中唐，入宋以後愈盛，而最著者則爲江西。夫江西本爲宋詩之代表，自有江西，而後有唐宋之爭，故欲知宋元以來詩體詩法詩學之因革、宗派社集之淵源、及崇唐祖宋諸價值判斷之原委，玄鑰在握，實啓重扃者，其在茲乎！昔賢於此，束於主觀之限制、客觀之困難，未能得之，不無遺憾。今當補憾，敍研究江西詩社宗派之目的與方法第一。

宋詩爲宋文化之產物，欲知其詩，當知其文化之所從來及其特質，此不易之理也。然宋文化實起於中唐社會變遷之後，嚮之社會結構、經濟型態，俱已改易，思想文化，亦多轉變，凡所興革，輒與宋詩及江西之社有關，非詳乎此，不能總綱紀而攝契，敍宋詩之背景與宋文化之形成第二。

宋文化成形後，乃有所謂宋詩。宋詩之風格特質，既勿同於唐人，其演變，亦略與文化之發展相始終，而尤謹於言意之辨，欲以此因文見道、得意而忘言也。江西承此風習，最爲典型。不惟其風格乃有宋文化之所凝聚；東萊用以撰圖之觀念，亦皆與當時社會組織、羣體意識相合。故知江西宗派之產生，有非偶然者矣。敍宋詩之演變與江西詩社宗派之產生第三。

江西詩社之名，肇於呂本中之圖。然其圖形制不明、撰年不晣，致使後來多所議論。今鈎稽載記，爲述其詳，庶幾撥雲翳而覩青天也。至於江西社中、東萊圖上，風格體製之談、活法參禪之說，關係於江西諸人之詩學與東萊所以作圖之方法者，亦附論之。而江西之情實，及其與南北宋詩壇暨文化之關聯，可概見矣。敍江西詩社宗派圖內容之分析第四。附錄一種，借佛家轉識成智之說，釋兩宋詩學理論之奧，綱擧目張，粲若列眉，以窮涵養之進程、以探作詩之工夫，並以補本卷之所不足云。

論史之作，不能無表譜以爲之輔，鄭漁仲章實齋言之審矣。今考江西，雖以呂氏宗派圖爲中心，使勿支蔓；然所關涉，實至繁賾。大抵起自慶曆，終於方回撰『瀛奎律髓』之標榜一祖三宗，二百餘年間事，胥爲籠罩。萬端叢脞，筆述難周，因爲年表以綜攝之。所惜者，宋人生卒行事，記錄麥如，作者雖勿憚於董理之難，體例實或嫌於尾大之弊，今玆所列，文取簡省，便檢覽也。敍江西詩社宗派事迹簡表第五。

嗟夫，約德音以博文，緬素風而懷古，考江西宗派之圖，究伊洛淵源之說，余雖不敏，敬從事於斯矣。始製長編，繼就刪稿而釐爲五卷，以推見其原委者，俱如上述。偶有獨見，更求印可；至其遺扤，來哲匡之。

江西詩社宗派研究　目錄

第四卷　江西詩社宗派圖內容之分析

第一卷

導論：研究江西詩社宗派之目的與方法

吟社之興，其在李唐中葉乎！高駢寄鄠杜李遂良處士詩：「吟社客歸秦渡晚，醉鄉漁去渼陂晴」，是其顯證。全唐詩卷六百三錄許棠寄敬亭山清越上人詩所謂「秋社復有人」「舊許陪閑社」者，亦詩社也。蓋同氣相求、砥礪相須，吟屐所至，社集興焉。入宋，則有江西詩社宗派，名最著而影響最深，幾爲宋詩之代表。顧其爲宗派，但就風格而論，非有摩頂授受、口偈心傳之事；與後世擊鉢拈題、互徵社友者，亦有所不同。至若明初泰和劉崧子高著『槎翁詩文集』各八卷、豫章人宗爲江西派，及清康熙間裘君弘本呂居仁宗派圖之說，編秩『江西詩話』十二卷等，尤與此社無關①。誠所謂翹然特出、風標千古者也。宋元以來，論次其事，勒爲專著者，無慮十數家，如宋誠齋后村江西詩派序、清張泰來江西詩社宗派圖錄、及近人汪國垣江西詩派十八家詩鈔、葉光榮江西詩派研究、黃啓方江西詩派研究……等，博采廣摭、析理發覆，皆世所習知。本文考其社局之起、溯彼風格之變，沿波泝源，以見影響嬗遞之迹，方諸昔賢所作，取徑或殊，既爲蹄涔之附益，請標宗趣於簡耑。

壹、本題研究之價值

一、可以考宋元詩體之流別

詩經三百，罕標作者之名；楚騷伊鬱，始見屈子之心。自玆以降，詩人蠭起，睽攜寤嘆，涕洟集於筆端，雖冰鏤蟲雕，造言或不免於刻苦，而奇采逸響，爭爲前驅，詩道亦以是而寖廣②。其塗既侈，軌轍斯緐，自漢逮晉，情賞猶自不諧，江南江北，意製亦已相詭，況其後來，嬗衍尤甚者乎？唐承六代遺風，兼以科舉取士，詩賦本爲所重，人工篇什，各思自見，未嘗以流派相矜。迄於末造，始有元和體卅六體之目，雖辨體昉自魏晉，而標擧實異於前規，蓋吟社會集亦興起於斯時也。笙磬同音，嚶鳴相召，以社集爲文會，頗開趙宋以來風氣。故宋興以後，風格之辨，斷斷如也。諸家騁神變之揮霍，忽出有而入無，飇瀾所至，流變遂多。綜其大凡，則風氣隨時轉迻，頗示疆畛：五代宋初，以晚唐爲主，詩學賈島；王禹偁出，始返之於長慶。西崑繼起，標準義山，風格爲之一變。已而梅蘇歐王等，揭櫫韓李、推尊老杜，宋詩之基本風格乃定。蘇軾黃庭堅推波助瀾，以性情書卷驅遣文字，遂肇江西一路。南渡以後，東萊呂居仁存中原之文獻、圖江西之宗派，雙井家風乃流布於天下。葉適黃子耕墓志銘曰：「太史黃庭堅字魯直者，從祖也；天下盡宗太史詩，外夷殊域皆稱江西，而黃氏由此不獨爲豫章聞家也」（水心文集卷十七），誠一時實錄。其後雖源流分而益遠，意製詭其相錯，要皆乘除生尅於其間。故世所謂宋詩，皆指江西而言，如葉適徐斯遠文集序云：「慶曆、嘉祐以來，天下以杜甫爲師，始黜唐人之學，而江西宗派彰焉」（文集卷十二）以江西自別於唐人，實開明人論詩之風：何大復作明月篇序，謂杜甫辭固沈著，調失流轉，爲歌詩之變體；甌北詩集卷卅八題陳東浦敦拙堂詩集，亦稱杜甫在唐爲別調。此喁彼于，皆由葉氏啓之。其後嚴羽雖仍以杜公爲盛唐家數，而詩辯亦云宋初之詩尚襲唐人，「至東坡山谷始出己意以爲詩，唐人之風變矣。山谷用工尤爲深刻，其後法席盛行，海內稱爲江西宗派」（滄浪詩話），說與水心弗異。蓋唐宋之爭，始自南宋，實卽江西與唐體之爭耳③。明人類斥宋詩曰腐曰拙，曰以文爲詩、主於議論，亦僅就江西言之，九僧四靈輩不與焉。故曰欲考宋詩者，厥唯江西而已矣。前乎此者，皆所以成就江西；後乎此者，皆遭籠罩於江西。如誠齋放翁等，名不列紫薇之圖，而或依門傍戶、引以爲飾，如劉克莊所謂：「派裏人人有集開，競效山谷友誠齋；只饒白下騎驢叟，不敢勾牽入社來」（湖南江西道中之九）；或始同末異，漸趨歧路，如范石湖；或殊途同歸，肸嚮相通，如葉適「松廬集序」「王木叔詩序」之所述；或自諱所出，恥居派下，如姜夔蕭德藻……者，淵源關聯，至爲緜賾，不爲泝沿，恐昧流別；而所謂宋詩也者，苟不求之江西，亦將何所考耶？

不祇此也，據前引葉水心黃子耕墓志，江西不僅流行於南宋，亦已傳布乎四夷，『歸潛志』卷四謂許州人張伯英詩學庭堅體，遺山所選『中州集』卷三亦云劉仲英詩參涪翁而得法；金源文獻，染此宗風，足爲葉言作證。遺山詩學，義在開宗，且以上紹蘇黃正統爲己任，故集中屢用蘇黃之句，贈羅友卿解嘲第二首又云：「袖中新句知多少，坡谷前頭敢道無」，卻薄學蘇者曰：「蘇門果有功臣在，肯放坡詩百態新」（論詩絕句）、薄江西之派曰：「北人不拾江西唾，未要曾郎借齒牙」（題中州集後），論詩絕句復有：「論詩寧下涪翁拜，不作江西社裏人」「傳語閉門陳正字，可憐無補費精神」等語。紀昀序趙渭川四百三十二峯草堂詩鈔，深怪遺山與東坡同屬一代詞宗，而持論乃若不欲人鑽仰於蘇黃，其故殆不可曉（紀文達公遺集卷九）。衡諸事實，恐有不然。誠齋跋徐恭仲省幹近詩第三首亦云：「傳宗傳派我替羞，黃陳籬下休安腳」，可謂南人不拾江西唾乎？即以金源之薄斥江西者而論，如王若虛、周德卿、李屏山、尹無忌……等，考其宗旨，足與江西相發，亦論金詩者所不可廢也④。元初詩學，多本南宋，方虛谷揭櫫江西，評選律髓，爲護教之龍象；趙松雪參以唐音，實字健句，則開七子之先聲⑤。溯此波瀾，曲折寔緐，弗辨江西之源流，豈知元詩之正變？此江西之足資研究者一也。

二、可以知明清詩風之變遷

道統文統之說，盛於南宋，元蘇天爵『國朝文類』卷卅八所載宋流人家鉉翁題中州集後，即云道統文脈無南北之分。遺山絕筆詩病中感寓贈徐威卿兼簡曹益甫高聖舉曰：「正賴天民有先覺，豈容文統落私權」，於當時風氣，亦幾于大聲疾呼矣⑥。嚴羽當此風習，斷代詩論，而云枕藉李杜，同乎治經；博采盛唐，乃不失正路。於尊唐祧宋之間，實隱寓詩統別擇之意，故有第一正宗之說。取禪家義理爲喻，亦由禪宗在當時方以考定源流、秩正宗祖，爲第一要事耳。嚴羽以後，如元楊維楨、明宋濂、高啓、袁凱、高棅等，皆有標榜正道，取法唐賢之意。至前後七子出，恢宋元之緒論，爲宗唐之壇坫，風行草偃，遂有「宋無詩」之說。李夢陽『空同集』卷四七潛虬山人記、卷五一缶音集序，何景明『大復集』卷三八雜言十首，皆有此論。談者不察，以爲李何矯枉之偏，馴致生吞活剝、優孟衣冠；不知此固當時風會使然，前乎李何者，如李東陽『懷麓堂詩話』已云宋詩深、去唐卻遠；元詩淺、去唐卻近。文集前稿卷八鏡川先生詩集序亦稱宋詩不能如唐。其後李攀龍作『古今詩刪』，卷二三以明劉基直接唐之李建勳靈一，不錄宋詩一字；謂宋詩河漢，不入品裁也。陳子龍王介人詩餘序恢張厥旨，曰：「宋人不知詩而強作詩，故終宋之世無詩」，凡此云云，胥與李何波瀾莫二。嘗考其所以如此之故，一卽上述詩文宗法須承正統之念，二則詩貴情韻之說有以致之。——陳忠裕公全集卷廿五「皇明詩選序」謂宋詩與明詩非屬同類，而是異物。所謂異物者，卽彼「宋人詩言理而不言情」之說也。楊愼升庵詩話亦云：「唐詩人主情，去三百篇近；宋詩人主理，去三百篇遠」，夫宋人作詩豈能無情無感於其中？邵雍擊壤集自云：「聞其詩、聽其音，則人之志情可知之矣」，適堪隅反。故宋詩非無情也，立之以志、作之以情，故與唐詩之緣情綺靡者不同⑦。明人苦好緣情，遂於詩人之志，曚焉不求，概斥之爲議論而已；推其所至，則所謂詩宗盛唐，其實不過詩宗宋詞、詞宗元曲而已。何以知之？李夢陽缶音集序曰：「詩至唐，古調亡矣。然自有唐調可歌咏，高者猶足被管絃。宋人主理不主調，於是唐調亦亡。黃陳師法杜甫，號大家；今其詞艱澀，不香色流動，如入神廟，坐土木骸，卽冠服與人等，謂之人可乎？」詩不可歌，則調亡，調亡，則詩而非詩矣。其評唐詩亦然，李攀龍言唐無五言古詩，蓋與宋無詩之說同意。唯可歌者爲詩，則宋之詩在詞，元之詩在曲，王損齋『鬱岡齋筆麈』卷四曰：「唐之歌失而後有小詞，則宋之小詞，宋之眞詩也。小詞之歌失而後有曲，則元之曲，元之眞詩也。若夫宋元之詩，吾不謂之詩矣，非爲其不唐也，爲其不可歌也」，言之最晳。卽明人自作，亦皆以俚巷歌謠爲眞詩，如袁宏道偶題云：「當代無文字，閭巷有眞詩，卻沽一壺酒，攜君聽竹枝」者，卽其例也。據『通志』卷四九樂府總序所稱，宋代義理之說旣勝，聲歌之樂日微，則七子切齒於宋詩之主理，非無由也；據淸薛雪『一瓢詩話』所云，宋詩似文，與唐人較遠，元詩似詞，與唐人較近，則諸家以元詩與明詩同類之故，亦可想見。若更據焦循『雕菰集』卷十四與歐陽製美論詩書所謂，不能弦誦者卽非詩，晚唐以後，始盡其詞，而情不足，於是詩文相亂，詩乃遁於詞云云，則明人之斥宋曰以文爲詩、不主於情者，益堪理會。此余所以云性情聲韻之說有以致之也。其說誠多紕繆，難以見信，然宋詩與唐詩顯非族類，明人之說亦不可盡誣⑧。故王李之後，公安竟陵二派，卽推擧宋詩，以反七子，謂蘇軾高於杜甫⑨。唐荊川陳白沙輩亦泛取江西，以當危瀾，下開淸初黃宗羲、呂留良、陳訏、吳之振等人提倡宋詩之風。橫山葉星期以後，漁洋以神韻開宗、竹垞以才藻魄力獨步，天下學者不爲齊風，卽爲浙調⑩。然二公雖皆以唐爲法，塗軌未必相同。漁洋不廢宋元，於歐梅蘇黃諸家，皆致嘆賞，嘗云：「涪翁掉臂出淸新」「平生一瓣香，欲下涪翁拜」「山谷詩得未曾有」「從來學杜者無如山谷」……，推尊可謂極至。翁覃谿頗怪漁洋與山谷不同調而能賞識其詩，比諸杜甫之於孟襄陽（漁洋五七言詩重訂本鐫成賦寄葉花谿）。不知漁洋之淸遠虛淡，實自組麗皺積中來，而山谷詩雖皺積重重，宋人則皆謂其含蓄不盡，如淸廟之瑟，一唱三嘆⑪。漁洋一生心摹口追，實在乎是，宜其頂禮參拜不已也。竹垞墨守唐音，『曝書亭集』中如書劍南集後、棟亭詩序、鵲華山人詩序、荇谿詩集序等等，皆力詆宋詩，推尊唐調，雖以滄浪之主盛唐，亦遭排斥。固必旣深，是非遂欷，不辨朝代風格之分，罔究家數祈嚮之別，誠有如漁洋所譏「耳食紛紛說開寶，幾人眼見宋元詩」者矣。然浙派詩人實多法宋，西泠諸家，固可勿論，汪豐玉、錢蘀石、萬柘坡、汪厚石等，皆以山谷爲詩家不祧之祖。桐城詩脈，自姚姬傳以後亦然；故曾文正甜紅詩課戲作以蔣心餘姚惜抱並論。及同光體出，天下翕然，皆本西江，亦不可謂非此數家啓之也⑫。

考厥流變，株連蓋廣，嘗讀姚元之『竹葉亭雜記』，卷五云翁覃谿錢蘀石交最密，而每相遇必話杜詩，每話必不合，甚至繼以相搏。元明以後，論唐宋詩者，勿乃若是！作詩而辨唐宋，幾爲第一要事。談者皆知其交鬨也，然盍一考其何以須此？竊以爲尊唐祖宋，覽者若勿迷其紛紜，自知唐宋云云，乃吾國歌詩之兩大風格類型，作者不入於此，卽入於彼，縱有羼互，莫能自外，宋以後如此，在宋亦無不然，『隱居通義』卷十劉五淵評論條謂江西猶佛氏之禪，近年永嘉復祖唐律，於是唐與江西相抵軋，卽其例也。錢鍾書『談藝錄』嘗云：「唐詩宋詩，亦非僅朝代之別，乃體態性分之殊。……故自宋以來，歷元明清，才人輩出而所作不能出唐宋之範圍，皆可分唐宋之畛域。唐以前之漢魏六朝，雖渾而未劃，蘊而不發，亦未嘗不可以此例之」。通考古今，誠如此說⑬。於唐詩之外，挺然特立，爲我國詩歌兩大風格典型之一，非宋詩在詩及批評史中之重要地位耶？

以余觀之，此一風格典型，影響似猶在唐詩之上。詩家多貴厚重深澈，而非清虛淡遠，是其明證。如漁洋之三昧，表聖之澄敻，在詩家實爲別派⑭；李夢陽所云詩須香色流動，亦非杜韓手段。昔劉迎題吳彥高詩曰：「詩到江西別是禪」，若就影響言之，敎外別傳者寖假而流衍天下，江西實與唐宋間之禪宗相似。欲知明清以來詩風之變遷及風格之形成，舍江西亦將何所考焉？此其足資研究者二也。

三、可以察詩學詩法之因革

詩話始於宋人，李夢陽缶音集序曰：「宋人主理作理語，又作詩話敎人，人不復知詩矣」，妄事糾彈，以爲宋人作詩話而詩亡，不知評論與創作不同，唐人不事評論，自是體裁未備，專事表現，不暇識察，猶如四庫全書總目提要所謂：「文章莫盛於兩漢，渾渾灝灝，文成法立，無格律之可拘。建安黃初，體裁漸備，故論文之說出焉」（卷一九五）。朱熹文集卷三九答楊宋卿書所稱，魏晉以前，作者未有用意於其間，近世始留心於此，故詩有工拙之論云云，亦卽此意。明人所糾，未之思也。

朱子答鞏仲至書又謂古今詩歌凡有三變，「自書傳所記，虞夏以來，下及魏晉，自爲一等。自晉宋間顏謝以後，下及唐初，自爲一等。自沈宋以後，定著律詩，下及今日，又爲一等。然自唐初以前，其爲詩者固有高下，而法猶未變。至律詩出，而後詩之與法始皆大變」（文集卷六四）。摠此三變，可知文學「形式」恆影響擬作意識之反思，故朱子云律詩出而詩與法始皆大變。驗諸事實，則自沈約八病以迄唐代律體完就，中唐以後，有關律詩之法度準則，討論漸備，論詩之製亦就濫觴。宋承其流，蔚爲大觀，實事所必至者也。其間詩論多集中於律體、而宋人師法亦多在於唐賢者，皆由彼此自爲一等，不與唐初以前同類也。第其論法，自句法格調入，自無法渾成出，誠有如楊廷秀所謂：「問儂佳句如何法，無法無盂也沒衣」（酹閣皂山碧匡道士甘叔懷贈十古風）者；旣云句中有眼，乃復意在無弦，故雖從事乎文字格律之間，亦可漸躋於無意言語之列，唐宋至此乃得與風騷魏晉迤邐相通，詩脈原原，亦未斷截，而詩家遂多據上流、親風雅者矣。此宋人詩論之大較，非明人所能知。請以黃山谷嚴滄浪爲例，略事說明。

山谷詩在當時及江西派所宗法者，實在律體，李頎『古今詩話』云山谷自謂作詩須於唐律中作活計，如少陵雖數十百韻，而格律益嚴，操持詩家法度莫不如此。陳長方『步里客談』卷下亦言子瞻文章去黃遠甚，黃之詩律，蘇亦不逮。諸家評量雖或間有異同，然於山谷之律，無不三復致意，故劉克莊序江西詩派有云：「豫章會粹百家句律之長，究極歷代體製之變，蒐□筆、穿異穴，間作爲古律，自成一家。遂爲本朝詩家宗祖，在禪學中比得達磨」（後村先生大全集卷九五）。「既兼百家句律之長，復考歷代正變諸體，則是集律體之大成矣；間作爲古律，則是越度律體恆蹊，以上追漢魏風騷矣。其爲詩誠於唐律中作活計者。然不止於此，故推尊杜甫之餘，仍須上究庾開府、陶淵明，文集卷廿六題意可詩後曰：「寧律不諧、不使句弱，用字不工、不使語俗：此庾開府之所長也。然有意於爲詩也。至於淵明，則所謂不煩繩削而自合者」（又見別集卷廿五、苕溪漁隱叢話前集卷三），始於求工、終於守拙，所謂損之又損，以至於道也。陳后山詩話知黃詩之有意故工，而不知其無意於文之拙，未免錯識本師，豈不解山谷獨稱杜公夔州後詩之意耶⑮？世皆謂山谷喜抉章摘句以奪胎換骨，而不知彼所專意者乃在「要當於古人不到處留意，乃能聲出衆上」（蔡條西淸詩話引），其弊亦與后山同。后山實不知黃，僅稱其學杜而已，殊不如曾季貍『艇齋詩話』謂山谷論詩多取楚辭爲得實。蓋艇齋詩話多載江西先輩論詩語，聞見頗切；而后山詩話既非師道手定之稿，又經後人竄亂故也⑯。

隨園詩話卷六曰：「七律始於盛唐，如國家締造之初，宮室粗備，故不過樹立架子、創建規模。

而其中之洞房曲室、網戶罘罳，尙未齊備；至中晚而始備，至宋元而愈出愈奇。明七子不知此理，空想挾天子以臨諸侯，於是空架雖立，而諸妙盡捐」，妙喩解頤，頗中奧窔。若準此說，則宋當律體大備且愈出愈奇之世，論者矚目，亦應有之義。嚴羽『滄浪詩話』云律詩難於古詩、七律難於五律（詩法篇），實一代之公論，如吳可『藏海詩話』卽稱七律極爲難做，而山谷不俗故極難得。論者不知滄浪根柢，輒疑其「詩辨」一篇旣謂詩須從頂𩕳上做來，而所師法，乃專在盛唐，言語不免參差⑰；實則滄浪此類議論，頗與朱熹相似。朱子答鞏仲至書云欲抄取經史諸書所載韻語及文選漢魏古詞，以盡乎郭景純陶淵明之所作，自爲一編，附諸詩經楚辭之後，以爲作詩之根本準則。然語類卷百四十又曰：「作詩先用看李杜，如士人治本經然。本旣立，次第方可看蘇黃以次諸家詩」，自安於唐宋，亦遂如山谷廣之以國風雅頌、深之以離騷九歌，而僅高談句律，旁出新樣也。山谷以後，江西詩至楊誠齋爲一變，守律之風則未改，故姜特立『梅山續稿』卷一曰：「今日詩壇誰是主？誠齋詩律正施行」（謝楊誠齋惠長句）。以某觀之，所施行者非誠齋之詩律，乃律詩耳。四靈固以五律擅場，劉后村亦專造律體，不事古詩，大全集卷九四「題瓜圃集」云：「十年前始自厭唐律，專造古體，趙南塘不謂然，余感其言而止。亡友翁應叟尤工律詩，集中古體不一二見，無乃與余同病乎！」差可見一時風會，朱熹嚴羽所論，正非突兀。宋末方虛谷所選律髓，爲江西一脈詩學重鎭，序曰：「文之精者爲詩，詩之精者爲律」，與黃朱楊嚴脣脗相似，亦足徵唐宋以後詩與法俱變之說爲不誣。

自律詩出，而詩之與法始皆大變，固不僅宋代爲然，歷金元明淸而皆然，胡應麟『詩藪』內篇卷一云詩至唐而格備、至絕而體窮，旣無堂奧可以復開，則詩家唯致力於述體而已；不踐玆途，便爲外道⑱。此誠一世之名言，可以見明清人創作之意識。其創作旣無新創形式之要求，卽不能不自安於唐宋之間，於古今詩學流變中與唐宋通爲一等，如朱熹之所論者；又不能不一面師法唐宋諸賢、集中於近體；又一面以風騷漢魏爲通源，如宋人之所爲者。故若就創作觀念與方法言之，因創作型態相同，元明以來詩家遂無不受宋代詩學籠罩，卽七子之推尊盛唐，亦是宋人之認李杜也。何況詩歌所有內部問題之探討亦龐與於此際耶？此其足資研究者三也。

四、可以觀宗派社集之淵源

文章辨體，昉自六朝。陸機曹丕，究文章之體式、論風格之表現，固近乎西方文體論（Stylistics）之說；桓範摯虞，考體製之流變、定總集之篇目，亦類似於文類批評（Genre Criticism）⑲。至於蕭子顯『南齊書』所謂今之文章，作者雖衆，總而爲論，略有三體：啓心閑繹、托辭華曠，其源出自謝靈運；緝事比類、非對不發，其源蓋本傅咸應璩；雕藻淫艷、操調險急，則鮑照之遺烈也云云，乃鍾嶸『詩品』之先聲。詩品評騭古今詩家百二十四人，分爲三品，而詳述其體源，如陶潛出自應璩、阮籍源出小雅等等，其中國風反覆低徊，抑揚不盡，能使讀者悲感無端，油然善入；楚騷生命不諧，文多悽愴；小雅怨悱，與之相似，宛轉興喩，寄託至深。古今詩家，不外此三源⑳。其所分析，雖不盡可人意，然溯諸家之流別，總體製之優劣，影響之鉅，誠不可廢。唐末張爲撰「詩人主客圖」，以白居易、孟雲卿、李益、孟郊、鮑溶、武元衡爲主，門下各有升堂入室及門之客若干，考銓流別、區判詩風，雖未必卽仿自鍾嶸，其意則相似也。觀其以己詩倂入鮑溶門下，實與芮挺章『國秀集』同例，唐末風氣也歟？

宋人論詩，好辨文體及源流，如荊公之先體製而後工拙、眞德秀之欲學者識文章源流之正等等，殆人人皆然。葉夢得『石林詩話』即云：「魏晉間詩人，大抵專攻一體，如侍宴、從軍之類，故後來相與祖習者，亦因其所長取之耳。謝靈運擬鄴中七子與江淹雜擬是也。梁鍾嶸作詩品，皆云某人出於某人，亦以此」，體包體類、風格、題材而言，既與六朝之辨文體者相似，論議漸趨合轍，不亦宜乎？昔摯虞有『文章流別論』六十卷，水之別流者爲派，故派別之說，亦盛於宋；『宋文鑑』卷七五載狄遵度杜甫贊曰：「其祖審言，當景龍際，以詩自名，高視一世。逮子美生，其作愈偉。少而不羈，跌宕徙倚，大章短篇，純乎首尾，詩派之別，源遠乎哉！波流泛泛，乃自我回」，詩派二字，始見於此。直齋書錄解題云詩派之說，本出於呂居仁，未考其朔也。顧狄氏之言詩派，仍是源流之意，頗與呂居仁不同；居仁道德文章爲南渡學者所宗，所撰詩社宗派圖，一空倚傍，獨標慧解，以詩社及宗派二義，綜攝宇內諸賢，別爲二十五派，而二十五派皆祖豫章，故名其圖曰江西。此其名義，既匆同於張爲，亦不類狄元規，戛戛獨造，信可以開宗百代，爲後世所遵矣。當時作者，如胡仔陳振孫等，於此雖有違言㉑，然以余譾陋，所見宋明以來詩派文社，實皆本之，影響之鉅，庸可言宣。謂余不信，請舉數事，略陳梗概。

四庫提要謂宋詩：「南渡以後，擊壤一派參錯流行，至於四靈、江湖二派，遂弊極不復」，以道學、四靈、江湖爲詩派，乃淸人不解宗派名義者之瞀談。南宋之爲詩派者，除江西以外，又有睦州，厲鶚「查蓮坡蔗塘未定稿序」曰：「自呂紫薇作江西詩派、謝皐羽序睦州詩派，而詩於是乎有派」

（樊榭山房文集卷二），是也。明初吳中詩派昉於高啓；越中詩派昉於劉基；閩中詩派昉於林鴻；嶺南詩派昉於孫蕡；而江右詩派則昉於劉崧，以淸和婉約之音提倡後進，世亦稱西江派。諸派流衍皆及數百年，雖至淸末，風會猶存㉒。七子而後，公安竟陵稱盛，鍾伯敬集中爲潘穉恭詩作序，闢竟陵詩派之說，以爲物之有迹者必敝、有名者必窮，蓋亦儆末流之病累、怵名號之窠臼也，而其爲詩派自若，故宋犖『漫堂說詩』云：「嘉隆間李攀龍出，王世貞和之……稱後七子。此後詩派總雜，一變於袁宏道、鍾惺、譚元春，再變於陳子龍；本朝初又變於錢謙益。其流別大概如此」。竟陵楚音，至牧齋出而熸，遂開虞山一派，張鴻跋「常熟二馮先生集」曰：「啓禎之間，虞山文學蔚然稱盛。蒙叟、稼軒赫奕眉目，馮氏兄弟奔走疏附，允稱健者。祖少陵、宗玉谿，張皇西崑，隱然立虞山學派，二先生之力也」，誠爲一時實錄。漁洋、歸愚繼起，各以神韻格律相倡，雖有宗風，似無派衍，逮厲太鴻之所謂浙派出，乃與牧齋桴鼓潛應，皆以宋元詩爲標榜矣。袁枚『隨園詩話』卷九所謂吾鄉詩有浙派，好用替代字，蓋始於宋人而成於厲樊榭云云，卽指此言。楊倫『九柏山房詩』卷十論詩第三首，斥隨園「高卑辨詩派，升降繫世風；唐宋界不分，此論殊未公」，固未能折隨園也。浙派詩，實江西之餘波，汪豐玉桐石草堂集卷五「枕上無事，日課數絕句，語無倫次，次以韻而已」眞韻：「黃詩繙閱枕函親，學杜先宜此問津；宗派百年誰復識？解人弦外兩三人」，足堪佐證。一時如錢籜石、萬柘坡、汪厚石，皆與呼應，而桐城一派亦然。桐城除古文外，詩尤顯赫，程秉釗國朝名人集題詞有云：「論詩較貴桐城派，比似文章孰重輕」，可見一時公論。然此派之論詩，誠如錢鍾書所稱，自惜抱以下，莫不欲口喝西江，又欲以古文義法入詩，推廣以文爲詩之風㉓。嘉道以後，有所謂同光體者，蓋卽就此衍出。李慈銘不知其究竟，乃著『越縵堂詩話』痛詆之曰：「昭代文至劉海峯，詩至沈歸愚、袁子才，可謂惡劣下魔矣。而近日又更有桐城末派，如陳用光、梅曾亮者，則以歸唐之蕌苴爲其一唱三嘆也；詩更有西江下流，如張際亮、朱琦者，則以王李之臭腐爲其三牲五鼎也」，不知桐城論詩亦本江西，而江西更與王李無涉。妄詆如此，眞上文所謂不知江西則不可與言金元明清詩者矣。

抑又考之，不僅詩家宗派之說，俱本呂居仁，卽文詞戲曲書畫，亦皆各有其派。文之桐城陽湖、詞之浙西常州、戲曲之吳江臨川等，皆昭昭在人耳目，無煩覼縷。然則派別之觀念與事實，影響於吾國文學藝術者，非極深鉅乎？

至於結社，事始唐末，香山九老會，雖仍六朝蓮社等故習，實啓變風之漸。至宋而結社之風至盛，如文潞公與富鄭公集洛中士大夫爲耆英社者，爲例寔繇。蓋當時人羣社會之組織如此，凡百行會，各有社集，故經學有孫覺之經社、詩有西湖詩社、詞有同文社、雜劇有緋綠社、小說有雄辯社、吟叫有律華社……等㉔。風習所被，謝邁寄汪信民詩云：「寄書間亳社，有夢過江西」（謝幼槃文集卷五）。卽以江西爲詩社矣。其後呂居仁作圖，名詩社宗派者，亦猶周必大跋楊廷秀贈族人復字道卿詩所謂：「江西詩社，山谷實主夏盟，後四方人才如林，今以數計，未爲多也」（周益國文忠公集・省齋文稿卷十七）。通考南北宋間詩家，周呂之說不誣，陸象山所稱江西以詩社名天下者，亦屬一時實錄㉕。厥後詩社遍及宇內，固不限於江西，如月泉吟社、越中詩社等，於今殆難遍考，然月泉社稿卷耑有云：「本社預於小春月望命題，至正月望日收卷，月終結局。請諸處吟社用好紙楷書，以便謄副，而免於差舛……」，則南宋詩社自非少數。下逮朱明，其事尤盛，以壇坫爲盟會，輒動朝局，近人謝國楨『明淸之際黨社運動考』、黃志民『明代詩社研究』、橫田輝俊『明代文人結社の研究』等，考賾鈎隱，論之頗詳。明社旣屋，士之憔悴失職、高蹈而能文者，相率結爲詩社，以抒寫其舊國舊君之感，大江南北，盡皆有之；其最盛者，東越則甬上，三吳則松陵。雖順治康熙二朝曾有嚴禁，勢不少戢㉖。優遊詩酒，交結氣類，幾於無地無之，陳衍「秋社吟集序」曰：「里中人喜結詩社……余昔庚戌春在都下與趙堯生、胡瘦唐、江叔海諸人創爲詩社，遇人日花朝寒食上巳之等世所號良辰者，擇一名勝地，挈茶果餅餌集焉，晚則飮於寓齋若酒樓，分紙爲卽事詩，五七言、古近體均聽；次集則易一地彙繳前集詩，互相評品爲笑樂。其主人輪値之。……」（石遺先生集文四集），誌詩社聯吟論藝之風最切。蓋凡詩風之宣倡、友朋之交誼、以及風格之遞衍，靡不繫此；而詩文輯錄、評話之類著作，亦間出其中也。謝榛「四溟詩話」卷三所云：「余客京時，李于鱗、王元美、徐子與、梁公實、宗子相諸君，招余結社賦詩。一日因談初唐盛唐十二家詩集並李杜二家，孰可專爲楷範。或云沈宋、或云李杜、或云王孟。余默然久之，曰：『歷觀十四家所作，咸可爲法，當選其諸集中之最佳者，錄成一帙，熟讀之以奪神氣……』諸君又笑而然之」，卽其例焉。淸査爲仁『蓮坡詩話』、薛雪『一瓢詩話』、吳騫『拜經樓詩話』等，考其存錄名言，辨析章句之由，類與此同，斯豈非詩社之大作用乎？且有詩社卽有流派，有流派故爭正統㉗，其紛呶變遷亙千年者，推厥源朔，實本江西，此其可資研究者四也。

五、可以見價值評估之影響

嘗讀方虛谷『瀛奎律髓』，其書制斷今古，標榜江西，而深病晚宋四靈之浮弱，迨紫陽王山長俊如武陵詩亦云：「乾淳以後學無師，嘉紹厭厭士氣衰；何等淫詞南嶽稿，不祥妖讖晚唐詩」，遠紹后山之說，而措辭近乎罵矣㉘。信如其說，則晚唐體及劉克莊詩皆當芟棄，勿使貽禍後昆；然當時人如武朝宗『適安藏拙乙稿』迻劉后村被召詩又稱：「細評南嶽稿，遠勝后山詩」。一褒一貶，判若冰炭，則讀者將何所擇耶？

又如杜甫詩，宋人已謂其聖賢於六經，明王世貞、楊升庵亦皆云杜詩如周孔制作，後世莫能擬議。然唐人選唐詩，多不錄杜，故葉適云：「杜甫強作近體，以功力氣勢掩奪衆作；然當時為律詩者不服，甚或絕口不道」（習學紀言卷四七）。降及五代宋初，流俗以詩自名者，皆宗晚唐，而於李杜不少假借，據『苕溪漁隱叢話前集』卷四五所載，時人目杜詩為病格，以為言語蹇滯、聲調突兀也。楊億亦不喜杜甫，謂之村夫子，見於『中山詩話』『古今詩話』。歐陽文忠公雖力矯江西，提倡韓李，於杜亦少好感。足見宋初雖有王禹偁狄元規之尊杜，審功蓋寡；必自王安石黃山谷以後，杜詩始能如周孔六經，名麗中天。若在宋初，則老杜地位，或猶不及賈島許渾也。

今更以元初遺山所編『唐詩鼓吹』考之，此書底本雖出自荆公百家詩選，然卷一以柳宗元為首，選詩十篇；許渾詩選三十一首；薛逢時詩二十二首；韓偓詩十九首。卷二王維八首；陸龜蒙三十五首；第三、四卷，大歷十才子每人兩首；皮日休二十二首。卷六選杜牧三十二首。卷八選李商隱溫庭筠亦達四十四首。衡詩手眼，顯與方撰『瀛奎律髓』相左；后山和東坡渾字韻云：「後世無高學，末俗愛許渾」，此而編所選乃至三十一首，亦非江西慣說。如此類者，非評價之不同乎？

詩歌美感之評價，輒隨論者理悟之高下、時代之先後、趣味之轉變等因素而迻易，俱詳余撰「詩歌鑑賞中的評價問題」一文㉙，前舉數例，亦堪隅反，故不詳述，所欲得而言者，乃在乎宋代美感價值之重新評估及對後世之影響二事。——

兩宋爲理性反省之時代，上承中唐哲學之突破，下開元明清之先聲，諸藝皆然，不獨歌詩而已。譬若經學，排繫辭，毀周禮，疑孟子，譏書之胤征、顧命，黜詩之序，凡經學疑古之風，皆倡自追文復古之士，如歐陽修、李覯、司馬光、蘇軾、蘇轍、晁說之、劉敞、王安石等，胥以理性之反省，用定價值之高下，非蔑古逞臆、以譏讓爲高也㉚。於詩文亦然，歷覽千載，進退一心，藉理性之反省，以重新評估美感之價值，故張戒『歲寒堂詩話』卷上云：「韓退之之文，得歐公而後發明；陸宣公之議論、陶淵明柳子厚之詩，得東坡而後發明；子美之詩，得山谷而後發明。後世復有揚子雲，必愛之矣」！試觀東坡論陶柳，實與其評估王維吳道子畫相似（開元寺王維吳道子畫詩），則知此一評價活動，根於時代精神所不得不然，是以論者廣而收效溥也。宋之所以多詩話者，曷不以此哉？

王漁洋『池北偶談』云：「韓吏部文章，……若天不生歐公，則公之文幾湮沒而不彰矣」，論宋人價值評估之功甚切。或者難之曰：如歐公東坡之攟輯叢殘，鈎沈發晦，不過一二人之功臣佞臣而已，何與於文章之大？且一二人之顯晦，亦與美感價值何關？此蓋不知吾國文學觀念之特質也，嘗試論之：所謂文體風格者，或就語言文字表現之審美效果言之，或就作者才性展示之姿采言之，如曹丕「典論論文」所云奏議宜雅、詩賦欲麗等，屬於前者；應瑒和而不壯、劉楨壯而不密等，則屬後者。西洋文學藝術理論，多主透過分析之觀點解析作品，由語言之角度客觀呈示作品之藝術形相，且無視於作者在作品中之影響力，故其文體論（Stylistics）與語言學、語意學關係深密。吾國既不如彼專注於作品之客觀系統解析，復視作者才性與作品風格為不可分割之整體，所謂嵇志清峻、阮旨遙深，風格表現之清峻遙深，不卽爲作者之志之旨乎？『文心雕龍』體性篇云：「嗣宗俶儻，故響逸而調遠；叔夜儁俠，故興高而采烈」，風格卽是人格，西洋新批評（New Criticism）所云意旨謬誤之困局亦自然泯除矣㉛。此所以覈論文體風格，必擧作者爲言，凡一作手，在批評史中卽代表一特殊之風格類型，如蘇之曠、如辛之豪，如李之逸、如杜之鬱，既難移易，亦不勞於假借。此吾國批評觀念之大概也。在理性反省之時代中，論者既先體製而後工拙，文體風格之選擷，卽爲彼等第一思考範疇；崇此抑彼、尊某黜某，非示佞於古人，實乃欲確定當代創作之方向耳。標擧義山，則詩崇組麗；推尊淵明，則詩宗平淡，其餘可以類推。如宋詩初嬀晚唐，故梅聖俞詩評價極高；及後晚唐復昌，聖俞詩又少喜者；清初賀裳、馮班、吳喬等宗法玉谿，亦痛訾梅詩，謂宛陵中歲以後詩皆不堪，大傷雅道，其言與『直齋書錄解題』卷十七所云：「近世少有喜聖俞詩者、或加毀訾」相似，皆由平生論詩宗趣及時代風潮使然，非故爲抑揚也㉜。郭紹虞頗知此義，『中國歷代文論選』頁一一九曰：「文學思想領域中的論爭，經常發生在對某些具有代表意義的作家的評價問題上。這種論爭，往往是由於雙方在理論上有著原則性的分歧」，所謂原則性之分歧，卽指對文學美之基本觀念而言。宋代文學，所以特多尊某黜某之說，亦卽在於美感價值之重新評估，方盛於當代也。

文學之美感價值，既經評估反省，卽成傳統；就金元明清之詩與詩學觀之，似皆不脫宋人所釐定者，此余前文所以謂宋詩風格之影響或猶在唐詩之上也。謂余不信，請試考古今所謂宗唐者，有幾人不法杜甫耶？杜甫號稱詩聖，則詩之美感價值，自以杜詩所表現者爲最高，此非卽宋人之陳說乎？然所謂宋人者，實指江西而已，歐王蘇黃所評估之價值，至清猶少變易，其他如四靈如江湖如遺山等，則後世罕從，故知此類評估非一家一派之私議，實乃千秋之定論。以陶淵明爲例：鍾嶸『詩品』載入中品，劉勰『文心雕龍』才略篇述晉代人文，亦不及淵明。唐人雖或稱述其飲酒幽居，於詩實乏顧惜，故『蔡寬夫詩話』云淵明詩唐人絕無知其奧者。至宋則不然，東坡和陶，謂爲曹劉鮑謝李杜所不及，山谷亦推崇其拙放與無意爲文，故自元明以降，衆議僉同，皆謂陶詩高迴千古矣。宗風所在，世澤弗渝，此例最爲顯證㉝；細審其聲價顯晦之迹，則宋代江西一脈價值評估活動之影響於後世者，自非戔戔。此江西之所以足資研究者五也。

貳、以往研究之檢討

宋詩爲詩史流衍中正變之樞紐，價值之鈐轄，而江西又爲宋詩之總綱，具如前述。然宋詩繁賾，先後凡十餘變，江西亦遷蛻不恆，論旨多歧，故古今論者罕能悉其本末，以清宋犖『漫堂說詩』爲例，漫堂述南北宋歌詩之流變曰：

> 唐以後詩派，略可指數：宋初晏殊、錢惟演、楊億號西崑體。仁宗時歐陽修、梅堯臣、蘇舜欽謂之歐梅，亦稱蘇梅，諸君多學杜韓。王安石稍後，亦學杜韓。神宗時蘇軾黃庭堅謂之蘇黃；又黃與晁補之、張耒、陳師道、秦觀、李廌稱蘇門六君子。庭堅別開江西詩派，爲江西初祖。

南渡後，陸游學杜蘇，號為大宗。又有范成大、尤袤、陳與義、劉克莊諸人，大概杜蘇之支分派別也。其後江湖、四靈徐照翁卷等，專攻晚唐五言。

宋氏此說，除未道及理學家詩外，大抵爲明清間之公論。然若夷考其實，則南北宋間言詩而有宗派者，唯江西而已，蘇梅、四靈俱非宗派，謬之一也。『西崑酬唱集』所載十六人，無晏殊名，年輩亦不相及，謬之二也。歐陽永叔不喜杜詩，載在『中山詩話』，而謂爲學杜，謬之三也。宋以後人據『困學紀聞』蘇公之門有客四人一語，指山谷少游及晁無咎張文潛爲蘇門四學士，后山李廌皆不與其數，漫堂趁手編入，謬之四也。南渡後學杜者爲陳簡齋，放翁實出江西，「示子遹詩」自謂：「數仭李杜牆，嘗恨欠領會」，可證放翁於老杜尊而不親；其他如尤遂初范石湖等，尤與老杜無涉，謬之五也。劉克莊本江湖鉅子，方虛谷攻之不遺餘力，而亦謂爲杜蘇血胤，謬之六也。江湖末派，雖以趙紫芝爲矩矱，然『江湖詩人小集』中如姜夔、劉過、方岳、戴復古等，皆無四靈晚唐聲口，漫堂牽合爲一，謬之七也。四靈多專力於五律，江湖詩人則未必，前引方虛谷學詩吟自注即云天下江湖詩客，學許渾姚合僅能五七律，漫堂蓋爲耳學，謬之八也。

今若揔此八弊，尙考其致謬之故，則咎亦不在漫堂，何則？論詩而不辨格法家數之分，自滄浪以來皆然，誤以體格之別，卽爲宗派之分，自不免誤西崑蘇梅爲詩派㉞；兼以仁宗以後詩家猥集，宗趣互殊，本難於董理，辛苦牽合，偶然失謬，自屬難免。高明如姜宸英『唐賢三昧集』序，論宋初詩人尙且謂：「宋王元之輩以杜詩變西崑之體」（姜先生全集卷四・湛園未定稿）。不知楊億錢惟演在景德三年秋冬，首倡西崑體於館掖時，王禹偁已死五年，而竟竄亂前緒，倒植後先，方諸宋犖，則又過之矣㉟！

姜宸英以前，吳之振『宋詩鈔・小畜集鈔』序亦有此誤，吳氏曰：「元之詩學李杜，……是時西崑之體方盛，元之獨開有宋風氣」。夫王禹偁雖嘗云：「誰憐所好還同我，韓柳文章李杜詩」（贈朱嚴），然彼爲詩實學香山，故『四庫全書總目提要』曰：「王禹偁初學白居易，楊億等倡西崑體，歐陽修梅堯臣始變舊格」；且詩學而論影響，須確有關係，始能合論，宋人之尊杜，倡自安石，與元之毫無關涉，故後來祖述，罕及此公。斯猶五代間黃滔、劉昫、張洎、馮贄皆知尊杜，而不害宋人之言五代無知杜甫者也㊱。元明以降，未達此恉，故多臆說，如清汪槐堂題宋百家詩存後亦云：「西崑沿五季，遺俗尚忕忸；能事王黃州，訓辭亦深厚」，其實五代詩無學義山者，西崑亦在禹偁之後也。誣枉古人，一至於此，寧不可詑？

宋初詩體猶簡，諸家考鑑源流，其誤已然如此，則述宋中葉以後詩壇流嬗之緜賾莫測者，幾何不如漫堂之多舛訛乎？雖然，南宋詩流類縱多，亦非果不能歷紀，而其終不能無誤者，斯又在誤解江西宗派之義：觀宋犖撫吳時曾以江西詩派論命題課士，學者皆昧題旨，可知清人已鮮能知其底蘊，宜其言多不中竅也。舍此之外，別有二難爲治宋詩者所不免：一曰客觀材料之混雜與闕誤也、一曰主觀識解之侷限與夾羼也。試陳其要，以備吾篇。

一、客觀之限制

文學史及批評史之研究，必待資料證據，以建構若干歷史知識，匪可憑虛臆造，幻築蜃樓，殆爲學者所共知。雖歷史材料永不可能完整無闕，歷史知識亦永不可能周密無罅，然掌握資料愈豐富美備者，歷史知識爲愈可信，亦世人所共鑒㊲。明清以來，宋詩庋閣不行，材料散佚，論者既寡聞見，持說自多謬謬，故曰治宋詩之所以多誤，正坐其基本材料較他朝尤多舛訛也，此卽史學中所謂客觀之限制。以下略分龐雜、闕逸、僞誤三事，粗陳梗槩。

甲、龐雜

世之論詩者無不稱唐詩，『全唐詩』所錄，凡二千二百餘人，得詩四萬八千九百餘首，談者旣詫爲奇觀，遂鄙唐以後詩不道，謂詩至於宋，衰頹極矣㊳。實則卽以選集言之，『御定四朝詩錄』已收宋代詩人八百八十二家，厲鶚『宋詩紀事』更廣至三千八百餘家，陸心源補遺，復爲輯入數百人，而佚漏者猶不在少，焉得謂爲已衰？儻更就諸家別集考之，則宋人以詩爲茶飯，如晏殊、陸游等，詩皆萬首，楊萬里作『江湖集』序，亦自謂：「余少作有詩千餘篇，至紹興壬午，皆焚之」。是其沈沈夥頤者三五鉅公，已足抵有唐一代之數，其龐雜可知矣。

詩作旣夥，流類自多，文心雕龍所謂：「文慮運周，爲體屢遷」者，兩宋有焉。枝派煒燁、百家騰躍，自昔論者，遂不得不以體製區其流別、詮其同異。如嚴羽『滄浪詩話』詩體一篇，分宋詩爲八類；戴表元「洪潛甫詩集序」述宋詩之流別，亦分宋詩爲五類；袁桷、方回等人亦各有說，考論甚緐㊴。然通觀古今，求其果能洞中奧窔、燭照幽隱者，蔑無聞焉。何則？異同之故難明，情變之數難鑒，歐陽修時，已不知九僧確爲誰某，況其後來遞相稗販者乎？卽以江西一脈言之，南宋趙汝同撰薛嵎『雲泉詩』序謂：「江西起於變崑」（南宋羣賢小集本、薛嵎集卷首），明清以來多祖其說；然江西宗派人物，與崑體似非冰炭，山谷最愛唐彥謙、呂本中著『紫薇詩話』亦屢稱義山詩，至於歐公、荆公、范温、朱弁等，莫不重李。故王漁洋馮鈍吟皆謂尊江西者不當菲薄西崑，晚清同光體自湘鄉以來，亦主此說。顧其說金王若虛駁之久矣，『滹南遺老集』卷四十曰：「朱少章論江西詩律，以爲用崑體工夫，而造老杜渾全之地。余謂用崑體工夫必不能造老杜之渾全，而至老杜之地亦無事乎崑體工夫，蓋二者不能相兼耳」。如此類者，是不僅紛紜於當代，乃復纏訟於後來，孰是孰非，誰能定之？

又如江西自后山以下皆法杜甫，後人遂專以學杜者爲江西；於是，務反江西則黜杜甫、欲尊杜甫則亦小江西，四靈與張戒之不慊於江西一也，其尊杜黜杜則否，論者苟不能括囊衆體、詮別家數，何以知其情僞耶？更以學杜而論，或言江西學之，或曰學而未得其髓、或謂江西盡變盛唐李杜之風、或曰學詩宗江西而不學杜者爲非……，此譽彼訾，議皆不同，斯豈非事簡則易明，理密則難察乎㊵？南宋詩家淵源關聯錯綜複雜，實難碻考，論者既不能盡讀夫宋人詩集，於所謂宋詩流變，皆僅就所見一隅以窺全貌，偶或失論，輒便歧誤，有不得不然者。如放翁爲曾茶山詩弟子，所作呂居仁詩集序又謂詩法傳自居仁，其爲江西遺響，似可斷言㊶；而『四庫提要』乃謂：「游詩實能自闢一宗，不襲黃陳舊格。後人……轉相販鬻，放翁詩派遂爲論者口實」，一似放翁曾別開詩派以與江西爭衡，其誤實與吳之振『宋詩鈔』謂後村源出江西而自爲一宗相似。皆各照隅隙，鮮觀衢路者也。

總之，宋詩之龐雜難理，一以作品泰多，一以詩體過雜，故其參伍相變、因革爲功之迹，難於確考。唐詩雖亦人各異體，然其所以爲異者，不過才性學力之殊，非有自覺意識主之，故不與宋詩之流變相類，此宋詩性質之客觀限制也。

乙、闕　逸

資料過豐，殫力難窮，存護亦難周至。晏殊所謂「末年編集乃過萬篇」者，今皆不存㊷；尤袤號稱中興四大家數，其詩經輯入『梁谿遺稿』（錫山尤氏叢刻甲集）者亦寥寥無幾。卽以江西爲例，當時法席盛行，風動天下，然相去不過數十年，至楊誠齋爲序『江西宗派詩』時，已傷其派之鼻祖雲礽，其詩往往放逸不存（誠齋集卷七九）；『後村詩話』後集卷二亦云宗派圖內王直方詩絕少，何顒、潘大觀則有姓名而無詩。江西爲宋詩第一大宗，尚且如此，佗可知矣。

雖然，卽更就所存者覈之：宋史著錄『江西詩派詩集』有百十五卷、續集二卷；『直齋書錄解題』及『文獻通考』亦謂其正集有百七十三卷、續集十三卷，存詩不可謂之不富。然九百年來，世無完帙，欲考其風格暨宋史陳錄參差之故，併不可得。其零本單行，如韓駒『陵陽集』、饒節『倚松集』等，亦皆殘剟之遺；而其足本若陳氏所錄五十卷之『陵陽集』、宋志所載十四卷之『倚松集』，寥寥天壤，絕不可尋。至於夏倪父、高子荷輩，僅存一二篇章，則並此數卷殘本之小集亦不可得矣㊸！

循例以推，如『南宋羣賢小集』『江湖詩人小集』所錄，今多散佚，吳之振『宋詩鈔』存文獻於叢殘之中，居功至偉。然其書錄詩不謹，旣未選擇、又非全帙，鈔詩往往前詳後略，如劉後村『後村居士詩集』僅鈔卷一至卷十六中作品，卷十七至卷四八，一字未錄。設或劉集湮沒，世之論後村詩者，所能據者卽此少稚之作耳。『宋詩鈔』中此例不尠，而厲鶚『宋詩紀事』詩以事存，亦非全豹。故曰總集別集既多闕逸，選集又不可憑，居今世而欲論宋詩，寧能免於管中窺斑之譏乎？

考宋詩資料之所以殘毀特甚，原因有三：

⑴創作意識使然。宋人雖以詩爲茶飯，無時無地不作，然彼視詩體甚尊，持之甚謹，葉適「徐斯遠文集序」至謂斯遠盡平生所得詩，才二十餘首，其矜愼可知。魏衍「彭城陳先生集記」亦云后山作詩，「小不逮意，則棄去，故家之所留者止此」。其他如楊誠齋自焜少作、黃山谷告諸洪「某平生詩甚多，意欲止留三百篇，餘者不能認得」（呂本中『童蒙詩訓』引）等，爲例正不鮮覯。喩汝礪序晁冲之『具茨先生集』，謂晁氏詩文自丙午亂後，埃滅散亡，僅存二百餘篇。其實皆晁氏自焚者，『宋詩鈔』云紹聖初晁以黨禍被謫，十餘年後重返京師，疾革時取平生所著，曰：「是不足以成吾名」，悉焚之，故其詩不多。其事其語，可見宋人創作意識之一斑，殆與言意之辨有關者也。

⑵政治因素影響。門戶之見，至宋而烈，自濮議以後，朝局動盪，多出於意氣之私，賢如后山，尙欲乘風縱燎，盡焚荆公學術文章，其餘諸人可知㊹。東坡與滕達道書嘗云：「吾儕新法之初，輒守偏見，至有異同之論；雖此心耿耿，歸於憂國，而所言差繆，少有中理者」，眞自悔之名言。後人無坡老胸襟，坐令黨爭愈演愈酷，實趙宋之不幸，亦我中華民族之不祥也。於詩亦然。詩文之得罪，溯自歐陽修論朋黨等事，及後則有烏臺詩案、同文舘之獄等。趙翼『二十二史劄記』卷二十六秦檜文字之禍條謂：「秦檜贊成和議，自以爲功，惟恐人議己，遂起文字之獄，以傾陷善類。因而附勢干進之徒，承望風旨，但有一言一字稍涉忌諱者，無不爭先告訐，於是流毒遍天下。……又疏禁野史，許人

首告；並禁民間結集經社，甚至司馬伋自言涑水紀聞非其曾祖光所著，李光家亦舉光藏書萬卷悉焚之。其威燄之酷，眞可畏哉！」論南渡初期文字之獄甚詳，然不知其事不自秦檜始也：崇寧二年四月，詔毀范祖禹『唐鑑』及三蘇黃庭堅秦觀文集，又毀程頤出身以來文字。徽宗政和二年，禁詩，以詩賦之家必在乎史，故又禁史學；詩人多遁去塡詞㊺。朋黨相爭，政局文章遂皆如旋風轉葉，旣數進而數退，亦一斲而一傷，勃蹶黜陟，浮沈無定，國則危矣。王船山『宋論』卷八曰：「宋之不靖也，自景祐而一變矣，熙寧而再變，元祐而三變，紹聖而四變，至是（建中靖國）而五變矣。國之靡定，不待智者而知也。……伊川貶，而尹和靖、張思叔諸學者皆罹僞學之禁；韓侂胄之惡，自此倡之。則非禍中於國家，而且害延於學術矣。建中靖國之初政，有識者所爲寒心也，奚粲然可觀之有？」殆不知殃及學術者不自徽宗始也。然高宗以後之政，實仍其舊，未變其本，益加其厲，道學禁黜，綿亙孝宗寧宗數朝，寧宗時亦罷詩，詩家如花翁孫惟信等，亦去而爲詞，可謂詩道之厄也。理宗時江湖詩案一獄，株連尤廣，后村『南嶽稿』卷一原注：「嘉定己卯自江上奉祠歸，發故篋盡焚之，僅存百首，是爲南嶽舊稿」，卽指其事。凡彼政爭，輒使詩集散滅，此其例焉。又如葉適，葉適長劉克莊卅六歲，與劉家兩代世交，據所撰劉氏墓志，二人交誼極深，然水心集中，只題後村南嶽三稿一詩而已，餘未見錄。遠較后村集中和葉之作爲少。此蓋水心當韓侂胄定計北伐時，與辛稼軒及后村父劉彌正，持之甚力；及彌正卒，韓侂胄北伐敗衂，後村復受史彌遠之蹉跌，水心於勢不得不佯與疏卻，並示己之不曾附韓也㊻。集中詩作，非刪卽毀，初不以行輩懸絕之故。詩篇擯滅，大多類此，非政治因素影響而何？

(3)後代詩學轉變。明自中葉以後，詩尊盛唐，宋人詩集庋閣不行，亡佚特甚。清代稍事補葺，書乃可讀。緬其世變，實多可傷。袁中道「宋元詩序」曰：「近代修詞之家，有創謂不宜讀宋元人書者。……自有此說，遂爲固陋慵懶者託逃之藪。書既不必讀，斯亦不必存，則宋元諸集可遂聽其散佚澌滅而不復問也耶？當宋初，有九僧之詩，其佳語置之唐集中不可辨，自中宋時已不復存。陸放翁稱潘邠老之詩，以爲妙不可及，而潘集今亦無從得覩。黃山谷集極口江陵高荷工於學杜，而志已逸其名」（珂雪齋文集卷二）㊼，言之最深著明切。然舉例猶未詳也。江西詩社人物，如洪朋『龜父集』陳氏書錄解題載有一卷，久無傳本，故厲鶚作『宋詩紀事』時，僅從『宋文鑑』『聲畫集』諸書摭得遺詩數篇，即江湖集所載者亦未爲完備。洪芻『老圃集』，至明亦佚，『宋詩紀事』自諸地志類書中輯出數篇，實不及其百一。謝無逸集至明亦佚弗傳，故王漁洋跋『竹友集』以未見逸集爲歉。四庫提要謂茶山集佚者不過三百五十二篇，時以爲少，今則詫其銷滅之多。茶山如此，其餘可知。凡此數家，或經清人補葺，書稍可讀，然亦有終於漫滅者，如洪羽以元祐中上書入黨籍，詩文終無片楮之傳，寧非可惜？若斯之比，皆所謂文章壽世，不免因人俯仰者也。近代美學家恆言藝術品之價值，往往隨世低昂，昔之美逾拱璧者，今或棄如敝屣，故韓愈詩文，歐公得諸敗篋中，苟無歐公，則韓昌黎集亦終於膏泥壞而已。惠洪跋謝無逸詩，以爲：「文章如良金美玉，自有定價」（石文門字禪卷廿七），驗此流變，實不然矣㊽！

綜此三耑，可知宋詩研究材料不銷磨於異代，即殘毀於當時。近代史家每言歷史知識之不完全性，來自人爲之銷毀與保存、發現之困難。核諸宋詩，兩皆有之，此非文獻不足徵也歟?!

丙、僞誤

文獻不足，卽存者亦不免於罣誤，雖論史之恆例，而宋詩尤甚。宋史多誤，論者諡爲僞史，固可勿論；其可以參證史書之諸家載籍，亦復多謬而不可信，則往往令人氣沮。如吳曾『能改齋漫錄』卷十謂呂居仁作江西宗派圖時，夏倪已卒六年，「近覽贛州所刊百家詩選，其序均父詩，因及宗派之次第，且云夏均父自言以在下列爲耻，殊不知均父沒已六年，不及見圖。斯言之妄，蓋可知矣」（議論），按：周必大題山谷與韓子蒼帖，云子蒼「晚年或置之江西詩社，乃曰：我自學古人」（周益國文忠公集・省齋文稿卷十九），子蒼卒於紹興五年，據此晚年二字，可知吳錄所稱宗派圖作於紹興三年之說爲不謬。圖既作於紹興三年，均父耻居下列之說自不足信。夫均父之耻就下陳，與子蒼之不樂入派，其意略同，眞僞則殊，考宋詩者，得無愼乎？

更以諸家選集考之，如『宋詩鈔』鈔張耒『柯山集』卷十「有感」五首之三入蘇舜欽集中；厲太鴻『宋詩紀事』卷四七誤誠齋詩話爲后山詩話；卷七引『宋文鑑』所載孫僅勘書詩，短少兩聯；陸氏『宋詩紀事補遺』誤以唐王績、張碧詩補入卷四三及八八；又補金龐革詩入卷三九……等，或删改原書，移易主名，或倒植時代、隨易搭截，論者不核本集，輒受其灾。然本集亦不盡可據，如李壁『王荆文公詩箋注』，據胡仔『苕溪漁隱叢話』前集卷卅七引王直方語，謂賀鑄嘗作「題定林寺」詩，荆公見之大稱賞，故自作「竹裏」詩，頗亦似之（卷四一）。不知竹裏爲僧顯忠詩，而賀鑄作定林寺詩時，荆公已死三年矣。——斯猶可謂爲後人附會之過，然亦有作者自相矛盾，令人無所適從者，如曹貞吉『珂雪二集』嘗譏放翁自言射虎事，首末不一（讀放翁詩偶題），蓋放翁自謂從軍南鄭，曾殺虎於山道間，而或稱箭射，或云劍刺，或謂血濺白袍，或曰血漬貂裘；或說在秋、或說在冬，觸目茫然，不解所謂㊾。凡此混殽與罣誤，無論選集別集及筆記短書、史注載記，靡不有之，世嘗以元修『宋史』爲僞史，實則僞不自元始，宋人自僞，故難究詰耳。

宋人自僞，有無意識之偶失，有有意識之誣陷。如魏泰假名張師正作『志怪集』『括異志』『倦遊錄』，私喜怒以誣衊前人；又假梅聖俞作『碧雲騢』議及范仲淹之類，往往而有，胡應麟曰：「宋人好作僞經者阮逸、僞子者宋咸，僞說者惠洪，諸人皆無害於名敎，世猶以僞書訾之」，又云王銍能辨魏泰之僞，而自撰『續樹萱錄』亦屬僞作，則遊戲筆墨爲賢者所不免也（四部正譌）。此說頗能盡宋人載筆多誤之情：有害名敎者，有意識之攀誣；無傷大雅者，遊戲之筆墨。二事雖殊，其爲汩亂耳目者一也。

有意識之攀誣所以盛於宋代，殆亦有故，蓋朝局翻覆，不免假筆端以資煽謗，如『涑水紀聞』『孔氏野史』之類，世所共知，可與前條所述因政治因素而刪竄舊文之例合觀㊿。然而不止於此，余考宋詩流傳風行之盛，實與當時經濟文化狀況有關：

自唐僖懿以後，士之辱人賤行、背公死黨、鬻販宗社者夥矣，即或沈酣倡俳、終老巖穴，亦皆與世之文化氣候無關。宋太祖激之使貴，不殺士大夫，以文敎養天下，其利鈍雖難遽斷，民之知士尚文，則有宋彬彬，三代兩漢不能過也。文風如此之盛，雕板印刷亦至宋而大行，人各有集，書肆朋起，李唐以前詎能及哉？南宋『江湖小集』一案，尤可見書商與詩篇傳布之關係。彼時書肆既爲牟利，自必有僞託刪竄如明代之所爲者，如王十朋『東坡詩集百家注』三十二卷，分類頗多顚舛，如芙蓉城詩入古蹟、虎兒詩入咏史之類，不可殫數。不但以畫魚歌入書畫爲查愼行『東坡詩補注』所譏，其注爲邵長蘅所掊擊者凡三十八條，至作正譌一卷，冠所校施注之首。十朋爲名學者名詩家，不當桀謬若此，考『梅溪前後集』所載序十二篇，亦無此序；又有讀蘇文三則，更無一字及蘇詩。百家注前別有趙虁序，云：「崇寧間僕年志於學，逮今三十年，一字一句推究來歷，必欲見其用事之處。頃者赴調京師，繼復守官，累與小坡叔黨遊從至熟，叩其所未知者，叔黨亦能爲僕言之」。蘇過卒時當在宣和五六年間，若從崇寧元年下推三十年已爲紹興元年，過之沒七八年矣，虁安能見而問之？其序之爲依託，不問可知。故四庫總目提要曰：「核書中體例，與杜詩千家註相同，殆必一時書肆所爲，借十朋之名以行耳」。

自宋以來，書肆仍此慣技，選家亦少甄別，遂至蘇過『斜川』之集，全採劉過『龍州』之詩；蘇軾「陽關」之曲，翻成杜牧「中秋」之辭[51]。依託混秩，僞中出僞，若辛棄疾『蕊閣集』、黃希旦『竹堂集』、岳珂『棠湖詩稿』、顧禧『志道集』、蘇軾『東坡外集』『杜詩故事』、舒邦佐『雙峯存稿』、陳康伯『陳文恭公集』、楊萬里『錦繡論』、羅公升『羅滄州集』、梅堯臣『金針詩格續』、陳師道『后山詩話』、嚴有翼『藝苑雌黃』、陳應行『吟窗雜錄』、尤袤『全唐詩話』……等，俱屬後人剟拾依託，未爲本眞；其他偶爾闌入，如朱子語類所稱：「呂伯恭文集中，如答項平父書，是傅夢泉子淵者；如罵曹立之書，是陸子靜者。其他僞者，想又多在」，猶不在數中。宋詩研究資料之混雜譌誤，自可想見。論者偶失檢勘，輒受欺罔，如朱彝尊跋宋陳思編、元陳世隆補『兩宋名賢小集』，云：「是書又稱爲江湖集，刻於寶慶紹定間。史彌遠疑有謗己之言，牽連逮捕，思亦不免，詩版遂毁」，其實刊江湖集者乃陳起，非陳思；且江湖集所載皆南渡以後之人，而是書起自楊億宋白。二者迥異，不當牽合爲一。四庫提要謂此跋及此書，皆後人僞補，是也。顧江湖集亦非原本，故曾極、趙師秀詩皆弗載，亦未可獨譏於名賢小集矣。宋詩研究資料之混誤如此，秋水洗眸，庶免蹉跌，則不得不有待於研究者之努力；然研究者本人亦有主觀之限制在，主觀之限制者何耶？

二、主觀之限制

宋詩研究之客觀限制，既如上述，則宋詩眞貌果不可得見乎？研究資料縱極蕪雜錯累，即不能持平衡鑑、擘肌析理，以待冰消形現，而於微塵中見大千乎？曰不然，斫闢榛蕪，用顯本眞，乃歷史學者之所有事，固不得以資料乖舛，懈其職任。所最懼者，論者本身亦有主觀之限制與謬失在，若與客觀之限制兩相孚會，宋詩之眞貌卽不可見矣。歷觀往昔，頗有斯弊，試條陳於后，以見其槩。

甲、主觀知識之羼雜

歷史知識之重建，每易與論者主觀之知識重叠交午，揉鑄爲一，其甚者乃或託古改制，爲己張目。如方回「送羅壽可詩序」以梅堯臣詩爲唐體之出類者、嚴羽『滄浪詩話』亦謂梅聖俞學唐人平淡處，而劉克莊『後村詩話』則云宛陵爲宋詩開山祖師，一變唐風。夫梅聖俞詩固一客觀事實也，諸家見解之異則如此，何以然耶？蓋滄浪力攻江西，揭櫫唐人，故欲返之蘇黃未出以前；虛谷融合數派，統定一尊，故欲以江西兼唐人之妙；至於後村，獨謂宋詩非不愧於唐而已，直乃過之，故又推尊宛陵，以爲宋詩開山[52]。彼三家論事之異，實由宗旨之殊，非梅氏一人之作忽爾歧互至此也。後世論者亦有宗旨之殊如彼三家者，如虞山詩派不喜宋調，則謂宛陵爲戾耳；同光詩家苦嗜宋音，則推宛陵爲絕唱；而『雪橋詩話』卷九則謂吳嗣廣宛陵集評本云宛陵仍是唐音，非宋調也。凡此紛呶，其所關係者一爲唐宋詩風格之劃分，一爲宋代詩史流變之事實，苟不能先考諸家持論之本末，未有不受其主觀限制所欺者。

論事互異者如此，論事雖同，亦將有其不同者在，如呂本中『紫薇師友雜志』謂謝無逸曾語其外弟趙才仲曰：「杜詩自是杜詩，黃詩自是黃詩」，言山谷與老杜並非一體；嚴羽『滄浪詩話』詩辯篇亦云宋自東坡山谷始自出己意以爲詩，唐人之風變矣。二家皆稱杜黃詩格不同，而一是一毀，俱關平生論詩之宗趣。故今若摠此二耑，斷以一言，豈非中有所見，論古遂蔽者乎？

循是以觀，爲例不尠，如陳與義，誠齋集卷一一八「胡銓行狀」雖云彼在孝宗時曾與呂本中同宗后山，然本中作「江西詩社宗派圖」實無其人，嚴羽亦謂簡齋詩與江西詩小異，至方回撰『瀛奎律髓』始以簡齋爲三宗之一，云杜詩卽簡齋詩，若欲學杜，非參簡齋不可。夫簡齋詩，時人或擬於韋柳，安在其必爲老杜耶[53]？此蓋虛谷本人學詩經驗使然：據『桐江集』卷一「送俞唯道序」，知虛谷初讀老杜黃陳詩皆未有得，後誦簡齋集，始有入門，故通老杜、黃、陳、簡齋而玩索之。彼既遵此緣會，則其所謂杜詩，遂不得不卽爲簡齋詩矣[54]。後人但知簡齋爲學杜，不知簡齋論詩頗有取於建安六朝及晚唐，亦由虛谷啓之也[55]。

與簡齋命運相似者，爲曾茶山。茶山本不在呂氏宗派圖中，至劉克莊始爲編入，『後村先生大全集』卷九五曰：「曾文清乃贛人，又與紫薇公以詩往還，而不入派，不知紫薇去取之意云何？當日無人以此叩之。……今以繼宗派，庶幾不失紫薇公初意」（江西詩派總序），可見茶山入派甚晏。方虛谷論詩雖不愜於後村，於此則有同嗜，『瀛奎律髓』卷十六評簡齋「道中寒食二首」曰：「余平生持所見，以老杜爲祖，老杜同時諸人皆可伯仲。宋以後山谷一也，後山二也、簡齋爲三、呂居仁爲四、曾茶山爲五，其他與茶山伯仲者亦有之，此詩之正派也」，茶山至此，幾乎一祖五宗之列矣。清潘德輿『養一齋詩話』卷五譏茶山自云「工部百世祖，涪翁一燈傳」「老杜詩家初祖，涪翁句法曹溪，尙論師友淵源，他時派衍江西」，而所作氣筆羸率，與涪翁之崛崒，已絕不似，何況老杜。不知茶山並未以江西自命，時人如呂居仁亦不以江西目曾。苟依『詩人玉屑』所述，茶山之學出自韓駒，則茶山之爲江西雖可論定，是否有意宗黃則難斷言。虛谷以茶山爲江西正派，賀裳吳喬則云江湖詩人俱出茶山，考其所異，正以不可斷言者爲必然，又復各就平生持論宗趣以抑揚其間耳(56)。楚旣失之，齊亦未爲得也。

又如義山詩，四庫提要謂元祐諸人起而矯西崑以後，「終宋之世，作詩者不以爲宗。胡仔漁隱叢話至摘其馬嵬詩，渾河中詩，詆爲淺近」。其實宋人在西崑以後，如荊公、蔡寬夫、許彥周、呂本中、范溫、葛常之、葉夢得、朱弁、范晞文、張戒等，皆盛許之。呂居仁至謂：「少時作詩，未有以異於衆人，後得李義山詩熟讀規摹之，始覺有異」。知四庫之言非也。考宋人之重義山者，多謂其學杜；然在荊公石林以前，若楊億劉筠等，曾無此說。楊億不喜杜詩，詆爲村夫子，而於義山則愛慕不能釋。如此類者，其所謂義山學杜云云，究屬一家之私議、抑客觀之公論？得無受荆公影響而然者耶？

同例尚可徵之於山谷：山谷本人，初不以學杜爲已足，其所知名處尤在楚辭；而江西之派，誦法山谷，亦如西崑之學義山，未嘗以杜爲初祖。自胡仔『苕溪漁隱叢話』前集卷四九，始云江西之學者不當止於山谷，當溯源更上，以杜爲師；方回繼起，創一祖三宗之說，杜甫遂奪山谷之席矣。漁洋論詩絕句所云：「卻笑兒孫媚初祖，強將配食杜陵人」，蓋卽指此。淸人踵事增華，復謂杜甫非極境也，山谷甚推陶淵明，上溯源流，則江西須祖淵明，於是陶潛又爲江西初祖矣㊲。若此紛紛，而初祖者究爲誰耶？史籍散秩，本待後人輯比疏通，以見其幽微；乃竟治絲益棼，聚訟至此，則以主觀知識羼雜其中之故也。

乙、價値與事實之混殽

嘗讀王漁洋『帶經堂詩話』，卷六題識釐尾文有云：「頃借陵陽集，急披讀之，燭跋卷亦盡，佳處乃無過此。或曰子蒼不樂居江西派中，云我自學古人；未必然也，涪翁正法眼藏，渠易夢見？」每每讀此，輒嘆論古之難，何則？韓駒是否曾自言學古人，是否不樂入派，爲一歷史事實之問題；其詩優劣，則爲美感價値之問題。二者範疇懸絕，本不容混殽爲一，而談藝之家類勿省其差異，每牽合於不自覺中，遂令古今事實，難於鏡察，所謂主觀之限制，此亦其一也。

以知識論立場言之，凡所有問題，可約爲三類：

甲、「是如何」之問題——即事實問題

乙、「會如何」之問題——即規律問題

丙、「應如何」之問題——即價值問題

凡陳述某一事實及條件、關係者，如蘇軾爲眉山人，律詩爲有平仄對仗者，黃庭堅係蘇軾門人之類，皆事實問題；而預測未來之事實，如月暈而風、礎潤而雨，即爲一規律問題；至於詩不可不法老杜，須於唐賢中作活計等等，實屬價值之問題㊽。所謂價值，其形成之故不一；是以又有美學之價值、倫理之價值，實用之價值等分異，四庫提要謂洪芻得罪名教，罪不容誅，然其詩有師承，深得豫章之格，故就詩言詩，錄其遺篇云云（卷一五六），即不以倫理價值干害美學價值之例也。不同價值尚且不得互妨相紊，則價值與事實之間，豈復可以殽亂莫辨？

理雖如此，宋明以來論詩者終不免於以價值干事實者何耶？曰：創作之需要及我國詩史、批評史之特殊型態使然。

據劉若愚『中國文學理論』一書所述，一切文學理論所關涉者有四大層次：作家與宇宙之關係、作家與作品之關係、作品與讀者之關係、讀者與宇宙之關係。論者若所關注之層次及立場不一，其評論之內容即不相同。採作家之觀點者，意在創作，故論述詩篇較具規範性（prescriptive）；採讀者之觀點者，意在賞悅，故論述詩篇，多屬描述性（descriptive）㊾。今案：描述者爲一事實問題、規範則爲一價值問題，兩者互不相蒙；西方近代批評如新批評、結構主義批評等，多係讀者之觀點；而我國宋元以來詩話則多採作者之觀點，故後者必論作者人格才性與創作之關係，而前者乃不如是也

（見第壹章第五節）。卽此一耑，其異已見，況價値與事實之殊耶？我國詩話，自宋以來，皆係詩人論藝之製，讀者非詩人之學侶、卽學詩之後進，故所商兌者，靡非創作間事。自陳甘苦、析賞優劣，既存價値批判之實，亦有指引規範之功，張夢機先生云傳統詩話乃創作、批評、讀者三位一體；簡錦松亦云兩宋以後詩話詩評作者，皆站在指導學者之立場而立言，衡諸實事，可謂得情[60]。

再就宋元以降批評意識本身言之，其爲一價値選取之活動，亦詳本卷壹章五節。所謂價値之選取，卽在確認創作時應以何種美感價値爲準則、爲依歸，故詩評詩話亦傾向於前述之創作立場也。凡選取必受心理結構之影響、心理結構復受文化因素之影響，是以評論者生存時代、社會環境及所受敎育不同，其所選取之價値卽不盡相似，以曾茶山爲例，陸放翁荷茶山知賞，感激獨深，又生江西流衍天下之日，故所撰曾文清公墓志銘謂茶山文章雅正純粹，而詩尤工（渭南文集卷三二）；賀裳吳喬生清初虞山諸老飈發之日，所謂虞山學者，皆主西崑，以中唐爲入門，鄙棄宋元，故『載酒園詩話』痛斥茶山，以爲天性粗劣、生硬麄鄙，一暜登壇，羣盲振鐸（卷五）。褒貶之殊，不啻南北，此非價値選取之不同乎？價値選取既因文化因素之影響而致異，人各蔽於其所習所見，事實之客觀眞貌卽不可得，此又英人培根（Francis Bacon）所云，人類知識成長中，「種族偶像」「洞穴偶像」「市場偶像」之蔽也[61]。

所謂種族偶像者，人皆習於其所知，而闇於其所不知，得一偏而以爲全貌、觀表象而誤作眞實，如錢大昕『十駕齋養新錄』深斥后山與黃同在蘇門，詩格亦與涪翁不似而呂本中乃抑之入江西派（卷十六），不知后山之在蘇門，出自『蘇門六君子文粹』，錢謙益辨之綦詳；而后山詩學涪翁，亦史有明文也。所謂洞穴偶像者，則指人類知識之局限，每窘於一隅，篤於時、束於敎，有不期然而然，如上舉放翁賀裳之類者。至於市場偶像，蓋謂一時一地流行習見之說，轉相裨販，遂蔽眞實，如江西宗派，本其源流，皆出於豫章，而論者或由本身價値選取規範之故，推溯少陵，昧者不察，卽云江西皆出自杜甫，如黃宗羲「張心友詩序」所稱：「豫章宗派者，皆源於少陵」者，蓋比比焉。凡此之類，在我詩史中皆由創作之需求而生，故亦與創作關係特深，是以吳喬賀裳雖病宋詩，而作詩則貴氣格，不知氣格云云，本江西舊法也，此亦價値問題與事實問題混殽之一例。然其例猶不止於是！

於古論者，多不曉事實與價値之別，故所論次，或昧澠淄，如趙翼廬山紀遊詩：「江西詩派江西人，大都少肉多骨筋；廬山亦復犯此病，青孱片片摩穹更」（甌北詩鈔七言古卷四），價値評論事也，朱樹滋論呂居仁作宗派圖之意，乃亦引之，而謂呂氏「擇焉不精，語焉不詳，欲免後人之異議，難矣。趙雲崧咏廬山詩云云，則其爲派，亦從可想矣」（石樵詩話卷一）。夫紫薇何以作圖、其圖之內容如何、優劣是非何在，乃一歷史事實之問題，非詩藝評價之問題，何可引此證彼，混爲一談？其誤蓋與杭世駿論宋詩相似，杭氏撰「沈沃田詩序」曰：「自滄浪有『詩有別才，不關學問』之說，江西之派盛於南渡，而宋弱；永嘉四靈之派行於宋末，而宋社遂屋」（道古堂文集卷十）。以文運關係國運，立說未嘗不是。然宋之弱，不由江西派盛之故，顯然可知；滄浪之說，旣非江西所自出，復與江西爲論敵，亦炳然可識。其尤謬者，則在將本人對滄浪議論之評估與南宋詩風流變之陳述混雜爲一，垠堮未明，輒成笑枋。後有論者，敬取鑒焉！

丙、孤立研究之闕失

美學研究中，有所謂脈絡主義（contextualism）與孤立主義（isolationism）之分。後者以爲研賞一作品，當專注於作品本身，其他一切史實、作者傳記等皆其外圍無關之材料。前者則以爲作品應置諸整體脈絡中觀察之，如欲研賞范成大田園詩，理應稍知田園詩發展之歷史；欲知蘇東坡望湖樓絕句之價值，亦當比較東坡其他時期之絕句，及宋代絕句詩之體貌。故所謂脈絡也者，包含作家之生平、時代（時代精神、流行觀念、對作家之影響力等）、觀念、藝術媒介之外在事實關係（如文字之功能與限制、書籍流通之狀況等）……[62]。近代西方新批評，主張孤立主義，視作品爲一自給自足之存在（self-contained and self-sufficient entity）；論者皆謂其說不適用於中國，蓋吾國文學創作暨批評，與作者情志之發展關係至深，而作者情志之發展又與其身處之社會、歷史脈絡牽連不可分也。儻或研究對象之性質決定方法，則覈論宋詩，似不能不有取於脈絡研究法矣。

雖然，余有憾焉，宋元以下，考議宋詩者，注目所及，皆在歌詩本身，於其歷史文化及社會脈絡，尚少推察，照覽既有未周，所見遂亦鄰於偏宕。或強以史賓格勒（Oswal Spengler）之歷史有機論爲說，謂詩而至宋，俱無足觀；或不解唐宋歷史社會狀況，強爲優劣是非。以邊塞閨情爲例，仇注杜詩卷七卽云：「唐人作詩多言遣戍從軍之苦，而宋元以下無聞焉，蓋唐用府兵，兵卽取之於民，故有別離室家，遠罹鋒鏑，及親朋送行，歷歷悲慘之情；宋明之師，或用召募、或用屯軍，出征臨戰，皆身所習熟，而分所當爲，故詩人亦不復爲哀苦之吟矣！」社會制度不同，反映於詩中者亦必各具面貌，何可責宋元之必爲唐詩耶？或者又痛斥宋代文壇及學術黑暗，以理學與文以載道之說爲文學發展之大障；斯亦未以詩文置諸歷史整體脈絡中觀察之病也。今案：士之自覺興於中唐，趙宋復以不殺士大夫之誓詔子孫，故士之自視亦重，動以天下爲己任；然而士者，非有貲憑利藉可以遂行其志者也，其所憑藉唯在智識才學，而智識發見於外者，則爲詩文，此所以宋代文風丕盛之故。文以載道之說，曷嘗限扼文學哉？理學云云，尤論者集矢之所，然余嘗考呂居仁『江西詩社宗派圖』所列廿五人，除黃庭堅、陳師道外，如謝逸、饒節、徐俯、汪革、謝薖等，皆出自龜山、滎陽門下，即呂本中、曾茶山，後世所謂江西魁率者，亦屬滎陽、武夷門下，陸放翁撰曾幾墓志銘，復力言徐俯、韓駒、呂本中之後，曾氏「道學既爲儒者宗，而詩益高，遂擅天下」，故知江西一脈與道學正非水火，晚宋詩家宗匠如葉適、方回、劉克莊等，亦無不與道學有關，論者苟不考兩宋學術之流嬗，而欲知其詩歌遷蛻之迹、詩家榮枯之故，難矣！

除行政制度、學術風氣之外，社會結構、人羣組織亦皆與一切文化表現體密邇相關；就詩而言，亦可略舉數例，以徵其概。——

今存宋代詩文總集，據中央圖書館所編『現存宋人著述目略』載，凡十一種，中有闕名編者二種、呂祖謙輯『宋文鑑』二種，餘皆陳起輯刊。其事至爲驚人。考陳起卽陳道人，南宋臨安府棚北大街睦親坊南陳宅書籍鋪之主人也。其所刻書，以唐宋詩文小集爲多，與當時士流亦頗有往來，依葉德輝所考，江湖詩人贈詩於起者，劉後村之外，尚有吳文英、葉紹翁、黃佑甫、許棐、鄭立之、杜子野、周文璞、黃元易、俞桂、徐從善、周端臣、朱繼芳、黃文雷、釋芳庭等，主持風雅，略可想見，縱非江湖詩人之主盟，亦必爲一時之鼓吹。方虛谷『瀛奎律髓』記后村落梅詩後云：「寶慶初，史彌遠廢立之際，錢塘書肆陳起宗之能詩，凡江湖詩人皆與之善。宗之刊江湖集以售，劉潛夫南嶽稿與焉。宗之詩……或嫁爲敖臞庵器之所作，言者併潛夫梅詩論列，劈江湖集板」。此卽所謂江湖詩案也。其案之成，固由南宋政局翻覆所致，書肆刻集蓋亦終始於其間。故商業資本之形成、商人地位之提高、商人與政治文化之關係等，皆考論其事者題中應有之義，若舍此而弗講，吾不知其可也。

又據『現存宋人著述目略』所載，詩文唱和類甚多，如李昉李至『二李唱和集』一卷、楊億輯『西崑酬唱集』二卷、司馬光等『洛中耆英會』一卷、鄧忠臣『同文館唱和詩』十卷、邵浩輯『坡門酬唱』二十三卷、釋契嵩輯『山游唱和詩』一卷等，爲風雅之筌簣，備一時之掌故，固爲論者所習知。然若考其酬唱之由來，則不得不求之於社會結構及士人之活動狀況。蓋酬唱者起於中唐，自有其歷史及社會因素，非一二人偶然之擧措也；宋初依循風氣，李昉欲效白香山遺事，爲九老會而未果，至慶曆中乃有徐祐九老會、馬尋六老會，元豐間亦有徐師閔九老會、文彥博五老會、洛陽耆英會等，賦詩酬酢，觴咏之樂，實李唐以前所未覩。其時諸團、行、社、會，亦方興於社會各階層間，如義社、巡社、經社、弓箭社、緋綠社、錦體社、遏雲社等，比比皆是，詩社卽其中之一，吳可『藏海詩話』曰：「北方有詩社，一切人皆預焉；屠兒爲蜘蛛詩，流傳海內。……元祐間，滎天和先生客金陵，僦居清化市爲學館，質庫王四十郞、酒肆王廿四郞、貨角梳陳二叔，皆在席下，餘人不復能記。諸公多爲平仄之學，似乎北方詩社」。顯見詩社遍布鄉里都市中，入社者亦不限於士大夫；屠兒貨郞，俱可把臂，正與夢華錄夢粱錄諸書所載其他「社」「會」相似。非一時詩酒流連之雅聚，乃長期固定之組織，社中既有社課社稿，各社之間亦復常投刺往來。凡此種種，儻不考之歷史與社會脈絡，焉能得其旨要㊸？

更就宗教言之，陳起所刊書，有『聖宋九僧詩』一卷補遺一卷、『增廣聖宋高僧詩選』前後續及補遺六卷；而釋惠洪『冷齋夜話』、釋文瑩『玉壺詩話』、釋普聞『詩論』、桂林淳大師『詩評』等，亦皆談藝者必讀之書；江西詩社中，饒德操之爲僧人固無論矣，卽呂本中本人，全祖望亦謂其家門之學頗溺於禪。是欲研究兩宋學詩發展，有不能不知其與佛教之關係者矣；欲考江西之詳，亦不能不深索其社會宗教背景矣。雖然，猶有說也：所謂整體脈絡者，非分考之一事一事之謂，凡社會結構、歷史發展、意識背景等，莫不纚屬相通之謂也。如陳起之爲書肆，固可考諸唐宋經濟史，然彼亦嘗彙刻釋氏詩文如上所述；詩社之興，固可考諸唐宋社會史及知識階層史，然詩社之有僧人，江西以外亦不乏例，『宋詩紀事』卷九一卽云釋法輝嘗與陳原道呂縉叔等人爲同社；至於陳起之與吟社有關，爲證更顯，『宋詩紀事』卷六四陳氏挽許梅屋詩所稱桐陰吟社者，實江湖詩人之淵窟。如是，書肆與僧人有關、僧人與詩社有關、而詩社復與書肆有關，始卒若環，不可偏闕，卽余所謂整體脈絡之考察也。擧一耑則全體應，擧脈絡則一耑顯，昔賢於此，尚少用功，故所見或不可信，此限於學力識力，爲主觀限制之一例也。

若推此例，更就考勘，則譬如北宋之尊杜，與古文深有關係者也，而論者甚罕；譬如南宋之道統，與詩歌確有淵源者也，而考索尚希；經學、史學、理學與詩學，尤當整體合觀，周遍含容，事事無礙，而談者皆只能獨銳偏鋒，自陷於一曲。其不見天地之大美，不亦宜乎？或曰不然，古亦有論及詩史關係、詩與社會之關係者，且如胡雲翼『宋詩研究』、日人吉川幸次郎『宋詩概說』等，皆嘗言批評宋詩須就其全體立論，不得枝節破碎以爲之，此非歷史脈絡之研究乎？曰：否！其所謂關係者，支離斷裂之關係，非余所謂整體脈絡之關係也。譬若二氏俱稱宋詩發展於和平繁榮之社會，而胡氏云宋詩因此而消失敍事性及社會性，吉川則云宋詩敍述性及社會意識至強，二說矛盾，正由兩氏於詩與社會關係之認定不同所致[64]。然關係之認取，何以互異？此必其認取之方法有誤也。以余考之，其思考方式大似羅素（Bertrand Russell）所謂關係之外在原理（external theory of relation）。此類理論略謂：A與B若有關係，關係姑定爲r，則A與B爲兩關係者（relator）；然此二者之關係結構A-r-B，須透過分析始能發現之。故研究者尚未以關係聯結二者之前，AB爲兩獨立存在物；而關係r一旦聯結關係者A與B時，卽爲一新函攝（new function）作用。以此，可知關係必爲外在後起者也。於今，論宋詩者，罔不視經學、史學與理學、詩學爲獨立存在之發展，理學與詩本爲兩道，理家爲詩或詩作理語，亦皆屬外在後起之關係，未有視理學與史學詩學爲一整體不可分割之關係結構者[65]；於是A、B、C、D等關係者之間，遂無法構成連結之函攝關係（form the function of connective），以致畸零割裂，未能顯其全體大用；且關係既爲外起之發現，卽可人各異說，靡堪準信。此所以西方近代關係邏輯（relational logic）之學必主張內在之關係也。所謂內在關係者，既視世上無獨立分別之個體，關係者亦不能脫離關係，二者爲不可分割之內在關係。其說似與華嚴宗相肖，華嚴以周遍含容、理事無礙觀法，見宇宙爲一全體，厥中雖有差別事法，而皆可融攝於廣大悉備之一眞法界中，因賅果滿、果徹因圓，交函互攝、相融相卽，而成一旁通統貫之體系[66]。夫此豈非上文所謂始卒若環，不可偏闕，擧一耑則全體應，擧脈絡則一耑顯耶？東坡送春詩曰：「憑君借取法界觀，一洗人間萬事非」，華嚴法界，具存坡翁詩中，論宋詩者儻亦具此眼目耶？

丁、概念思考之不足

人，與物相酬，生而有知，其知也可略分爲二類：一曰直觀之知（Intuitive knowledge），如見一物覩一事，而知其形相意貌，不假思索、不生分別、不審意義、不立名言，故爲直覺；知之初基始貌也。旣覩形相，進而推求意義、考察關係、區分異同，則所獲致者，卽爲概念（Concept）或邏輯之知（Logical knowledge）。窺基法師『因明大疏』云：「行離動搖，明證衆境，親冥自體，故名現量；用已極成，證非先許，共相智決，故名比量」，直覺之知與概念之知，亦猶此所謂現量與比量也[67]。王船山『薑齋詩話』卷下，嘗摭此義，借以論詩，曰：

> 「僧敲月下門」只是妄想揣摩，如說他人夢，縱令形容酷似，何嘗毫髮關心？知然者，以其沈吟「推」「敲」二字，就他作想也。若卽景會心，則或推或敲，必居其一，因景因情，自然靈妙，何勞擬議哉？「長河落日圓」初無定景；「隔水問樵夫」初非想得。則禪家所謂現量也。

妙語解頤，可謂直湊單微。蓋現量者，當境卽是，美感直覺之領會也；擬議推索，則所觸之境，轉而爲外在客觀化之知識對象，其知遂不得不爲概念與邏輯分析之知矣。以藝術言之，美感經驗所激生之創作活動，屬於前者；透過概念分析以探索文學作品之研究活動，屬於後者。二事非唯知之本質互異，其精神活動亦自殊趣。

蓋文學研究者，除感想之抒發、材料之分析整理外，尤有待於理性思維及概念思考之能力；其所關切者，厥爲文學作品之「形式」與「意義」，故凡作品之結構、作者之精神、流傳之端緒、時代之方向、作品之蘊涵、文學之觀念等，皆所有分內事。其所運用者，爲概念、爲理性，與文學創作之運用意象與感情者迥異。此恒人之所知也[68]。

然或據此區分，遽謂我國詩文評話皆僅屬美感直覺之印象，如高妙沈鬱等等，乃讀者欣賞品味之直覺感受耳，既未嘗視此沈鬱高妙云者爲一客觀對象，予以分析說明，則彼主觀之感受，終不得轉化爲客觀之批評，成爲科學之知識，故「中國文學批評不發達」[69]。凡此謬說，殆不知文學評論之特質使然。研究文學，固與觀察解剖一水蛙不同，爲一主客交融之美感過程爾，自我經驗之內容，即爲經驗客體之內容，晁說之所謂：「古人愁在吾愁裏，庾信江淹可共論」（嵩山集卷九・杜詩），殆即指此。其事雖必以概念分析爲法則，然莫不欲藉此評述，表達自我美感之經驗，兼使讀者獲致意境重造之感覺。故評論一詩一文，匪僅爲描述之活動，亦即抒情之活動，抒情過程（expressive act）與抒情對象（object of expression）溝通融會爲一，非復純客觀外存之知識對象矣[70]。

準斯而論，文學研究固不可以無感性之濬發，而亦非謂其僅恃直覺美感爲已足，弗待分析也。無概念分解思考之能力，文學研究卽無由展開，歷史流變之整理及詮釋，亦將迷悶不得通解。遠者勿論，明郎瑛『七修類稿』有云：「謝無逸有咏蝶詩云：身似何郎全傅粉，心如韓壽愛偷香。又云：飛隨柳絮有時見，舞入梨花無處尋。可謂形容蝴蝶盡矣，遂稱爲謝蝴蝶。自後李商隱竊其義而變曰：蘆花唯有白，柳絮可能溫。句雖工而不妙矣。此可謂絕唱之後，不當再道，李豈不能煉句者哉？」（卷二九）謬以李義山居謝無逸後，推察個別事象間之關係，而謬誤乃爾，眞可謂無概念分析之能力矣。此與『王直方詩話』誤稱杜甫襲用李賀詩句相似，其知識皆偏於照覽，而廉於考察，故精於意象之捕捉，而難於概念之推究，故亦未發展出概念。昔賢卓爾，不敢多譏，略擧一二近事，用資參驗。

近代治宋詩最劬者，莫若郭紹虞。所著『宋詩話考』『宋詩話輯佚』『滄浪詩話校釋』及『中國文論選』『中國文學批評史』等，襞積功深，沾被弗窮。然遍考事例，細釋概念，其結論乃曰：

> 宋人談詩，或以重來歷而偏於考據、或以尚風格而流為禪機，要之均强調藝術技巧，罕有重在思想內容者。蓋吟業既盛，效颦者衆，而六義既亡，情文斯替，於是只能於形文聲文求之，詩格詩例之作、句法句病之說，遂以繁滋。蓋其受病所在，正在純從藝術技巧上著眼，所以講定法者固重在法，即講活法仍不離於法，此則所謂形式主義也[71]。

夫詩格詩例，起於唐初，若準李白大雅云亡之說，則藝術形式主義，正唐賢之所尚也，如杜甫詩律漸細者，何以又可名爲現實主義之大詩人乎？其謬固顯而易知也。宋人論詩，輕辭采而貴意興，如『中山詩話』所稱：「詩以意爲主，文詞次之。或意深義高，雖文詞平易，自是奇作」，實當時之共識，故黃庭堅「與王觀復書」云：「好作奇語，自是文章病。但當以理爲主，理得而辭順，文章自然出類拔萃」（文集卷十九）、邢恕「擊壤集後序」亦云：「志趣高邈，不爲時俗所汨沒、事物所侵亂，其胸中所守者完且固，則其詩不煩繩削而自工」，繩削尚且不煩，更何著其技巧？謂宋人爲技巧形式主義者，謬之二也。詩既以意爲主，所貴者必在夫詩人之志，梅堯臣寄滁州歐陽修詩曰：「不書兒女情，不作風月詩，唯存先王法，好醜使無疑」，可爲兩宋詩家寫照，故凡摹寫雲烟、葩咏青紅，而不能風上化下，得造化之大原者，胥非所慕。而今乃謂其罕言思想內容，謬之三也。詩以意理爲歸，則其優劣高下，必牽涉及於作者之人格修養與識解，故韓駒贈趙伯魚論參禪學詩詩曰：「爾曹氣味那有此？要是胸中期不俗」，胸懷淡泊，筆底自超，所謂參禪學詩之說，原與風格無關，僅與詩家人格識解相牽涉耳，『苕溪漁隱叢話』前集卷五引潛溪詩眼曰：「學者先以識爲主，禪家所謂正法眼藏」、張孝祥和揔得居士康樂亭韻云：「先生義概雲天薄，千載參渠活句禪」（于湖集卷六）等，皆其顯證。誤會宋人以尚風格而流爲禪機，謬之四也。胸次灑然，無意於文，宋詩之高境也，既不煩繩削矣，胡事於法？呂居仁別後寄舍弟州籟詩曰：「筆頭傳活法，胸次即圓成」（詩集卷六）、大雪不出寄陽翟寧陵詩亦云：「文章有活法，得與前古並；默念智與成，猶能愈吾病」（卷七），足證詩病之除，活法之得，端在轉識成智，去俗成眞，而使胸次超曠，如佛家所謂實性圓成耳，與形式何干？曾不聞楊萬里「問君佳句如何法，無法無盂也無衣」之說耶？牽合爲一，謬之五也。

昔者，山谷次韻向和卿詩嘗云：「覓句眞成小技，知音定在絕弦」，而今郭氏所論，俱在弦指章句之間，秉此五謬，固其宜也。然考其所以致謬之故，蓋正在於概念不清、思辨不明，以爲：「宋詩之弊，正在脫離現實，不問時事，而惟藝術之是尚，故其詩論局於鍊字造句、運用典實，作用不外酬答，取材不出風月」「其所謂識，非從生活中來、從現實中來，而是從閉門中來，從自家實證實悟中來，故其論詩只能從藝術風格上作唯心神秘之談」[72]。謂宋人脫離現實以論詩，意與錢鍾書同，錢氏『宋詩選注序』曰：

宋代詩人的現實感雖然沒有完全沈沒在文字海裏，但是有時也已經像李逵假洑水，探頭探腦地掙扎。把書架子和書籍砌成了一座象牙之塔，偶而向人生現實居高臨遠的憑欄遠眺一番。內容就愈來愈貧薄、形式也愈變愈嚴密，（成為）偏重形式的古典主義。

歷詆蘇黃，言之鑿鑿，其實與宋詩無與也。考周必大「跋楊廷秀石山峯長篇」已云詩家推求詞源、擇用句法，歲鍛月鍊者，爲志學之道，非成德之事；必至夫從心所欲，狀物姿態，寫人情意，始能鋪敘纖細、曲盡其妙（見益公題跋卷四），樓鑰『攻媿集』卷五二「雪巢詩集」亦云詩非積學不可，然非積學所能到。是宋人未嘗以志學爲歸趣也，遽訾其脫離現實、苦溺典籍，既非本眞，復昧於盈科後進之意，言大而夸，乃有如黃庭堅所斥者，孰受其誑耶[73]？此蓋思想溺於唯物現實之談，所謂社會主義寫實主義，遂於古典、唯心諸概念，胡亂比附，而不見天地之大美；深察名號、推見原流，亦概有所不能[74]。以致逵徑百出、多歧亡羊，而流別繁碎，端緒茫如。斯豈非概念分解能力不足之弊乎？

叄、本文之主旨與研究方法

今將細審前躅，更爲新編，綜限制之兩端，叩寂寞而求音。爲文大旨及所持方法議論，不妨先爲具陳。

夫江西詩社宗派者，僅見於呂本中之圖，其書久已零佚，派中人如善權、祖可、饒節、林敏修等，生卒年里，又皆無可徵考。故世所知者，多由方虛谷『瀛奎律髓』來。以律髓包詩選與評論，與當年宋人所刊『江西宗派詩』異曲同工故也。然律髓以杜甫爲祖，以山谷后山簡齋爲宗，又鈎合晚唐姚賈，併歸老杜門下，實與紫薇作圖初意不同。因律髓以知江西者，謂其「專主江西，流於偏駁」（紀昀語）；見律髓實異於紫薇者，辨其本非江西⑮。二者矛盾，何所取焉？且一祖三宗者，世或歸諸禪家宗派之說；活法悟入者，舊皆擬於參禪習靜之業。昔人於此，每致茫然，今亦不能例外。故初治江西也，謂其爲宗派，乃或然率爾而興，呂本中少年遊戲，偶作一圖，後世遂藉以爲口實耳。本無深義可說也。又後則以江西亦有實體，乃山谷以後，親從朋黨所聚以爲號者，呂本中因以作圖焉。後，復考諸唐宋人集，知會社之盛與江西流布之廣，始謂其宗派蓋與當時社會文化確有關聯也。然時或以爲江西乃一創作及論詩之組織團體，既爲一團體矣，其詩學理論與彼此組成關係，必成一有機之結構狀態。凡結構皆有其功能，亦有其局限；其功能與社會配合，則流行，漸不能切合社會之發展與需要，則崩潰。江西卽其一例。久之，乃又知其皆不然：江西非一實質之結構，乃一觀念之社集，故無所謂崩潰，但隨觀念之轉換而起變異耳⑯。其派之所以能下延於清，且隨時異致如方虛谷者，正由於此；世或有不信此一結構，而觀念反可與之印合者，亦由其結構非屬實質，故可以棄名取實，舍形貌而得眞際也。繇是觀之，彼社集之起，既由觀念，則觀念何自而生耶？苟不考諸宋文化之形成與內涵，何以知之？

且江西之在宋，爲例至奇。宗派之祖黃山谷，亦爲宋朝詩家宗祖⑰；其派止於高荷呂本中，而南宋以後，復有江西後社之起⑱。則其風趣之衆、祈嚮之公，可以概見，初不僅「詩至江西，始別宗派」也⑲。彼既爲宋詩之代表，而詩固諸文化表現中之一體，要其風從之衆，必有一文化因素主之，又可斷言也。

故今所論江西，重點在於與宋文化之關係，先考宋文化之形成與內涵，繼考宋詩之產生與風格，而後江西之所以爲江西者見矣。

要必如此，斯可免於上述孤立研究之闕失，且不爲宗唐祖宋者主觀愛憎所惑，而照見其本然。觀者循此塗徑，以察宋詩之流別，則知江西也者，實爲宋文化之典型代表，韓澗泉所謂：「渡江南來，呂舍人居仁議論文章，字字皆是中原諸老一二百年醖釀相傳者，不可不諷味」（澗泉日記），誠非虛語。細籀此圖，不徒可以知宋詩之情變，於宋代文化之性質、社會之組織、思想之內涵，亦皆可以得其大略。此昔賢所未及見，而今可以確知者。

然而，所以致此者，僅此文化史方法及觀點之運用乎？又不然也。自宋以來，元明兩朝文教未昌，明人尤魯莽滅裂，或束書不觀，以吐棄前古爲事，其爲詩者，輒或囿於音聲仿擬之談，以盛唐爲標的，宋人詩文，庋閣不行，故迄清初宋犖主試豫章，士已不能知江西宗派爲何物，遑論其精義焉？載籍參差，既莫是正，訛以傳訛，又復滋多，以此而欲考江西，不亦難乎？及遜清中葉，桐城派起，其詩稍復宋人格調，同光繼興，遂有江西魔派之稱。視其詩法議論，頗有得江西之情實者，陳散原沈寐叟尤稱絕倫。然憑藉既寡，資效弗彰，不旋踵而新文化運動起，有所謂反傳統之風潮焉。於詩，苦詬宋格，追賞唐音，於是視江西若敝屣矣。當此時會，馮沅君陸侃如所撰『中國詩史』，無宋詩一章；劉大杰『中國文學發展史』亦承明人詬宋之說，靡所發明；至胡雲翼『宋詩研究』出，乃謂宗派圖毫無意義矣。自茲以降，考議者雖繁，而不能披尋史料、細究遺編，則與明清以來若也。然新史學既興，史料之彙集整理，日益繁多，且有諸社會學人類學等輔助學科，可資挹注，勢不能僅止於上述矇朧茫昧之說，又不待卜問而知之。近世所出，如『杜甫卷』『黃庭堅與江西詩派卷』『楊萬里范成大卷』『陸游卷』等，所輯雖非完備，要非昔人所得周覽者。研閱既廣，參稽而鈎索之，嚮之晦者明，疏者備矣。此資料之掌握，有勝於曩昔者，客觀之限制小矣。學術昌明，史學與文學批評、哲學探究諸事，日益精密，廣前修之未備，發歷史之幽隱，亦有助於文化史之考察，例如宋詩多議論說理，而理學復盛於宋，其間關係，昔人罕言，汪先生雨盦始撰「宋人理趣與山谷詩中的倫理精神」發軔通郵[80]；今更考諸詩集學案，乃知夫江西者實與理學家關係匪淺，而此關係又非私人繫誼而已，文化之性質使之然也。此諸學科憑藉之渥厚，亦有愈於曩昔者，主觀之限制由是漸少。此本文之所以能為文化史考察之故，豈別有妙巧哉？

至於觀點之運用，方法之安排、資料之採擇、文獻之詮釋，散見後文章卷之中，不贅及焉。

【附　注】

① 劉崧，字子高，初名楚。元末擧於鄉，洪武三年以人材薦授職方郎中，事詳明史本傳。胡應麟『詩藪』稱明初諸詩派，其中卽有崧。另詳『四庫全書總目提要』卷一六九。

② 尚書及詩大序，雖皆以詩為自我表現（Self-expression）之產物，所謂「志之所之」。然詩三百既無確定之作者，所謂志，卽悅邈難求；傳記批評法無用武之地，論詩亦卽不得不專注於社會與作品之表現關係。楚辭以後，詩文之個人化乃顯，風格論及傳記批評法亦始隨之而起。宋代詩學之基本觀念，與此三者關係皆密，故先揭出。另參劉若愚『中國文學理論』第三章、John Hospers「美學問題概論」（中華文化復興月刊十三卷

一、二期，劉昌元譯）。

③南宋江湖詩人及四靈等，頗效唐體，風氣異於元祐及南渡初年，故戴復古石屏集卷七論詩絕句云：「文章隨世作低昂，變盡風騷到晚唐；舉世吟哦推李杜，時人不知有陳黃」。辭意似有不慊，與誠齋「晚唐異味誰同賞？近日詩人輕晚唐」（讀笠澤叢書第一首）之嗟，迥乎不侔。另參錢鍾書『談藝錄』頁一四三—一四六、三七〇。

④金人之學法江西與薄蘇黃者，俱詳錢鍾書『談藝錄』頁一七六—一八七。按：金源一代論文學，始終不離蘇黃，此張彼抑、或遏或揚，先有趙秉文與李純甫之爭，繼則有王若虛與雷淵之諍，遺山調合兩派，而終低首於蘇黃。錢鍾書所謂「揚北抑南」、皮述民所謂「宗唐貶宋」（元好問論詩絕句析論。南洋大學學報第三期），皆非探本之論。

⑤元詩駁雜，此其一耑，另詳清顧嗣立『寒廳詩話』。

⑥文統之說，與下節論宗派關係極切，如中州集卷一蔡珪小傳云：「國初文士，如宇文太學、蔡丞相、吳深州等，不可不謂之豪傑之士，然皆宋儒，難以國朝文派論之；故斷自正甫，爲正傳之宗，黨竹谿次之，禮部閑閑公又次之」，文派正宗之說，蓋衍兩宋餘緒也。另參龔鵬程「試論江西詩社宗派之形成」（古典文學第二集）

⑦唐詩緣情，宋詩主志，另詳龔鵬程「知性的反省——宋詩基本風貌」（中國文化新論・文學篇二）

⑧近人辨明人此說之謬者，以錢鍾書『談藝錄』較晰，見其書頁卅四詩樂離合、文體遞變條。若明李濂絕句詩曰：「唐人無選宋無詩，後進輕狂肆貶詞，眞趣盎然流肺腑，底須模擬失神奇」，駁李何之論，猶未中竅也。

⑨宗宋之風，起自公安，袁宏道『瓶花齋集』卷九答陶石簣、陶望齡『歇庵集』卷十五與袁六休書之三，皆云宋詩精妙過於盛唐，蘇軾在杜甫之上；袁宗道以「白蘇」名齋，尤可見其祈嚮。竟陵雖以矯公安而生，譚元春亦

有『東坡詩選』，錢牧齋痛詆竟陵，提倡宋元，乃與公安竟陵同調，益知風習鼓盪，有不得不然者。今人類稱公安為反摹擬，不知其所反者為七子、為盛唐，非擬古也。

⑩葉燮與編『宋詩鈔』之吳之振同鄉交好，自作『已畦詩集』，尖刻瘦仄，亦顯類宋格。推尊宋詩，原不足怪，其弟子沈歸愚則與師異趣矣。至於漁洋竹垞，則全祖望「瞿脰山房詩集序」有云：「國朝諸老詩伯，阮亭以風調神韻擅場於北；竹垞以才藻魄力獨步於南」「邇來浙內之言詩者，不為齊風，卽為浙調」（鮚埼亭集卷三十二）。齊風指王士禛，詳汪堯峯文鈔卷廿八「王貽上詩集序」。

⑪山谷作詩，後人皆病其好奇、琢刻，然宋人如『冷齋夜話』則謂雙井在星渚賦道士快軒詩，想見其高韻，筆端三昧，遊戲自在；又云少游鍾情，故詩酸楚，魯直學道，故語閑暇。卷十曰：「魯直罪余于詩深刻見骨，不務含蓄」，尤可見涪翁詩法。姜夔詩說美其詩云：一唱三嘆，如清廟之瑟。正與涪翁自述相合。

⑫另詳吳宏一『清代詩學初探』（第五章第四節、第八章第二節）、黃華表「桐城詩派道咸詩派上編」（新亞書院學術年刊一期）、尤信雄「同光詩派研究」（師大國文研究所集刊第十五號）等。

⑬金元明清詩皆不能出唐宋範圍之原因，請參下節。

⑭錢鍾書「中國詩與中國畫」云：「神韻派詩在中國詩的傳統裏並未獲有勢力，唐朝司空表聖宋朝嚴儀卿的提倡絕無顯著的影響。明末鍾譚評選詩歸、陸時雍評選詩鏡的宣傳、清初王漁洋的號召，才勉強使神韻詩成為一時風氣。不過這風氣短命得可憐，不但漁洋當時趙秋谷已做談龍錄來反對，自康乾時詩人至近代同光體的作者，差不多全瞧不起它。稍有國學常識的學僮都知道這一點」（文學研究叢編第一輯・木鐸出版社）

⑮后山詩話：「黃詩韓文有意故有工，老杜則無工矣」，與黃山谷詩外集卷四次韻謝公定王世弼贈答詩：「詩就呻吟不要工」、李致堯乞書書卷後：「凡書要拙多於巧，近世少年作文字如新歸子梳粧，百種點綴，終無烈婦

態也」諸語顯然違逆。於山谷所稱「子美詩妙處，乃在無意於文」（文集卷十七大雅堂記），蓋乏理會。

⑯見郭紹虞『宋詩話考』頁十五。

⑰見葉嘉瑩「人間詞話境界說與中國傳統詩說之關係」（迦陵論詞叢稿頁二八九）。

⑱參看簡錦松「胡應麟詩藪的辨體論」（古典文學第一集）又、明瞿佑題鼓吹續音後詩亦云：「騷選亡來雅道窮，尙於律體見遺風」。

⑲參看蔡英俊「六朝風格論之理論與實踐」頁二四、七二。

⑳見廖蔚卿『六朝文論』詩品析論第三章：體源論的探討。宋人作此說者，爲姜夔，白石詩說曰：「詩有出於風者，出於雅者，出於頌者。屈宋之文，風出也；韓柳之詩，雅出也；杜子美獨能兼之」。

㉑苕溪漁隱叢話前集卷四八：「居仁此圖之作，選擇弗精、議論不公」、陳振孫直齋書錄解題卷十五：「詩派之說，本出於呂居仁，前輩多有異論」。

㉒如石遺室詩話論閩詩風格，卽其一例。

㉓見錢著『談藝錄』頁一七一。

㉔互詳注六引文。

㉕見象山先生全集卷七「與程帥」。

㉖俞正燮癸巳存稿曰：「我朝順治九年禮部頒天下學校臥碑第八條云：禁立盟結社」，卽其一例。另詳陳登原『國史舊聞』卷五四禁社條。

㉗清杜登春『社事始末』云：「求社、景風兩路分馳，似有不能歸一之勢，然社刻總歸於一部內；幾社朝夕課藝者，惟余長兄輩十餘人，另爲一集，闇公先生所云正統是也」。有流派卽爭正統，固不僅此一例而已。

㉘按：方氏力貶江湖與四靈者，多在其不能為古選體，學詩吟十首自注：「葉水心獎提永嘉四靈，而天下江湖詩客，學許渾姚合僅能五七律，而詩格卑矣」、孫後近詩跋：「近世之詩，莫盛於慶曆元祐，南渡後猶有乾淳。永嘉葉水心忽取四靈晚唐體，五言以姚合為宗、七言以許渾為宗。江湖間無人能為古選體，而盛唐之風遂衰，聚奎之迹亦晚矣」，皆其顯證。此似與前述江西重律之說相戾，其實則江西之律，必上通於漢魏風騷乃得；能為古選體，始能聚奎，能聚奎，始可以言律髓。故方回又撰有『文選顏鮑謝詩評』四卷，與律髓燕行。

㉙見中外文學卷十第七期，頁廿八—五八。

㉚參考皮錫瑞『經學歷史』第八章：經學變古時代。

㉛新批評此類理論，詳 W. K. Wimsatt and M. C. Beardsley, The Intentional Fallacy, in An Introduction to Literary Criticism 雙葉書廊影印本頁二四七—二六二。

㉜參看錢著『談藝錄』頁一九八—二〇〇。

㉝同上，頁一〇二—一〇九。

㉞滄浪論詩，體格、格法不分，詳郭紹虞『滄浪詩話校釋』頁九二。又、所謂蘇門四學士六君子，另詳吳曾『能改齋漫錄』卷十一、錢謙益「蘇門六君子文粹序」。

㉟另詳簡錦松「西崑體小史」（不會飛的蒼蠅。頁一七二）、龔鵬程「吉川幸次郎『宋詩概說』簡評」（書評書目第一百期）。

㊱影響研究，參看張漢良「比較文學影響研究」（中外文學七卷一期）及 Göran Hermerén, Influence in Art and Literature (Princeton: Princeton University, 1975), PP. 28-49.

㊲參看許冠三『史學與史學方法』第二章：歷史知識之不完全性（環宇出版社，頁二九）、張蔭麟「論歷史學之

過去與未來」（中華叢書，張蔭麟文集，頁二〇一）。

㊳如劉大杰『中國文學發展史』第二十章：「在詩的發展史上，到了宋朝，它已步入衰頹的地步」、陸侃如馮沅君著『中國詩史』，唐以後亦不復論詩。

㊴另詳梁昆『宋詩派別論』頁二。

㊵參看『苕溪漁隱叢話』前集卷四九、『滄浪詩話』詩辯。

㊶參考趙庚夫『江湖後集』卷八讀曾文清公集、『詩人玉屑』卷十九引黃昇語。

㊷見錢鍾書『宋詩選注』頁十三。

㊸詳沈曾植「重刊西江詩派韓饒二集序」（韓駒『陵陽先生詩』卷首。此文『海日樓札叢』及『海日樓題跋』皆未收）。

㊹后山贈二蘇公詩：「上帝惠顧祓不祥，天門夜下龍虎章，前驅吳回後炎皇，絳旂丹轂朱冠裳，從以甲冑萬鬼行，乘風縱燎無留藏，天高地下日月光」。

㊺洪邁『容齋隨筆』四筆卷十四：「自崇寧以來，時相不許士大夫讀史作詩，何清源至於修入令式。本意但欲崇尚經學，痛沮詩賦耳。於是庠序之間，以詩爲諱。政和後，稍復爲之」。其說與吳曾『能改齋漫錄』不同，吳錄卷十二：「監察御史李彥章言……紀事之史，士所當學，非上之所以敎也。況詩賦之家在乎史，今罷黜詩賦，而使士兼習，則士不得專心先王之學，流於俗好，恐非先帝經術造士之志。……時政和元年三月戊戌也」可見政和以後，詩賦並未開禁，且又罷史學矣。

㊻宋史紀事本末「北伐更盟」章：「浙東安撫使辛棄疾入見，言金國必亡，願屬大臣備兵，爲倉卒應變之計。……兵部侍郎葉適輪對，嘗言甘弱而幸安者衰，致弱而就強者興，侂胄聞而喜之。，爲直學士院，欲藉其草詔，以

動中外。……」又、劉爾正發迹，正在開禧前後於役淮東之際，當曾受韓賞識，詳孫克寬『元代漢文化之活動』附錄：晚宋劉克莊研究兩種（頁四八一—五四二）。

㊼按：公安派力黜詩必盛唐之說，以學中晚唐及宋人爲主，如袁宗道卽著有『白蘇齋類稿』。世皆謂公安爲反摹擬，非也。

㊽戴復古詩云：「文章隨世作低昂，盡變風騷到晚唐」，卽此義焉。另詳注二九。

㊾又見錢著『宋詩選注』頁二一四。

㊿後文所擧尤袤『全唐詩話』十卷，雖係後人妄改撰人，實亦政治因素使然。袤爲紹興二十一年進士，以光宗時卒，而自序乃題咸淳，時代殊不相及。實卽賈似道門客廖瑩中剽竊舊文以塗飾塞責者。詳四庫提要。

(51)鍾伯敬先生訂補千家詩圖注，選蘇軾陽關曲「暮雲收盡溢淸寒」一首，題爲中秋月，杜牧之作（詩話總龜卷十一引王直方詩話，以此爲東坡中秋詩）。

(52)虛谷欲合晚唐江西爲一手，詳錢著『談藝錄』一四五頁。

(53)張嵲『紫薇集』卷卅五陳公資政墓志銘：「公尤邃於詩……上下陶謝韋柳之間」、卷四贈陳符寶去非詩：「柳韋倘可作，論詩應定交」，劉克莊『後村詩話』續集之二亦云：「唐人惟韋柳、本朝惟崔德符、陳簡齋能之（深微）」。按：劉氏所指，蓋謂其五言，以詩話前集又稱簡齋爲學杜也。宋末人論詩，五七言往往分論，不只克莊爲然。陳衍『宋詩精華錄』卷三曰：「宋人罕學韋柳者，有之，以簡齋爲最。樊榭五古專祈嚮此種」，亦指五言詩而言。

(54)又詳卷五劉元煇詩評、續集卷卅贈邵山甫學說、卷卅一孟衡湖詩集序、卷卅二送羅壽可詩序、桐江續集序、卷卅三恢大山西山小稿序、『瀛奎律髓』卷廿四送熊博士赴瑞安令詩評、卷十六道中寒食詩評、卷廿六淸明詩評等。

55 張戒『歲寒堂詩話』卷上載簡齋語戒詩須學建安六朝，龔頤正『芥隱隨筆』又謂簡齋所得意之休日早起詩，乃祖述唐皎然者（又詳胡注本卷十二）。

56 謂茶山爲江湖詩人所自出，乃吳喬賀裳之謬見，詳『載酒園詩話』卷一、『圍爐詩話』卷五。

57 清張泰來「江西詩社宗派圖錄」跋曰：「江西之派實祖淵明」，近世汪辟疆「江西詩派十八家詩鈔」亦以陶潛爲初祖（東吳大學中文系季刊、八卷二期）。

58 以上分類，參見勞思光『哲學淺說』（友聯出版社）。

59 詳該書第一章、頁十二—十七。

60 見張夢機「師橘堂詩話」四（學粹雜誌廿一卷二期）、簡錦松「胡應麟的辨體論」（古典文學第一集）。

61 參見何秀煌「倫理學的型架論」（大林出版社『0與1之間』頁一三三）、劉岱『中國文化新論、序論篇』（聯經出版公司）頁二三—五六。

62 詳 John Hospers「美學問題概論」（同注二）

63 詳注六所引文。

64 分見胡書第八頁、吉川書十一頁二六頁。

65 仍以胡書爲例，頁十七：「理學派的詩在當代居然造成一種風氣了。因爲這已成爲當代的風氣，大家都要學學時髦，彷彿不如此不足以表示其爲多方面的詩人」，以理學詩別出詩壇之外，復以詩人之作理語爲旁出之涉獵，不知宋詩之多方面表現，固以理爲主也。

66 詳見方東美『華嚴宗哲學』（七十、黎明書局）頁一四二—一四七、三九五、四〇四、及第二十二章「以西方方法學的關係邏輯透視杜順大師的法界觀」、二三章「從圓融無礙的邏輯觀點論華嚴法界觀中周徧含容觀之理論根據與理論架構」。

㊼另詳克羅齊（Benedetto Croce）『美學原理』第一章「直覺與表現」（朱光潛譯本、頁一、一五七）、徐復觀『中國藝術精神』序、Rene Wellek 與 Austin Warren 著『文學理論』第一篇第一章。

㊽另詳曾昭旭「文學創作與批評的哲學考察」（古典文學・第二集）。

㊾見費維廉（Craig Fisk）「主觀與批評理論——兼談中國詩話」（中外文學六卷十一期）引張健語、

㊿互詳葉維廉「中國現代文學批評選序」（中外文學四卷十期）、高友工「文學研究的美學問題」（中外文學七卷十一、十二期）、牟宗三『歷史哲學』三版序（學生書局）論抽象之解悟與具體之解悟、及注廿九所引文。

(71) 見『宋詩話考』頁十、七九、八六。

(72) 同上，頁一〇六、一二一。

(73) 黃庭堅文集卷二六「書邢居實文卷」：「余觀學記論君子之學有本末等衰，人雖不能自期壽百歲，然必不躐等，如水行川，盈科而後進耳。小學之事，雖若糜費日月，要須躬行必曉，所以至大學之精微耳！吾悼夫才性高妙，超出後生千百倍，然好大略小，初日便爲塗遠之計，則似可恨。」

(74) 現實主義，或稱寫實主義，其內容有社會現實主義（Social realism）、浪漫現實主義（Romantic realism）、心理現實主義（Psychological realism）之分，興盛於十九世紀。一九三二年十月廿六日史達林始將其與社會主義（Socialism）結合，稱爲「社會主義現實主義」，次年三月一日經俄共中央委員會作成決議，遂成爲馬列主義藝術創作之方法與準繩。郭錢諸氏既處忌諱之地，衡文論藝，自不得不謹守教條，如『宋詩話考』第十一頁：「竊以爲文藝爲一定的政治服務，自是顚撲不破之眞理」云云，固已自道其所以固蔽之由矣。

⑮詳錢鍾書『談藝錄』頁一四五—一四七、三七〇，許清雲『方虛谷之詩及其詩學』（七十年、東吳博士論文）第三章第三節。互見卷三注四二。

⑯另詳卷四注八二。

⑰劉克莊『後村先生大全集』卷九五：「山谷……爲本朝詩家宗祖，在禪學中此得達磨，不易之論也」、謝得枋『疊山集』卷五：「黃山谷陳后山……此兩家乃本朝詩祖」（與劉秀巖論詩）。

⑱見張孝祥與黃子默書（于湖居士文集卷四十）。

⑲見岳珂『寶眞齋法書贊』卷十四。

⑳「宋人理趣與山谷詩中的倫理精神」（中研院國際漢學會議論文集、文學組、頁三二五—三四〇）。又，全祖望「寶甈集序」：「世之操論者，每言學人不入詩派，詩人不入學派。吾友杭堇蒲亦力主之。余獨以爲是言也蓋爲宋人發也，而殊不然。張芸叟之學出於橫渠，晁景迂之學出於涑水，汪清溪、謝逸之學出於滎陽呂侍講，而山谷之學出於孫莘老、心折於范正獻公醇夫，此以詩人而入學派者也。楊尹之門而有呂紫薇之詩，胡文定公之門而有曾茶山之詩，端石之門而有尤遂初之詩，清節先生之門而有楊誠齋之詩，此以學人而入詩派者也」（鮚埼亭集卷卅二），可以參看。

第二卷　宋詩之背景與宋文化之形成

時運交移，文質代遷，文變染乎世情，固通古今而然。詩有變風變雅，其曰變者，正與幽厲板蕩相關，故自春秋而後，秦謳楚艷，則格調之異，本乎風土；而情文之變，亦雜於時世也。『文心雕龍』時序篇所謂：「蔚映十代，辭采九變，質文沿時，崇替在選」者，驗諸往代，可爲碻論①。如唐音、如宋調，非唯朝代之異、實亦體格性分之殊，故陳巖肖『庚溪詩話』卷下曰：「本朝詩人，與唐世相亢，其所得各不同，而俱自有妙處，不必相蹈襲也」，嚴羽『滄浪詩話』詩評亦云：「唐人與本朝人詩，未論工拙，直是氣象不同」。審其辭氣，則弗論主觀之意識，抑客觀之判斷，皆有以見唐宋之異趨矣②。

雖然，宋人亦無不學唐者，江西諸子，於杜韓劉柳元白皆刺取甚多，謂此爲不相蹈襲、爲與時俱變，可乎？

今案：唐詩本有數等，初盛中晚，風格各不相蒙，滄浪謂李唐「大曆以前，分明別是一副言語；晚唐，分明別是一副言語」，殆卽有見於此；而其書之所以獨標盛唐、力黜中晚，且疾斥宋詩之弊者，其志蓋欲矯當時以中晚唐詩爲宋詩之風也。夫何謂以中晚唐詩爲宋詩耶？考宋代詩論，其視唐之元和，直與趙宋文化無異，元和間如韓元白等，皆推重杜甫，故宋人卽將老杜及元和詩風，別出於

「唐詩」之外，此所以葉適序徐斯遠文集有曰：「慶曆、嘉祐以來，天下以杜甫爲師，始黜唐人之學，而江西宗派彰焉」（文集卷十二）。元祐詩風，正與元和開元同宗，故晚清同光詩家始有三元之說；葉適亦嘗謂徐道暉學晚唐詩，「惜其不尙以年，不及臻乎開元、元和之盛」（卷十七）③。可證元祐之詩，卽通元和、開元而一之者也。顧其於開元，獨取老杜，不若與元和之親，重要詩家，如歐陽修蘇軾蘇轍，皆與杜甫無關，凡所標擧，但以韓柳諸公爲多爾。其言曰：

△高尋風雅源，洞入屈宋域，波瀾到蘇李，光焰及元白（洪朋・洪龜父集卷上・過師川偶行）。

△文章盛自元和間，誰其傑者柳與韓，二公秋鶚擅神俊，天使側翅擢誇謾（劉弇・龍雲集卷五・寄李知章）。

△二漢而下，獨唐元和、長慶間文章號有前代氣骨，何則？知變而然也（同上・卷十五・上曾子固先生書）。

△韓退之之文，得歐公而後發明；陸宣公之議論、陶淵明柳子厚之詩，得東坡而後發明；子美之詩，得山谷而後發明（張戒・歲寒堂詩話卷上）。

矚望千秋，獨取元和，其意至顯，雖有溯元和而上，有取於屈宋杜陶者，亦必因於元和之認識而來④。此所以宋人皆云法杜，而許學夷『詩源辨體』後集乃云：「宋人五七言古，出於退之樂天爲多，其構設奇巧，快心露骨，實爲大變」也。此變不自宋始，實自元和長慶間始，故劉弇上曾鞏書謂元和詩文爲能知變。變者，變唐體而爲宋調耳。唯其爲宋詩，故宋人雖有取之，亦不害其與唐異，錢鍾書『談藝錄』：「唐之少陵、昌黎、香山、東野，實唐人之開宋調者」云云，儻亦有見於此歟？

此一鉅變，自與中唐社會變遷有關，所謂文變染乎世情者，此其例焉。蓋唐自安史亂後，知識階層興起、商業都市形成、而世族結構亦漸趨分化，人口流動加遽、土地及租稅制度亦隨之改變。時移世異，文化精神之取向，亦復不同。取中唐前後觀之、思想之轉變與突破，至爲朗晰；而宋代學術文化之表現，亦多由此一時期啓之，可視爲「唐型文化」與「宋型文化」之蛻變過渡期也。輶軒萬里，非由舊貫，而風氣轉移，頗示疆畛。昔賢於此，考論尚疎，故於宋詩及宋文化之形成，轉多茫昧；今旣綜甄文史，核究原流，是宜布述大凡，以說其遞嬗。

壹、唐宋社會歷史分期之檢討

夫史所貴者義也，非識無以斷其義；然而識者，通古今之變之謂也。記曰：「其事則齊桓晉文，其文則史」，齊桓晉文當春秋宗法封建漸漓之世，爲諸侯爭霸之業，其事卽史中之大變局也。諦觀往史，類此之變有數，唐宋則居其一。時賢於此，頗倡歷史分期之說，殆卽欲觀其變化之迹，而綜括文化之特質也。第史識不齊，所論遂亦多異；紛紛者數十年矣，尚無寧論。今粗爲檢覈，分爲三類，備觀覽焉。

自民國十七年（一九二八）年社會史大論戰以來，如郭沫若、王禮錫等，咸據馬克斯之西方社會歷史分期法，以殷商爲奴隸社會、西周爲封建社會，而西周封建崩潰之後，直抵清末鴉片戰爭以前，中國社會性質皆無變化。

此說之窒礙難通，固不待識者而知之。故童書業謂漢爲奴隸社會、魏晉始得轉入封建；周谷城謂殷初以迄新莽，皆屬奴隸社會；侯外廬謂奴隸始於秦漢之際，至漢武而封建始焉完成……。凡此紛呶，蓋皆在於彌縫前說耳⑤。初不悟其說之大病，實有四耑：

㈠西方歷史，因資本發達而產生工業革命，封建社會隨以瓦解，轉入資本主義社會。中國則何以自殷迄清，無此革命？此非文化及社會型態不可強同乎？

㈡所謂封建，資本者，其確實涵義如何？西周宗法封建與西歐封建社會同乎否乎？

㈢卽若自秦迄清中國社會皆無變化，則此究爲何種性質之社會？王郭諸氏皆奉馬克斯歷史分期說不敢踰，然馬氏所論，在封建與資本之間，更無其他類型之社會矣，不屬之封建、卽必屬諸資本，而兩者又皆扞格難通，斯毋怪乎王禮錫氏有「自秦代至鴉片戰爭以前這數千年，是中國社會型態發展中一段謎的時代」之嘆。

㈣其尤甚者，不在於馬克斯主義能否套用至中國歷史中，而在於秦漢以下歷史究竟有無變化。若果爲有，則恐化有爲無、較無中生有爲尤難也。

胡秋原、陶希聖諸氏，鑑於此派之弊，不得不稍事修葺，以見唐宋社會變轉之實。如胡秋原改馬克斯歷史分期公式爲：原始共產主義社會→氏族社會→封建社會→先資本主義社會→資本主義社會及帝國主義時代。謂封建社會與資本主義社會之間，有專制（官僚之君主制度 Absolutism）時期存在；而此一時期，亦卽由秦至清之社會性質。此說差能彌縫前者第三項困難而已，其非事實亦甚顯然。陶希聖早期亦主此說，厥後則修正爲：西周爲氏族社會末期、戰國至東漢爲奴隸經濟之社會、三國至唐末爲封建莊園時期、宋以後則爲先資本主義時期。所著「中國社會形式發達過程的新估定」一文，嘗云南北朝至唐代中葉，最明顯之經濟組織爲「莊」，最顯著之社會關係爲士族、平民、半自由民（部曲、佃客等）、奴隸諸等級，除士族有田園水碓外，餘者皆平均受田。均田制至中唐始壞，莊園經濟乃逐漸解體，遂成爲先資本主義之社會。

與陶說相類者，爲王志瑞『宋元經濟史』。其書謂春秋以前爲封建社會；春秋至隋（約西元前五世紀至紀元六世紀）爲奴隸經濟社會，自足經濟與交換經濟並存；七世紀以後，商業資本逐漸發達，中唐以後，其力卽足以支配社會經濟，故宋元爲商業資本急速發展之時期。

今若以王郭侯童爲第一類、陶王諸氏爲第二類，則近世以官僚科擧釋其流變者，可爲第三類。蓋自陳寅恪以後，論南北朝及隋唐史者，多謂魏晉南北朝爲世族政治之時代，及至晚唐，以時局喪亂、帝室打擊、及科擧盛行等因素，漸由門第社會幡然變爲科擧官僚之社會。近數十年間持此說者最夥，卽陶希聖『中國社會之史的分析』一書亦云先資本主義之特徵爲官僚政治也⑥。

總上所述，可知唐宋社會性質確有不同，而轉換之樞紐則在中唐。諸家雖或知其然而不知其所以然，此義則可肯定之矣。至其說之背謬，亦有數耑，曰：以上諸說，多套用馬克斯唯物史觀及西洋史分期之架構，取便屨適，不妨削足，而於馬克斯之基本理論，胥無反省也。馬氏學說基本要點有二——a以爲人類歷史發展，必經五階段，必由原始共產主義社會、隸奴社會、封建社會、資本主義社會、而底於社會主義社會。b一切政治社會、文化、宗教等上層建築，皆奠基於物質生產方式上，經濟活動之生產方式改變，一切政治文化隨之俱變。叩此兩端，理固難憑，何則？

㈠馬克斯歷史哲學之整體架構，脫胎自基督教神學。古希伯萊及基督教之宗教信仰，以爲歷史卽人類趨向獲救、卽上帝意志得以實現之過程，人類最終必將進入上帝之國；理性主義興起後，黑格爾謂上帝意志云云爲不可信也，乃代之以「絕對理念」之觀念；馬克斯繼起，承黑格爾而小變，以生產工具取代絕對理念，遂成爲歷史直線發展之經濟決定論⑦。夫歷史果爲直線發展否，乃一歷史哲學之問題，以吾國思想言之，殊未見其爲必然也。且分析之歷史哲學（analytical philosophy of history）所研究而得之通則（general laws），應用於歷史研究中，尚多困難，況馬克斯之玄思歷史哲學（speculative phliosophy of history）乎⑧？至於生產關係之決定論，尤屬無稽。蓋哲學、藝術、宗教等所謂上層建築（superstructure）若果爲生產方式所決定，則一共同生產方式之時代，何以有各類不同之哲學、藝術、政治耶？恩格斯晚年尚有一函與布洛（Joseph Bloch）云彼與馬克斯皆不敢謂經濟爲唯一決定因素，儻據馬克斯學說而稱歷史之發展一依物質生產條件而定，其本身卽屬馬克斯學說之扭曲。足證依經濟條件劃定歷史之爲封建、爲資本主義，甚覺無聊，卽馬克斯恩格斯亦不敢自承，他無論矣⑨。

㈡西方歷史之分期，固屬馬克斯觀察西歐之歷史發展而得，然西歐之特殊歷史經驗旣不可責諸任何民族、任何文化；此類分期，又僅屬西方歷史中局部有效之概括性論斷（generalization），而非普遍之歷史規律。以「封建制度」爲例，英國史家梅特蘭（Frederic William Maitland）卽謂歐州每一時地之封建關係實不相同，非唯英國不同於法國、法國不同於德國，十一世紀亦不同於十二世紀、十二世紀更不同於十三世紀。是「封建」之觀念用諸西歐史學中，尚多不合，任情移易，以說中國歷史，可乎⑩？

套用馬克斯理論之弊如此，其曰士族官僚云云者，亦不能無誤。以余考之，近代論官僚制度，皆祖韋伯 (M. Weber)，而韋伯社會學即承唯物史觀而小變者也，故談者時或拼合爲一，如陶希聖云封建社會無官僚 (Bureucracy)，必待中央集權之資本主義社會始能有之，即其選焉⑪。所謂官僚制度，其特徵爲：⑴官僚制度依法律或行政規則而建立，⑵日常活動，依明確方式，劃分官員之職責。⑶唯具任用資格者，始得任爲官僚機構之成員⑫。此說係紬繹近代歐州史實而得之組織模式，於社會學中誠無可非議，然此三大特徵，至遲均可見諸漢代，欲借以論唐宋社會之變遷，實不免於扞格，此所以諸家不得不轉由世族官僚對立與變處持論也。陳寅恪抉微發覆，以新興進士與高門貴族之爭，釋唐代中葉朋黨朝局，而踵起者遂皆謂世族崩潰、科舉官僚興起，爲唐末五代兩宋之政治社會特徵矣。僕不自揆，竊有疑焉：李德裕有黨無黨可勿具論，其重寒族、拔孤仄，固彰彰在於史傳，進士貴族之爭可證其必無想像中之壁壘森嚴⑬；且據柳芳「氏族志」可知中晚唐仍屬世族社會；通鑑卷二四九亦云宣宗大中二年十二月，以萬壽公主適鄭顥，其後顥弟病，公主猶在慈恩寺觀劇，帝召回痛責之，自是貴戚皆兢兢守禮法如山東衣冠之族⑭。故敦煌所見唐末五代「廿五等人圖」，即謂：「士人者，未墜弓裘之業，無乖婚官之儀。庶人者白屋之士也，家無軒冕，世無縉紳，既曠士風，或不知禮」，所謂士人官僚者，固仍與禮法門風、祖先世蔭牢不可分也⑮。考諸兩宋，如范仲淹歐陽修等，雖皆寒素，然居官以後，亦無不統宗收族，昭以譜系，則知所謂貴族官僚云者，皆無當於理實，爲已陳之芻狗。游潦妨車轂，自不若改途之爲愈也。

準是，本文尚論唐宋，不採封建與先資本主義社會之類劃分，亦不僅以社會經濟史爲考察對象；不用貴族與專制一類名詞，亦不以官僚興起論中唐兩宋之知識階層。但就文化系統之轉變與社會結構之分化兩事，詳加考覈，而尤著眼於哲學之突破⑯。以明宋代文化之形成，以說宋詩之特質。其意蓋以爲：論詩而不知中唐之變則已，若論其爲變，則雖謂中唐以下一切文化及歌詩皆屬宋詩、皆屬宋文化，亦無不可。昔嚴幾道嘗與熊純如書云：「古人好讀前四史，亦以其文字耳。若研究人心政治之變，則趙宋一代歷史，最宜究心。中國所以成爲今日現象者，爲善爲惡，姑不具論，而爲宋人所造就，十八九可斷言也」（見學衡雜誌十三期），其言深微，然不知夫宋文化之起點，厥在中唐也。近代日本漢學界倡「唐宋變革期」之說、傅樂成亦有「唐型文化」與「宋型文化」之辨⑰，考其轉關，胥在中唐。中唐以前，上結漢魏南北朝之局；中唐以後，下開宋元明清之疆。潛氣內轉，遂以滋異。本節覈勘成說、布敷綱維，累累數千言者，寧非證成此義乎？

貳、社會變遷中之經濟型態

夏殷而后，三千年信史，可斷爲四期，先秦者一也，秦漢二也，魏晉以居隋唐三也，宋元明清則其四也⑱。唐自安史之後，其局漸變，亦猶春秋戰國者然。變徵於內，象顯於外；事起乎外，理見乎心。煒燁多故，誠不可以一耑舉一孔見。今但撮舉其與宋詩宋文化有關者數事，恂要述之如后，略分經濟型態、社會結構、文化思想三類。其隸屬於第一類者，可於下列數事考之：

（一）商業資本

隋所承北朝遺制以授諸唐者，除陳寅恪『隋唐制度淵源論略稿』所述外，如民戶之組織、均田之授受、租調之升降、役制之變化……等，亦皆一乃舊貫，相因勿改。然天下既定，於勢不能不愈趨豐饒，兼以聲威遠播，胡賈絡繹於途、南北聯貫爲一，既有交通運輸之利、不難見商業殷榮之功。放息出舉，追求什一，都有專賣之市，邑有傾世之商，氓之孳孳，畢集於玆，唐風澆薄，豈無故哉⑲？世或以爲開元天寶間，修養生息，於勢最盛，不知唐代商業實盛於中唐以後。開天之盛，但結漢晉南北朝之局耳；中唐之盛，則恢恢乎與宋沆瀣矣⑳。

據唐六典及會要所記，官家「公廨本錢」之有利率可稽者，開元末猶達年利率百分之五十，長慶三年則已降至四分收利。利率漸低，卽是資本漸盈，幣制遂不得不改㉑。初，資本之流通，全恃交換及質庫、貸商，所謂抱布貿絲，至唐猶然；其有餘貲，則或窖藏之而已，無銀行錢莊之類機關可爲收受存款也。商業資本既豐，此法自不敷於應用，故中唐以後僦櫃飛錢之制漸興，凡蓄貲豐饒者，爲安全計、爲交關授受計，財物多積存於櫃坊中，『太平廣記』卷廿四三治生類竇乂條曰：胡人米亮……謂乂曰：崇賢里有小宅出賣，直二百千文，大郎速買之。乂西市櫃坊鏁錢盈餘，則依直出錢市之」，可見其一斑。交易既有櫃坊，則貿有易無，自無須次次移運現貨、亦弗庸大量轉移現金，「飛錢」「便換」以是應運而生，此近世之滙票也。其制起於德宗貞元及憲宗元和年間，至宋因之勿替。宋初所設「便錢務」，卽經營滙兌之機關；其後則有交子、會子，猶今之契約期票也㉒。

(二) 貨幣制度

唐武德間，發行開元通寶，吾國幣制之形式意義始告確定。然中唐而後，商事既榮、錢用日殷，遂每苦於錢荒，政府始則禁銅，以謀增加錢量；繼則維持絹帛之貨幣地位，以補錢量之不足；又限制蓄錢，以利流通。而終歸於無效。元稹『長慶集』卷卅四所載錢議狀，言之最切。便錢之起，初亦由錢荒而來，『新唐書』卷五四食貨志云：「憲宗以錢少，復禁用銅器。時商賈至京師，委錢諸道進奏院及諸軍諸使富家，以輕裝趨四方，合券乃取之，號飛錢」是也。除飛錢外，金銀之爲貨幣，亦與初唐異：唐初本不以金銀爲貨幣如秦漢時，元和間錢荒嚴重，韓愈乃奏請嶺南用銀爲代，上錢重物輕奏狀曰：「禁錢不得出五嶺，買賣一以銀；盜以錢出嶺及違令以錢買賣者皆坐死」（全唐文・卷五四九），其意實與憲宗元和三年禁嶺北採銀之詔相符。唯錢荒愈甚、銀冶愈多，此令漸漸不行。五代之際，公私蓄銀者益多，長安、開封、蘇州諸大都會，咸有金銀行及銀舖，售賣金銀飾器及金銀塊，金銀塊且用爲貨幣焉。北宋政府發行之茶引、鹽鈔、見錢交引等票據，至南宋亦由金銀舖兼理，名「金銀交引舖」。南宋文武官員薪俸，部份亦以金銀塊支付。其異於初盛唐者至顯。

(三) 商稅徵取

中唐以前，商稅時徵時廢，以有無相去不遠也。中唐以後，漸成定制，難以豁免。『宋史』食貨志曰：「自唐世藩鎭多便宜從事，擅其徵利。以及五代諸國，益務掊聚財貨以自贍，故徵算尤繁」

（商稅條）」，其言若有所刺，實則兩宋最重商稅，除酒、麴、礬等俱歸官賣外，凡布帛什器、香藥、寶貨、羊彘、民間典賣莊田、店、宅、馬、牛、驢、騾、橐駝、及商人販茶、鹽等皆在稅中，故『通考』十四征榷考征商門載止齋陳氏曰：「恭惟我藝祖開基之歲，首定商稅則例，自後累朝守爲家法」。宋因中唐，爲證至多，此其一耳㉓。

（四） 都會坊市

商業集中於都會，貲貨流動遂與人口流動相依，昔之爲政治文化中樞者，今亦爲市易徵逐之所，如揚州、昇州、廣州、泉州、長安、洛陽等，皆其選也。商以逐利、士以貿名，苟徵其實，殆若一揆。據『唐會要』八六載大曆十四年詔云：「令王公百官及天下長吏，無得與人爭利，先於揚州置邸肆貿易者罷之」，知官僚豪貴，託迹於仕途者，亦往往而徵逐於商場，所謂腰纏十萬貫、騎鶴下揚州，固非虛語。中晚唐文士，多流連此間，軟塵十丈，足溺人思，士風之壞，良有以也。相傳白居易未冠，以文謁顧況，況覩姓名，戲曰：「長安米貴，居大不易」（見尤袤全唐詩話），所謂居不易者，非唯生活用度奢泰而已，當時長安坊里間，皆須生產，居坊中而不治諸手工業者，謂之「閑行」，爲世所鄙，其居猶得易乎？杜牧爲其堂兄慥求澧州啓云：「家兄近在郢州汨口草市，絕俸已是累年，仰食恃衣者不啻百口，脫粟藁藿，才及一餐」（全唐文卷七五三），正可與白居易事同參。非特可知唐代士子居市而汲汲於求官之故，亦有以見所謂行坊者自北魏以來，皆以職業爲分也。

夫方以類聚、物以羣分，染者所居，名爲染坊，冶者所聚，呼爲銅坊，其事自北魏以來已然。至隋唐乃稱爲行云。唐初，縣治以上都會皆以商業區域爲市，市中置行，如長安東市，南北居二坊之地，東西南北各六百步，中有二百二十行。其制蓋以爲行市不得隨意設立，設市之處，必有市令，正午擊鼓開市，日沒擊鼓閉市，坊有宵禁，夜亦無市，時間地點既多限制，其所謂行者，亦僅爲市中同業而已，一都會中有東西或南北市，行會卽不止一數。森嚴如此，至中晚唐而漸隳矣，『唐會要』卷八六市，開成五年十二月敕：「京夜市，宜令禁斷」，可見中唐已自有夜市矣，禁遏不絕，逮宋尤盛，『東京夢華錄』諸書所載夜市連闉喧噎之狀，固與初盛唐迥然不同也，時間之限不存，地域之囿亦除，原以爲商店僅得設諸市內特定區域之制，中晚唐後，漸次崩壞，至北宋而都會之中商店林立、增添弗定矣。市制既亡，行制自卽隨之變動㉔。

唐，以行爲同類店舖之組合，一市中同業一事者卽爲同行，故一都會中不止於一業一行，而該業亦爲此數行所獨占。同行之起，旣屬自然之類聚，其間之共同活動則僅及於同祭神佛而已。逮乎中唐，市制崩壞，行會制度亦隨之變動，其前之市各爲行者，趨於統一，而有「行首」「行頭」爲之領袖，以統理代表行務，以保障同業利益，以便於官府管轄。於是所謂行會者，遂由實質商業之區分，轉爲意義之組織，而切實影響於一般之社會結構，爲同業之結社也。其事歷元明淸，至今猶有存者，與江西詩社宗派及唐末兩宋社會關係邃密，下文猶有申說，粗徵其略於此㉕。

（五）　一般工業

兩宋一般工業，如茶、瓷、漆、絹、紙等，咸與中唐爲類。茶自中唐以後，始遍行南北，逮宋益盛，文人生活及作品尤與此物事有關。漆，則明嘉興府西塘揚明『髹飾錄』序已謂今之工法以唐爲古格，以宋元爲通法。瓷在中唐以前，地位絕不如漆器，其後技術漸精，成品愈佳，陸羽『茶經』四論茶器，又嘗品評諸瓷，謂宜茶飲，而李肇『國史補』又有「鞏縣陶者作爲瓷偶人，號陸鴻漸，買數十茶器，得一鴻漸」之類記載，於是瓷茶相輔，遂擅天下，鄭谷「新茶換越甌」、韓偓「越甌犀液發茶香」云云，不猶宋人脣脗乎？山谷集中專爲茶作者，不啻數十首，所謂：「惜無纖纖來捧椀，惟倚新詩可傳本」（答黃冕仲索煎雙井幷簡揚休）者，纖纖所捧，斷非赤銅椀也㉖。

茶瓷之類工業與文人生活關係如此，然猶不如印刷造紙業影響之深厚也。印刷術起於中唐，元稹『白氏長慶集』序所稱：「繕寫模勒衒賣於市中」者，卽其一耑，西極巴蜀，東至揚越，靡不有之，所刻則自詩集、釋經、曆書、小學字書及陰陽五行等，包羅宏富，於知識之傳播啓迪，居功至偉，中唐文化之自覺與思想之突破，半亦賴此。降及五代，官刻有監本九經之傳；私刻有毋昭裔文選，初學記、九經等，至於詩文集，則如和凝集百卷、貫休禪月集廿卷，尤與宋人大量傳刻時賢詩文之風無貳㉗。宋代刻書，盛極前古，官刻無論，其私刻如相臺岳氏、廖瑩中世綵堂等，著名者無慮數十家；坊刻尤夥，往往世業流傳，累代不絕，文化之傳播、學術之流衍，胥可於此考之。以朱子爲例，彼嘗校定上蔡語錄（紹興廿九年）、編二程遺書（乾道四年）外書（乾道九年）、輯近思錄（淳熙二年）、刊四子書（紹熙元年），其本人注釋著作數十種，亦皆刊刻行世。其勤如此，理學何得不盛？朱學何得不滂沛乎天下？文集載周純仁托朱子印漢書，朱子問要何等紙？板樣大小如何？㉘別集卷五又云有紙萬張，欲印經子近思小學等書，則其規模之大可以概見。『宋元學案』彭輿宗傳云彼丙辰（一一九六）訪朱子爲江西象山書院購書，朱子問其何故而來，與宗以象山書院頗少書籍，因購書故至此㉙。益可知朱子與書籍流通之淵源，理學盛於南宋，豈無由哉？於詩亦然，當時臨安陳氏刊印唐宋詩文小集甚多，其人旣「每留名士飮，屢索老夫吟」（趙師秀贈賣書陳秀才），其事業復「詩刊欲遍唐」（江湖後集三，周端臣挽芸居），則南宋四靈江湖之復起唐風者，必與此公難脫干係。晚宋如劉克莊、方虛谷、周弼等皆與其父子時相往來，許棐『梅屋四稿』至謂：「君有新刊須寄我，我逢佳處必思君」（陳宗之疊寄書籍小詩爲謝），斯其人風采可想㉚。其他書肆家塾，刻書亦夥，考其特徵，殆有三耑：

⑴宋人所注宋人詩文集甚多：如山谷詩之有任淵史容史溫、后山詩之有任淵、簡齋詩之有胡穉、東坡詩之有王十朋施元之、荆公詩之有李壁等，皆彰彰在人耳目，此尤有功於當代文學之傳播及賞鑑也。

⑵詩話之評論與收輯亦多：六一而後，詩話日多，精駁固有不同，覽者亦難遍及，於是彙纂之作出焉。如『唐宋名賢詩話』『古今詩話』『詩話總龜』『苕溪漁隱叢話』『集諸家老杜詩評』『詩人玉屑』『詩林廣記』……等，薈粹名言，間附考證，或標一宗之旨趣、或明流類之異同，不惟取便當時，亦今所謂文學批評之絕佳材料也。風氣所及，卽詩話本身，亦具此類習氣，如黃徹『碧溪詩話』自序卽云：「詩話之集皆因前人之語而折衷之，不敢私有所作」，其書於『漫叟詩話』『陳輔之詩話』採摭尤多，亦宋人詩話之特色也。

⑶詩話板本頗多不同：此與詩文集同，蓋書肆刊刻，或有其書已佚而雜抄成卷者、有坊肆不同因

以致異者、有先後詳略各有參差者，如胡仔與蔡正孫所見『百衲詩評』卽屬不同板本，若昧源流，罔不眩惑，此亦宋人刻書之特色。而其書既屢經翻刻，誤字與拼刪之迹，自亦難免，如『經籍訪古志』所載朝鮮刻本『詩人玉屑』玄惠跋，卽可見其訛字之多；而如書賈牟利，於吳曾『能改齋漫錄』中抄取卷八，獨成吳幵「優古堂詩話」一卷者，亦當時狡獪之一例爾㉛。

夫此僅就詩學而言，已自可覩印刷業與詩學之關係，而此類關係，固發軔於中唐，與初盛唐無與也。凡此，皆可證明因中唐社會變遷而形就之前後期經濟型態，確有不同，未可頇顢囫圇爲一，唐貞觀二年猶詔禁五品以上過市，而晚宋書賈已彬彬稱賢於儒林矣，沈浮升降，胥將於此求之㉜。

叁、社會變遷中之社會結構

陳寅恪論唐史，嘗云：「舉凡進士科舉之崇重，府兵之廢除，以及宦官之擅朝政、胡化武人之割據方隅，其事俱成於玄宗之世，斯實宇文泰所創建之關隴集團完全崩潰、及唐代統治階級轉移升降卽在此時之徵象，是以論唐史者必以玄宗之朝爲時代畫分界限」（唐代政治史述論稿上篇）。此就政治而言者耳，於社會結構言之，亦必以玄宗之前之後爲斷，而中唐乃爲由唐入宋之關鍵期焉㉝。一切社會轉型之變化，皆見於此㉞。

社會結構之研究，若據瑞德克里夫布朗（A. R. Radcliffe-Brown）所說，其要有三：(1)文化若脫離社會結構卽無法理解。(2)社會結構包含各類社會羣體之結合方式，如氏族、地方性分支、部族分支等，爲一人際關係之網絡體系。⑶社會結構（此一社會關係之體系），必有一套內在之結構原則，予以組合；例如親屬關係之安排與規定，必賴繼嗣原則爲之也㉟。——宋文化之形成，既必就社會結構之層面理解之，則本節亦擬由社會羣體組織處，詳考其結構原則，以爲後文論江西詩社宗派組織原則之先導者。

布濩論旨，請先自人口流動與莊園之發展始。

一、人口流動與莊園之發展

唐初沿北魏餘習，行均田法。然其制自高宗武后以降，即以農戶逃亡日漸洶湧、豪右佔田日益嚴重，而瀕於崩潰。玄宗即位，頗思有以救濟，安輯戶口，檢責賸田，既殷殷以撫恤流亡爲念；厲禁吞併，務在均平，亦多摧抑豪右之擧。乃不旋踵而安史亂作，一切措施俱成泡影，而農戶逃亡之勢亦不可遏矣㊱。

自茲以降，土地再歸私有，兼併行而佃農增，遂爲史上一大變遷所在。茲所謂變，一爲因人口大量流動而形成之佃農及租稅制度，一爲產生土地私有之莊園。

均田法中，庶民給以口分永業田百畝，除若干例外，買賣悉予禁止，而人民亦需定居原籍，不得移住他鄉，即因饑饉及他事而流寓在外者，亦盡量使之還鄉。然自均田廢置之後，流寓者亦收錄於戶籍，土著謂之土戶（宋稱主戶），流寓者名爲客戶。故如李商隱，雖與皇室同族，而遷徙異地，即不以隴西著其籍屬，新舊『唐書』兩傳，皆稱義山爲懷州河內人，則以懷州爲本籍矣；義山自號玉谿生，其義亦猶是也㊲。主戶有田、客戶無之，然唐代客戶買入土地者，即編入土戶（宋代亦以有地無地斷其主客，即土著失地，亦屬客戶）凡此類有土之主戶，多屬自耕農、少數則爲地主。無土之客戶，多爲佃戶。佃戶之起，固在戰國，然勿論戰國秦漢，即南北朝間佃戶猶且無多，地主豪族多倚奴僕爲耕事；必待中晚唐後，租佃之習始盛，奴僕之用始衰，以工作效率後不及前也。即或仍用奴僕者，亦漸與傭雇無別，不復有隋唐雜戶、客戶、部曲之類名目矣㊳。考唐代均田，計口授地，而歷經變遷，至北宋時自耕農與佃農即達二與一之比，則其異動之鉅，不難想見。而此類異動，亦非單向獨立之變化，必與另一社會羣體成一互動(interaction)之關係，此即莊園是已。耕於莊園者爲客戶、莊戶、佃農，繳納莊課、共衞其居，遂成爲中晚唐特殊之社會結構。

於城外閑曠之地設別莊、置田園，兩漢即已有之，兼經濟與遊樂之用，爲古采邑之遺迹也。魏晉六朝之間，波流靡絕，逮中唐而大盛，宋張洎『賓氏譚餘』即載有司空圖家莊園事，云：

> 司空圖侍郎，舊隱三峰，天祐末，移居中條山王官谷，周迴十餘里，泉石之美，冠于一山。山巖之上有瀑泉，流注谷中，溉良田數十頃。至今為司空氏之莊宅，子孫猶在（又見錢易『南部新書』辛）。

此與白居易「藥圃茶園爲產業，野麋林鶴是交遊」（香爐峯下新卜居草堂初成偶題東壁），正堪比似。蓋唐自安史亂後，諸州百姓，多有流亡。流亡之故，或由官吏侵漁、或以盜賊驅逼，或緣徵發過多，賦斂不一，然既已流亡，則原有土地，多遭兼併，私莊之發展，更無所阻，當時宰相而不置莊園者，相傳唯一崔羣，其餘州府長史，則無不購置莊園宅舍者。宋蘇軾於元豐七年詔移汝州，而屢表請乞常州居住，亦以軾在常有田莊故。

莊園，又名莊田、莊宅、莊居、墅、別墅、別業。雖云別莊，多屬本宅，居莊內者，除主人及奴僕外，則爲莊客。莊客又名莊戶、佃戶、佃客、佃家、客戶，多屬佃農，亦有商人寄居其間。人丁既衆，自成聚落，唐宋詩文集中所見魯家莊、孟家莊、李氏莊、旌忠莊……等等，不勝枚擧，卽寺院亦繁有之。晚唐兩宋之所謂村落者，亦多屬莊園型態，寖假而爲城鎭者，尤不在少。此類村落，雖非氏族關係之組合，然實具氏族組織之「意義構置」，如所謂某氏村、某氏莊者，其意義固不僅在於經濟租佃而已，此所以范仲淹可以因之而創爲「義莊」之制；且由社會文化之觀點言之，此類莊園，亦當視爲一社區(community)，同一莊園中人生活一區域中，具莊園之歸屬感(sense of belonging)，而爲整體社會結構之一環㊴。此莊園之性質也。

依此性質，莊園於唐末社會變遷中所展現之意義，亦可得而言：

嘗讀吳辰伯「論紳權」一文，云中晚唐歷經甘露白馬之禍、及長期藩鎭軍閥之亂，名家多遭屠殺、倖存之士族亦喪失莊園、流徙各地，宋不得已乃多招進士以治國。又讀金耀基『從傳統到現代』，謂唐末以後科擧，唯地主官吏之後始能讀書應考，農勞之人不辦也。二說之矛盾，雖吳辰伯亦不自知㊵。且由前說，則倖存世族喪失莊園之說未確，如後說，則不知如范仲淹、歐陽修者究屬何等人耶？紕繆若此，蓋於社會階層（Social stratification）之義，猶有未達。社會階層所指涉者爲社會階級(social class）之概念，意指一社會中人依不同羣體與職業，而形成差別；此在莊園制中，主戶客戶之間，自亦具此階層之分，且有強化之效；然此類社會階層與政治階層，未必純然密符，唐代科舉，擢拔即多寒人；而唐末五代佔地爲莊園之武人、土豪，亦不聞於兩宋科擧間佔何位置，足證莊園雖可強化社會階層結構，而與政治階層則未必相涉，此其一也。

莊園制度匪特不能造成地主壟斷知識與政治之勢，且必將有助於平民知識階層之興起。此說乍見之或詫爲異論，實則不易之理也：自漢以來，以仕宦而成世家士族者，即有莊園奴僕，魏晉南北朝因之，其事皆以政治及血統地位爲依歸；至中唐則否，凡有地者即有莊園，無論其爲貴族、世門、抑土豪、武夫也（周藤吉之「唐末五代の莊園制」一文即謂當時莊園之發達，除貴族與武人兼併佔地之外，均田制度下成長之農民，如豪民、土豪、地主等，亦一重要因素）。故曰莊園則同，其所以爲莊園者異矣。一社會階層，在前爲血統政治所決定者，今則轉爲土地，有土斯有人、有人斯有財，昔之平人，今亦與囊之貴冑無殊矣。血統不復爲決定之因素，乃有助於平人知識份子之崛起，否則即如鮑照，亦不免於才秀人微之嘆也。且更就佃農興起一事言之，中唐以前皆以奴僕耕稼役力，僮僕者，莊園主人之私產也，可以售轉鞭笞；佃農者，契約關係之結合也，「富民召客爲佃，村歲未收穫間，借貸周給，無所不至，一失撫存，明年必去而之他」（續通鑑長編・三九七・王巖叟上奏文），其間關係，正如熊守克勸農詩所稱：「凡農主客兩相依，以富資貧正所宜，要彼力耕吾有望，借糧借種莫遲遲」（嘉定赤城志卷卅七收）。前者以人爲財產、後者以物爲財產，人雖赤貧，其人格之獨立與尊嚴自若，唐末兩宋間平人中知識份子勃爾驟起，越度前修，要不能不自此等處勘求之。此其二也。

中晚唐莊園，係由南北朝貴族私莊蛻變而來，已如上述，然彼雖爲一土地契約之組合，而至宋乃復由之而成氏族義莊，斯豈非與南北朝莊園同屬血緣關係者乎？曰不然，中唐前之世族亦不同於晚唐兩宋之宗族也，此牽涉世族結構之分化問題，詳見下文。吳辰伯知中唐前後莊園性質當有所不同，而不知其故，誤以爲前期世族子弟既有莊園始能中進士爲官；後期則先仕官再置莊園。既未審於前，又無當於後，宜其論宋代知識階層及文化，多不中竅也。此其三焉。

人民移徙，盛自中唐，舊書地理志謂至德以後，中原多故，襄鄧百姓、兩京衣冠，盡投江湘，故荊南井邑，十倍於初。新書王播傳亦云河曲大歉時，人民流徙，他州不納，其弟子式獨勞恤之，活數千人。至於戎戈征突，驅百姓來往如犬豕者，尤難盡數。此類流民，不入城市，卽入莊園，莊園之擴大與城市之發展、市制之崩潰，皆與此有關。其入莊園者，生活稍得輯撫，人口乃得不斷增加，唐玄宗時全國九百餘萬戶，至肅宗代宗時銳減爲二百餘萬戶，迭經晚唐流喪動盪，而宋初乃竟達二千萬戶者，不可謂非莊園存恤之效。此其四也㊶。

莊園既具安定社會之功，則農村殘破之地，文化發展必較莊園腴茂之區爲劣，可斷言也。錢穆『國史大綱』嘗言宋代「北方多考明經、南方多考進士。後世遂謂文學詩盛於南方，不知中唐以前，殊不爾也」（第六編、第卅三章），此其遷變，必自莊園經濟考之。——蓋中晚唐喪亂頻仍，衣冠之族避禍南遷，已見上條所引『舊唐書』地理志文；吳楚南唐建國，多用北人，而莊園地主亦雜出於其間，文物盛美，遂非中原所能及。晁以道嘗言本朝文物之盛，自國初至昭陵，並從江南來，二徐兄弟以儒學、二楊叔侄以詞章、刁衎杜鎬以明習典故，而婁丞相歐陽少師巍乎爲一世龍門。此皆以江南久歷莊園輯養之功，安定富茂，文化環境較優之故，於江西爲尤然。此其五也㊷。

唐宋莊園，亦多爲寺廟所屬者，其比例以福州爲最高，約達民田三分之一至二分之一，其莊園經濟力之雄厚，差可想見㊸。杜希德（Denis Twitchett）「范氏義莊：一〇五〇—一七六〇」一文，遂據此推斷：義莊衍生之模型，來自佛教「常住田」，范仲淹本人亦嘗就學於理泉寺中，故其宗族義莊，乃依佛寺莊田之設計而來㊹。以余考之，仲淹與佛教之關聯爲一事，佛教於唐末兩宋之社會地位及功能意義爲一事，至於莊園，則又一事也。佛教莊園，隨南北朝私莊以俱起，至中晚唐亦隨莊園之發展而擴大，其本身則屬莊園之一。論范氏義莊，而捨莊園以旁求乎象教，可乎？且謂范氏以宗族爲一緜延之宗教團體，卽與佛教沙門相仿云云，吾不知其可也。不知莊園之性質與演變，考迹唐宋社會結構及其內涵罔不謬戾者，此其例焉。是其六。

綜此六事，可知莊園發展，除經濟史之意義外，與文化變遷，知識階層之興起、世族結構之分化關係尤密，此昔人所未及拈出者，姑爲發凡於此。

二、知識階層之興起

數十年來，小知書者，莫不謂黨爭之起、世族之隳，始乎科舉，而成於中唐。其說蓋以爲：⑴、皇家既以詩文取士，舉人復干謁溫卷以求諸有司，詩文與傳奇遂致蓬勃。⑵、兩晉南北朝以來山東士族、與高宗武后以降之進士階層，互不相容，前者重經學、後者翫辭華，中唐以後，黨爭起而士族淪替殆盡，中國乃由貴族社會過渡至平民及官僚社會。⑶、魏晉南北朝爲士族政治之時代，宋以後則爲科舉官僚之局面，一切政治文化特質亦因此而不同。

凡此三說，近代沈曾植唱之，陳寅恪證成之，而余則不敢盡信，何也？唐宋政治文化型態不同，無俟再論，然其所以互異者，卽世族崩潰之效乎？且世族究嘗崩潰否？卽其崩潰，果爲科擧之裁軋耶？嘗考唐傳奇之興起，碻與進士投卷無關，故於上述諸事，亦不能無疑㊺。以牛李黨事爲例：山東舊族固以經學禮法自持，江左舊族則自南朝以來，浮華放浪，與進士階層之特徵亦無以異，安在其必爭耶？且世族之考進士者甚多，『李娃傳』謂天寶中滎陽鄭公之子應擧事可證，卽所謂李德裕黨中，陳夷行、李紳、李讓夷、劉軻……等，亦皆進士出身，進士之不當視爲一新興對峙階級，於理至顯㊻。通考安史亂後史傳人物，由進士上達者，凡二六八人，其中屬名族及公卿子弟者，達二〇五人，佔總數百分之七十；且科擧出身而任官者，最多僅止百分之六而已，餘百分之九四皆來自其他途徑。故新興寒素云云，昧理之談也㊼。如陳寅恪所謂：「山東士族與由進士科進用之新興階級，兩者互不相容，作殊死鬭」者，非特不合於史實，卽就學理而論，亦有不然，蓋兩階級若欲作生死鬭，須彼此皆具普遍之憎厭感、有階級仇恨，否則鬭無由起，卽起，亦對人不對階級也；中晚唐士族，旣多進士及第者，當時社會及進士本身，亦皆以世族禮法爲可歆羨，階級鬭爭何自而起耶㊽？

瞻前軌之旣覆，知此路之良難；若稽舊典，更就考勘，則有二事可述：一曰世族之分化；二曰知識階層之興起、知識成爲普遍之階層化標準。請先述其後者。

社會階層化（social stratification）爲研究社會史中之最大問題；以一社會組織中，必有若干身份等級也。劃分等級之標準，或以血緣、或以權勢、或以財富、或以知識，標準或異，其不能無等級則一㊾。凡等級身份愈高者，政治權力與社會聲望亦愈高，反之亦然。一社會結構，吾人若研究其劃分階層之標準、階層間交往之質與量、階層間垂直流動之可能等三事，卽可判斷此一社會係開放式

階層化體系 (open-class society)、抑閉鎖式階層化體系 (closed-class society)，前者階層間流動率較大，後者雖不能無流動，然其流動率則較低也。

西方工業革命以前，皆屬閉鎖式階層化體系，印度及古印加 (Incas) 社會亦然。不同階層者，至不通婚姻問答。我魏晉南北朝門第社會，蓋亦類此。

門閥專政，始於漢代之選擧，經九品中正制度化後而定型，公門有公，卿門有卿，多士豐於貴族，爵門不出閨庭，上品旣無寒門，下品亦無世族，凡屐齒相高、揮麈談玄者，莫不纓冠帶而掌機要，出豪門而據上流[50]。不僅士庶不同科，華寒不平等，卽衣冠輿服、款遊交接，亦無同者。世代緜緜，世胄卽其可尊；著姓高華，姓族在所必辨，故其社會階層化之標準，在於血統，可無疑也。六朝士人，特重譜牒，原因亦卽在此，觀『文選』卷四十沈休文「奏彈王源文」可見一斑。

此類經世族而上進之門第豪家，至唐猶多存者，其階層化標準雖與帝王貴胄同屬血統緜延之關係，然其氏族地位之形成，係透過九品官人法等規章、程序、法定任命及選擧而得，屬於理性合法權威 (rational-legal authority)，與僧侶、英雄、帝王之類神性權威 (charismatic authority) 不同，故良賤本乎氏姓，非帝王政治勢力所能予奪，紀僧眞所謂：「士大夫固非天子所命」、及唐文宗所稱：「民間婚姻，不計官品，而尚閥閱」者，著其實也[51]。唐初貶抑山東世族、別創新譜諸事，要皆權力之爭耳，與地望無關，陳寅恪謂爲關中本位世族集團與山東世族之爭，非也。世族所秉據者，爲社會威望；皇家所代表者，爲政治地位，二者積不相容，可於高宗顯慶『姓氏錄』見之。『姓氏錄』裁廣類例，合二百三十五姓、千二百八十七家，帝自敍所以然；當時軍功入五品者皆升譜限，縉紳恥焉，目爲勳格，李義府遂奉奏悉索天下氏族志而燒之。此事與太宗作『士族志』而云：「卿等不貴我官爵耶？不須論數世以前，只取今日官爵高下作等級」，於理實同。山東舊族之以婚婭相高者，亦是氏族閥閱之意重，而非帝王威勢所能奪也；關東齊魏舊姓隴西李氏等七家亦然[52]。唐室欲以帝王之尊與之相抗，（如高祖謂竇威曰：「比見關東人與崔盧李鄭爲婚，猶自矜伐；公代爲帝戚，不亦貴乎」云云），又欲合血統地位與官爵等級爲一，不知神性權威與合法理性權威，於勢有不可合者如此。

至於科舉，萌芽於南北朝後期，正式設立於隋煬帝大業年間。唐武德四年下詔復進士科，遂爲李唐定制[53]。仕進苟須徑此，世族子弟自多藉此出身，寒素亦皆徑此上達，然非謂寒人即以此成一新興階級而可與世族分庭抗禮也，細考李唐一代寒素進入統治階層之機會，依序約可分爲七期：(1)、唐末大亂，達百分之廿九點五三。(2)、唐初開國，達百分之廿九。(3)、中葉安史亂起，達百分之廿八點卅七。(4)、武后代周，達百分之廿五點四八。(5)安史亂後，藩鎭盪動之際，達百分之廿五。(6)、睿宗即位與玄宗初年，達百分之廿四點五二。(7)、敬、文、武宗三朝，寒族登進機會降至百分之十一點四六[54]。——據此統計表，碻知進士科舉絕未使寒人成爲一新興勢力階層；而武后加試進士科雜文，亦不如陳寅恪諸氏所云，可以屏抑山東江左名族也。且中唐所謂進士與世族交鬨最激烈之日，即寒族登進希望最渺茫之際，牛黨重科舉、李黨重門第云云，不合理事之實然，自無庸再論[55]。故余以爲：就魏晉南北朝及隋唐世族門第之發展而言，正如前述，社會聲望與政治權勢漸次分離，具社會聲望之世族若欲取得政治權勢，自必藉科舉而登進；具政治權勢之帝室而欲獲有社會地位，則須編秩姓族譜系以增揚其門楣。如此，則因科舉不斷制度化（institutionalization），寖使原先具有血緣與權勢之世族結構日益分化；而魏晉南北朝間世族之政治功能，亦漸爲科擧知識階層所替代。

據韋伯（Max Weber）所說，經濟安定期，社會階層化主要以威望爲基礎；經濟急遽變遷時，則以經濟要素爲多。民國以來，多秉此說，故如上節所擧吳辰伯等人，莫不以中唐以後之知識階層爲地主[56]。實則知識階層者，乃以知識爲其階層化之基礎也，既不貴、亦不富，而與科擧制度關係最密，異於一切財富、親屬、權利等階層化條件之社會。李德裕「武宗加尊號後郊天赦文」最可說明此理，文曰：「從今以後，江淮百姓，非前進士及登科有名聞者，縱因官罷職，居別州寄住，亦不稱爲衣冠戶，其差科色役，並同當處百姓流例處分」（全唐文卷七八），曾任官職者不得爲衣冠戶、曾登科名者反得爲衣冠戶，且與庶人異等，非社會階層化之具體說明乎？

卽此例，亦可以見世族與進士合作行動（cooperation action）之迹，蓋士族與進士，俱屬理性合法權威，皆透過規章、程序、考試、法定任命、選擧等途徑而來，均與神性權威不同，故二者基本立場皆不與帝王同列。褚遂良所云：「還陛下笏！」與宋彥博所稱：「陛下爲與士大夫治天下」，均代表統治權力須由二者分持，唐代中書省堅持「不經鳳閣鸞臺，何謂爲勅？」亦卽此理。非隸屬神性權威之下，爲其僕役也[57]。早期研究世族與進士階層者，不解此義，故多視二者爲衝突行動（confict action）之團體，謂：階層每因不同利益而衝突，導致社會解組，唐室由是而屋。不知二者基本性質相同，合作行動之可能，遠大於衝突行動。卽以厭薄進士著稱之李德裕爲例，其友人如李紳、李石、崔鄲、鄭肅、李回、盧商、王質、鄭亞、崔從、韋瓘、劉濛、姚勗、封敖、白居易、韋處厚等，無非進士也；以科擧上達之楊虞卿等人爲例，則亦輒朋比貴勢，共取科名也。二者隨同化（assimilation）

而構成社會之互動（social interaction），寖使唐代中葉以後之社會，漸勿同於魏晉南北朝門第社會。

此其不同，亦猶莊園社會前後期中「以人爲財產」及「以物爲財產」之分也。南北朝間，世族即是士族，兼知識與血統而一之者也，故唯世族而能有知識；且社會階層化之基礎，在血統而不在知識，世族雖蒙穉，其爲高門華冑者自若⑱。至唐中葉則不然，社會中無問其爲高門爲寒族，觀念中皆已肯定科舉之存在及其制度價值，社會階層化之基礎又由血統轉而爲知識，則寒門貴族云云，其實皆一知識階層耳。寒人登科，即無異於高門，故王公大姓皆爭與婚姻⑲，而士子利科名者，亦甚於婚婭也，此觀盧仝『玉泉子』所載鄧敞事可知：「敞以孤寒不中第，牛蔚兄弟，僧儒之子，有勢力且富於財，謂敞曰：『吾有女弟未出門，子能婚乎？當爲君展力，寧靳一第乎？』時敞已婚李氏，顧己寒賤，私利其言，許之。既登第，就牛氏親，不日挈牛氏而歸」。寒賤者雖婚高門，猶不能自貴，必待登第而後爲貴，不只此例而已，沈既濟所撰『枕中記』之盧生，不亦先娶清河崔氏女而後舉進士登第，乃爲遂平生願乎？盧生嘗勤畎畝、衣短褐，其爲世族否不可知，要之登進士、拾青紫則爲高門寒士之所同志。知識成爲貴賤升沈唯一至要之憑藉，知識階層焉得不興？

以知識爲階層化要件之中唐宋元社會，考其特徵，蓋有三耑：

一曰社會流動（social mobility）機率大增，成一開放式階層化體系。寒人可無任何憑藉，以知識能力遽爾登進，上參朝勿，縱或不得於科舉正式之途徑，亦每由「干謁」達此目的，類戰國之游士也。韓昌黎三上宰相書，高自炫飾，固已開宋代蘇洵父子之先聲；皇甫湜答李生第二書所謂：「近風敎媮薄，進士尤甚，乃至有一謙卅年之說，爭爲虛張、以相高自謾」（全唐文卷六八五）者，尤可見當時知識階層以知識自貴之狀。姚鉉『唐文粹』所收自薦書兩卷，可以覆按。陳寅恪所云士不得志則走河北，爲藩侯之幕者，其幾要於此等處求之[60]。

二曰造成知識階層實際之結合，所謂座主門生，更相援汲者是也。李肇『唐國史補』曰：「互相推敬，謂之先輩、俱捷謂之同年、有司謂之座主」，緣氣類之私，起比周之習，著於史册者，固比比焉。歐史裴皡傳：皡以文學在朝廷久，宰相馬胤孫、桑維翰皆皡禮部所放進士也，後胤孫知舉，放榜，引新進士詣皡，皡喜作詩曰：「門生門下見門生」，世傳以爲榮。維翰已作相，嘗過皡，皡不迎不送，人或問之，則曰：「我見桑公於中書，庶僚也；桑公見我於私第，門生也，何送迎之有？」人亦以爲當。此事之所以艷傳者，在乎知識階層本非親與舊也，偶因科第，遂相比合，而超乎一切其他政治職等、年齡行輩、親疏遠近關係之上，爲一新人倫關係。利害相牽、禍福攸同，轉有不可以理喩者在。如『舊唐書』鄭餘慶傳：孫從讜，故相令狐綯、魏扶，皆父貢擧門生，爲之延譽。「王播傳」：弟起。李訓，起貢擧門生，欲援爲相……之類，座主以門生爲禁臠，門生以座主爲恩公，中晚唐以來，殆成公例。『獨異志』卷下載：「元和中（崔羣）自中書舍人知貢擧。既罷，夫人李氏因暇日，常勸其樹莊田以爲子孫計，笑答曰：『余有三十所美莊，良田遍天下，夫人復何憂？』夫人曰：『不聞君有此業』，羣曰：『吾前歲放春榜三十人，豈非美田耶？』」，觀之可以解頤。考唐宋朋黨之爭，與此關係匪尠，所謂背公黨私，如程伊川門生朱光庭之排蘇軾者，亦比比焉。唐帝嘗嘆：破河北賊易，去朝中朋黨難；宋呂居仁亦云：「但能消黨論，便足掃胡塵」（詩集卷十三・送常子正赴召）

「胡虜安知鼎重輕，禍胎原是漢公卿」（詩集卷十一・無題），味其感慨，後先一揆。故居今世而欲考唐宋政治社會之盛衰變遷者，於知識階層此類聚合活動，蓋不能無所知也。

三曰師道與道統觀念之形成、及書院之風氣。——座主門生，雖由恩利相交納，然既構成知識關係之連結，則門生之於座主，例必稱師。其名爲師者，尊知識在官爵上也；故如裴皥者流，可以下吏座主，傲揖宰相門生，而世不以爲怪。韓愈等人，本此流習，因勢利導，倡爲師說，既披靡於當時，亦勿違於流俗，學者從師，蔚爲風氣，觀柳宗元「與太學諸生喜詣闕留陽城司業書」：「始僕少時，有意遊太學、受師說，以植志持身焉」云云，可知退之抗顏爲師，非獨開風氣之先，乃爲風氣所激盪也。當時如韋中立、嚴厚輿、袁君陳、蕭纂等，莫不以從師爲亟；而韓門諸弟子之遠開蘇門學士之先聲者，尤不待論。考其風氣之起，不求諸知識階層之興起者不得也。柳宗元「報袁君陳秀才避師名書」曰：

> 僕避師名久矣，往在京師，後學之士到僕門，日或數十人。僕不敢虛其來意，有長必出之、有不至必惎之。雖若是，當時無師弟子之說，其所不樂為者，非以師為非、弟子為罪也。有兩事故不能自視：以為不足一也；世久無師弟子，決為之，且見非、且見罪，懼而不為二也（全集卷卅四）。

師道師說，起自元和間，前此蔑有，故柳宗元不敢居其名；避名取實，其義又發於「答嚴厚輿秀才論師道」「答韋中立論師道」兩書。其友人呂溫和叔「與族兄皐請學春秋書」，與之相似，文曰：「凡學之道，嚴師爲難，師資道喪，八百矣！是以今之君子，其身不受師保之教誨、朋友之箴誡，既不知己之損益，惡肯顧人之成敗乎？而今而後，乃知不師不友之人，不可與爲政而論交矣！」觀其言議，碻知中唐儒道之所以復昌者，乃自師道始也。宋初儒者之欲復王道，亦自此始，如孫復立泰山書院，其高弟子石介徂徠，事師能盡其禮，時人謂：「魯人既素高此兩人，由是始識師弟子之禮，莫不嗟嘆之」（歐陽修語），卽此便是宋學開山矣，其重師道立書院之風，皆由中唐啓之，碻然無可疑也。以呂和叔文集考之，『呂衡州集』中有「同恭夏日題尋眞觀李寬秀才書院」詩，云：「願君此地攻文字，如鍊仙家九轉丹」者，卽宋之石鼓書院也，宋初未有命敎，卽以此爲州學，至南宋而朱熹有重修記，與白鹿洞書院等，合稱四大書院。白鹿洞，亦貞元中李渤讀書處也。此類書院，在貞元元和間，蓋卽隱居求志、師友講習之所，盧綸「宴趙氏昆季書院、因與會文、並率爾投贈」詩所稱會文者，卽後世文會詩社講會之始，唐末兩宋之所以有詩社，亦當與此不無關聯，故呂温九轉還丹云云，卽意識亦與后山論詩文創作不殊也㊶。

知識階層以道自任、以師相期，尊知識在官爵之上，則將如孟子所云：「彼以其爵，我以吾義，吾何慊乎哉」（公孫丑）矣！知識系統（道統）與政治系統（政統）非特平行對峙而已，更有道尊於勢之想，以爲：「以位，則子君也，我臣也，何敢與君友也；以德，則子事我者也，奚可以與我友」（孟子・萬章下）「不枉道而從彼勢」（滕文公下）。此就韓愈原道諸文考之，彰彰可見，不煩覼縷。道統之觀念及孟子之推崇，宋人實法中唐，此亦不可掩者。雖然，斯亦與宗族結構之演變有關，具詳下文。

三、世族結構之分化

據唐書儒學傳引柳芳論氏族之說，魏晉以後，士庶之別，原出古之封建，凡胙土命氏者，官有世功、仕有恒爵，故魏立九品中正法，卽以世胄爲士族。其實漢魏世族與古封建無關，柳芳殆爲失考。査漢興以來，傳統家族勢力雖屢遭摧抑，曾未少戢，其所以不戢之故，則在乎宗族漸爲士族，『漢書韋賢傳』謂鄒魯流行「遺子黃金滿籯，不如一經」之諺，可知宗族多以子弟受學爲鞏固本宗、攫致政治經濟利益之階，政治經濟勢力既成，轉以宗族爲社會階層劃分之條件[62]。此與古之因胙土命氏而有官族者，事正相反，然其獨佔兼有知識與權力、爲一宗族與權勢結合之多功能組織則一。故柳芳氏族論曰：「魏氏立九品、置中正、尊世胄、卑寒士，權歸右姓已。其州大中正、主簿，郡中正、功曹，皆取著姓士族爲之，以定門胄，品藻人物」，所謂權歸右姓，卽余宗族與權勢結合之說也。權勢附於宗族，唯大族爲能有權，否則雖富貴，亦不免見輕於人，如『南史・到漑傳』載漑爲吏部尚書，何敬容謂人曰：「到漑尚有餘臭，遂學作貴人」，可證社會階層化之標準，在乎血統宗族，權力與知識則爲附存於實體之附質（Accident）爾[63]。

附質可隨時代而變更，唐史卽其顯例。唐自安史以後，兼含宗族與權勢之多功能組織（世族），漸趨分化，世族而欲取得政治經濟權勢，僅恃姓氏，蓋無能爲役，必藉科舉而登進矣。故世族之政治功能，轉爲知識階層所替代，世族寖成一純粹宗族組織而已。『五代史・盧程傳』謂程褊淺無他才，惟務恃門第，莊宗歸寧太原，置酒公宴，辟馮道爲書記，程私憤惋，曰：「主上不重人物，使田舍兒居余上」，此事最可印證世族至唐末五代，初未沒落崩潰，然其政治權力則不如南北朝間之以血統姓氏爲依歸者也。此一轉變，原因至多，其最要者有二：一爲世族構成政治勢力之憑藉，魏晉與唐代不同，二爲人主之態度有異。

宗族之所以擁權力據知識者，有一重要憑藉，卽九品選擧法是也。漢末選擧，實多操縱於大族之手，然士與大族猶未盡一致，制度中亦未列家世爲應擧之條件。至魏則否，九品中正，乃綜才德與家世而定品者，臺閣選擧，唯問中正，故據上品者，非公侯之子則當塗之昆弟，『晉書』卷卅六載衞瓘與汝南王亮等疏稱：「其（九品中正）始造也，鄉邑淸議，不拘爵位，褒貶所加，足爲勸勵，猶有鄉論餘風。中間漸染，遂計資定品，使天下觀望，唯以居位爲貴」，可見流弊之甚㉔。當時操選擧之權者，亦皆家世顯貴，不能留心寒素，故魏高祖延興二年韓顯宗上言曰：「今之州郡貢察，徒有秀孝之名，而無秀孝之實。而朝廷但檢其門第，不復彈坐。如此，則可令別貢門望，以敍士人，何假冒秀孝之名也？」（魏書高祖紀）如此弊政，至隋開皇中方罷。唐武德七年依周齊舊制，仍設中正，品量望第，以本州門望高者領之，旋廢，逕行科擧。

方九品中正法行之時，士族豪門，透過此類途徑，與帝王平分統治之權，名曰君臣，實屬敵體，蓋以強宗鉅族爲其奧援也。唐旣以科擧選士，士亦透過科擧，與帝王平分統治之權，然彼所恃者，但爲知識而已，於勢不得不以此相高，遂因此而結師弟、倡道統焉。柳宗元傳云：江嶺間爲進士者，不遠數千里，皆隨宗元師法；凡經其門，必爲名士。名士之成，固異於魏晉南北朝也。世族之爲名士、擅權勢者，至此皆不若九品官人法之具必然性條件。以九品中正法可內含於世族結構中，科擧則必外存於宗族組織之外，此其憑藉之異也。

人主之於世族，態度亦各不同，南北朝間多謂士族削則國衰，故優借朝士，有罪多屈法申之，甚且「罰典惟加下賤，辟書必蠲世族」（齊書竟陵王子良傳）「寬縱上流，法切下吏，育物有差，惠罰不等」（魏書賀源傳）。若謂士庶良賤之別，既根於血緣姓氏，則必有不可侵冒者在也。『魏書』卷五九劉昶傳所載魏孝文帝之說，最堪玩味：

或言惟能是寄，不必拘門，朕以為不然。何則？當今之世，清濁同流、混齊一等，君子小人，名品無別，此殊為不可。我今八族以上，士人品第有九，九品之外，小人之官，復有七等。苟有其人，可起家為三公；正恐賢才難得，不可止為一人，渾我典制（又見通鑑卷一百四十）。

此與唐王室視山東舊族如仇者迥異，『舊唐書』高士廉傳謂山東人士好自矜夸，太宗惡之，乃詔士廉與令狐德棻等刊正姓氏，作『士族志』，以崔幹爲第三等。蓋欲據當朝爵右，易民間所重也。後雖不得，亦終有悻悻之色，觀文宗「我家二百年天子，顧不及崔盧耶？」之語可知。雖豪右勢大，不可如漢武帝之移徙強宗大姓，然私心初不願助張其勢也，科擧之推行、進士之見重，斯亦原因之一。世族昔日之政治功能，至此漸爲知識階層所替代，而帝王乃復轉而企羨進士矣，『唐語林』四：「宣宗卽位，愛羡進士，每對朝臣問登第否，有以科名對者必有喜。……嘗於禁中題：『鄉貢進士李道龍』」，狀彼企仰之情如見，亦彷彿當初欲婚山東舊族情狀也。

東漢以來之士族既經此結構之分化，漸成一純粹宗族組織，世族似將隨權力之流失而消散矣。其實不然，權力本身固可鞏固宗族，然權力與權力之間、有權與無權之間，轉易以此爲鴻溝，故世族經分化後，世族結構，乃反普遍社會化，成爲一般之社會結構。六朝以來盛行一時，爲維繫門第之綱領之譜牒，亦遂流行於民間矣；族規、家禮等宗族組織法，亦遂遍見於社會矣。

譜牒之盛，由於士族基本特質乃血緣之結合，且社會間方以血緣關係爲其階層化之標準也。東漢巨族，卽編有譜牒家乘甚多，六朝因之，百家之譜，皆上於吏部，官有世胄、譜有世學，所以區別昭穆、判分甲乙。通其學者，可以日對千客，不犯一人私諱。唐興猶然，言譜者以路敬淳爲宗、柳冲韋述次之，官私氏族譜至今敦煌尚有存者。此治史者所習知，無庸贅敍⑮。所欲論者，厥在：⑴唐中葉以後，官修如『元和姓纂』、私修如倫敦大英博物館所藏『新集天下姓望氏族譜』，求各姓之淵統、秩族望之高下，固足以證明唐末世族並未崩潰之說；敦煌所出「廿五等人圖」，亦可見當時縉紳士族仍占有社會勢力之實⑯。⑵唐末世族雖未崩潰，五代離亂，譜牒則多流散。譜牒流散，宗族卽以不謹，此宋士大夫所爲憂心者也。故慶曆復古之際，卽譜牒所以復昌之候，范仲淹、歐陽修、蘇洵等，健學一時，影響及於千載。推其用心，皆在篤宗族而已，非所以求政治地位也。此亦合於宗族分化之義者。⑶六朝有譜官以監司，置譜局，撰百家譜以助詮序；而私修之譜，亦多強宗大姓所爲。考『通典』卷三鄉黨，可知一般卑姓但有「卑姓雜譜」而已，初不若宋人之可以任意纂修，無問貴賤也，錢大昕『十駕齋養新錄』卷十二謂：「五季之亂，譜牒散失；至宋而私譜盛行，朝廷不復過而問焉」，是矣。

綜此三耑，皆與宋文化之發展有關。蓋宋詩宋學皆發軔於慶曆，前此猶承五代餘習，後此則上追元和，陳傅良『止齋先生文集』卷卅五「答林宗簡書」曰：

自國初，以行舉誘致偏方之士，而聚之中都。向之為閩蜀漢唐偽官者，往往慕化從順，願仕本朝。由是，家不尚譜牒，身不重鄉貫，以此得人，而其流弊則在今日。

是宋初譜學不盛者，正坐宗族譜系與政治權力無關耳。慶曆以後，儒者乃知宗族譜系獨立於政治權力之外，亦非無用於天下者，故又重之。蘇洵「譜例」謂其修族譜成，「他日，歐陽公見而嘆曰：吾嘗爲之矣。出而觀之，有異法焉。曰：是不可獨吾二人爲之，將天下與不可無也！」自此歐蘇兩譜遂爲宋元明清以來，言譜例者之圭臬，至今未改㊻。蘇洵又嘗建族譜亭，作「族譜亭記」曰：「凡在此者死必赴、冠娶妻必告。少而孤則老者字之、貧而無歸則富者收之。而不然者，族人之所共誚讓也」，夫此何異於范文正公之義莊耶？

宗族意識及結構之復興，起自仁宗英宗之間，以此爲矯薄俗、敦禮義之具，歐蘇而外，則有范仲淹。仲淹以莊園贍聚宗族，建義莊於蘇州。莊而曰義者，蓋仍唐末五代「義門」之稱，爲不別藉異財之同族體制也。此類透過莊園制度以重新建立之宗族組織，可由族規擴展至鄉約、由宗族之組織擴展至鄉社之組織（參看前文論莊園之性質）。歷觀兩宋宗族意識，大抵亦循此路線：繼「范氏義莊規則」之後者，有司馬光「家儀」，呂大臨進而創制「鄉約」；至南宋，則朱熹既著「家禮」，又有增損呂氏鄉約；族譜之作，尤普遍可見也㊼。張載嘗論宗族曰：「管攝天下人心，收宗族、厚風俗，使人不忘本，須是明譜系、世族與立宗子法。宗法不立則人不知統系來處，古人亦鮮有不知來處者。宗子法廢，後世尚譜牒，猶有遺風；譜牒文廢，人家不知來處，無百年之家，骨肉無統，雖至親，恩亦薄」（經學理窟）、其言與程頤、游酢、朱熹無殊，殆一世之共識如此。於詩亦然，宋人論詩，必詳源流出處，呂東萊論江西，亦以宗派爲說，至於文統、家風云云，尤與宗族意識及結構有關⑲。葛立方『韻語陽秋』卷廿：

傳曰：學士大夫，則知尊祖矣。族之所在，祖之所自出也，其可以不敬乎？陶淵明有贈長沙公詩序云：「余於長沙公為族祖，同出大司馬，昭穆既遠，以為路人」，故其詩云：「同源分流，人易世疏。慨然寤嘆，念斯厥初。禮服遂悠，歲月眇徂。感彼行路，眷馬踟躕」，蓋傷之也。長沙公於淵明如此，而淵明乃以尊祖自任，其臨別贈言之際，有「進簣雖微，終焉為山」之句。嗚呼！淵明亦可謂賢矣。杜子美數訪從孫濟，而不免於防猜，故其詩云：「所來為宗族，亦不為盤餐。勿受外嫌猜，同姓古所敦」，觀長沙與濟，尊祖之義掃地矣。

論詩而諄諄以尊祖敬宗爲念，可謂詩教。宋人之所以重宗族者在此，非盤飧利勢也，故於六朝隋唐之以世族門第爲貴賤者，轉不能理解，鄙爲夷俗而已。斯豈非世族結構分化之效歟⑳？

四、會社組織之形成

呂大臨兄弟所爲「鄉約」，其意蓋與程顥同。余觀『宋史・程顥傳』所云：「鄉民爲社會，爲立條旌別善惡，使有勸有恥」，則知鄉約略同會約，緣中唐以後會社組織之形成而起者也。南宋朱熹於建寧府崇安縣因荒請米，既建社倉，又立保甲，以十家爲甲、甲推一首，五十甲推一人通曉者爲「社首」，其法亦仿唐末以來行團會社行老社頭之制。元行社制以治其鄉，通制條格曰：「諸縣所屬村疃，凡五十家立爲一社，不論是何諸色人等，並令入社；令社衆推擧年高通何農事有兼丁者，立爲社長」，斯尤會社組織之實例，無庸置疑者矣。一般地方組織如此，文化活動亦然，詞之有同文社、唱賺之有遏雲社、雜劇之有緋綠社、吟叫之有律華社，亦猶詩之有西湖詩社、江西詩社也。考其源流，殆始中唐。

中唐以市制崩隳，同業組織爲團、行、社、會，諸行百戶，衣裝各有本色，凡在行者卽爲同行行家，已如上文所述（見第二章）。此類行會，非實質商業之區分，乃意義之組織；爲超乎血緣關係之「契約取向團體」，而非「身份取向團體」，具形式之組合、有意義之指向，非隋唐間行會之舊觀也⑪。其所變遷，類似涂尼斯（F. Toennies）所稱：由「社區」（Gemeinschaft）漸次發展而爲「社會」（Gesellschft）。蓋社區之社會型態中，人際關係以血緣與鄉親相聯結，故關係深厚而廣泛；社會之型態，則以某一契約關係相緣結，其間關係自較間接而片斷，同行則親、異行則否，雖同行，亦只以本行事相親，其他生活，則未必與此行相關也。其於非職業團體如詩社者亦然，同社唱酬，歌吟若散，人各返家，旣不以身份爲限定，亦不以居址別殊異，同社則友、異社則否，斯中唐以前斷乎無有者也。

雖然，行會初與社無甚關聯，行團自屬職業之聚合，社則爲社廟鄉里之組織，似不容牽合爲一。其實則自中唐以後，諸行皆有社會，曰社會者，卽以宗族爲其組織之法則也，肇其始者，厥爲吟社。

孟浩然「同曹三御史行泛湖歸越」云：「泛湖同逸旅，吟會是思歸」，名爲吟會者，一時之雅聚會集，非社團之組織，與高駢「途次內黃馬病寄僧舍呈諸友人」所述者不同，詩曰：「官閑馬病客深秋，肯學張衡咏四愁？紅葉寺多詩景致，白衣人盡酒交遊。依違諷刺因行得，澹泊供需不在求。好與高陽結吟社，況無名迹達珠旒」（全唐詩卷五九八），所呈諸友，必皆吟社社友，非一時偶聚者，故詩中著此等語；其社中人，可考者僅爲李遂良處士而已，亦符白衣交游之說。入宋，則不只白衣文士有詩社，即市井屠沽亦皆入社矣。吳可『藏海詩話』曰：

幼年聞北方有詩社，一切人皆預焉。屠兒爲蜘蛛詩，流傳海內。忘其全篇，但紀其一句云：不知身在網羅中。亦足爲佳句也。元祐間，榮天和先生客金陵，僦居清化市爲學館，質庫王四十郎、酒肆王廿四郎、貨角梳陳二叔，皆在席下，餘人不復能記。諸公多爲平仄之學，似乎北方詩社。

社而至於貨郎酒保屠兒質庫皆可以入，則其流行普遍可想，初不僅限於南方北方而已。故全祖望「句餘土音序」曰：「吾鄉詩社，其可考者，自宋元祐、紹聖之間，時則有若豐清敏公、鄞江周公、嬾堂舒氏，而寓公則陳忠肅公、景迂晁公之徒預焉。建炎而後，汪太府思溫、王宗正珩，相與爲五老會，以孝友倡鄉里敦龐之俗，而唱酬亦日出」（鮚埼亭集外編卷廿五）。考玆所述，可知詩社與尚齒之會頗有關聯一也；社盛於元祐紹聖以後，亦與宗族意識之復甦時代相合二也；以上二事若有關係，則其關係乃自知識階層影響而及於全社會者三也。

尚齒之會，白居易會昌五年所倡，『香山詩集補遺下』七老會詩序曰：「胡、吉、劉、鄭、盧、張等六賢，皆多年壽，余亦次焉。偶於東都敝居履道坊合成尚齒之會。七老相顧，既醉且歡，靜而思之，此會希有，因各賦七言六韻詩一章以紀之」，其後慶曆中有徐祜九老會、馬尋六老會；元豐間有徐師閔九老會、文彥博五老會等，皆師其遺意。聚會之意義指向，在於敍齒，而後人輒目爲詩社者，正以所謂社，皆以宗族組織爲其結構法則也⑫。觀全謝山述甬上詩社，可知孝友敦龐自與唱酬同屬社課之一，故元豐慶曆，當宗族意識熾興之際，亦南北詩社蓬勃之日、七老五老耆英相聚之期。凡其聚會，皆法白傳，不更遠求，所謂元祐上接元和者，此亦一耑耶？民間本此，因起社會之說，以行會而有「供獻之社」也。

吳自牧『夢粱錄』卷十九社會條載：「諸寨建立聖殿者俱有社會，諸行亦有供獻之社。……每遇神聖誕日，諸行市戶俱有社會，迎獻不一」，社專就宗教祭祀活動而言，行則指其職業；同行實以共祭爲同社，若不共祭則異社也。祭以本行祖師及一般神祇爲主，國家宗廟亦須助祭。李燾『續資治通鑑長編』卷二四六、熙寧六年七月條：「詳定諸行利害條貫所言：據米麥等行狀，歲供稌禾蕎麥等薦新。皆有陪費，緣祠祭重事。自今欲乞薦新並令後苑及田園苑供應。從之」，行會以祠祭薦新爲重，適可證彼雖同業之結聚，而實以宗族爲其組織法則也。行而名社，蓋有以乎！

行社既以宗族結構爲其實體法則，則是否爲職業團體，轉無關係，據『東京夢華錄』『夢粱錄』諸書所載，非職業之社集正多，詩社則其尤者耳。『宋詩紀事』三十六錄汪藻「春日」詩，引遊宦紀聞曰：「此篇一出，爲詩社諸公所稱，蓋公幼年作也」；藻詩得法於徐師川，而此社惜不知何名。豈呂本中『師友雜志』所謂：「馬巨濟多預南京貴人飲會」之類乎？南宋詩社之可考者，要以「西湖詩社」爲最著，吳自牧嘗云此社「乃行都縉紳之士及四方流寓儒人，寄興適情賦咏，膾炙人口，流傳四方，非其他社集之比」（夢粱錄卷十九），灌圃耐得翁『都城紀勝』社會條亦有此語，蓋諸社皆以詩社爲標準也，此在上文所述社集以宗族結構爲組織法則處，亦可以見⑬。其他如南北垕齋（隱語）、蹴鞠打毬社、川弩射弓社、光明會、淨業會、錦體社、八仙社、漁父習閑社、神鬼社、小女童像生叫聲社、遏雲社、奇巧飲食社、花果社、七寶考古社、馬社、豪貴緋綠社、清樂社、青菓社、斗皷社、鮑老社、香藥社、相撲社、同文社、同聲社、律華社、錢幡社、馳象社、清音社、賭錢社、臺閣社、白衣社、傀儡社、雄辯社、繪革社、雲機社、英略社、錦標社、淨髮社……等，無問釋道僧俗、男女幼老、文武良賤，皆有社集，『西湖老人繁勝錄』謂都城即有百餘社，諒非虛語。凡此社會，或為偶集、或為常會，有職業者，亦有非職業者，歲時報享，以宗祀其所供奉之宗神，用以系聯其宗，皆與氏族弗異。故嚴復譯甄克思（Edward Jenks）『社會通詮』（History of Politics）論工賈行社及種人鄉社，有云：「中古鄉社，為同姓聚族而耕。其工賈之有行，猶其農之有族也。其所以收其衆而系屬之者，曰基爾特（Gild）。基爾特者，行社也，其相與之道，猶鄉之族姓也。其始以相保持而已，終之乃有鬼神宗教之事，無異族姓之祀其祖先。使取其制而諦論之，則與往之族法有極類者：高曾規矩、父子相傳，使其父為社員，則其子之為同行，無疑也；不然，則必其師為社員。其事方之宗法，殆無殊焉。即其歲時酬酢、祏神飲衎，其事亦無異宗廟之燕毛」[74]，說與余論正相符同。

諸行市戶之社如此，若本屬鄉里，則無此曲折，逕謂之社而已，如程顥傳所稱鄉民為社會者（即甄克思所謂之種人鄉社），至宋幾於無鄉無之，以社本即鄉里宗族團體也[75]。社祭之俗，古已有之，南宋最甚，未必非此社會結構使之然也。祭社會飲謂之社，同社者謂之同會，故一般社集或稱為會，如『武林舊事』卷六所載書會，本即編劇纂演之社，此鄉里社集結構之延伸及於社會團體者也。

凡此俱屬一般狀況，亦有結社族聚若秘密不法組織者，如宋史曾鞏傳：章丘民聚黨村落間，號

「霸王社」；薛顏傳：耀州豪姓李甲，結客數十人，號「沒命社」；石公弼傳：揚州羣不逞，爲俠閭里，號「亡命社」……等，世人尙罕論及。實則後世建寨聚義者之濫觴也。夫同族聚居，不別籍異財者名爲「義門」；立社合衆，不相倍離者名爲「義社」；社倉又稱義倉；族田又號義莊。草澤萑苻、閭里遊俠每號其徒黨曰「聚義」者，不由此處求之不可。蘇東坡「方山子傳」之陳慥「少時，慕朱家郭解爲人，閭里之俠皆宗之」，所謂宗之，卽宗族團體之概念，後世任俠者，輒以開宗立派自期，豈非緣於此乎？試觀近世哥老會、天地會、淸幫等秘密組織，無不有其宗教崇拜活動，入社須人牽引，亦有入社儀式如開香堂祭祖之類，歃血盟誓，約爲兄弟。風流祖述，蓋本唐宋，而與詩社吟會亦何其相肖也[76]！

總之，會社當爲一契約關係之擬宗族組織，萌蘖於中唐、大盛於兩宋，金元明淸皆承其波流者。今當略述其性質及其社中人物之關係。

結社本爲盟會，故詩社又名詩盟，東坡答仲屯田詩：「千里詩盟忽重尋」、呂本中將發福唐詩：「相尋如有日，請盟吾此詩」、別後寄舍弟：「惟昔交朋聚，相期文字盟」、次韻堯明見和：「交遊潦倒漫虛名，誤結他生文字盟」、永州西亭：「說詩到雅頌、論文參誥盤……此樂固可樂，此盟安得寒」，欲謀他日復來福唐之東山林少潁靖作詩：「更作東山住，尋盟尙有詩」、陳簡齋又和歲除感懷：「宦情吾與歲俱闌，只有詩盟偶未寒」……等，皆其顯證。周必大跋楊廷秀贈族人復字道卿詩亦云：「江西詩社，山谷實主夏盟，後四方人才如林」，盟者，殺牲歃血，誓於神也，義詳禮記曲禮。當時論詩盟者多取左傳哀公十二年：「盟可尋也，亦可寒也」之說，其法春秋會盟事，碻然無疑。此類盟會，皆非生而同盟，而爲契約約定，經入社儀式而成盟者，故非「身份取向」之團體。其同社者，必有一人爲之首領，名爲社頭、盟主，猶春秋間霸主能召集諸侯爲盟會者然，如上文所引周必大跋楊廷秀文，謂山谷實主夏盟者是其例焉。張孝祥與黃子默書云：「前日爲子默作江西後社字，茫然莫知所謂。至湘陰館中，有題壁間之詩：急雪黃花渡，初晴白日村者，驚嘆世間久無此作。客謂此子默詩也，歛然心服，眞可作社頭矣！」（于湖居士文集卷四十）社頭盟主，義蓋相似。若以天下文士爲同族，則盟主遂亦不妨即爲宗主，考李光『莊簡集』卷七有云：「近日呂居仁舍人作江西宗派序，以魯直爲宗主也」，陳善『捫蝨新話』則曰：「一代文章，必有一代宗主」，斯社集之宗主本可通於天下之宗主也，推諸盟主一辭亦然：周必大既謂山谷主盟江西，復謂：「臨川自晏元獻公、王文公主文盟於本朝，由是詩人項背相望」（周益公集・平園續稿卷八跋撫州鄔虙詩）可證。以其盟也，知其爲契約關係之組合，而盟亦與祭祀有關，從可知矣。

既爲契約，當有所「約」，如呂氏鄉約之類者，詩社有焉。田汝耔刻月泉吟社詩序，謂吟社諸公「約盟揭賞」，頗得其實。今以月泉社課考之，首標「浦陽盟詩潛齋吳渭淸翁」及其徵詩之約，次有「誓詩壇文」，復次則爲評詩標準；其他社稿，諒亦同此。取與明代東林會約、淸代康熙十七年漢口米市公所公訂幫規合勘，正相一律，足見源流之廣也[77]。至於「誓詩壇文」者，則約盟必關祭祀之證耳。

全謝山「句餘士音序」曰：「慶元嘉定而後，楊文元公、袁正獻公、劉宣獻公，寓公則呂忠公，多唱和於史鴻禧碧沚館中。顧…同時高疏寮、史友林、別有詩壇，則從事苦吟者也」，登詩壇、主壇坫，其所謂壇者，祭場也，古以壇爲祭神之所，有朝會盟誓等事，亦多設壇行之，故孔子過故杏壇，曰：「玆臧文仲盟誓之地也」（禮記雜記）。宋人詩社，實法其遺意，謂爲契約關係之宗族組織，誰曰不宜？

初，以天下文有宗主者，爲元稹；以天下士大夫當有師法者，爲韓愈。考此二說，當可明會社中人之關係。蓋會社爲一擬宗族之團體，社中人於宗主，猶族人之於大宗宗子，所以收合族也。至於族人各自之關係，則當求諸師法。——古者學於宗廟，禮、祭先師於瞽宗，師法與宗族固不可分，故弟子通利則思師，生則謹養，死則敬祭。工匠之人，隨師習藝，亦若其子弟；諸行百工，莫不尊師，推祭其祖，而名爲祖師者，殆由此也。自魏晉師道廢闕以來，韋表微始以學者薄師道，不如聲樂賤工能尊其師，發憤作「九經師授譜」，謂儒者業經，亦由師授也；韓愈本之，以文體迎距之法爲人師，而號曰傳道，作「師說」曰：「巫醫樂師百工之人，不耻相師。士大夫之族。曰師曰弟子者，則羣聚而笑之」云云，標師道於既衰，謂士人爲同族，固已遠開趙宋風氣。『性理會通』卷五二人倫條曰：「巫醫藥師百工之人，其術淺、其能小，猶且莫不有師。儒者之道……而無所師，可不爲之大哀耶？」即其承風接響者矣⑱。宋人聚詩社、論師法、謂某某句法共是一家、某某詩宗某人、某某爲正宗、某人詩有源流……等，推其意識，皆由於此。至於書院、講會，固當以社、會爲名矣，又每於院中爲祭事，亦猶諸行市戶會社之祀祖師也。如『宋史』度宗本紀咸淳元年七月丁酉，初命廸功郎鄧道爲韶州相江書院山長，主祀先儒周敦頤；『白鹿洞志』開禧元年李山長建雲章閣於講堂東，諸生以濂溪二程與朱子合祀於講堂後。皆其事之最顯者。凡師法之尊必與道統文統有關（詳上節：知識階層之興起），此事亦然。『宋元學案』載熊禾曰：「僕於雲谷之陽、鰲峯之下，創小精舍。中爲夫子燕居，配以顏曾思孟，次以周程張朱濂溪明道伊川橫渠晦庵五先生，隆道統也。……夫配食先聖，則非其道德功言，足以得夫聖統之正傳者，不足以與此也」，言之最切。此所謂配食，猶祭饗於宗廟也，故與一般從祀者不同；詩家至宋，亦有配饗之觀念，竝起道統文統之說，豈偶然哉⑲？且士大夫既自視爲一族，亦將有助於同類意識（Consciousness of Kind）之發展，知識階層之結合愈趨強韌者，原因方在於此。後世以書院爲氏族，所見如東京大學東洋文化研究所所藏『武功書院世譜』『廬江書院全譜』者，皆入宗譜類，原因亦在乎是。歷觀往躅，細按因革，殆可見此錯綜複雜者，正世族結構分化、知識階層興起、及會社組織形成三事本屬一體之證。任擧一事，類皆涵此三者；而此三者，則爲宋文化所以形成之所繫。時勢遘會，影響相關，若未精察，恐失體要。以昔賢於此，偶忽於參校；故今所述，聊備其大凡。藉以觀宋詩及宋文化特徵之所在耳，不能詳也⑳。

肆、文化思想之轉變與突破

綜觀上文所述，當知唐自貞元元和以後，社會與文化，俱已大變，導兩宋之先塗，啓多士之沈思。考其變也，可以江西詩社宗派爲例，其與此一社集有關者，略如下表：

江西——經濟文化中心之南移

詩社——知識階層之會社組織

宗派——世族分化後之宗族結構

夫經濟文化中心之南移者，除安史及五代北方軍事擾攘外，勢不能不求諸人口流動及商業城市、莊園農村之發達，俱詳前文。而知識階層隨世族分化，而寖成政治社會中心勢力者，亦詳前述。至於中唐以後，社會漸以氏族、會社爲其結構原則，人際組合關係得以改變，尤不待論。若數變變之蹤迹，定知事事之原委，江西如此，他事亦然。故自元和以後，整體之社會制度，輒復相連。經濟如租佃制度、商稅制度；政治如文官制度等，考其源流及優劣得失，苟不上迹中唐，終非得計。以官制言之，憲宗元和，即初唐以來三省制之轉型期也：其初，亦本欲恢復初唐舊觀而已，然六押之制已爲翰林學士所替代，諫官亦漸脫離宰臣領導、翰林與樞密復成內廷兩大勢力，以致尚書權職大減，政事堂形同虛設，其精神面貌，固已大異於初唐盛唐。職事官不負實際職責，只用以敍品階，亦開宋代官制紊亂之漸。『宋史』卷一六一職官一曰：「唐承隋制，至天授中始有試官之格，又有員外之置，尋爲檢校、試、攝、判、知之名。其初立法之意未始不善，……殊不知名實混殽，品秩貿亂之弊亦於是生矣。宋承唐制，抑又甚焉」，蓋卽指此，但不知其亂不自武后起也⑧。又如稅制，德宗貞元九年始從張滂議，徵取茶稅，故『宋史』王禹偁傳云：「茶法從古無稅，唐元和中，以用兵齊、楚，始稅茶。唐史稱是歲得錢四十萬，今則數百萬矣」。官制、稅法如此，其他亦可循是相推；此類制度，本卽社會結構之表見於具體法制中者，考其制度之殊，可見社會結構之異。而當時之社會整體結構，若以表示，則可略如下圖：

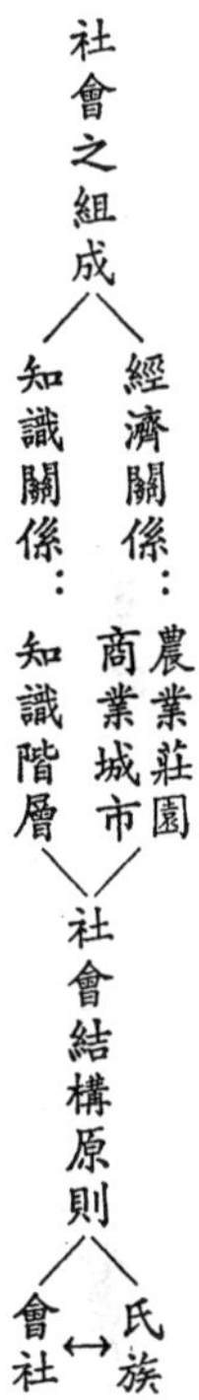

所謂知識關係者，實包政治與社會關係而言，以當時知識已代血統及權力而爲政治社會地位之決定力量也。依知識與經濟關係，組成人羣，而人羣又依氏族會社等結構法則構成組織，達成其社會功能。故宗教祭祀之法則、社會組織之原理、政治權力之運作，經濟生活之發展，在此咸屬不得分割之整體，且聯結爲一。其所以然者，蓋以諸事之背後又有一文化完整力 (integrative process) 使其聯結勿失也。以社會學觀點言之，一社會組織，實爲各各制度相叠相揉相交相輔之總體；而制度 (ms-titution) 者，必有一制度之概念與之相依，譬若前述佃農租地事，必有土地「所有」(ownership) 之觀念，始得有租佃田地之行爲；有此觀念與行爲矣，遂有其制度，而或流亡無依而仰租於人、或權勢薰灼兼併擴充以稅人者，亦間出於其中，主戶佃農之社會組織因以成立……，如是相推，一切制度皆可歷數相聯以至於無窮。故曰一社會結構，必有與此結構相結合之文化觀念以爲綜攝，一切社會思想、政治理論、經濟原理之最高概念，亦輒有其形上學之思想根柢，否則卽萍飄風散，無所因依也[32]。此所以既知中唐社會結構之變遷，尤當一考其社會變遷中文化思想之轉變與突破，始爲探本之談；既知社會變遷與宋文化形成之關係，尤當細審其文化本身之轉變，方爲覈實之論。余雖不敏，敬從事於玆矣。

一、思想之轉變

中唐以來，制度與結構之最異者，厥爲由知識關係發展而來之知識階層，及由經濟關係發展而來之市民階層。

都市本爲一間接社會，人員複雜而密集，且多以非農業之經濟活動爲生。中唐以後，因商業繁榮迅速，坊市制度改變，商業都會遂與市民階層駢起並興；至宋，則以會社及氏族結構之普遍社會化，致使鄉村社區亦有都市化之傾向，市民階層之力愈張，觀『東京夢華錄』『都城紀勝』『武林舊事』等書可見[83]。市民階層既起，經濟社會結構自必改變，其文化表現亦必不同於盛唐以前，可斷言也。此其不同之最著者，則爲市民（俗民）文化之興起。——通俗歌詩及詞、賦、俗講、變文，皆起於唐代，世所習知，而考其大盛，實在中唐以後，鄭振鐸嘗云：「唐末，通俗詩忽盛行於世」（中國俗文學史，上册，第五章），若不知其原因者，故僅諉諸唐末亂離而已。夫此豈亂離之效耶？自市民階層興起，遊藝之需求，必與之相符耳。『敦煌零拾』五所載俚曲「嘆五更」「十二時」、『敦煌掇瑣』所載「五更轉」，以及長篇敍事歌曲如「董永行孝」「大漢三年季布罵陣詞文」「太子讚」、賦如「韓朋賦」「晏子賦」「燕子賦」「茶酒論」「齖齁新婦文」、變文如「降魔變文」「維摩詰經變文」「大目乾連冥間救母變文」「八相成道變」……等，皆其顯證。『樂府雜錄』云：「長慶中，俗講僧文漵，善吟經，其聲宛唱，感動里人」，里卽都市中之坊里，其名爲俗講者，對兩漢以來佛家講論而言。俗講吟經，其實卽唱曲也，『太平廣記』卷二百四引『盧氏雜說』謂文漵「一日得罪，流之。弟子入內收拾院中藉入家具籍，猶作法師講聲。上採其聲爲曲子，號文溆子」，是其證[84]。趙璘『因話錄』稱彼所講，皆淫穢鄙褻之事，此亦市民文化之特色，亙宋元明清，至今而皆然。故宋人說話，專有說諢話一類；元人作曲，亦自有香奩淫鄙之體，未可獨咎彼文溆老僧也[85]。

知識階層本身亦多屬市民階層，故亦隨此市民文化而活動；然彼復有一文化理想與知識背景，遂復不能以此自限。此所以知識階層之於市民文化，多在離即依違之間也。以鄉貢進士王敷所撰「茶酒論」，與牛僧孺『玄怪錄』所載「元無有」相較，雖一爲民俗趣味之作、一屬文士傳奇之篇，而兩者肸蠁相通之迹，至爲顯然。中唐以後，詩家好以俗字、方言入詩，亦市民文化影響之效，如顧況「郎罷別囝，吾悔生汝；囝別郎罷，心摧血下」云云（上古之什補亡訓傳十三章），直以俗音爲詩，趙宋頗亦有之。山谷后山，古皆謂其善用方言俗語，楊誠齋尤屬此中巨擘，清李樹滋『石樵詩話』卷四曰：「用方言入詩，唐人已有之；用俗語入詩，始於宋人，而要莫善於楊誠齋」、趙翼『甌北詩話』卷六亦云：「誠齋專以俚言俗語闌入詩中，以爲新奇」，夫此與蔣鴻翮『寒塘詩話』、田雯『古歡堂集』雜著卷一痛斥誠齋腐俗習氣者雖殊，而誠齋之用俚俗語句固不可掩也[86]。雖然，此亦非其極致，山谷論詩，極言「以俗爲雅」，宋人奉爲圭臬，羅大經『鶴林玉露』卷三又曰：「楊誠齋云：詩固有以俗爲雅，然亦須經前輩鎔化，乃可因承」，此二義皆自中唐發之。以劉禹錫爲例，建安里中兒，聯歌竹枝，而禹錫爲之改作「竹枝詞」，非以俗爲雅之一耑乎？欲作詩用糕字，思六經中無有而弗用，所謂：「劉郎不敢題糕字，空負歌詩一世豪」者，非經前人鎔化乃可因承乎？余觀葛立方『韻語陽秋』卷五引劉禹錫嘉話錄云：「作詩押韻，須要有出處」，其言正與宋人無一字無來歷之意識相合，宜其舉措不相異也。循是以求之，則如元稹白居易，嘗於長安新昌宅中，共聽「一枝花話」，所謂光陰聽話移，其樂可想；而元稹別作「李娃行」、白行簡別撰「李娃傳」，改易舊章，自著心裁，不以市民通俗文學爲欸然已足者，適與劉禹錫同符。詩歌與傳奇如此，於詞亦然，『雲謠集』雖屬文士所編，而鄙俗未除，猶有坊里餘習，至於溫庭筠所作，則粹然雅調，典麗非常矣。故余以爲：自市民階層興起後，於文化之影響可見者有三：市民文化興起、通俗文學大盛一也；市民階層成爲爲社會支配力量後，文化動向遂與盛唐以前傾向貴族氣息者不同，影響於一切文化表現體，如詩之多用俗語，漸趨平民化者，但其一耑而已，此其二也；知識階層面對此一社會型態，亦每以化俗爲雅，敷揚文化爲職事，則其三也。

所謂文化動向漸異貴族氣息者，可於淵明詩之崇黜見之，唐人多喜謝靈運，杜甫與中晚二三子稍及陶淵明，而邨氣滿紙，大類宋詩，故袁守定『佔畢叢談』曰：「元白長慶集固近宋調，其實肇於少陵。少陵詩：『老妻畫紙爲棋局、稚子敲針作釣鉤』『酒債尋常行處有，人生七十古來稀』『春水船如天上坐，老年花似霧中看』『晝引老妻乘小艇，晴看稚子浴晴江』……如此類者甚多，的是劍南、石湖鼻祖」（卷五）。案此卽元和通於開元杜甫之說也，胡應麟『詩藪』外編卷五云：「南渡諸人詩尚有可觀者，如尤、楊、范、陸，時近元和」，其幾當於此處求之。杜甫本爲村夫子，誠齋石湖之村氣滿紙，亦見李慈銘『越縵堂日記』光緒乙酉十月初四日及宋長白『柳亭詩話』卷廿二所述，上承元祐以接元和，非僅於街談巷語競竄風雅而已[87]。此其劇變之見於藝術者亦然，宋詩較唐詩近於日常生活，宋畫亦較唐畫近於平淡趣味，無曩時貴族雅調之金碧富麗鉅觀矣[88]。放翁詩稿卷十所收梅花絕句之一云：「曾與詩翁定花品，一丘一壑過姚黃」自注：「曾文清公嘗問余：梅與牡丹孰勝？余以此答」，牡丹天然富貴，梅花則具村野標格，足觀唐宋審美趣味之轉變者，莫此若也[89]。

雖然，知識份子之可貴者，即在此類人能對當代文化發揮一提昇作用，以俗爲雅，化傖儜爲文明也，「樂天之作新樂府，乃用毛詩、樂府古辭及杜少陵詩之體製，改正當時民間流行之歌謠。實與貞元時代古文運動鉅子如韓昌黎、元微之之流，以太史公書、左氏春秋之文體試作毛穎傳、石鼎聯句詩序、鶯鶯傳等小說傳奇者，其所持之旨意及所用之方法，適相符同」（陳寅恪・元白詩箋證稿・新樂府）[90]。宋人本之，遂起雅俗之辨，陸放翁朝飢示子聿詩云：「外物不移方是學，俗人猶愛未爲詩」（詩稿卷四六），殆爲一代之共識，后山所謂：「寧僻勿俗，詩文皆然」者，徵諸兩宋，蓋比比焉。聊舉數事，以供參驗：

△作詩淺易鄙陋之氣不除，大可惡（許彥周詩話）。

△學詩先除五俗，一曰俗體、二曰俗意、三曰俗句、四曰俗字、五曰俗韻（滄浪詩話）。

△荊公有一家但取一二首而不可讀者，如曹唐二首，其一首云云，此不足以書屏幛，但可與閭巷小人為文背之詞（詩人玉屑卷十一）。

△開簾風動竹，疑是故人來，與徘徊花上月，空度可憐宵，此兩聯雖唐人小說，其實佳句也。鄭谷詩：睡輕可忍風敲竹，飲散那堪月在花，蓋與此同；然論其格力，適堪揭酒家壁、與為市人書扇耳。天下事每患自以為工處，著力太過，何但詩也（石林詩話）[91]。

△聖俞嘗云：詩句義理雖通，語涉淺俗而可笑者，亦其病也。如有贈漁父一聯云：「眼前不見市

朝事，耳畔惟聞風水聲」，說者云：患肝腎風。又有咏詩者云：「盡日覓不得，有時還自來」，本謂詩之好句難得耳，而說者云：此是人家失却貓兒詩。人皆以為笑也（六一詩話）[92]。

△詩以意為主，文詞次之，或意深義高，自是奇作。世效古人平易句，而不得其意義，翻成鄙野可笑（中山詩話）。

△閩士有好詩者，不用陳語常談，寫投梅聖俞，答書云：「子詩誠工，但未能以故為新，以俗為雅耳」（后山詩話）[93]。

△鄭谷雪詩，如「江上晚來堪畫處，漁人披得一蓑歸」之句，人皆以為奇絕，而不知其氣象之淺俗也。東坡以謂此小學中教童蒙詩，可謂知言矣（竹坡詩話）[94]。

△近時論詩者，皆謂偶對不切，則失之粗；太切，則失之俗。如江西詩社所作，慮失之俗也，則往往不甚對，是亦一偏之見耳（韻語陽秋卷一）。

上舉九事，以類相從，一二爲總說；三四則詩人力除市井文化之習氣，灼然可見；五六語意相發，一言俗在語淺、一言俗在意鄙；七標以俗爲雅之旨，足以見宋人用心所在；八論氣象之淺鄙，由於胸次不高；九則平衡當時力矯俗陋之優劣。要之，宋人論詩文書畫，多以刻意爲工者爲俗，太切太工者皆非粹美，故『竹坡詩話』云：「詩人造語用字，有著意道處，往往頗露風骨。不惟語稍崢嶸，兼亦近俗」，惟漸造平淡，不著意求工，而自得自在者，乃爲世人所貴。放翁文集卷卅九云：「大抵詩欲工，而工亦非詩之極也」（何君墓表），蓋卽此意。詩稿卷七八讀近人詩：「琢雕自是文章病，奇險尤傷骨氣多。君看太羹玄酒味，蟹螯蛤柱豈同科」及「客從謝事歸時散，詩到無人愛處工」等說，併與此同。聖俞詩之見賞，未嘗不在於此，所謂以俗爲雅、以故爲新者，山谷演其緒論，遂成江西必傳之秘；推其源朔，則又起自市民文化之蓬興也㊿。日人青木正兒覰破此理，故云：「六朝至唐，文人生活以貴族豪華趣味爲主調。到了宋代，文人以庶民質素趣味爲主調。貴族好雅，庶民好野；純雅流於奢侈，純野流於俚鄙。宋代文人取二者的調合，以清出之」（全集・琴棋書畫）。淸郎平澹之謂也。

市民階層興起，其本身及所帶動於知識階層者如此，知識階層本身之轉變，亦有足述者。知識階層初起於春秋末葉，封建勢力旣衰，游士之風方盛。歷兩漢魏晉南北朝而士族漸與貴族合矣，乃復有中唐純知識階層之形成，豪宗勢力旣衰，游士干謁之風方盛，亦幾幾乎爲春秋戰國矣，錢穆謂此爲「士階層之新覺醒」，是也。『國史大綱』第六編又云各時期間，「士之本身地位及其活動內容與其對外態勢各不同，而中國歷史演進，亦隨之而有種種之不同。亦可謂中國史之演進，乃由士之一階層爲之主持與領導。此爲治中國史者所必當注意之一要項」（第卅二章）。此義余亦云然，唐宋間思想文化之演進變遷，自由知識階層所領導；而一切文化活動，亦以此爲中樞也。

其影響見於政治者，首在道統說，欲政統合於道統，以學術領導政治，故有志於道，以開濟天下之想。春秋之學，方興於此，豈無故哉？宋自石介以來，推明王道，必本春秋，而歐陽修五代史、朱子綱目，皆講書法褒貶，在唐則王彥威、蕭穎士有焉。開成二年，王彥威纂集唐初至貞元功臣，仿左氏體例，爲唐典七十卷。先是蕭穎士已謂仲尼作春秋，爲百王不易法，而司馬遷作本紀、書、表、世家、列傳，敍事依違，失褒貶體，不足以訓，乃起漢元年，訖隋義寧，依春秋義類編年，爲傳百篇。在魏，書高貴崩曰司馬昭弒帝於南闕。在梁，書陳受禪曰陳霸先反。又自以梁枝孫，而宣帝逆取順守，故武帝得血食三紀。昔曲沃纂晋而文公為五伯，仲尼弗貶也，乃黜陳閏隋，以唐土德承梁火德。當時又有太原王緒者，王僧辯裔孫，撰「永寧公輔梁書」，黜梁不帝，穎士佐之，亦著『梁蕭世譜』及「梁不禪陳論」，張緒義例。夫此宋人正統論之慣技也，穎士為唐代古文運動之前驅，故所見如此，其後若韓愈門人皇甫湜亦撰「東晋元魏正閏論」（皇甫持正集卷二）上承蕭王、下啓歐陽。王應麟『困學紀聞』所謂：「穎士與韋述書，欲依魯史編年，著歷代通典……於左氏取其文、穀梁師其間、公羊得其覈。綜三傳之能事，標一字以舉凡」者，蓋即指此⑯。又『舊唐書』元稹傳載稹著古今政刑書三百卷，號類集；「宣宗紀」則云大中五年十一月，姚康獻『帝王政纂』十卷、又撰『統史』三百卷，上自開闢，下盡隋朝，帝王美政，詔令制置，銅塩錢穀損益，用兵利害，下至僧道是非，無不備載，編年為之。足見致力於此者，亦一時風氣使然也。

士既以開濟自期，復引春秋褒貶為己任，則諫臺勢力之勃興，不待著卜而知其然矣。唐中葉後，諫官實超然獨立於君主與執政宰臣之間，至宋而勢愈張，歐陽修與范仲淹書嘗云：「諫官雖卑，與宰相等。天子曰：『不可』、宰相曰：『可』；天子曰：『然』、宰相曰：『不然』。……天子曰：『是』、諫官曰：『非』；天子曰：『行』、諫官曰：『必不可行』……」（文集卷六六），言之最為深刻⑰。

此類學術領導政治之期許，實緣知識階層之文化理想而來。蓋中唐士人頗有文化之自覺意識，欲嚴夷夏之防以上承孔孟之道者，不僅一韓愈而已。嚴夷夏之防，故重春秋；欲承孔孟之道，故重歷史傳統。洞視萬古，愍惻當世，遂成一哲學突破之時代。

斯所謂哲學突破者，乃其所以不同於初唐盛唐，而與兩宋文化相啣之關鍵也。就社會結構、經濟型態言之，晚唐五代與宋尤似，然宋人絕不承襲五代遺風，於晚唐亦頗致訕謗者，原因亦在乎此[98]。文化之演變，本不僅恃社會變遷爲已足，人類自覺心之作用，尤當重視；且一切政治社會之理論，亦每以文化理想爲其整合之力量，並此而不知，則掠影浮光，曾何足以見歷史之體要乎[99]？

乙、哲學之突破

哲學突破（philosophic breakthrough），或稱爲精神之突破、超越之突破，意謂一文化發展至某階段時，對文化本身之歷史地位，發生一系統性、批判性之反省，遂因此而確立新思想型態、改變舊思想傳統，而新文化亦由是而生。

突破之起，每由社會秩序與文化傳統之崩壞（breakdown）而來；至其變遷新創之中，亦必有新組織新集團出，各自發展其利益與文化取向，以影響改變原社會各階層與制度範疇[100]。在唐，則自貞觀盛世以後，夷狄、女后、宦官、藩鎭、盜賊，相替爲亂，上則政事不修、下則黎元疾苦，訖開元天寶而臻於極，社會秩序失調、文化秩序崩潰，遂有安史之禍。當時元結次山所著『元子』一書，譏彈衰世苛政，最爲激切啚明，其言風俗之壞曰：「時之化也，道德爲嗜慾化爲險薄、仁義爲貪暴化爲凶亂、禮樂爲耽淫化爲侈靡、政教爲煩急化爲苛酷。……夫婦爲溺惑所化，化爲犬豕。父子爲惛慾所化，化爲禽獸。兄弟爲猜忌所化，化爲仇敵。宗戚爲財利所化，化爲行路。朋友爲勢利所化，化爲市兒：……大臣爲權威所恣，忠信化爲奸謀。庶官爲禁忌所拘，公正化爲奸佞。公族爲猜忌所限，賢哲化爲庸愚。人民爲征賦所傷，州里化爲禍邸。姦凶爲恩澤所迫，厮皁化爲將相……」（時化篇）自國家政治以至家庭個人，靡不崩壞墮落，相率於怨苦相煎之域；及安史亂起，遂不可收拾矣。賢人君子處乎此，當思有以拯衰起弊，藉文化與社會之反省而重建社會秩序也。呂溫所著「人文化成論」，堪爲此中代表。

人文化成，其義本乎易傳，以爲聖人則天盡文，錯綜庶績、藻繪人情，而致其理，非在文章采飾也，故曰：「近代諛諂之臣，特以時君不能則象乾坤祖述堯舜，作化成天下之文，乃以旂裳冕服、章句翰墨爲人文」（呂和叔文集卷十）。推其意旨，必至於尚實而輕文，與韓之仁義、劉之法制，正無以異。蓋所謂人文，須在教化政制之本原處有所樹立，方能化成天下，此卽所謂道也，爲文章之本。溫送薛大信歸臨晉序云：「吾聞賢者志其大者。文爲道之飾、道爲文之本。專其飾則道喪、返其本而文存。琢磨仁義、浸潤道德，考皇王治亂之迹，求聖哲行藏之旨，達可以濟乎天下，窮可以攄其光明，無爲矻矻筆硯間也」，正爲此義而發；韓愈閎中肆外、本深末茂之說，與玆相若，皆中唐哲學突破時代之桀言偉構，非一二人思慮偶及之議論。故白居易、元稹、柳宗元、劉禹錫、獨孤郁、武元衡……等莫不如是，推本易傳，申言文道，如權德輿所云：「易之同人曰：『文明以健，中正以應』，故道同於內而氣相求，情發於中而聲成文，以觀以羣，以比以興」（文集卷卅五・崔衞二侍郎詩集序）「貫通之以經術，彌縫之以淵元。其天機與玄解，若圬鼻而斲輪。豈止文也，以宏諸身。不如是，則非吾黨也」（卷三・醉說）者，蓋比比焉。同人呼應，吾黨道同，曾無怪乎中唐知識階層漸成黨朋，而唱和詩亦起於此間也[101]。當時師友相摩習者，多有此義，故李翺雜說上曰：「言語不能根教化，是人文之紕繆也」（文集卷五），其言若本呂溫，然不若逕謂爲當日反省突破之產物也。呂溫，劉禹錫謂其能明王道似荀卿，至韓愈，則毅然以孟軻自任矣，所言雖殊，其續古道、化人文，欲有以拯時化之病則一。北宋范希文歐陽修之以教化本原爲文章根本者，殆緣此處來；江西詩社，論詩文必本於道，量其意趣，厥在玆乎！

雖然，突破者，非只拯弊而已，必於義理中有所抉發、有所建樹，而能影響形成新文化。此不當求諸社會背景，而須求諸思想文化之脈絡。

唐初，以『五經正義』總結上此數百年之南北朝儒學；又有西華法師成玄英者，撰『莊子義疏』三十卷，以郭象所注爲本，淸言曲暢，稱意而談，道士王元慶遺文學賈鼎就授大義、嵩高山人李利涉爲序，其書亦猶儒家之有孔穎達周易正義也。至於佛家，則天臺華嚴，皆建立於隋唐之際，禪宗荷澤北上護教，定以慧能爲六祖，亦在開元天寶年間。三教之規模、體系，至此大備，且有三教講論爲之疏通印詮，則以三教義理爲基礎，藉批判性之反省，而激生新突破之思潮，此正其時。發論霞標，裁思錦擒，出入三教，洞觀萬古，中唐以來，蓋不乏人，皮日休所稱：「自開元至今，百家囂浮說，諸子率寓篇，各持天地維，率意東西牽。競抵元化首，爭扼眞宰咽。披猖覆載樞，捭闔神異鍵，力掀尾閭立，思軋大塊旋」者，卽指此言。韓愈之原道原性原毀行難禹問佛骨表諍臣論等，宋石介譽爲諸子以來所未有，而柳宗元天論封建論等，亦皆戛戛獨造，上窮天道、下及人事，至李翺『復性書』，則謂天命人性，原出一本，綰其要於一心，其大別則在心之明與昏。此其途轍，顯有不同於秦漢以來舊蹊，而開宋儒門戶者[102]。宋儒初以王道政教爲事，王安石以後始論本體宇宙，至北宋末葉，理學心學乃著，考其蹤迹，皆與中唐爲類，然其規模則隘矣[103]。

蓋中唐爲反省突破之時代，色采紛披，誠有如皮日休所述。柳宗元與呂溫論非國語書云：「近世之言理道者衆矣，率由大中而出者咸無焉。其言本儒術，則迂廻茫洋而不知其適；其或切於事，則苛峭刻覈，不能從容，卒泥乎大道；甚者好怪而妄言，推天引神，以爲靈奇，恍惚若化，而終不可逐」，正可見當時論道者多雜於三教，且奇詭不經者甚多也。權德輿論道與文，而欲合經術玄解爲一，殆猶此類。唐故中嶽宗元先生吳尊師集序又曰：「道之於物，無不由也，無不貫也。而況本於玄覽，發爲至言。言而蘊道，猶三辰之麗天，百嘉之麗地，平夷章大，恬淡溫粹，飄飄然軼八紘而泝三古，與造物者爲徒。……或遐想理古以哀世道，或磅礴萬象用冥環樞，稽性命之紀，達人事之變，大率以嗇神挫銳爲本。近古遊方外而言六義者，先生實主盟焉」（卷三三），所謂主盟，與楊巨源贈從弟茂卿詩相似，詩云：「海內方微風雅道，鄴中更有文章盟。扣寂由來在淵思，搜奇本自通禪智。王維證時符水月，杜甫狂處遺天地」（楊少尹詩集），詩文皆以道爲本，然其所謂道者，固雜染融合三教而爲之者也。必知乎此，然後可知如李翺既昌言文章須仁義生乎內，而復以天臺義諦論性之不爲矛盾；亦可以知黃庭堅孝友仁義爲儒者宗，而詩到江西則不妨別是禪也。宋人之學，本此突破，而愈加溫粹，於此蓋亦可見。

然則，哲學突破之所以產生者既如前述，其影響及於新文化者，亦有可說耶？

今謹對曰：哲學突破之影響，最顯而易見者，略有四耑：一曰知識階層之興起、二曰文化自覺之產生、三曰、宇宙秩序之思考、四曰歷史意識之形成。

夫哲學突破以前，士固定於某一門第社會關係中而各有職事，並無一更高之精神憑藉可恃以批評政治社會，指導文化走向。哲學突破之後，則士皆以道自任，不屬某一特定之經濟社會階層，而以文化秩序為其關懷之對象。其本身亦以道相結合，傳道者為師，故又尊師，觀權德輿柳宗元上引諸文可見。士既以道相結納，同氣相求，更以師友宗族組織以相繫屬，則推本宗族盟聚及授受正統之說，遂有道統文統之義，如韓愈原道所云：「斯道也，堯以是傳之舜，舜以是傳之禹，禹以是傳之湯，湯以是傳之文武周公，文武周公傳之孔子，孔子傳之孟軻」、孫樵與王霖秀才書所謂：「樵嘗得為文真訣於來無擇，來無擇得之於皇甫持正，皇甫持正得之於韓吏部退之」（文集卷二），雖無文統道統之名，然宋人所論，實出於此，不可掩也。

士之以道自誓，本身即具一文化自覺（Cultural Self-Conciousness）。此自覺當有二義：一曰自覺須以文化化成天下；二曰自覺須建立一文化，以改變已衰頹之文化。

自覺須以文化化成天下者，自以呂溫「人文化成論」為最著，然余觀唐人文集，援本易經，以說人文化成之義者，中唐實屢見不尠，如：

△其思也可以綱物，義也可以動衆，德也可以經化，化人之作，其惟君子乎？……古人之貴有文者，將以飾行、表德、見情、著事，杼軸乎天人之際，道達乎性命之元，正復乎君臣之位，昭感乎鬼神之奧，苟失其道，無所措矣（尚衡・文道元龜）！

△聖賢……含章垂文，用能裁成庶物，化成天下（崔元翰・與常州獨孤使君書）。

△人無文則禮無以辯其數、樂無以成其章、有國者無以行其刑政、立言者無以存其勸誡，文之時用大矣哉（李舟・唐常州刺史獨孤公文集序）！

△夫大者天道，其次人文，……道德仁義，非文不明；禮樂政刑，非文不立（梁肅・獨孤及後序）。

△周易贊乾曰：大哉乾元，萬物資始。贊坤曰：至哉坤元，萬物資生。唯大者配乾，至者配坤，幽者贖鬼神、明者贖禮樂，不失於正，謂之為文（顧況・文論）。

△易曰：觀乎人文，以化成天下。使章不自人文也，天下孰觀而孰化？（韋籌・文之章解）

凡此之所謂文，皆就禮樂敎化之彰顯辯形者言之，非徒爲辭藻也。故人文之義，胥指治亂興衰所繫之文化；而此能化成天下之文化，又須因內符外，卽天而知人（內道德、外政刑，天鬼神、人禮樂）。然則此類文化，將何自而得乎？其必在融合三敎，漸就新裁，若金在鎔，惟冶者之所鑄，而漸歸於古先聖王之道也。故其要在批判性反省後之融裁、樹立與復古，欲藉此建立一不雜戎俗之新文化。其事可以李翺爲例：

中唐哲學突破所欲建立之文化，其性質乃因內而符外，卽天而知人者，故諸家莫不探討性命之區、究心陰陽之域，而其中卽雜有佛老言，韓愈原性曰：「今之言性者，雜佛老而言也」，是矣。李翺爲韓門弟子、愈之姪婿，而師事天臺僧惟儼，又嘗就崇信禪師問眞如般若，所著『復性書』三篇，援釋入儒，亦幾於水中著鹽；然其祭吏部韓侍郞文則曰：「戎風混華，異學魁橫，兄嘗辯之，孔道益明」（文集卷十六），攘斥佛老，不啻與子同仇。所擬進士策問又云：「自古帝王豈無誅夷狄之成策耶？何邊境未安若斯之甚耶？二三子其將亦有說乎？」尊王攘夷，亦本春秋遺教。如此類者，正與柳宗元以明道自期，而所爲六祖南岳等碑又會通儒釋之理者相似⑩。以融裁三教爲復古道，其能自樹立，必矣；其能自樹立，而以異端爲足非，亦必矣。此在宋儒猶然，爲中國近世本位文化之建立期也。風習所至，四裔均霑，唐末之際，突厥回鶻等民族文化意識亦皆日就高張，自製文字，爲遊牧民族民族自覺之先聲；其後則爲五代之契丹，藉比較中國文化之優劣短長而發現自我文化之優點。推其本末，必由中唐文化之自覺有以導之也。⑩

至於推天引神，遐冥環樞，一陰一陽之爲道，見仁見智之爲性，天人關係及宇宙秩序性思考漸就滋長者，實啓理學之先躅，亦「道」學之所有事也。柳宗元與呂溫書所云：「近世之論理道者衆矣」，即指此言。案理學道學，皆佛道名辭：『通志』著錄道教有陳馬樞『道學傳』廿卷，『高僧傳』初集卷二佛馱跋陀羅傳亦云：「有佛馱跋陀者，出生天竺那呵利城，族姓相承，世遵道學」；理學之名，則見宗炳明佛論（弘明集二、全宋文卷廿一）。中唐儒生，旣就佛老以疏理聖學，則用此名目，宜非巨謬，且足以標見當時宇宙論本體論皆甚流行也⑩。

此類涵會佛老，以就心裁，以融合三教爲復古道之新文化，其非古之原貌，自不待言，然其本身則可見一歷史意識在。蓋以復古爲開新者，莫不即以開新爲復古也，韓愈所謂師其意不師其辭、不蹈襲前人一句者爲古文，正可見其精神。古文之所以爲古，不在駢散章句之間，而在於古學，『舊唐書』韓愈傳：「大曆貞元間，文士多尚古學，獨孤及、梁肅最稱淵奥，愈從其徒遊，銳意鑽仰，欲自振於一代」，有古學者乃得以爲古文，而古學即非姝姝然墨守之謂。若勿嫌於以後證前，斯不妨以朱熹所編『名臣言行錄』爲借例：

宋名臣之嘉言懿行，固不僅書中所錄；其言行亦非毫無纇累，如書中所示。然則此書非客觀之歷史，而爲規範之歷史，殆可斷言。規範乃一價値問題，就往古諸歷史事實中，揀擇一二合乎我人之價値判斷者，賦予意義，而供倫理學之應用[107]。此在宋人，視爲當然，其肇機則在中唐，以文化自覺本身卽具有價値意識 (Conciousness of Value) 之潛在判斷也。此類價値判斷，不僅見諸歷史人物，亦見諸一切文學、藝術、及學術成就，故能產生史評與文評，而所謂疑古之風，亦起於玆，如啖助作『春秋集傳』，雜採三傳，各取所長，而陸淳作『春秋纂例』等書，抨擊三傳，自以臆說解經。外此如成伯嶼『毛詩指說』、李翺『易詮』等，皆尙新說，『新唐書』啖助傳：「大曆時，（啖）助、（趙）匡、（陸）質以春秋，施士匄以詩，仲子陵、袁彝、韋彤、韋茝以禮，蔡廣成以易，強蒙以論語，皆自名其學」可證。至於商榷史例，進退古人，則劉知幾、沈旣濟、柳璨、劉餗、吳武陵，皆其人也。韓愈兄韓會所著「文衡」一篇，意亦如之；衡者，價値衡權之意，故王銍韓會傳謂愈彙百家之美，而自爲時法，一本諸會。夫自爲時法，實由權衡百家而來；亦唯彙粹衆美，始足以自樹立，二者寔相表裏，劉禹錫無一字無來歷之說，與韓愈不襲蹈前人一言一句、不煩繩削而自合之談，其所以並行而不廢者，亦正坐此。之二義，與江西詩社宗派關係特深，而亦本諸中唐，旣爲學古，亦屬創新，凡偏一曲者，皆非圓論[108]。蓋此類歷史意識，其本身除可開創新文化外，實亦深具源流承繼之意，但此源流承繼，皆經價値判斷而來耳。師友淵源之說、道統文統之論，其所以興起於中唐兩宋者，殆卽在此[109]。

之四者，本屬一事，故其間關聯牽鎖，特爲深固。中唐以哲學突破而演變爲一新文化之幾，亦由此而可見。尋本達源，緬素風而懷古，卽近悟遠，因宋事而推唐，證譬或未堅明，其理則不容疑。論宋詩者，苟不由此覓途，則暗夜盲騎，徒積懷遠之輿，而乏因藉之資，豈不謬哉?!

【附　注】

①案：此非謂文學受時代及社會條件所決定，僅指文學時與社會及時代互爲影響爾。參看龔鵬程「試論江西詩社宗派之形成」注十二。

②徐復觀云：「宋代的名家大家，雖好尚取捨以及其歸宿各有不同，但很少覺得他作所作的詩應分成與唐詩是兩個不同的壁壘。這與唐人常意識地把六朝與他們的趨向，畫爲兩個不同的壁壘的情形是顯然不同的」（中國文學論集續編・宋詩特徵試論）。持與此二條文獻較，可灼知其誤。蓋不知宋之所謂學唐，自具選擇；而彼所視爲效法對象者，又往往別出於唐人之外，如老杜如退之，皆嘗標擧以爲異於唐人也。見下文。

③沈曾植「寒雨積悶雜書遣懷襞積成篇，爲石遺居士一笑」一首論詩云：「……開天啓疆域，元和判州部，奇出日恢今，高板不輸古，韓白柳劉騫，郊島賀籍仵，四河道昆極，萬派漲溟緒。唐餘逮宋興，師說一香炷；勃興元祐賢，敓嫡西江祖，尋脈薪火傳，晳如斜上譜。中州蘇黃極，江湖張賈緒，譬彼鄱陽孫，七世肖王父」，以爲宋詩無論江西江湖，皆自元和衍之，甚是！綜元祐與元和開元，是爲三元，又稱三關，爲曾植及陳衍、鄭孝胥所同定者，詳見王蘧常『沈寐叟年譜』光緒廿五年條。沈氏復又易開元爲元嘉，足證開元一元重要性不如元和，卽取消亦無礙也。

④陶甫杜潛諸人之歷史價值與地位，多經元和諸公肯定，而宋人卽據元和以上溯杜陶也。寐叟改開元爲元嘉，元

嘉實包陶謝而言，推重陶謝，其基礎必在先推重柳韋，蘇氏兄弟及山谷之態度可見。山谷雖特重陶潛，謂其無意於詩，時論則或不然，如朱熹即云：「韋詩無一字做作，直是自在，其氣象近陶」「陶欲有爲而不能者也，又好名；韋則自在」（朱子文集大全類編・清邃閣論詩），斯亦足證：宋詩根本，厥在元和。欲知宋詩之形成及特質，即不能不考中唐歌詩之情、及宋人對中唐詩文道理之觀點。

⑤以上歷史分期諸說，參看鄭學稼『社會史論戰簡史』（黎明文化事業公司）上卷；逯耀東『中共史學的發展與演變』（時報出版公司）二九—五四、一四一—一六六頁。又、陶希聖『中國社會之史的分析』（食貨史學叢書）一—三四頁。

⑥陶希聖胡秋原當時抨擊官僚，主要爲革命之需要，且據韋伯之理論，中國文化中之官僚制度乃資本主義發展之阻礙，故非湔除不可。其後之論官僚制度者，稍能避免此類主觀影響，據史論史，如孫國棟「唐宋之際社會門第之消融」（新亞學報四卷一期）可爲代表。

⑦參見劉岱『中國文化新論——序論篇』（聯經出版公司）頁五二—五五。唐德剛『胡適雜憶』（傳記文學出版社）頁一〇八—一二四。

⑧參黃進興「歷史解釋與通則的關係：韓培爾（Hempel）觀點之檢討」（史學與史學方法論集・食貨出版社・頁三九三）、華許（W. H. Walsh）『歷史哲學』（閻子桂譯・幼獅公司）。

⑨詳余英時『史學與傳統』（時報出版公司）頁一—廿八「中國史學的現階段：反省與展望」。杜干・巴刺諾斯奇『唯物史觀批判』（正中書局・胡一貫譯）。卡爾・巴柏『歷史定論主義之窮困』（聯經出版公司）。

⑩詳杜正勝『周代城邦』序（聯經出版公司）、及注七所引劉書頁四三—四五。

⑪按：日人高畠素之譯洋九所引巴刺諾斯奇（Tugan-B aranowsky）書時，嘗言：「不管那一種社會政策，

若不以馬克斯學說爲標準而展開者，它在學術上便沒有根據。在研究社會問題的學科中，如有絲毫學術根據，那他不是馬克斯的提倡者，亦必是馬克斯的批評者」（序）。準此，韋伯之與馬克斯有關，自無足訝。其說欲以資本經濟爲中心，以解釋近代人類之問題，固與馬克斯相似；然稍能承認政治、宗教、法律等諸方面之相對獨立性，不全以經濟爲基層建築，則與馬克斯略異。另詳金子榮一『韋伯的比較社會學』（李永熾譯・水牛出版社）第一章第四節。

⑫另詳楊慶堃「中國官僚行爲的一些特色」（孫隆基譯・儒家思想的實踐・頁一七五―二一五・商務印書館）黃俊傑「顧里雅教授對中國文化的研究」（中國時報副刊・七一年四月廿日）。

⑬牛李黨人之牛李究屬牛僧孺李德裕、抑牛僧孺李宗閔，不特爲論元和會昌政局之關鍵，亦爲了解中晚唐社會性質之基點。基點不同，所有論證自將隨之變易，陳寅恪、岑仲勉之於唐史，可爲顯例。本文較傾向後者。

⑭『唐會要』卷卅六氏族，夾注云：「自貞元中，左司郎中柳芳論氏族、序四姓，則分甲乙丙丁，頒之四海。世族則先山東，載在唐歷」，此與貞觀氏族志、顯慶姓氏錄俱異，可以考見抑遏山東舊家之風，後衰於前也。鄭顥初亦已婚盧氏，行至鄭州，去京千一百五里，堂帖追回，故怨望殊甚。

⑮據那波利貞『唐代社會文化史研究』（昭和四九年二月・東京創文社出版）頁五四―五六所考，定此圖爲唐末五代之作。另詳宋德熹「六朝至唐初門第觀念之考察」（史原・十一期・唐史漫抄二則）。

⑯研究社會變遷（Social Change），夙有兩派，一如胡維特（Ankie M. M. Hoogvelt）等，謂變遷爲不同具體社會間之互動過程，以衝突而形成變遷也；馬克斯學派復拈此衝突，而謂變遷來自社會內在之矛盾與衝突。此派以爲社會變遷多來自單位與單位、單位與環境不斷互動之活動；且必產生新社會類型之單位、亦必使社會與文化發生重大突破。且變遷之發生，每與「危機」相連。又一派則不以社會變遷因素來自外鑠，如帕森

斯（Talcott Parsons）、埃森斯塔（S. N. Eisenstadt）等，皆視社會之變遷爲內在結構分化演化所致。此二派各有所見，亦各有所蔽，以唐中葉世族之變遷爲例，兩不同社會之摩擦衝突，自南北朝至中唐，於時久矣，衝突激盪以致轉型（transformation）胡不見於唐初耶？卽或以貴族與進士之糾紛爲社會內在之矛盾，則此類矛盾究竟做何解決，而社會復呈何種變化耶？此則不能不求之社會分化學派矣。按：據結構分化之說，唐代世族本可視爲一宗族與權勢之多功能組織，經結構分化後，豪門之型態分化而爲一部份官僚，宗族之型態則猶保存爲一宗親組織；然以部份分化（partial differentiation）導致不平衡故，唐室亦以是而屋。此所謂內在之解釋也，厥說雖善，其不能盡中唐變蛻之實，亦顯而易見；且結構之分化每來自文化系統之轉變，不能考思想內部持續變化（change-sustaining）之故，又何以知夫社會轉型之實？此所以本文兼攝兩派，別標思想突破之說，欲論其變而釋其義也。

⑰參看佐竹靖彥「唐宋變革期における四川成都府路地域社會の變貌について」（東洋史研究卅五卷二號）「唐宋變期における江南東西路の土地所有と土地政策——義門の成長を手がかりに」（東洋史研究卅一卷四期）池用誠「唐宋の變革をどう展開するか」（東洋史研究史研究一三卷三期）、傅樂成「唐型文化與宋型文化」（漢唐史論集・頁三三九—三八二・聯經公司）等。

⑱此參用錢穆『中國文化史導論』第九章（正中書局）之說而小變。

⑲唐代士風浮薄趨利，另詳臺先生靜農「唐代士風與文學」（文史哲學報十八期）、錢穆「記唐文人干謁之風」（中國文學講演集・頁一〇七）。

⑳唐代整體經濟狀況，自安史亂後，實已每下愈況，農村凋敝，而中原亦漸殘破，然其商業轉有增上之勢，其故何也？蓋農村隨戰亂而破敗，小農經濟既壞，人民遂湧集於商業大都會中；都會畸型膨脹，農村及小都鎮遂益

凋殘。此一趨勢，自中唐以迄兩宋皆然：宋代縣數以宣和時之一千二百三十四縣爲最多，而其數視漢唐皆已不逮；更取『嘉泰吳興志』與『元豐九域志』相較，則談鑰嘉泰吳興志卷謂景德初湖州五縣有廿四鎮，內八鎮已廢，存十六鎮，至元豐九域志但存六鎮而已。存廢之勢如此，正與城外草市逐漸擴大同理（唐末五代以城外日漸繁盛處爲草市，至宋愈形擴大，陸游『入蜀記』卷五乾道六年八月廿三日條：「市邑繁富，城外南市亦數里，雖錢塘、建康不能過，隱然一大都會也」，此南市卽會編卷二三六紹興卅一年十月廿四日條所記王訓居於鄂州之南草市也）。一弛一翕，兩在相激，其商業愈盛，而農村經濟乃益困隘，南宋時徵斂正供，較唐已增十倍，民安得不困？其困雖以外貢輸幣及養兵耗消，然亦唐末五代以來必至之局，蓋商饒農困，卽必抑商，抑商則唯加稅而已，商人稅重，貨必加價，物價浮揚，民斯愈困，不底於亡國不已也。唐宋元朝鄉農行商多造亂者，此亦原因之一。世之論唐宋史者，不驚嘆於其商業都會之殷旺，卽致慨於其經濟農村之窘絀，而不知二者正相因果也。

㉑公廨本錢之設置，卽商業勢力影響於政治設施之一耑。參看李劍農『魏晉南北朝隋唐經濟史稿』第十章、第四節。

㉒另詳前注引書及加藤繁「櫃坊考」（中國經濟史考證・卷一・頁四三八・華世出版社）『中國經濟史概說』（杜正勝譯・華世出版社）頁九九。方豪『宋史』（華岡出版公司）第七章。

㉓商稅之增，互詳注廿。商稅約分三類：一爲商旅通過關津之稅、一爲入市稅、一爲市籍稅。其中過稅盛於唐中葉以後，入市稅行於後魏後周，旋卽取消，市籍稅入宋亦因可收取貨物買賣之稅而取消。以致凡物過一場務必收一稅，其苛亦與時俱增，『宋會要』記南宋嘉定年間襄陽商賈來往，二十里而有三稅；又乾道六年張松上言由蕪湖至采石鎮，一州兩稅，客旅往來，一日之間，三過場務，則其刻剝之甚，可以想見。賦稅既重，物價必

高，『宋史』食貨志下八所謂：「聞者咨嗟，指爲大小法場」者，信實錄也。

㉔唐代坊里，參注廿二所引李劍農書，第九章。市制之變革，則見李劍農『宋元明經濟史稿』第五章第三節：市場形式之大改觀；加藤繁『中國經濟史概說』第七節；『中國經濟史考證』卷一：宋代都市的發展、唐宋時代的市、關於唐宋的草市及其發展；陶希聖、鞠清遠『唐代經濟史』第五章第四節；王志瑞『宋元經濟史』第六章。

㉕唐士干利、宋士則以道義自期，其所轉變，原因至多，坊市制度崩壞亦其中之一，故中晚唐士人已有以此自許者，觀李翺「幽懷賦」可知。五代時如馮道、崔居儉、張仁穎輩，亦爲溫公訓儉之先聲。風習之變，由來者漸，而於中唐啓其端緒者，灼然可見矣。互詳注六十。

㉖此用韓愈孟郊聯句詩：「茗椀纖纖捧」。

㉗中晚唐及五代刻書事，詳屈萬里、昌彼得『圖書板本學要略』廿—卅三頁、陳彬龢等編『中國書史』十九—廿一頁。

㉘朱子文集，卷六十。

㉙『宋元學案』卷七七，槐堂諸儒學案。參見語類卷一二四、第六八彭世昌條。

㉚互詳第一卷第貳章第二節丙。

㉛互詳第一卷第貳章第一節丙。

㉜隋高祖開皇十六年，禁工商不得仕進；唐高祖則定工商不得與於仕伍。而宋如朱熹等乃躬自爲刻印商賈事，其間自有升降。論者或謂明太祖時猶禁商賈穿紗，可見商人地位等於逋亡，蓋未知前之抑商不同於宋元以後也。

㉝陳氏過重玄宗朝之爲變，而不知唐代大轉型實在中唐，故推溯變轉萌蘖，多在武后一朝。其中心考慮，厥在世

族與新興階層二事。實則武曌所不逞者爲關隴集團世族，而非山東江左大姓，其所制進士科加試雜文之法，雖有拔擢寒人以對抗世族之意，然當日進士固不僅爲寒人，此一制度亦未制度化（institutionalization），故中宗卽位，旋詔進士帖經，玄宗時因之。必待中唐，而科擧進士始得制度化，與宋代科擧制度相類，此亦一社會變遷徵象也（所謂制度化者，包含兩層面：(1)制度本身之功能業已達成。(2)社會中人，於觀念中皆肯定其存在與價値，並依循以爲準則）。

㉞此處所謂社會結構（Social Structure），包含社會組織（Social Organization）而言。社會組織之研究，基本上乃討論由衆多個體所構成之具有意義之羣體；觀察其制度與羣體之功能。結構則意指制度中個人及羣體之安置（placement）問題。詳『雲五社會科學大辭典』第十册人類學，頁一五二，商務印書館出版。

㉟詳赫屈著『人與文化的理論』（黃應貴、鄭美能譯・桂冠圖書公司）頁二四五—二四八。

㊱本節另詳李劍農『魏晉南北朝隋唐經濟史稿』第十一章一—三節；池田誠「唐宋の變革をどう展開するか」（東洋史研究十三卷三號）；穗積文雄「舊唐書食貨志論稿」（支那研究三八—四〇）「新唐書食貨志論稿」（支那研究四一）；呂思勉『隋唐五代史』十五章第四節。

㊲義山由鄭州遷懷州、抑由懷州遷鄭州，馮浩與張爾田意見互異，然張氏雖謂義山遷鄭已及三世，亦云懷州爲其本籍也。見馮注及張氏年譜會箋。

㊳參見加藤繁『中國經濟史概說』第二章、第三章。『中國社會史概說』第五章。又、宋代奴僕，不論官私，亦均較六朝隋唐爲少。

㊴此二事爲歷來論莊園者所未及。其餘互詳吳泰「論唐宋文獻中的莊園」（歷史學、一九七九、四期）、周藤及之「唐末五代の莊園制」（東洋文化一二「中國土地制度史研究」收）、「宋代の佃戶制」（歷史學研究一四

三）「宋代莊園制の發達」（東洋文化研究所紀要四）「宋代莊園の管理」（東洋學報三二卷四期）；西嶋雋玭「宋代の莊園について」（山口經濟學雜誌二卷三號）；北山康夫「宋代の土地所有型態」（東洋史研究二卷二號）；宮崎市定「宋代以後の土地所有型體」（東洋史研究一二卷二號）；加藤繁『中國經濟史考證』卷一：唐代莊園的性質及其由來、唐宋時代的莊園組織及其成爲村落而發展的情況。

㊵見金耀基『從傳統到現代』（時報出版公司）頁六八、吳晗等『皇權與紳權』頁五三。又、吳晗「論士大夫」一文，又云士大夫即是地主，爲同義語。同上書頁六九。

㊶莊園具安定流亡之效，另詳加藤繁「唐宋時代的莊園組織及其成爲村落而發展的情況」一文。

㊷參見青山定雄「五代宋に於ける江西の新興官僚」（和田博士還曆紀念・東洋史論叢）、陳正祥『中國文化地理』第一篇：中國文化中心的遷移（七一・龍田出版社）。

㊸詳黃敏枝『唐代寺院經濟研究』（臺大文史叢書第卅三冊）「宋代寺觀與莊園之研究」（大陸雜誌四六卷四期）「宋代寺院的工商業經營」（成功大學歷史學報第期）。

㊹文見『儒家思想的實踐』（孫隆基譯・商務印書館）頁一二六—一二八。

㊺參見龔鵬程「唐傳奇的性情與結構」（古典文學第三集・學生書局）、馮承基「論雲麓漫鈔所述傳奇與行卷之關係」（小說卮言・頁廿三—卅・長安出版社）。

㊻此說明進士未必即是平人寒人，甚者勿寧謂唐代進士多屬世族豪貴也。『舊唐書』一六四王播附王起傳云：「先是貢擧猥濫，勢門子弟交相酬酢，寒門俊造，十棄六七。及元稹李紳在翰林，深怒其事，故有覆試之科」可證。李紳元稹即屬山東世族，此等擧措，自與李德裕之擢獎孤寒無殊，足見進士多非平人，而拔擧寒門者乃多爲士族也。又、孫棨『北里志』序：「大中皇帝好儒術，特重科第，故其愛婿鄭詹事再掌春闈，進士自此尤

盛，況古無儔。然率多膏粱子弟，平進歲不及三數人」、『新唐書』鄭薰傳：「薰端勁，再知禮部，擧引寒俊，士類多之」、『唐語林』：「崔瑤知貢擧，以貴要自恃，不畏外議，榜出，率皆權豪子弟」，……，據此可知代穆諸朝及第者多屬權勢舊族子弟，至武宗會昌三四年，刻意矯此風氣，抑其太甚，而試院揣摩上意，並黜子弟，竟至鄭肅封敖有好子弟，亦不敢應擧，李德裕始對奏子弟成名不可輕，以自小便習擧業，朝廷間事較爲熟習也（見舊唐書武宗本紀上）。德裕此言，世多擧爲世族厭憎進士之證，而不考其言旨初爲矯弊而發，意謂寒門不得進固不可、以此抑奪子弟亦非，一秉公心，豈高仁裕奏請「科擧之選，宜與寒士，凡爲子弟，議不可進」之比乎？史稱李德裕「抑退浮薄，獎拔孤寒」，蓋得其實。且據武宗本紀言之，世族子弟少習擧業，則進士不必爲新興平民階層可知；獎拔孤寒者如李紳元稹李裕德，皆屬李黨，所謂世族門第之胤，而「朋比貴勢，妨平人道路」者，轉爲牛黨之楊虞卿等人，俗稱牛黨平民進士、李黨世族舊家之誤亦可知矣。另詳毛漢光「唐代大族的進士第」（中研院成立五十周年紀念論文集）「中國中古賢能觀念之研究」（史語所集刊四八本三分）。

㊼詳孫國棟「唐宋之際社會門第之消融」（新亞學報四卷一期）、黃富三「科擧制度與唐代的社會流動」（東方雜誌復刊廿卷二期）。

㊽『通鑑』二四八宣宗大中二年十一月：「終上之世，貴戚皆兢兢守禮法，如山東衣冠之族」可證。羅龍治『進士科與唐代的文學社會』亦云：「在中晚唐時期，李唐皇族及許多新興階級紛紛向山東舊族看齊，兢兢然遵守禮法，以期提高自己的社會地位」（頁一〇三）、宋德喜「六朝至唐初門第觀念之考察」同之，曰：「終有唐一代，社會上仍然對舊世族最爲崇重，尤其是山東士族的社會地位高高在上」（史原，第十一期。唐史漫抄二則）。

㊾參考 G. Duncan Mitchell, A Dictionary of Sociology, Chicago: Aldine Publishing Co. 1968, pp. 181-86.

㊿見唐長孺『魏晉南北朝史論叢』：九品中正制度試釋。王伊同『五朝門第』第二章、第三章、附論。

(51)此處卽牽涉社會結構分化之問題。要之，氏族本卽與帝王分享統治權力者，故不完全隸屬於帝王（代表神性權威）之下，此詳後。

(52)見『舊唐書』李義府傳、『新唐書』高士廉傳。七家者，隴西李寶、太原王瓊、滎陽鄭溫、范陽盧子遷、淸河崔宗伯、博陵崔懿、趙郡李楷。

(53)蘇鶚『蘇氏演義』卷上：「武德四年復置秀才進士兩科」、又見『唐摭言』卷十五雜紀條及『新唐書』四十四選擧志。科擧之萌芽，則見唐長孺『魏晉南北朝史論叢』續編：南北朝後期科擧制度的萌芽。

(54)詳見毛漢光『唐代統治階層社會變動』（政大政治研究所博士論文）第一章。

(55)或以爲一考詩文雜藝，山東舊族之夙以禮法經學見稱者，卽無法適應，而致崩潰。不知唐初尙文，其風卽由世族所扇，南北朝後期徐庾之體，尤盛行於東魏江左之間，『新唐書』陳子昂傳云：「唐興，文章承徐庾風，天下祖尙」，武后之試雜文，亦沿波逐流耳，謂其能撼士族之根本，繆矣。

(56)韋伯論社會階層化，參閱 H.H. Gertti 與 C. W. Mills 編譯之 From max Meber, Oxford University Press, pp. 180-95.

(57)據此，吳晗以士大夫爲皇權之傭奴，費孝通以士大夫爲逃避皇權威脅之階層，皆非碻論。且由帝王與知識階層共柄治權之理想，雖經帝王不斷摧殘，然亦以此而產生「道統」對立於「政統」之觀念。道統與政統對峙之關係，詳余英時『史學與傳統』：道統與政統之間（時報出版公司、頁卅—七十）；相依之關係，則見龔鵬程「

道統論之形成與發展」（師鐸第十二期）。

㊽士族之發展，自漢卽由世族轉爲士族，詳余英時『中國知識階層史論——古代篇』：東漢政權之建立與士族大姓之關係（聯經出版公司）。又、豪族之重禮法、世所習知，然其非禮無學者，不少槪見，詳呂思勉『兩晉南北朝史』第十八章、第二節。

㊾『唐摭言』卷三慈恩寺題名遊賞賦咏雜記條：「逼曲江大會，則先牒敎坊請奏，上御紫雲樓，垂簾觀焉。曲江之宴，行市羅列，長安幾於半空，公卿家率以其日揀選東牀，車馬塡塞。」

㊿案：世多謂干謁之風至宋而斬，其實未也，蘇洵父子固不待論，卽南宋猶多有之，今本『絕妙好詞』厲查二氏箋引江湖紀聞：「劉改之性疏豪，好施，辛稼軒客之」，所謂客之，非唐風歟?當時詩客詞流游食於荆湖、江東兩大幕府者，數不在少，如劉後村、洪咨夔、黃幹等，皆在江東制李珏幕，其所以入幕者，或與唐士之入河北不同，然與中唐以後士人隨幕之風，因無多異。故余以爲唐士干謁之風較熾、宋代較淡，非本質有所異同，乃進士名額於唐太少所致。唐代一科不過三十人左右，爲官途徑，百分之九四以上皆出於其他；宋則自太平興國二年以來，進士少則二三百人、多者逹千人，知識階層之由此道上進者無所壅塞，私人干謁游食之風自較唐少。至南宋，則以時局不靖，士之欲循正途上逹者較難（如『建炎繫年要錄』七十一：「紹興三年十二月丁未，吏部侍郞陳與義言：『自艱難以來，選人用恩賞改官者甚多、用擧主改官者甚少。欲自今磨勘改官人從上收使五員外，有剩數，從本部行下所擧官司，令再擧。庶幾少寬士人平進之路』」之類，頗可參看），故游食干謁之風，又漸滋矣。昔人所考，多不逹此變遷之故，輒僅以士氣爲說，目唐士宋士若有本質之異者，非也。互詳註廿五。

(61)『能改齋漫錄』卷五：「飽愼由答潘見秦詩云：『學詩如登仙，金膏換凡骨』。蓋用陳無己答秦少章：『學詩如學仙，時至骨自換』之句」。近代如陳登原「禪林的學校制度」、盛朗西『中國書院制度』、羅龍治『進士科與唐代的文學社會』……等，輒謂書院乃仿禪宗叢林而來，若按其實，蓋有不然，即此例亦可證也。互詳卷四第二章第一節乙。

⑫ 詳注五八所引書。

⑬ 一般論南北朝隋唐門第社會，多以門第之標準在於：累世官宦及家學門風。換言之，唯具有政治勢力及知識修養者，乃得爲門第世族。見毛漢光『兩晉南北朝士族政治之研究』（五七年・中國學術著作奬委會）頁五，宮崎市定『九品官人法の研究（科擧前史）』（東洋史研究會出版）頁三；宮川尚志『六朝史研究（政治社會篇）』（一九七七、京都樂平寺書店出版）頁一七四、三四四；錢穆「略論魏晉南北朝學術文化與當時門第之關係」（新亞學報五卷二期）；陳寅恪『唐代政治史述論稿』中篇；宋德熹注四八所引文等。本文意見與此不同，故諸氏皆謂門第社會至唐末而崩潰，余獨以爲世族結構僅呈分化之現象而已。關於「附質」與「實體」之觀念，另詳龔鵬程「宗廟制度論略」（孔孟學報・第四三、四四期）。

⑭ 詳唐長孺『魏晉南北朝史論叢』：九品中正制度試釋。

⑮ 詳王伊同『五朝門第』附論。五朝譜學（香港中文大學出版）。

⑯ 敦煌英倫藏譜，約撰於元和十五年至咸通十三年之間。見毛漢光「敦煌唐代氏族譜殘卷之商榷」（中研院史語所集刊四三本二分）。

⑰ 參見森田憲司「宋元時代における修譜」（東洋史研究卅七卷四號）；多賀秋五郎『宗譜の研究』（東洋文庫出版）。

⑱ 參劉王惠箴「中國族規的分析：儒家理論的實行」、推傑（Denis Twitchett）「范氏義莊：一〇五〇－一

七六〇」（註四四所引書）又、謝肇淛『五雜俎』卷十四：「古今同居者，漢有樊重、晉郎、方貴，俱三世。博陵李幾七世。河中姚氏十三世。宋會稽裘承詢十九世，陸象山等累世義居，又不知凡幾代也。漢稱萬石君家法，唐則穆質柳公權兩家，爲世所崇尙。至宋，則不勝書矣」，可見宋代宗族組織之盛。

⑲ 詳注一、注六三所引龔鵬程文。

⑳ 沈括『夢溪筆談』卷廿四：「士人以氏族相高，雖從古有之，然未嘗著盛；自魏氏銓總人物，以氏姓相高，亦未專任門第。唯四夷則全以氏族爲貴賤，如天竺以刹利、婆羅門二姓爲貴種；自餘皆爲庶姓，如毗舍、首陁是也。其下又有貧四姓，如工巧純陁是也。其他諸國亦如是，國主大臣各有種姓，苟非貴種，國人莫肯歸之。庶姓雖有勞能，亦自甘居大姓之下，至今如此。自後魏據中原，北族遂盛於中國。……其俗至唐末方漸衰息」，其言雖不合中華史實，然以種姓擬喻六朝門第，可謂具眼。所云唐末方熄者，卽世族決定政治社會地位之風，至唐末因世族分化而消逝也。

㉑ 參注四十所引金耀基書，頁六五。然彼論中國因家族制度過於發達，故未發展會社之組織型態，大誤。中國實以宗族爲會社之組織法則者也。詳後。

㉒ 沈友儒「武林怡老會詩集後序」：「今昔稱結社之盛，必曰白傅之香山、祁公之睢陽、洛公之洛陽」、方九敍「西湖八社詩帖序」：「樂天香山以浚鑿稱奇、洛陽者英唯眞率垂訓，鉅若奇觀麗矚，得諸天造，瓦尊蔬豆，無競世氛，古今社事，玆其兼美矣」。另詳黃志民「明人詩社淵源考」（六二年、中華學苑第十一期）。

㉓ 一切社會，以詩社爲最貴，正可印證上文所論知識階層之興起。宋代宗族意識本亦知識階層所鼓吹，程頤所謂：「宗子法壞，則人不知來處，以至流轉四方，往往親未絕、不相識。今且試以一二巨公之家行其術要，得拘守、得須是。且如唐時立廟院，仍不得割了祖業，使一人主之。凡人家法須月爲一會，以合族」（近思錄

引)，呂大臨推其意而作鄉約，遂爲宋元鄉制之本。南宋社事發達及元代以社爲治，皆以北宋之鄉約爲基礎者，故余曰諸行會之以宗族爲其組織法者，皆由詩社來也。

(74) 商務印書館出版，宗法社會二：耕稼民族分第六、工賈行社分第七。又、參考利維厄斯（W. H. R. Rivers）『社會的組織』（胡貽穀譯・商務）第八章：職業『社會』和階級。

(75) 社爲氏族祭祀之遺，氏族社會逐次解體後，同社聚居者卽自然成爲鄉里。詳龔鵬程「試論江西詩社宗派之形成」。

(76) 社與秘密社會之關係，詳龔鵬程「宗廟制度論略」下。鄭壽彭『宋代開封府研究』（六九年，中華叢書）第四篇第三章第二款：非政事結社；利維厄斯『社會的組織』第七章：兄弟會和秘密結社，亦可參看。世不知此，遂於草莽亡命之所謂「義」，多所揣測，如孫述宇『水滸傳的來歷、心態與藝術』一書，已知江湖義氣卽不論是非之同道互助精神，而竟未一考此類精神實自兄弟會盟而來，甚憾（時報出版公司・四二頁）。

(77) 此類行規幫規，詳全漢昇『中國行會制度史』第八章附錄（食貨出版社）頁一六五—一八五。

(78) 詳俞正燮『癸巳存稿』卷四師道正義、尊師正義條。中唐師道之復興，本有取於緒行會社之制，然至宋師道既昌之後，乃轉有欲分別儒者文學之師與百工技藝之師者，如『清波雜志』曰釋道亦必有師，其名分恩義不同者：文學、師取給於弟子；釋道工匠、弟子仰給養於師。此於禮法必不當混而同之者云云，亦猶理學初有取於釋道，轉而盛論儒釋道之異同也。

(79) 配饗之觀念，詳龔鵬程「試論江西詩社宗派之形成」；道統文統，互詳第一卷第壹章第二節。

(80) 所謂影響相關者，可舉一事爲例——周紫芝『竹坡詩話』：「呂舍人作江西宗派圖，自是雲門臨濟始分矣。東坡寄子由云：『贈君一籠牢收取，盛取東軒長老來』，則是東坡子由爲師兄弟也。陳無己詩云：『鄉來一瓣香，敬爲會南豐』，則無已承嗣翬和尚爲何疑？余嘗以此語客，爲林下一笑，無不撫掌」。——江西詩社而爲宗派，非會社組織而與世族結構分化後之觀念相合歟？承嗣瓣香，非氏族祭祀之觀念歟？以釋氏師兄弟之說戲擬江西，不猶前注所云釋道工匠師弟之觀念歟？任舉一事，莫不兼涵三者，即此可以類推。

81 另詳孫國棟『唐宋史論叢』：唐代三省制之發展研究、宋代官制紊亂在唐制的根源。嚴耕望「論唐代尚書省之職權與地位」。

82 參看張東蓀『思想與社會』第四章：思想與社會組織。

83 唐代主要爲都市社區，宋代則因都市有行會、鄉村亦有社集，漸成一鄉村社區與都市社區並列之狀況，故南宋以後，村野氣味之作漸多於市井文化矣。二者間流動之頻率亦繁，不僅都市文化影響於村鎮者隨處可見，村鄉文化亦往往流動影響於都市，南戲即屬後者，『南詞敍錄』云：「永嘉雜劇興，則又即村坊小曲爲之，本無宮調，亦罕節奏；徒取其畸農市女，順口可歌而已」，是其初起，但在溫州村鎮間耳，至咸淳間，則已「盛行於都下，始自太學有黃可道者爲之」（錢塘遺事卷六），士大夫亦受其漬潤矣。

84 佛家講論，詳龔鵬程『孔穎達周易正義研究』第二章（師大國研所集刊第廿四號）。又、俗講吟經，實爲唱曲，又見孟郊敎坊歌兒詩：「去年西京寺，衆伶集講筵，能嘶竹枝詞，供養繩牀禪」。

85 宋代說諢話者，猶多僧人，如『武林舊事』所載長嘯和尚、周太辯、達理、有緣，皆僧家也。又有女流如陸妙慧、陸妙靜，亦以此名，則其爲市民文化之特色可知。另參龔鵬程「重編笑林廣記序」（聯亞出版社）。

86 莊綽『雞肋編』嘗摭后山詩採用俚語者廿條，可參看。另見沈曾植『海日樓札叢』卷七論歐公與山谷詩用俗字。

87 姜宸英「唐賢三昧集序」云：「西江別爲宗派，至南渡而街談巷語競竄六義，其間能以唐自名其家，自放翁石湖而外，不可多得」，亦以俗爲雅之說也，詳後文。此與朱彝尊所謂：「楊廷秀、鄭德源，吾見其俚」（曝書亭集卷卅九・橡村詩序）正非矛盾。

(88) 宋詩近於日常生活，詳吉川幸次郎『宋詩概說』序章第四節。

(89) 梅與牡丹，互詳龔鵬程「知性的反省——宋詩的基本風貌」、「細說梅花詞的起源與流變」（七十・蓬萊出版社『梅花・中國的象徵』）。

(90) 另詳龔鵬程「唐傳奇的性情與結構」（古典文學、第三集、學生書局）。

(91) 參見『詩人玉屑』卷六忌用工太過條、溫公『續詩話』陳亞郎中性滑稽條。此與言意之辨有關，觀下二事亦可證此。

(92) 宋人論詩，有此風氣，以忌俗故也，參『中山詩話』山東二經生同官條、『臨漢隱居詩話』有武士方堯好作惡詩條、『詩人玉屑』卷十二田舍翁火爐頭之作條等。

(93) 以俗爲雅，以故爲新二語，山谷亦嘗舉示楊明叔（內集卷十二）。前者如『竹坡詩話』載：「李端叔嘗爲余言，東坡云：街談市語，皆可入詩，但要人鎔化耳」，所述正同。後者則如『后山詩話』載：「王斿，平甫之子，嘗云：今語例襲陳言，但能移轉耳」、『臨漢隱居詩話』：「詩惡蹈襲古人之意；亦有襲而愈工若出於己者。蓋思之愈精，則造語愈深也」、『竹坡詩話』：「山谷點化前人語，而其妙如此，詩中三昧手也」「自古詩人文士，大抵皆祖述前人作語。用此格律，而其語意高妙若此，可謂善學前人者矣」……等，奪胎換骨，句意俱深，斯宋人所同歆，亦可以見所謂梅氏開山，山谷立宗之說爲不可易也。

(94) 氣象淺俗，要在胸次不高，宋人論詩，特重「高格」者，正坐此故。如何化俗爲雅、轉俗成眞，爲當時詩論之中心，前此無有。詳卷三注六二、附錄。

(95) 除自得與平淡外，不俗之意有二：一者標奇越險，不主故常；一者超以象外，神理獨絕。二者又須合而爲一，方無流弊。如『韻語陽秋』所詆粗僻之病，即奇險不恒之效也。

(96) 另參龔鵬程「試論江西詩社宗派之形成」、「道統論之形成與發展」。

(97) 唐代諫官勢力之形成，另見孫國棟注八一所引文。

(98) 呂思勉『隋唐五代史』第廿一章嘗曰：「唐中葉後新開之文化，固與宋當畫爲一期者也」，此不易之論，然晚唐五代之文化不與焉。宋人論詩，類薄晚唐，楊誠齋雖云：「晚唐異味誰同賞，近時詩人輕晚唐」，而所賞實爲溫李韓偓，非姚合賈島許渾也。中唐爲主、晚唐爲賓、五代則略無位置者，不獨詩歌而已。

(99) 自覺心在歷史與文化中之作用及意義，詳勞思光『歷史之懲罰』（香港大學生活社，一九七一）第一章第五節。

(100) 本文以體例所限，於此社會階層與制度之改變，較偏重知識階層、宗族組織及官僚制度。其實此類變遷，隨處可見，原不只於是。如禪宗之「百丈清規」，即其例也，中唐以後，禪宗大盛，與此頗有關係。

(101) 唱和，自以元白爲著，然實中唐風氣也。高仲武『中興間氣集』謂道人靈一，與士大夫賡唱迭和（卷下）；權德輿文集中亦有「奉徵君校書與劉隨州唱和集序」，『文苑英華』卷七一，復載有權氏「唐使君盛山唱和集序」，足證此爲一時風氣使然。白居易文集卷六十，有「劉白唱和集解」，柳宗元集卷廿四復有「婁廿四秀才花下對酒唱和詩序」，珠聯迭唱，同聲則應，斯詩社之濫觴，而宋賢之遠則也。其事可與高權諸文互參，並詳卷一第二章第二節丙目。

(102) 此與下文論宇宙論本體論一段，另詳龔鵬程「唐傳奇的性情與結構」（同注九十）。

(103) 北宋學術之發展，詳錢穆「初期宋學」「廬陵學案別錄」（中國學術思想史論叢五・三民書局）。

(104) 柳宗元亦通春秋，顧歸於陸淳之門，則與呂溫相同。陸淳趙匡之學，皆出啖助。宋歸安朱臨，字正夫，從胡瑗受春秋，而獨好陸淳之學，序而刋之，則胡瑗春秋之學，誼與陸淳甚近，中唐與宋學之關係，此亦可見。

(105) 宮崎市定「東洋的近世」（收入『アジア史論考』・朝日新聞社・一九七六）「アジア概說」（學生社・一九七三），皆嘗論及此義，然彼以爲突鶻回紇此類擧措，乃受西方影響而然者，謬。

(106) 方東樹『漢學商兌』卷上開卷第一條，卽與毛奇齡辨道學理學名義，徵引繁博，而不及此，且謂道學之名，爲忌者所錫，非洛閩諸賢所自號，非是。朱子大學章句不卽自稱道學乎？何待他人冒指？

(107) 互詳卷一第二章第二節乙。

(108) 韓愈不襲蹈前人一言一句，不煩於繩削而自合二語，皆見於「南陽樊紹述墓志銘」；其後梅聖俞黃山谷屢屢引之。昔人於此多有疑義，章士釗『柳文探微』引元李仁卿之言曰：「韓退之自謂窺陳編以盜竊，柳子厚自謂好剽取古人文句以自娛樂，歐陽永叔亦自謂好取古人文字，考尋前世以來聖君子之所爲，時亦穿蠧盜取，飾爲文辭以自欣喜」，而謂：「吾不解窺陳編以盜竊，與惟陳言之務去，皆韓退之吐露眞實語，二者之間，顯有矛盾，將如何溝通以各行其所安，恨無人能爲退之語我來」（通要之部、卷九、論文一）。其實語亦不難，山谷詩不亦學杜學騷學柳學陶乎？卒成其自體，轉於諸家皆不相似，與此正堪比類。『滄浪詩話』謂后山學杜，其實則其自體而已，其言最可玩味；蓋其所謂學也、盜竊也，皆就古人詩文中揀擇一二合乎自我價值判斷者而用之，與古爲新，此之謂也。張耒讀山谷詩云：「不踐前人舊行迹，獨驚斯世擅風流」，論山谷可謂得竅。

(109) 魏了翁嘗著「唐文爲一王法論」，謂詩文之正統論，乃欲「任斯道之託以統天下之異」，規範之義甚強。而其義則本『新唐書』文藝傳序：「大曆貞元間，美才輩出，擩嚌道眞，涵泳聖涯，於是韓愈唱之，柳宗元李翺皇甫湜等和之。排逐百家，法度森嚴。抵轢魏晉，上軋漢周，唐之文，完然爲一王法，此其極也」（又見嚴有翼紹興卅二年校刋柳宗元文集序）。依此，則宋人論文見解及文統之說，灼然本之中唐，更何疑也？

第三卷 宋詩之演變與江西詩社宗派之產生

壹、宋文化形成後宋詩之演變與發展

一、晚唐坎陷期詩風之表現

李唐肇興，法制規模多仿北朝，詩文則仍南朝之舊。顧詩文流衍，其間亦有數變：初猶無以樹立，自武后以後，始漸以復古而成新體，陳子昂李太白，厥功不下於沈佺期宋之問；盛唐以後，國勢既有舒蹙之別，詩文亦自有淳漓之判。大曆以還，詩格初變，至元和而亦漸爲新體，元結李華蕭潁士獨孤及韓愈柳宗元之古文、元稹白居易之新樂府，若分茅以設蕝，實笙磬而同音，復古開新，而爲兩宋先導者，上文述之審矣①。

此一趨勢，何以未能逕行發展爲一新文化新文體新詩風，而必間隔於晚唐五代，而待兩宋爲之賡續耶？欲考其故，當知二義：一曰晚唐五代，與元和文化頗有淵源，非截然劃異者也；一曰元和文風，本身乃一政治與文化運動之產物也。玆分別述之如左：

案中唐哲學突破，乃一文化反省後意圖創新之活動，而其活動則與當時政治、社會及文化形勢有關。蓋自安史作逆而後，河北亂、淄青亂、朔方亂、汴宋亂、山南亂、涇原亂、淮西亂、河東亂、澤潞亂，州牧擅雄，坐擁牙兵以自立；中官弑逆，脅刼朝廷以麾指；至於吐蕃回紇沙陀諸夷，更番侵擾。遂使國門之外，盡成敵屬，而宮闈之中，時伏殺機。其不亡者亦僅一線而已。夫彼河朔三鎭之跋扈，固自以爲夷狄也②，武宗以後，更與西北吐蕃沙陀諸勢力相聯結，故韓愈平淮西碑與諫迎佛骨表，不徒作也。元稹白居易新樂府胡旋女之類，本涵有一華夷之辨在，與韓同意，觀陳鴻祖「東城父老傳」，可知元和復古，正爲此形勢所激，欲復古道，而以周孔等中國本位文化爲主體也。推行此一運動者，爲元和間知識階層，然知識階層本無權力如魏晋南北朝之世家也，其勢必須與政治權力結合，乃能推遂其志。政治有爭衡，知識階層乃卽不得不有分裂，朋黨於是乎起焉。夫以知識本身言之，知識卽有其局限性，故學術之爭議爲勢所不能免，今知識之爭執與政治權勢之利益衡突相交錯，旁午紛紜，寖不可理，而亦漸成不可解之局，文宗所謂：「除河北賊易，去朝廷朋黨難」，良有以也③。方是時，韓愈依傍六經以建標幟，而劉栖楚爲忠蹇之領袖，僧孺爲道義之典型，元白則爲天下文章宗主，堂堂侃侃，若可以移風易俗，中興開基，以爲萬世勸矣，乃不旋踵而朋比之勢起，操進退升沈於同類之盈虛，而天子特爲其酬恩報怨、假手以快志之人。所謂正人者，唯以異己相傾之徒爲雌雄不並立之敵；其邪者，則以持法相抑之士爲死生不戴天之仇。非天子莫能代之以行其志；非左右持權之宦竪，莫能助己以遂其欲④。於是元和以降，所號爲大臣者，皆荏苒於不進不退之交，而浮沈於爵祿權勢之中，知有門戶而不知有天子、知有利嗜而不知有國家。知識階層爲權力所腐化，則其得志者，惴惴然惜門戶以圖伸，如王播、元稹、李逢吉、李宗閔等，猶爲較佳者也；若其失志，則如黃巢之類，蓋亦不尠，陳寅恪謂當時士之失志走河北者相絡繹，是矣。準斯而論，唐自元和以後，未能發展一新文化傳統，乃知識階層本身腐化所致，朝士以賄而容姦、逆臣亦以賄而自固，士氣既媮，改革難成，論史而知此義者，厥推王船山，『讀通鑑論』卷二六武宗第四節曰：

唐自立國以來，競為奢侈，以衣裘僕馬亭榭歌舞相尚，而形之歌詩論記者，誇大言之，而不以為怍。韓愈氏自詡以知堯、舜、孔、孟之傳者，而戚戚送窮、淫詞不忌，則人心士氣概可知矣。迨及白馬之禍，凡錦衣珂馬、傳觴挾妓之習，熸焉銷盡。繼以五代之凋殘，延及有宋，羶風已息。故雖有病國之臣，不但王介甫之清介自矜，務遠金銀之氣；即如王欽若、丁謂、呂夷甫、章惇、邢恕之姦，亦終不若李林甫、元載、王涯之狼藉，且不若姚崇、張說、韋皋、李德裕之豪華；其或毒民而病國者，又但以名位爭衡，而非寵賂官邪之害。此風氣之一變也⑥。

自朋黨興，唐之士風即披靡於榮辱進退之間，不有宋初之興革，宋文化亦頹然莫能復振，觀此可以思過半矣。

然而，不只此也，元和中興，乃針對當時政治文化而來，乃其後，則不惟知識階層本身發生變化，理想流於意氣、志業銷於嗜利，即外在之形勢亦已發生改變。宣宗大中九年，浙東軍亂，越三年而嶺南亂，十三年，裘甫起浙東，旬日而得三萬人，於是天下鼎沸，湖南逐韓悰、江西逐鄭憲、宣州逐鄭薰、陝州逐崔蕘、光州逐李弱翁，山崩河決，勢不可瘳。至懿宗咸通九年，龐勛以桂林戍卒攻克徐州，長江兩岸俱遭荼毒；康承訓奏使朱邪赤心率沙陀三部落討之，而唐亡之勢成。蓋此稱亂者，皆游惰之兵、耕織之氓，非兩河健戰之雄也，然亂兵叛民，於勢與藩鎮相倚伏，事較元和間僅有藩鎮之禍者為尤甚，國本動也⑦。亂兵叛民，縱横於東南，僖宗乾符元年，王仙芝起事於江河之間；翌年，黃巢擴大叛亂；光啓初，秦宗權繼起江淮，兵戈往來，經濟盡遭破壞，而唐無以爲國矣。揖沙陀以制龐勛黃巢，尤屬失策。國家至此，但爲狂暴無文化之武人爭突之疆場耳，知識份子重遭斲害，與世族皆無作爲，僅能俯仰苟且於兵戈流離間，非復政治文化之中心勢力如元和間也。加以元和之哲學突破，本以三教義理爲根基，而自武宗會昌法難之後，道教亦衰於大中朝，獨一二儒者匍匐於兵燹間，突破無由繼續，不亦宜乎⑧？

總之，元和新文化運動，自外則政治文化形勢改變，知識階層無法形成國家之中心勢力；自內則知識階層本身亦日趨腐蝕，無力繼續發展，故不能如宋慶曆以後之逕開新文化新文風也。

此爲宋文化形成中之黑暗期，賢智之士處乎此，不爲韓偓鄭棨之戮力以效節，則爲司空圖羅隱之怯退以自逸，迹雖不同，其實一也。晚唐文化精神，不趨於感傷，卽趨於飄泊，其故蓋由此歟？王船山曰：「宣宗之世，上方津津然自以爲治也。而韋澳謂其甥柳玭曰：『爾知時事寖不佳乎？皆吾曹貪名位所致耳』，於是上欲以澳判戶部，且將相之；而浩然乞出鎭以引去。蓋澳之不爲唐用，非一日矣；周墀入相，問以所可爲，則曰：『願相公無權』，宣宗屛人語以將除宦官，則曰：『外廷不可與謀』。其視國家之治亂，如越人之肥瘠，而以自保其身者，始終一術也。蓋於時賢智之士，周覽而俯計焉，擇術以自處焉，視朝廷如燎原之火，不可嚮邇，非令狐綯之流，容容以徼厚福者，無不戒心於謀國矣。此習一倡，故唯張道古、孟昭圖之愚忠以自危，魏謩、馬植之名高而實詘，姑試其身於險而罔濟。其不爾者，率以全身遠害爲風軌，故鄭遨、司空圖營林泉以自逸；而梁震、孫光憲、羅隱、周庠、韋莊之流，寄身偏霸以謀安」（讀通鑑論卷廿六）「生斯時也，鄭遨尙矣；陳摶託遊仙以自逸，其亦可矣；司空圖、韓偓進不能自靖，而退以免於汙辱，其尚瘥乎；又其下者，梁震、羅隱、孫光憲之寓食於偏方，而不爲亂首；更不能然，則周庠、嚴可求、韋莊小效於割據之主，猶知延禍之非，而苟免於天人之怨怒」（卷廿七）信能傳晚唐五代之實況也。然彼不知其恬退有非眞心恬退視國如越人之肥瘠者也，羅隱之說錢鏐討朱溫也，曰：「縱無成功，退保杭越，可自爲東帝」，非欲帝鏐也，動鏐以可欲，冀雪昭哀之怨、而正君臣之義也。韓偓司空圖之隱亦然，庸可以自逸消遙爲其本懷乎？晚唐文化，與元和哲學之突破，頗有淵源，亦當由此見之。

晚唐詩人，如羅隱、鄭嵎、韋莊、杜荀鶴等，其源多出於元稹白居易。如羅隱感弄猴人賜朱紱詩，東城父老傳也⑨；韋莊秦婦吟，秦中吟新樂府也；鄭嵎津陽門詩，連昌宮詞也⑩；述生民之哀樂，爲亂離之紀錄，直抒感發，不避俚俗⑪，此一派也，非元白之流裔歟？韋莊幼居下邽，地爲居易故鄉，時白氏尚在，身世易感，其學香山，正非偶然；辛酉春應聘爲蜀奏記，明年於浣花溪尋得杜甫舊址，結茆爲室，自名其集曰浣花，亦猶元稹白居易推重杜公之意。此與杜荀鶴所云：「耒陽山下傷工部」（哭陳陶）「他日親知問官況，但敎吟取杜家詩」（贈秋浦張明浦），肸蠁斯同；至於詩風之同趨流俗，類似長慶，尤不待論矣。

詩風與羅杜韋鄭絕異者，有皮日休、陸龜蒙、張賁、鄭璧、顏萱、崔璞、魏朴、羊昭業等。松陵唱和，既極長韻舖排之事，亦饒以文爲詩之趣，或隱居醉吟、或鼓櫂江湖，集中如奉和襲美太湖詩二十首、漁具詩十五咏、奉和襲美添漁具五篇、樵人十咏、奉和襲美酒中十咏、添酒中六咏、奉和襲美茶具十咏、奉和襲美公齋（小松、小桂、新竹、鶴屏）四咏次韻、西塞山泊漁家……等，可謂集處士文學之大成，爲宋初林逋等人之先著，然其中感憤痛切，雜以諷喻者，亦自不尠。『北夢瑣言』謂咸通中皮日休以進士上書兩通，一請廢莊列之書以孟子爲學科，一請以韓愈配饗太學，「孟子荀卿，翼傳孔道，以至文中子。文子之道，曠百世而得室授者，惟昌黎文公焉。蹴及楊墨，蹂踐釋老，故如孔道炳如日星焉」云云，自屬昌黎聲口，勿怪其詩之似也。蓋元和長慶間詩風，雖有韓奇白俗之異，然其指斥利弊、標榜同道、及以文爲詩、馳騁議論，則相類似；故皮陸等人風格雖近於韓孟，體製意識則頗有肖似元白者。如皮日休正樂府十篇，序曰：「樂府蓋古聖王采天下之詩，欲以知國之利病、民之休戚者也。得之者命司樂氏入之於塤篪、和之以管籥。詩之美也，聞之足以勸乎功；詩之刺也，聞之足以戒乎政。故周禮太師之掌敎六詩、小詩之職掌諷誦詩。由是觀之，樂府之道大矣」，則不猶白居易新樂府、秦中吟、張籍古樂府乎？三羞詩、七愛詩之仿杜甫三吏三別與八哀，良有以也。其雜體詩自序又云：

> 近代作雜體、唯劉賓客（禹錫）集中有廻文、離合、雙聲、疊韻。如聯句則莫若孟東野與韓文公之多，他集罕見。足知為之難也。陸與余竊慕其為人，為合己作為雜體一卷。

歷溯淵源，標擧韓劉，差可見其根柢。然世或病此所謂雜體者，不過筆墨閑戲，無關風雅，與前述七愛三羞之作不類，不知此正中唐以降哲學突破中並存之表現，韓孟白劉勿論矣，荆公山谷胡爲不然？斯所謂「形式之覺知」，與其長韻鋪排者同類，皆元和詩風整體特徵之一耑也。晚唐詩格詩例之作最多，卽爲此一形式覺知意識之延伸。此類意識之與諷喻議論，正猶元和以來爲詩旣喜指斥當世，而咏史又爲極盛也。李義山、杜牧之皆爲此中大家，晚唐則胡曾有咏史七絕百五十首，流眄當時，歷覽萬古，而為中唐歷史意識之萌發則一也⑫。

以上羅隱鄭嵎及皮陸兩系，皆與元白有關，故張為『詩人主客圖』謂白居易為「廣大教化主」，按之詩史，可謂得實⑬。然而晚唐間，亦別有許渾司空圖一系，源出張籍李益；李洞喩鳧一系，源出賈島者也。『唐詩紀事』卷四九載：「始張水部籍為律格詩，惟朱慶餘親授其學。沿流而下，有任蕃、陳標、章孝標、司空圖咸及門焉。寶曆開成之際，項斯尤為水部所知，故其詩格與之相類」，清乾隆中李懷民撰『中晚唐詩主客圖』，亦嘗以張籍為清眞雅正主，上入室為朱慶餘，入室王建、于鵠，升堂項斯、許渾、司空圖、姚合，及門趙嘏、顧非熊、任蕃、劉得仁、鄭巢、崔塗、李咸用、章孝標。其中王建、于鵠、鄭巢、陳標皆中唐人，足見中晚唐於此，實已通為一家。至於李洞喩鳧等人，中晚唐詩人主客圖俱歸諸賈島名下，謂上入室者李洞、入室者周賀、喩鳧、曹松，升堂者馬戴、裴說、唐求，及門者于鄴、林寬等。清峭小巧，工於琢句，若與許渾等人不類，然東坡嘗謂司空圖詩寒儉有僧態，則與賈島周賀無異也；世謂張籍嘗取杜甫詩焚取灰燼，副以膏蜜而飲，亦與李洞鑄賈島銅像，焚香誦拜者絕相似⑭。蓋自中唐以來，士之失意自放者，不痛憤感激，則必清雅以遠禍；前者氣象猶存，輒接杜甫元白韓孟之餘緒；後者孤芳自賞，偶結吟朋，亦不過小眉小眼，生活型態既近於幽隱之僧道，創作自亦著眼於字句清奇之間，如李洞集賈島警句五十聯及其他唐人警句五十聯為詩句圖一卷，即其顯例⑮。故此與前述濡染於元白遺風者，當同視為中唐文化延伸發展中，坎陷之狀況，至宋初猶然也。試尋蹤迹，更究其詳，則有數事可論：

考昔之詬病晚唐者，多謂其小巧、淺俗、妄立格法，今案：晚唐詩之俗淺，自是學白之病，然宋詩如王元之蘇東坡亦未嘗不學白也，故知詩格之異，實由意識之殊。自唐元和長慶以後，知識份子既多游離於政治文化中心之外、既已類同於市井山林之平民，其不能始終有一文化理想以提昇自我生命者，卽不能化俗爲雅；蓋其不得意於朝廷，意識中卽不得不以社會人羣爲其認同之指標，於是詩作不俗於字句，卽俗於格律，羅隱杜荀鶴，前者也；許渾姚合，後者也。孫光憲曰：「許渾詩、李遠賦，不如不作」，足見當時已有公論，而亦不僅詩歌如此，晚唐整體文化之傾向使之然也。宋之慶曆元祐以降，知識階層銳意自新，蘇黃尤以化俗爲雅自矢，故蘇軾陳師道皆薄許渾體俗、賈島句弱，意識及文化精神異也。此其一。

文化精神無法開拓，知識份子徒求自逸，其流弊必至於細碎小巧而後已，人無遠慮故也。其佳者清音泠然，如世外道人，其次則琢刻字句，但求奇峭；深情遠韻、壯懷精思之作，蔑無聞焉。此類作者之作詩，蓋卽以詩爲事者，「顏凋明鏡覺，思苦白雲知」（張爲主客圖引喩鳧詩），事盡於己，情萃於詩，故不妨在茶鐺藥杵間煮句烹字覓一字之師也。晚唐多句圖者，若舍其美學之理由，而考其創作之心態，則當由此見其底蘊⑯。此其二。

摘選秀句，本爲擿句評詩之風氣，魏晉間謝安謝玄論詩經「訏謨定命」與「楊柳依依」，卽屬此類，亦風格論之一耑也；鍾嶸詩品，類多有之；至晚唐則爲特盛。胡應麟『詩藪』外編卷三曰：「唐人好集詩句爲圖，今惟張爲主客，散見類書中，自餘悉不傳。漫記其目：古今詩人秀句二十卷、元兢編；泉山秀句二十卷、黃滔編；文場秀句一卷、王起編；賈島句圖一卷、李洞編；詩圖一卷、倪宥編；寡和圖三卷、僧定雅編；風雅拾翠圖一卷、惟鳳編。宋則呂居仁有宗派圖、高似孫有選詩句圖尚存」，其中除元兢年輩稍前外，皆晚唐人也。昔之論此，亦常取與呂居仁宗派圖、鍾嶸詩品合論，如李調元「詩人主客圖序」之類，與胡應麟脣胳無異。雖擬喻近乎不倫，然此類句圖，當屬風格論之批評範疇，可無疑也。

夫文章辨體，盛於六朝，體者體製風格也。陸機文賦，裁文體爲十類；劉勰文心，總風格爲八體。初唐因之，加以詩賦取士，律體方興，論風格者乃集矢於偶對聲病之間，如元兢調聲三術、崔融新定詩體之類，乃修辭之規榘，非文術之奧區，故王夢鷗云：「聲病之迴忌，大抵止於元兢；而構辭之技巧，則自元氏以下，日見嚴密。自崔融更立十體之目，益啓後人對於修辭風格之注意。從王昌齡之十七勢，轉爲皎然之十九字，以至於司空圖之二十四品，可謂愈入愈玄，影響宋元明清之無數詩論」⑰，大抵所謂愈入愈玄者，即盛唐以前多重格律修辭，而中晚唐始進而論其意境風格也。以皎然『詩式』爲例，其書以十九體總攝歌詩風格，盡擧詩例，標明所屬之體，曰：「風律外彰、體德內蘊，如車之有轂、衆輻歸焉。其一十九字，括文章德體風味盡矣」，以辨體論爲風格論，非僅爲初盛唐所無，亦中唐哲學突破中之特色也。

案中唐論文，多有道器之說，所謂氣盛則言宜、義充則文備，非皎然「風律外彰、體德內蘊：如車之有轂，衆輻歸焉」之說耶？道爲根本、文以貫道，故『詩式』所載十九字中有屬思想道德範疇者，如貞、忠、節、志、德、誠、悲、怨、意，所謂六經之菁英是也；有屬藝術表現範疇者，如高、逸、氣、情、思、閑、達、力、靜、遠，所謂衆妙之華實是也。以彼衲子，著爲此說，可知此爲中唐一般之思考模式，中晚唐以後，文體論之觀念復興，實由中唐對道器觀念之探索而來，故與初盛唐顯有差異也⑱。顧此時對道器言意關係之思考，尚未極其精密，且以時代精神所限，其粗者遂不免落入字句之考慮，如齊己『風騷旨格』，在十體之外，別有十勢之說；徐寅『雅道機要』亦載八勢之說，所謂毒龍顧尾、丹鳳啣珠，但著辭例之異同，實非風格之標目，觀齊己十體十勢之說可見，然亦盛於當時矣。『苕溪漁隱叢話』前集卷五五引『蔡寬夫詩話』曰：「唐末五代，俗流以詩自名者，多好妄立格法，取前人詩句爲例，議論蠭出，甚有獅子跳擲、毒龍顧尾等勢，覽之每令人拊掌不已。大抵皆宗賈島輩，謂之賈島格，而於李杜特不少假借」者，殆卽指此而言。故曰妄立格法，雖爲一時文化精神陷落所致，而其根柢則猶在中唐後所興起之文體論也。此其三。

總之，中唐哲學突破之後，時移勢異，宋文化之形成，但具胚胎，尚未發皇，而晚唐之文化，勿論爲香山之諷喩抑閬仙之寒儉，皆就中唐所已揭櫫者，更相發展，與宋慶曆元祐之後文化，並非二途。蓋宋文化生命之暢遂期，卽表現爲元和元祐，文化生命發展若不暢遂，則表現爲晚唐五代及南宋江湖四靈等等。初不僅歌詩如此，第歌詩最堪代表之耳。

二、北宋詩風之發展與方向

五代處晚唐士氣極銷之後，「得全節之士三、死事之臣十有五、而怪士之被服儒以學古自名而享人之祿任人之國者多矣」（新五代史雜傳第四十二）。其達者不爲和成績之浮艷，則爲楊少師之縱誕；馮正中則身五鬼之列，韓熙載著名夜宴之圖；花間名集，稽神著錄，求其化成人文、以聖賢道義自期者，蓋不數數覯也。其他如貫休、可朋、齊己隱於僧；譚峭、林光庭隱於道；孟貫、劉洞、史虛白、沈彬、陳陶、陳貺、唐求、黃損、翁宏、廖融、王元隱於山，旣脫屣於政局，乃拋心力於詩篇，所作則類乎孟郊賈島也。如劉昭禹刻苦爲詩、不憚風雨，曰：「五言如四十賢人，不亂著一字屠沽輩也」、又曰：「索句如獲玉函，精求必得其寶」，不猶晚唐晚宋人議論乎？僧可朋『玉壘集』，歐陽炯比之爲孟郊賈島；劉洞學詩於陳貺，輒浹旬不洗面，長於五言唐律，亦自號得賈島遺法，爲五言金城。足見五代詩風，因襲晚唐，而尤不足以自振，以士氣已銷也。其達者以縱逸爲事，則慕白樂天之逍遙；其隱者以隱逸爲事，則法郊寒島瘦之有近於僧氣，至宋初猶未已也⑲。歐陽修詩話云：「仁宗朝，有數達官，以詩知名，常慕白樂天體，故其語多得於容易」此一派也，蓋自五代、徐鉉、王禹偁以至者、皆所謂達者之詩也。至於九僧輩，摘選句圖，刊石長安，其詩則賈島之遺嫡也。

九僧詩，至歐陽修時已多不傳，以時代精神轉移故爾。方虛谷嘗謂其詩「皆學賈島李賀，多警麗可誦，殆西崑之先導」，甚是。夫學賈島李賀者，以其創作精神局限於自我、創作態度亦不免於刻苦以詩爲事，其與西崑，風格雖異，同爲晚唐餘響則一。以余考之，五代之達者，初皆無所事事，但以苟活閑逸於亂世爲已足，故其詩多學白之平淺。至宋，乾坤忽然一統，氣象矞麗，局度開張，此類名公，備位館閣，雖不免爲亡國之餘，然其精神表現則或趨向於富麗開展，不同於五代時矣。其氣昌明，其聲宮喤，其見聞瑰軼而混芒，此時所以遂有西崑，謂杜甫爲村夫子也。其不如此轉變者，則仍元白之故蹊，以平易雅正爲歸，爲太平盛世之文學。至若賈島清淡之體，嗣音漸少，故至歐陽修時已多不傳也。

西崑起於北宋眞宗景德中，時楊億、劉筠、錢惟演等，與詞苑修書諸公，集唱和之作二百四十餘篇，爲『西崑酬唱集』二卷，取玉山策府之義，爲雕章麗句之詩，乃晚唐五代以來詩風之一大變也。蓋五代中李商隱詩甚式微，詩集亦散佚無聞，『舊唐書』成於五代，志傳皆不載其詩集；楊億初作詩亦不法之，故景德三年以前所作『武夷新集』，平淡猶如白香山也。至道中，億始得其詩百首，後又不斷採輯，合五百八十二首，時當在咸平元年以後，故億自云至道中得玉谿生詩集，「意甚愛之，而未得其深趣」，至咸平景德間，以演綸餘暇，遍尋前代名公詩集，方知其詩「富於才調，兼極雅麗，包蘊密緻，演繹平暢」，可使學者滌腸換骨，始刻意學之。故石介謂其「遠承唐李義山之體，作爲新制」，爲宋代詩學第一度自覺之創造與革新也⑳。

玆所謂自覺之創造與革新，可就三方面說之：

一、西崑之爲體也，實正具體反應宋初之時代精神。蓋宋承五代極弊之後，混一寰宇，開國氣象，當不同於蕞爾割據之邦；和平熙攘，亦自有異於兵戈橫決、人懷苟且之世。此一時代氣息，表現於典章文物之間，詩文卽其一耑。故蘇舜欽「石曼卿集序」曰：「國家祥符中，民風豫而泰，操筆之士，率以藻麗爲勝」（文集卷十三）。藻麗爲其時代傾向，楊億等人復在此時代傾向中，選擇義山，刻意鑽仰，遂使文體爲之一變。斯卽時代精神中之自覺刱造也。唯其與當時文化傾向相配合，故能酬唱不出館閣，而風行動乎天下㉑。昔人於此，蓋未考焉。

二、當讀今之所謂文學史者，其於西崑，輒曰：「他們都是典型的貴族文人、御用詞臣，創作內容不外是歌功頌德；以字句華麗爲誇耀的文字遊戲而已」，此殊不然。西崑作家，皆詞苑修書諸公也，夫何爲而修書耶？張端義『貴耳集』不云乎：「太宗作弘文館，十國降臣，半入詞苑，遲其歲月、困其心志，消弭異議，推爲良策」，此與胡應麟『少室山房筆叢』所稱：「太宗以五代文人失職，慮生意外，故厚其廪祿，俾編集諸類書也」（九流緒論下）云云，皆可以見宋初撰修『册府元龜』『太平御覽』『太平廣記』諸書之底蘊㉒。雖然，十國舊臣，卽因此而遂無身世之感乎？錢惟演「淚」詩：「家在河陽路入秦，樓頭相望只酸辛。江南滿月新亭宴，旗鼓傷心故國春」云云，與楊億「寒風易水已成悲，亡國何人見黍離」之類，若非興感，何至於此？惟演爲吳王錢俶子，家在河陽路入秦，操音寄恨，固近乎哀；卽劉筠「宣曲」二十二韻之「呑聲息國亡」、楊億「無題」之「不管亡國自無言」，皆非無病呻吟，偶然致之也。陸游『西崑酬唱集』跋曰：「祥符中，嘗下詔禁文體浮艷，議者謂是時館中作宣曲詩。宣曲見東方朔傳，其詩盛傳都下，而劉、楊方幸，或謂頗指宮掖。又二妃皆蜀人，詩中有『取酒臨邛遠』之句。賴天子愛才，皆置而不問，獨下詔諷切而已。不然，亦殆哉！」（放翁題跋卷六）卽指此而言。以大中祥符間，後蜀二妃，曾遭蹂躪，故有「無言寧爲息侯亡」等語也㉓。蓋凡與時代精神相配合之文體，必與時代之具體事實有密切關聯，唐之老杜元白、宋之西崑西江，莫不如此。第隱辭譎諫與明白諷喻，表見之手法，互有異同。楊劉諸人，處危疑之地、爲亡國之餘，勢不能如香山之爲長恨歌、元稹之爲連昌宮詞也；義山詩「包蘊密緻」，炙而愈出，又可假獺祭爲其烟霧，諷喻時事，其體最宜，故有取焉耳。宋元明清之爲諷喻詩者，類皆如此，美人香草，雜於閨幨，不爲義山之無題，卽爲景陽之遊仙，寧獨以藻麗爲華飾哉？宋詩影射時事之風，蓋肇乎此，故與政治之關係特爲深密，元和以來，主乎諷喻之餘波也㉔。

三、西崑體既爲自覺之創造與革新，又復指斥利病，感慨身世，則聞之足戒，實遭當局之忌，

『西崑酬唱集』編於眞宗景德三年，而大中祥符二年卽有禁文體浮艷之詔，知者謂其爲西崑而發，是也。或曰西崑浮靡，王禹偁以白氏平淡之體矯之；或曰楊劉藻飾，石介撰「怪說」以遏之。按之實際，皆謬說耳：王禹偁卒於眞宗咸平四年，而石介生於景德二年，俱與西崑盛衰無關。然則西崑之衰，卽由政治勢力抑遏之耶？非也。蓋宋初清苦之體俱銷，朝野皆歸平淡，不惟王禹偁等宰輔諸公如此，卽處士魏野林逋等，亦效樂天詩體，顧有由平淡以迄平淡，終於平淡而已者；有由絢爛而歸於平淡者，西崑卽其後者是也。平淡爲其走向，絢爛乃爲變貌，雖當開國豫泰，容有此變，然就社會結構言之，則平民氣味畢竟當勝於館閣風采也；此在上卷卽已詳之，故西崑雖能掩脅一世，而終歸銷亡者，非僅政治壓迫所能奏效，又與宋代之文化走向有關也㉕。宋文化之發展，卽由絢爛而歸諸平淡者，梅、歐、蘇、黃，皆循此途徑以開新業，東坡之論陶韋，所謂「寄穠艷於簡古」云云，與山谷「用崑體工夫，造老杜渾成之地」，皆其顯證，卽梅堯臣、歐陽修亦自崑體轉手。——梅聖俞初起京洛時，錢惟演大爲揄揚，其詩格亦頗清麗，其後則漸趨簡古深遠，以爲「作詩無古今，惟造平淡難」，故朱弁『風月堂詩話』謂其善學韋蘇州，淡而彌永，清而彌腴。夫腴永者，皆非一味平淡可得，宋人於白詩，有所不愜者，蓋卽在此㉖。至於歐陽修『六一詩話』則曰：「自西崑集出，時人爭效之，詩體一變，而老先生輩，患其多用故事，至於語僻難曉。殊不知自是學者之弊，如子儀新蟬云：『風來玉宇烏先覺，露下金莖鶴未知』，雖用故事，何害爲佳句？又如『峭帆橫渡官橋柳，疊鼓驚飛海岸鷗』，不用故事，又豈不佳乎？」答蔡君謨書又曰：「先朝楊劉風采，聳動天下，至今使人傾想」，足見歐梅蘇黃皆就西崑所改革者更爲延伸，所謂齊一變而至於魯、魯一變而至於道也㉗。

所以變者，不外兩途，意深與語工而已。歐陽修『詩話』引梅堯臣語曰：「詩家雖率意而造語亦難，若意新語工，得前人所未道者，斯爲善也——必能狀難寫之景，如在目前；含不盡之意，見於言外。然後爲至矣」㉘。狀難寫之景，爲詩家立言造語之能力；含不盡之意，爲作者命意構想之工夫；合而言之，則爲含蓄。故韓琦觀胡九齡員外畫牛詩曰：「採摭諸家百餘狀，毫端古意多含蓄」，西崑以後之所謂古淡者，皆當於此求之。梅氏存古淡於諸家未起之先，固所勿論；蘇舜欽水石滄浪，軒昂如非梅氏之比，然劉後村謂其蟠屈爲吳體，則極平夷妥帖，『宋詩鈔』亦謂宋初始爲大雅，於古朴中具灝落渟畜之妙，乃二家所同擅，故其詩有云：「筆下驅古風，直驅聖所存」「會將趨古淡，先可去浮囂」，足見風格之近古，實由筆意之含蓄；而亦唯用意精深，故能造語簡澹，否則以簡爲簡，勿乃太簡乎？宋詩之由西崑轉手，及黃陳詩以簡澹爲宗旨，而輒覺其僻澀者，蓋皆在此㉙。雖然，所謂意深者，至於無所用意而已；所謂語工者，亦至於無工而已。此則含蓄之極則也！

山谷「大雅堂記」曰：「子美詩妙處，乃在無意於文，夫無意而意已至，非廣之以國風雅頌，深之以離騷九歌，安能咀嚼其意味」云云，卽由用意深刻入，而以無意渾成出，宋人類云山谷含蓄不可及，非無意而意已至歟？『鶴林玉露』：詩唯拙句最難，至於拙則渾然天成，工巧不足言矣；劉禹錫望夫石詩：望來已是幾千載，只是當年初望時，陳后山謂其辭拙意工是也。『能改齋漫錄』：陳無己詩話：劉夢得云望來已是幾千歲，只似當年初望時，語雖拙而意工。則是由工於造語，而至渾然天成，無工巧可言，如東坡所謂大匠運斤，無斧鑿痕也，此非無工而工已極歟？宋人論詩，變而至於道者，其要不過如此，由言意之辨入，以得言外之意；既得意忘言，斯卽無意而得意也㉚。自蘇梅歐王蘇黃陳曾呂以迄楊陸戴嚴劉方，無不徑此以達詩國之奧區。今既考見其發展之基本塗轍，卽請略述其流變：

梅聖俞、蘇舜欽之同調者爲歐陽修，歐公論道似韓愈、詩賦似李白，獨於杜甫，未甚喜之也㉛；然其詩學韓愈、貴氣格，而乃平易疏暢，漸造平淡，亦猶王安石以精嚴深刻，漸寓悲壯於閑澹中，皆宋詩之開山，江西之遠源也㉜。王安石步驟老杜，結合崑體，謂唐人學杜公得髓者唯李商隱一人，亦黃庭堅以崑體工夫、造老杜渾成之地之類耳。蓋宋自慶曆以後，天下知尚古文，李太白、韋蘇州等人，始雜見於世，杜甫詩最晚始爲世重，而宿學舊儒，猶不肯深與之㉝；至荆公編四家詩，先杜甫而居李白於韓愈、歐陽修下，時論始爲之一變。荆公詩法，既重句法之琢鍊，亦貴乎用意之講求，故能兼西崑老杜於一手。蓋西崑之長，在於用事精巧、對偶親切，其弊則在意淺，宋人如『隱居詩話』云：「楊億劉筠作詩務故實，而語意輕淺，一時慕之，號西崑體，識者病之」「謝伯景句意凡近，似所謂西崑體」、『蔡寬夫詩話』云：「若其用事深僻，語工而意不及，自是其短」等等，莫不指證歷歷；荆公詩，「用法甚嚴，尤精於對偶」（石林詩話）皆得西崑之法乳。至於老杜，則取其深於用意耳，『石林詩話』云荆公每稱老杜「鈎簾宿鷺起、丸藥流鶯轉」之句，以爲用意高峭，卽其證也。『苕溪漁隱叢話』前集卷卅六又云：「半山老人題雙廟詩云：『北風吹樹急，西日照窗涼』，細詳味之，其託意深遠，深得老杜句法」，此與『王直方詩話』所載：「陳無己言山谷最愛介甫『扶輿度陽焰，窈窕一川花』，謂包含數個意」，皆可以見其承襲之迹。『冷齋夜話』引山谷語，謂荆公暮年小詩，雅麗精絕，脫去流俗，每諷味之，便覺沆瀣生齒牙間。正由荆公能兼西崑與老杜，「詩律尤精嚴，造語用字，間不容髮，然意與言會，言隨意遣，渾然天成，殆不見有牽率排比處」（石林詩話）也㉞。

東坡山谷，頗似歐陽修之與王安石，雖伏響潛通，而機軸小異。東坡詩始學劉禹錫，晚學李太白，波瀾浩大，變化不測，而遂歸趣於陶柳。質而實綺，癯而實腴，不猶歐陽公之學韓李而遂平易淡遠者乎？漁隱叢話卷十九引其論曰：

> 韋應物柳子厚，發纖穠於簡古，寄至味於淡泊，非餘子所及也。唐末，司空圖崎嶇兵亂之間，而得詩人高雅，猶有承平餘風。其論詩曰：「梅止於酸，鹽止於鹹，飲食不可無鹽梅，而其美常在酸鹹之外」，可以一唱而三嘆也。子厚詩在陶淵明下，韋蘇州上；退之豪放奇險則過之。而溫麗靖深不及也。所貴於枯淡者，謂外枯而中膏，似淡而實美，淵明、子厚之流也。

子厚詩深遠難識，東坡以前，未有推重之者，而東坡之論如此，非梅聖俞含不盡之意見於言外者歟㉟？歐陽修水谷夜行寄子美聖俞詩曰：「嗟哉我豈敢知子？論詩賴子初指迷，子言古淡有眞味，大羹豈須調以虀」云云，論與東坡正復不殊。

至於山谷學杜，人所共知，『後山詩話』曰：「唐人不學杜詩，唯唐彥謙與今黃庶、謝景初學之。魯直，黃之子，謝之婿，其於二父，猶子美之於審言也」，夫山谷雖學少陵而不爲者，然畢竟得法於少陵，此在元祐，猶甚難得，故后山特爲揭出，而溯源於黃庶謝景初也㊱。然山谷古詩句法，得諸荆公，又見『觀林詩話』，二說當以何者爲信耶？曰：皆是也，山谷詩本從唐彥謙以上溯於老杜者，『洪駒父詩話』：「山谷言：唐彥謙詩最善用事，其過長陵詩云：『耳聞明主提三尺，眼見愚民盜一坏，千古腐儒騎瘦馬，灞陵斜日重回頭』、又題溝津河亭云：『煙橫博望乘槎水，月上文王避雨陵』，皆佳句，『石林詩話』：「楊大年劉子儀皆喜唐彥謙詩，以其用事精巧，對偶親切。黃魯直詩體雖不類，然不以楊劉為過，如彥謙題高廟云：『耳聞明主提三尺，眼見愚民盜一坏』，每稱賞不已，多示學詩者以為模式」，……等記載，可為佐驗。此與荊公合西崑老杜於一手者，最為近似，故不求合而自合也㊲。跋荊公禪簡曰：「余嘗熟觀其風度，一世之偉人也，暮年小語，雅麗精絕，脫去流俗，不可以常理待之也云云，蓋指其步驟老杜，而得深婉不迫之趣者而言；是其歸趣，亦皆在涵蓄閑淡、無意於文處，而與東坡之論陶柳無異矣。

準玆所論，元祐詩風，雖以蘇黃為兩大宗，然異路同趨，其所以同趨者，為宋文化之基本表現途徑及特質使然；其所以異路者，則為自覺創造新文化時，所選取之價值不盡相同所致。元祐以後，宋文化之發展，愈近於山谷荊公所選取所代表之價值，並以此融攝歐陽修蘇東坡所揭舉之價值，天下遂翕然以江西為法，謂山谷為宋朝詩家之祖，如謝枋得與劉秀巖論詩書曰：「黃山谷陳后山兩家詩，各編類成一集，此兩家乃我朝詩祖」、劉克莊江西詩派小序：「蘇梅二子稍變以平淡豪俊，而和之者尚寡；至六一，坡公，巍然為大家數，學者宗焉。然二公亦各極其天才筆力之所至而已，非必鍛鍊勤苦而成也。豫章稍後出，薈粹百家句律之長，究極歷代體製之變，……遂為本朝詩家宗祖，在禪學中比得達磨，不易之論也」，皆為天下公言，非彼江西二三子之妄談，足證宋詩發展至山谷，乃成典型，足資取法；而所謂江西詩社宗派者，亦即為宋詩之代表也。言黃可以兼蘇，言蘇則不必兼黃，故楊萬里江西宗派詩序云：「四家者流，蘇似李、黃似杜。蘇李之詩，子列子之御風也；杜黃之詩，靈均之乘桂舟、駕玉車也。無待者神於詩者歟？有待而未嘗有待者，聖於詩者歟？嗟乎，離神與聖，蘇李蘇乎爾？杜黃杜黃乎爾？合神與聖，蘇李不杜黃乎、杜黃不蘇李乎？」（誠齋集卷七九），此非余同趣而異路之說耶？張戒『歲寒堂詩話』謂「黃魯直自言學杜子美、子瞻自言學陶淵明，二人好惡，已自不同」云云，所見猶嫌其淺，不知山谷末年直造陶杜無意於文之境，遂至「人間識與不識，爲君折意消魂，獨入無聲三昧，同聞阿字法門」（惠洪・石門文字禪卷十四），與蘇亦何嘗不同也哉㊳？

今尋蘇黃之舊躅，即知江西詩社之興起、及老杜聲華之崇黜，類與宋文化之發展有關：李杜優劣論，溯自元和，盛於宋朝，而自歐陽修、蘇東坡之後，北宋唯晁補之，徐積、郭祥正爲學李，餘皆法杜，非杜之果必優於李也，以李詩超卓飛揚，與宋文化之精神不甚脗合故也。宋文化基本爲一知性反省之文化，講求秩序之建構、理智之沈思，故其詩重法重意。東坡詩，山谷嘗謂其不知句法，而老杜則夙有規矩，刻鵠不成，猶類鶩也㊴。山谷以操制詩家法度入，而以得意忘言終，有待而未嘗有待，正誠齋所指爲聖之路，非李白詩仙爲神之途，後世所重，在此不在彼，亦理所固然者矣㊵。南宋詩家，幾盡爲江西所籠罩，蘇詩甚少傳者，獨金源詞人，猶多長公故轍，以草萊英雄之氣，易爲超卓騰躍所感動也，然其中屬於黃者，已自不少，益可以證明江西爲宋文化發展中典型之說爲不誣。唯其爲「典型」，故雖反對之者，亦不能自外於此一文化傳統，而自出蹊徑也；相協相將，共造一異乎唐詩之奇境。宋詩風格，至此乃蔚然而大成。

然則此類宋詩，究竟與中唐以前由唐文化所孕育之唐詩風格，有何異同耶？

貳、中唐哲學突破後宋詩之風格特質

宋詩源脈，起自元和，而大成於江西，自無可疑。唯宋詩本身又復標舉老杜，逕元和而上溯開元，則其與唐詩之垠堮，乃亦頗相混淆，故尊宋詩者以爲「山谷之學杜，古今一人而已」「學黃必探源於杜韓」（皆方東樹語）；尊唐者則謂：「山谷詩自宋以來，皆謂似子美，固余所未喩也」（何景明集卷廿六・讀精華錄）。二說紛紛，要皆有所未喩者在：所謂唐宋也者，爲一風格類型耳，不僅唐人未必卽爲唐詩㊶，卽後世之尊唐者，亦不妨法杜仿韓，然其所謂杜所謂韓，則與尊宋者所見不同；此由杜詩雖爲一歷史事實之存在，然論者選擇風格之價値觀點則可互異，譬猶李義山詩，楊億等人但見其錯組文華，荆公則見其酷似老杜也㊷。故曰風格類型也者，不唯指作品表現之風格，亦兼指評論者之觀點；不特古今詩作可區爲唐宋兩類，卽其詩論，亦有此唐宋二種也。

姚元之『竹葉亭雜記』卷五謂錢擇石翁覃谿每相遇必話杜詩，每話必不合，甚至繼以相摶。頗可與上文所述相印證。蓋自周秦以下，除四言詩爲後世罕習者外，古近體五七言多以唐宋是尙，葉橫山『巳畦文集』卷八三代唐詩序謂論詩者不曰唐音，則云宋調，是矣。或自三唐力追漢魏，以雍容朴茂之氣，爲聲華鞜鞳之體；或叩蘇黃以迹韓杜，於襞積堅緻之中，求其精刻邃遠。兩不相蒙，遂致相詬，此詆唐詩爲空腔，彼訾宋詩爲缶音，纏訟千載，至今猶未已也。詩人創作，幾以辨唐宋門徑爲第一要事，而所謂唐、所謂宋，非朝代之別，乃不同風格類型之分，猶文化類型中可區爲唐型文化與宋型文化也㊸。

此二類風格類型，之所以形諸創作者，正由其創作意識與精神之異使然。而其不同之創作意識與精神，亦即一代文化特質之所繫，故其表現，亦輒與各種文化創作有關，若詩、若文、若書法、若繪畫、若史學、若經學、若雕塑、若陶瓷……，皆有其秘響潛通者在㊹。

此意昔人偶或知之，例如沈曾植『海日樓札叢』卷七云：「詩人興象與畫家景物感觸相通。——密宗神秘於中唐，吳盧畫皆依為藍本；讀昌黎昌谷詩，皆當以此意會之。顏謝設色古雅如顧陸，蘇陸設色如與可伯時，同一例也」，論歌詩與繪畫、宗教間之相互關係，殆即此所謂文化精神貫串流布於各類創作中之意。唐畫設色雍容，宋畫佈局清遠，不獨其畫，於詩亦然，世嘗謂唐詩如芍藥海棠、宋詩如寒梅秋菊，勿乃類此㊺！唐宋之創作及其創作精神，既已有此不同，後人本其愛賞，以選取「價值」，自亦有唐宋之殊，斯所以後世作詩論詩而有尊唐崇宋兩派也。周敦頤所稱：「自李唐以來，世人甚愛牡丹，余獨愛蓮」，不猶錢擇石翁覃谿之異同乎？南宋嘉熙年間，楊無咎畫梅，孝宗謂為村梅，而士俗愛賞，至於千匹一幅，亦足證放翁茶山之論梅花勝似牡丹，非詩家之妄談，乃文化精神之表徵，故可與整體文化表現並觀。必知乎此，始可以論宋詩。以此所謂宋，即與唐詩對比之宋，即宋代歌詩中之江西體，此體不僅為與唐詩不同之風格類型，亦即為宋代文化之具體典型之一。唯其為典型也，故與文化精神、文化走向相合，故雖屢遭政治勢力之禁黜，而流布天下也如故！當時如西崑體，亦嘗傾動天下矣，然遽遭裁抑，迄不復振，設非就其文化性格以求解釋，將何以別此異同？

故曰：⑴唐宋也者，不只為時代之劃分，而實為風格之類別，謂宋詩起自元和、抑元和比類元祐者，皆就其風格言之耳。⑵此兩風格類型，皆有其意識與精神爲之導引，故不只須辨其詩體之變異，尤當考其觀念之蛻衍。⑶此兩風格之不同，實卽兩文化表現之不同，而江西詩社宗派不只爲宋詩之代表，亦乃宋文化之典型，故其內容亦與唐宋間文化發展息息相關。⑷此兩風格之影響於後世者，厥爲「唐」、「宋」之爭，唐宋之爭，本爲美感價値之選擇活動，故與歷史眞實之唐宋，頗有異同。

如此四耑，大旨雖多前見，然唐宋風格之辨，猶或未明，今玆所述，宜覈中唐哲學突破以後宋詩之風格與特質，進而考其風格演變之故。

一、唐宋詩體製之變遷

漢魏至唐，凡詩，非五言古體，卽屬樂府歌行；七言如曹丕燕歌行、鮑照行路難等，皆爲偶見，近體亦未完就。至唐，則爲詩與法之大變，譬猶書法，亦以唐賢顏魯公等爲古今正變之樞紐也。考其遷蛻，略可指數，玆分體簡述如下：

甲、五言古詩

五古盛於漢魏，自齊梁以迄初唐之古詩則介乎古近體之間㊻。至陳子昂出，始奪魏晉之風骨，變梁陳之俳優，張九齡、李太白繼之，追踪嵇阮，寖成流派；而王維孟浩然，規撫謝客，以峻雅古澹，矯齊梁俳靡之習，亦爲當時所共歆。然此猶沿魏晉以來風格之唐詩也，至杜甫則不然。王士禛『居易錄』曰：「唐五言詩，開元天寶間，大匠同時並出，王右丞而下，如孟浩然、王昌齡、岑參、常建、劉眘虛、李頎、綦毋潛、祖咏、盧象、陶翰之數公者，皆與摩詰相頡頏……杜甫沈潛，多出變調」。沈德潛『唐詩別裁』凡例亦曰：

> 蘇李十九首以後，五言所貴，大率優柔善入、婉而多風。少陵才力標擧，篇幅恢張，縱橫揮霍，詩品又一變矣。要其為國愛君，感時傷亂，憂黎元、希稷禹，生平種種抱負，無不流露於楮墨中，詩之變，情之正也。

既以杜甫爲古今正變之關鍵，且爲述其風格特徵、別其價值意義，讜論琅琅，頗可據依，今則更就推勘，稍詳其義，曰：五言在初唐，猶循齊梁故轍，武后以來，稍返於古，至杜甫出，則詩品大變，爲五古之別調。下及大曆元和，漢魏風骨及齊梁俳體皆無作者，除韋柳接迹於謝客外，如韓愈孟郊白居易等，五言皆法杜甫，入宋亦然，故方東樹『昭昧詹言』以爲：「南宋以來，詩家無有出李、杜、韓、蘇四公，境界更不上求。一二深學，卽能避李、蘇，亦只追尋到杜韓而止」「選體詩不可再學，當懸以爲戒」。夫李、杜、蘇、韓云者，李蘇只是虛說陪襯，卽方氏本人，亦云「五言則蘇未能與三家並也」，至於李白之漢魏風骨，除明李何輩外，亦罕有習之者，王漁洋『古詩選』凡例謂明五言詩極爲總雜，西涯之流，源本宋賢，李何以來，具體漢魏，是矣。然而，漢魏優柔者正也，宋賢恢張者變也，凡杜韓蘇黃皆屬變調，後世既不學選體，自當以變調爲正聲，此所以沈德潛又有詩變情正之說，而桐城諸家乃以學選體爲厲禁也。

雖然，此類變風風格究竟如何耶？沈德潛不云乎？「材力標擧，篇幅恢張，縱橫揮霍」「種種抱負，無不流露於楮墨中」。——蓋材力標擧，則不復務爲含蓄敦厚，而以沈著痛快爲尚矣。篇幅恢張，則鋪陳始終，縱橫揮霍，漸得鍼縷襞績之妙。種種抱負，無不流露，則內容寬廣，間雜議論，而人情物理，亦遂充溢於筆端矣。試以杜甫「奉贈韋左丞丈二十二韻」爲例：此作在杜公集中，雖不如奉先咏懷五百字等作之長，較諸漢魏盛唐，篇幅猶覺恢濶。篇幅既長，則布勒情事、安句宅言，首須講求章法，此所以宋型古詩，輒與古文不殊也。山谷誨人作詩，每擧韓愈「原道」以爲楷示；陳后山又謂杜之詩法，卽韓之文法，義皆在此㊼。卽如此詩，首二句破題發義，並以請韋左丞傾聽爲冒頭，漸就敷陳，歷數踪迹，縷述平生，若非用韻，則儼然江文通之自序也。且其章法布置中，除結構之安排外，對仗甚多，良以篇幅之長，半賴鋪敍（詩所謂賦），鋪敍易流於散漫，故以對偶約束之，此在韓愈白居易五古中亦然㊽。韓詩尤以押韻工妙爲能事，蓋古詩篇幅既長，若不轉韻，則意爲韻牽，往往窘迫；求其不轉韻而又能盡句意，則非有大才力者不辦。歐陽修之學韓，用心處多在乎此，至蘇黃而極其妙，張戒『歲寒堂詩話』云：「詩以用事爲博，始於顏光祿，而極於杜子美；以押韻爲之，始於韓退之，而極於蘇黃。……蘇黃用事押韻之工，至矣盡矣」，卽指此言。

乙、七言古詩

至於七古，與五古相若。初唐猶承梁陳之舊，多以八句爲限，四句一轉韻，平仄相錯，律體之變貌也。㊾。張若虛「春江花月夜」之類，篇幅雖不限於八句，而四句轉韻、平仄相錯則同。其風格亦本諸梁陳宮體，如盧照鄰「長安古意」、駱賓王「帝京篇」、劉希夷「代悲白頭翁」「公子行」、張若虛「春江花月夜」……等，靡不皆然。至盛唐眼界始開，感慨始深，始不爲宮闈閨情所囿，而聲律體格，亦不若初唐之近似律體；七言古詩，至此始有以自立。然其氣味，猶多近於樂府歌行；四句轉韻、平仄相間，雖不若初唐之拘，而除李杜之外，如王維、李頎、岑參、高適諸名家，亦罕有一韻到底之作，故七言古詩之大成，必不得不有待於中唐。王漁洋曰：「明何大復明月篇序謂初唐四子之作，往往可歌，反在少陵之上。說者以爲有功於風雅，韙矣！然遂以此概七言之正變則非也」（七言古詩選凡例），即指此言。然謂初唐四傑有功於風雅，即是正變之說，以杜韓不轉韻，且無樂府歌行氣味者，非七古舊貌也。延君壽『老生常談』謂五七古用整句爲正格，而蘇黃多不用整句亦是正變之說。蓋大曆貞元以後，七古作者日多，盛唐之王維李頎高適，七古皆只二三十首，中唐之韓白張籍李賀王建等，動輒六七十首，且品質亦漸勝於其自作之五古。宋人七古，皆法韓杜，蘇黃尤高，而其聲勢亦在五古之上。方東樹於七古，推杜爲佛，韓蘇爲祖，歐黃諸家爲五宗，可見七言古詩，乃是宋人一代之學，唐詩如杜甫，洗兵馬高都護驄馬行等篇，尙不免於蟬聯換韻，宛轉抑揚之格，其他何足數焉？明何大復苦抑宋詩，特擧初唐，謂杜韓以下皆屬變體，然變體則變體矣，奈宋以下皆以此變體爲正鋒何？若『貞一齋說詩』曰：「七古自晉世樂府以後，成於於鮑參軍，盛於李杜，暢於韓蘇，凡此俱屬正鋒。唐初王楊盧駱體，爲元白所宗，可間一爲之，不得專意取法」、『履園譚詩』曰：「如以張王元白爲宗，梅村爲體，雖著作盈尺，終是旁門」『越縵堂詩話』卷上曰：「七古子美一人足爲正宗」……等等，皆與何仲默異議者也（諸家於元白，雖多歸入初唐一路，然元白具樂府氣味之七古，實乃杜甫諷喻現實精神一系，博涉世故，而出乎夫婦者常少，與初唐及梅村頗不相似，仍當附入宋詩一類）㊿。

宋詩七古，舖敍之章法、沉着痛快之風格、博涉世故之內容，皆與其五古相似，茲不贅述。所欲一論者，厥唯其用韻而已[51]。

杜韓蘇黃，均以好押險韻著名，吳可『藏海詩話』又云：「如平常韻，要奇特押之，則不與人同；如險韻，當要穩順押之方妙」，蓋宋人常法如此，非彼一二家之奇瑰也。歐公『六一詩話』嘗云於退之詩，獨愛其工於用韻：得韻寬則波瀾橫溢，泛入旁韻；得韻窄則不復旁出，因難見巧。宋人多奉此語爲圭臬，觀胡仔漁隱叢話論杜甫側韻詩未必不用外韻條可見。故其爲詩，無論古近體，皆以押韻工夫爲要事。和韻次韻之多，固可勿論；平韻險韻，亦皆以迥不猶人爲職志。然而，險韻強韻，必屬辭不經見、而思力亦難遽至者，在作者固不能不以經籍所有爲憑藉，在讀者亦求其有所來歷始可準信，於是押韻一事，不只可見工力，亦且可觀學力，『蘇長公外記』載：「東坡與曾子開同居兩省，扈從車駕赴宣光殿，子開有詩，語亦佳，坡兩和其斷句辛字韻皆工：一云：『輦路歸來聞好語，共驚堯額似高辛』、又云：『最後數篇看莫厭，擣殘椒桂有餘辛』。按楚辭『昔三后之純粹兮，固衆芳之所在；雜申椒與菌桂兮，豈惟紉夫蕙茝』，蓋以椒桂蕙茝，皆草木之香者喻賢人也。押險韻冥搜至此，可謂工矣」，足堪佐驗。此卽嚴羽所詬病之「押韻必有出處」（詩辨）之風也。

押強韻險韻之外，更有一韻之中重押以示工者，孔毅夫『雜記』曰：「退之詩好押狹韻，累句以示工，而不知重疊用韻之爲病也。雙鳥詩押兩頭字、李花詩押兩花字」，卽指此類，王觀國『學林新編』更擧杜甫歌行諸體之重疊用韻者爲說，累累千餘言，以爲疊用韻者甚多，「意到卽押耳」，此語大妙，可以觀宋人之創作意識。蓋以言符意，意到筆隨，爲宋人論詩之高境，唯其意妙，故能語新，是以押韻之工者，非獨爲文字技巧間事，亦在其用意之如何耳，苕溪漁隱謂：「退之好重疊用韻，以盡己之詩意，不恤其爲病也」（前集卷十七），頗得時人言意之辨之實，『蔡寬夫詩話』云貪於捉對，而於前後詩意無關者即是湊韻，義亦同此[52]。

詩用險韻及重押，杜韓以前罕見，以此事多與七古之正變有關也。古詩換韻蟬聯，四句一轉，至盛唐猶然，李杜雖有一韻到底之作，轉韻者亦自不尠，王李高岑，則幾無不轉韻者。逮乎昌黎出，始爲一韻到底之大宗，宋人學韓，遂多此體，東坡所謂韓詩如顏字，爲古今正變所關者，殆指此言[53]。良以轉韻者，本與梁陳初唐律體相兼，而不轉韻者則須鏘金鏗石，一片宮商，稍雜律句，便成弱調也。李杜不轉韻者十之一二，昌黎則十之八九，且三平壓底，聲調自別，故爲宋詩之特色，歐蘇皆以此爲準式。

凡此正變，至山谷而集其大成。山谷七言古體，雖以不轉韻且單行氣者爲主，然而參考轉韻古詩之優點，獨具面貌：或通體不轉韻，而末二句四句六句，忽用轉韻，且以律句收煞；或三句一換韻，三疊而止。今案：『苕溪漁隱叢話』後集卷三十云：「魯直觀伯時畫馬詩云：『儀鸞供帳饕蝨行，翰林濕薪爆竹聲，風簾官燭淚縱橫。木穿石槃未渠透，坐窗不遨令人瘦，貧馬百囓逢一豆。眼明見此玉花驄，徑思著鞭隨時翁，城西野桃尋小紅』，此格禁臠謂之促句換韻，三疊而止。此格甚新，人少用之」，實則三句一轉，仿自秦嶧山碑，而唐岑參「走馬川行」、元次山「中興頌」皆用之，然三句一轉中又句句用韻，與嶧山碑不同，山谷即用此法也。自唐之歌行不傳，此類作法，人罕知之，遑論末數語之變爲律體轉韻也。若考七古之流變，則知山谷此類作品，實乃變中出變，故『庚溪詩話』云：「山谷之詩，清新奇峭，頗造前人未嘗道處，自爲一家，此其妙也。至古體詩，不拘聲律，間有歇後語，亦淸新奇峭之奇也」。宋呂居仁劉後村等人推譽山谷能兼古今體製之變者，亦嘗於此理會之。

丙、律　詩

五言律，陰鏗何遜庾信徐陵已開其體，唐初人研揣聲音，穩熟體勢，其製乃備。神龍以後，陳杜沈宋諸家崛起，遂與五古同爲唐代主要詩體。盛唐李杜高岑王孟等，各有其美，而後世所推，乃以王孟李白等爲正宗，謂杜甫「獨闢蹊徑，縱橫變化」。此由唐人五律，多自五言古詩中流出，杜甫五古本屬別調，卽五律亦不得不爲旁支也。大曆諸賢，刻意五律，而體宗王孟，未嘗振發，逮中唐而益衰；宋人七律突過往古，五律則罕可誦者，殆承中唐而來。故曰唐宋之爭，所最具體者，勿寧爲五律與七律之爭[54]。宋人之號爲學唐者，莫不標舉五律（但以整體宋文化爲中唐以後文化精神所限故，學唐僅得中唐以後之所謂唐——卽晚唐——及其所謂唐詩，不能上追初唐盛唐之五律），足堪驗證。姚鼐『今體詩鈔』序目曰：「盛唐人詩，固無體不妙，而尤以五言律爲最，此體中又當以王孟爲最」云云，與宋之元祐以七律爲大盛者，適相比對。玆以唐人五七律創作狀況，簡列如次：

（作者）	（五　律）	（七　律）	（七律所佔比例）
李　白	八八	八	9％
王　維	一〇三	二二	21％
孟浩然	一三三	四	3％

高適	四三	七	16%
岑參	一七〇	一一	7%
李頎	一六	七	44%
王昌齡	一四	二	14%
杜甫	六〇一	一五〇	25%

杜甫爲盛唐七律第一作家，然其五七律之比例仍非甚高，且在李東川之下。其百五十首七律中，寫於安史亂前者，僅只五首；寫於上元大曆入川以前者，亦不超過廿三首；足見七律之盛，實在大曆以後，杜甫雲安夔州等詩，則其同調焉耳。試觀元和詩家五七律之創作狀況，可證此說爲不誣：

(作者)	(五律)	(七律)	(七律所佔比例)
韓愈	三八	一四	36%
柳宗元	八	一二	150%
劉禹錫	一七七	一八四	104%
白居易	三七二	五六八	153%
元稹	一四九	九八	65%

張籍	一三三	八一	60%
王建	五三	八一	152%
賈島	二二五	二一	9%

除創作重心，由五律轉而爲七律以外，其七律本身之風格，亦已轉變。——大抵初盛唐七律，論者多以王摩詰李東川爲正宗，謂其興象超遠、氣體渾厚也。至於沈雲卿獨不見、崔司勳黃鶴樓，或者推爲壓卷，而實未脫歌行樂府之體，與摩詰東川可謂分道揚鑣。初盛唐之七律，不入於此，則入於彼[55]。獨杜甫蹊徑別開，遠啓元和宋調，故『升庵詩話』曰：「少陵雄壯鏗鏘，過於一時，而古意亦少衰矣。譬之後世擧業，時文盛而古文衰廢，自然之理」、『藝苑卮言』曰：「凡爲摩詰體者，必以意興發端，神情傅合，渾融疏秀，不見穿鑿之迹；頓挫抑揚，自出宮商之表，可耳。雖老杜以唱行入律，亦是變風，不宜多作，作則傷境」。

老杜一類宋型七律，與唐型七律，既有正變之殊，則其作法之顯然異同者，略有三端：一曰虛字、二曰拗體、三曰樸直白道，而皆與其古詩相似也。

以虛字言之，方東樹『昭昧詹言』卷十四云七律於盛唐有兩派，一爲杜甫，如太史公文，以疎氣爲主；一爲王維，如班孟堅文，以密字爲主。所謂密字，即實字以令句健之說；所謂疎氣，即虛字以使氣暢之說[56]。二者異同，即爲唐音宋調之分：唐多實字，故詩體渾大、格高語壯；宋詩多虛字語助，故縱恣變化，意深語工。『四溟詩話』於此言之審矣，其言曰：「中唐詩虛字愈多，劉文房七言律，『品彙』所取二十一首，中有虛字者半之。錢仲文七言律，『品彙』所取十九首，上四虛者亦強半。凡多用虛字便是『講』，『講』則宋調之根，豈獨始於元白?!」杜公七律，仍在盛唐與宋調之間，故譽之者謂其能兼正變，至大曆錢劉，則中二聯多用虛字，流轉錯綜，與盛唐大異。元和間為律詩者亦復如此，遂使變體寖假而為正格。宋之蘇黃，專以單行之氣，運諸律體，名為活句，以不如此，則為痴肥也[57]。江西所傳，如山谷咏雪：「臥聽疎疎還密密，起看整整復斜斜」、徐師川咏雪：「積得重重那許重，飛時片片又何輕」之類，乃更不只以虛字為行氣而已，句中乃竟不著一實字，全憑虛字騰挪，其技尤高，開後人無數法門，故『洪北江詩話』云：「開寶諸賢七律，以王右丞李東川為正宗，然門徑始開，尚未極其變也。至大曆十才子，對偶始參以活句，盡變化錯綜之妙，如盧綸『家在夢中何日到，春來江上幾人還』、劉長卿『漢文有道恩猶薄，湘水無情弔豈知』、劉禹錫『懷舊空吟聞笛賦，到鄉翻似爛柯人』、白居易『曾犯龍鱗容不死，欲騎鶴背覓長生』，開後人多少法門！即以七律論，究當以此為法，不必高談崔顥之黃鶴樓、李白之鳳凰臺，及杜甫之秋興咏懷古迹諸什也」[58]。

雖然，何以中唐以後，多為此體耶？豈獨為氣運淳漓自然之變，抑別有美學藝術之要求、思想意識之需要耶？昔人論說，僅及前者，蓋未探其本也[59]：中唐哲學突破以後，思想銳進，五言短仄，不足邑其情思，故侈而為七言；七言之中，虛字多者，轉折頓挫即多，不僅近於文章，亦且思力層層撈入，既便議論，且見精思，正猶其古詩之以文為詩也。方東樹謂杜韓諸公及宋以後古詩，皆好用虛字承遞，閑字語助，看若不經意，然用之於逆折倒戟，遂極高古（見『昭昧詹言』卷一），移以論其律詩，亦無不可，同一精神意識之產物焉耳。

以拗體言之，所謂拗者，皆就詩之音韻論之耳。元和以來，古詩律體既精研於用韻及三平落底，則其音節聲響必有異常用力處，可想而知，林爵滋『石樵詩話』卷四云宋律詩多用轆轤韻、金武祥『粟香隨筆』卷二謂蘇黃諸家時全平全仄之句，皆其一耑耳。黃山谷古詩「於音節尤別創一種兀傲奇崛之響，其神氣卽隨此以見」（昭昧詹言卷十二），其律詩亦然，張耒云：「以聲律作詩，其末流也，而唐至今詩人謹守之。獨魯直一掃古今，出胸臆，破棄聲律，作五七言，……近來作詩，頗有此體，然自吾魯直始也」，卽指此言。案：宋在山谷以前，拗體殊少，山谷所作，時人皆驚爲創體，故北宋間如張耒、洪覺範等人皆謂山谷詩「於當下平字處，以仄字易之，欲其氣挺然不羣。前此未有人作此體，獨魯直變之」（漁隱叢話前集卷四七引天厨禁臠）。至南宋初，曾茶山等猶云如此。然拗體爲詩，既經肯定爲一美學價值，又復爲南宋詩家普遍運用之手法，則觀玩古人詩集中，遂亦發現杜甫及中晚唐人，頗有此技，故而胡仔曰：「詩破棄聲律，老杜自有此體，文潛不細考老杜詩，便謂此體自吾魯直始，非也」、王楙曰：「黃魯直詩曰：『管城子無食肉相，孔方兄有絕交書』，今謂此體魯直創見，僕謂不然，唐詩此體甚多，張祜、李益、貫休、杜荀鶴皆此句法也。讀之似覺齟齬，其實協律」（野客叢書卷八）、吳沆曰：「又問山谷拗體如何，環溪曰：在杜詩中，『城光徑窄旌旗愁，獨立縹緲之飛樓』……等句，皆拗體也。蓋其詩似律而差拗，於拗之中又有律字。此體唯山谷能之」（環溪詩話卷中）、方回曰：「茶山曾公學山谷詩，有案上黃詩屢絕編之句，此直生逼山谷，然亦所謂老杜吳體也」（律髓卷二五）……。

通考其說，可知三事，一曰拗體爲詩，已爲當時普遍之創作手法，雖或病其矯枉過正，而正面肯定其價値者爲多，若尋影響，不妨皆歸諸江西。二曰南宋詩家之追溯老杜及中唐，乃一價値選取活動表現於歷史意識中者，蓋山谷拗體，是否自覺有意識之學杜不可知，且若有意效倣，張文潛洪覺範亦不容不知；今勿論其爲有意之仿襲，抑自覺之創造，南宋受其影響，始注意歷史中既存之拗體，則爲顯然之事實。此爲宋代詩學一貫之特色，余前文所云歷史價値選擇之創造是也。三曰勿論山谷此類拗體是否學杜而然，杜甫及中晚唐詩皆有此風，亦無可疑。大抵杜公拗體多用古調，不諧平仄；中唐以後，則張祜李益李商隱趙嘏許渾等，以拗爲律，更定法則，第三第五字平仄互易等等，於拗體中別爲規矩，不許淩亂下筆；獨皮日休陸龜蒙所爲吳體，尙有杜甫遺風，與山谷爲尤近⑥⓪。宋人除法山谷成法外，亦漸發展出拗律之規則，如范晞文『對床夜話』所云：「第三字中下一拗字」、吳沆所云：「於拗中又有律」、胡仔所云：「七言律詩，至第三句便失粘落平仄，亦別是一格」之類，考其流變，實與中唐拗律不殊，故知律體自杜甫及中唐以來，別是一家，與初盛唐顯然互異也⑥①。

以樸直白道言之，方東樹嘗謂杜韓七古中，「有一種眞率朴直白道，不煩繩削而自合者，如……皆是文體白道，但序事一往清切，愈樸愈眞，耐人吟諷，山谷后山專推此種」，今於中唐以來律詩，吾亦云然。杜韓以迄山谷后山，爲詩固以用典、有來歷爲擅長，而自有一種白描如話，不著色象，不用典故者，如杜之「送鄭十八虔貶司戶傷其臨老陷賊之故闕爲面別情見乎詩」、柳宗元「別舍弟宗一」、山谷「和高仲本喜相見」、后山「田家」之類，章法行氣，俱類口談，直是以詩爲文，不獨朴直多口語也。莊綽『鷄肋編』嘗摭后山詩中用俚語常談者二十條，王楙『野客野書』亦舉張祜、許渾、元稹、杜甫、權德輿、杜荀鶴、戴叔倫、王建、白居易諸人詩用俗字者，以相參證（卷廿四），至於楊萬里、羅大經則舉杜甫全篇用常俗語者，以爲法式（見鶴林玉露卷三）。夫以方言俗語入詩，雖不經見，且爲中唐以後宋詩之特色，猶可謂爲詩家偶弄狡獪，欲爲生新以悅俗目也；若全篇用常俗語者，則樸直白道，淸空如話而已，老杜「一夜水高二尺強」「夜來醉歸衝虎過」「江上被花惱不徹」之類，不惟后山奉爲典型，誠齋亦法其體式，謂非宋詩特色，可乎？此蓋中唐市民階層興起及文體溷於詩體所致，今考『隱居詩話』，嘗載曾鞏呂惠卿李公擇論韓詩，以爲詩正當使如押韻之文，而公擇者，山谷母舅也，以詩爲文，自非偶然，然與唐詩不侔矣[62]！

此類作品，與宋詩之精於詩律，正非矛盾，亦猶杜甫雖老去詩篇渾漫與，亦不妨其晚節漸於詩律細也[63]。江西詩，或謂其槎枒兀峭，或謂其巧麗圓美（如鄭天錫江西宗派詩卽云詩自元祐以來，「宮商迭奏絃邊雁」，見『南宋羣賢小集・前賢小集拾遺』卷三），而實各得其一偏而已。呂本中取其圓美，遂謂杜詩質野處爲其所短，不猶南宋以來病江西詩者，輒謂其爲腐木敗革乎？知兩者之同趣、揭西江之秘奧，厥惟葉適，『習學記言』卷四七曰：「詩自曹劉至二謝，日趨於工，然猶未以聯屬校巧拙；及沈約謝朓，競爲浮聲切響，其後寖有聲病之拘，前後高下，左律右呂，勻緻麗密，哀思宛轉，極於唐人。杜甫強作近體，以功力氣勢掩奪衆作，然當時爲律詩者不服，甚或絕口不道。至本朝初年，律詩大壞，王安石、黃庭堅欲兼用二體，擅其所長」[64]。所謂兼用二體，卽兼對仗巧密、聲律諧和者，與樸直白道、拘病不諧者爲一手，合西崑與老杜之所長也。第律詩自杜甫及中唐以來，一貫之走向如此，葉適所考，猶未見其本末，不如袁守定之能得其精微矣。袁氏『佔畢叢談』卷五有云：「元白『長慶』體，固近宋調，其實肇於少陵」，長慶體，固不必專指元白長慶集，然卽以元白長慶長律言之，對偶繁密，誠爲特色，而宋人皆謂其善說人心中事，且喁喁如口述，確爲村嫗脣胳也。以其出於少陵，信然！信然！

二、唐宋創作型態之差異

以上爲唐宋歌詩體製之變遷。體製既異，風調自殊；而格律本乎性情，體製之異，又必由唐宋間文化性質不同使然。今既薈論風格，並考其體製所以有異之故，確知詩至中唐，已漸爲價值選取之自覺反省創造矣；則唐宋風格之殊，不僅存諸體製，創作型態本身，亦當有所不同。

所謂價値選取之自覺反省創造，謂其創作型態，非爲表現之創作，而爲反省之創作也[65]。表現之創造，乃直覺之意象呈現；反省之創造，則爲理性思考之概念表達。此在美學之中，固已論定；卽唐詩宋詩，亦當有此不同。以崔國輔「怨詞」與陳后山「妾薄命」兩詩相較，此類差異，至爲朗晳，崔詩曰：

> 妾有羅衣裳，秦王在時作，為舞春風多，秋來不堪著。

陳后山「妾薄命」第一首則曰：

> 主家十二樓，一身當三千。古來妾薄命，事主不盡年；起舞為君壽，相送南陽阡。忍着主衣裳，為人作春妍？有聲當徹天，有淚當徹泉。死者恐無知，妾身長自憐！

二詩內容相似。而崔詩純爲抒情，藉意象之轉移（春風、秋來），顯示人生情境之變遷，羅裳入目，棖觸時發，亦爲直覺之興感，非爲理智之尋索。陳詩則不然，首二句，卽爲用典，十二樓與三千二事，直將一己之悲哀，推入歷史，化爲千古之感傷，故第三句接以「古來妾薄命」。此二語，卽由衆多事件中紬提而得之概念知識也，以此概念，衡量今日之事，則薄命者固爲古今所同，其遽死者，亦與南陽諸阡無異。此所以生者長哀，而死者長默也。考后山作此詩時，南豐方喪，然其創作活動，不爲一時情感之迸觸，而爲沉思之反省，故能冥索古今，細察一己處境之難堪如此。此在唐詩，實罕其比，蓋宋詩之所謂多議論者，議論卽爲概念之知識，非直覺之意象，如梅聖俞「范饒州坐中客語食河豚魚」詩，首由春岸楊花寫起，而自「自思空咄嗟」以下，卽歷舉韓退之柳子厚諸古人事，而歸於結論：「甚美惡亦稱，斯言誠可嘉」。作法正與后山無二，皆由思考反省而得之概念知識也。

不寧惟是，因詩家多傾向於自覺之反省思考，故於周遭身畔事，大則家國社會，小則日常生活無不關心；宋詩之所以多生活屑事，題材亦極廣大開濶者，原因斯在[66]。如楊萬里「梅子留酸輭齒牙」之類，固已體貼極細，梅堯臣「捫蝨得蚤」「八月九日晨興如厠有鴉啄蛆」之類，亦爲唐人所未有。唐詩偏於直覺之意象呈現，故多刻畫景物，侈爲偉麗，與宋詩細邃深微者不同。其詩多使地名、多用實字，正由此類創作型態使然。後世學盛唐者，皆支空架，以爲高腔，法王右丞「早朝」「雨中春望應制」、李東川「寄盧員外」、祖咏「望薊門」及老杜之盛唐體，下筆伸紙，每篇必有地名人名，與地之志、點鬼之簿，追源禍始，皆謂唐音。唐則唐矣，其與宋之思考深刻者固不同矣[67]。

此類不同，溯自中唐，而杜甫隱開其耑。杜詩七律之雄濶高渾，實大聲弘者，猶承當時風氣，萬里悲秋常作客，百年多病獨登臺；海內風塵諸弟隔，天涯涕淚一身遙；旌旗日暖龍蛇動，宮殿風微燕雀高；錦江春色來天地，玉壘浮雲變古今；三峽樓臺淹日月，五溪衣服共雲山；指麾能事迴天地，訓練強兵動鬼神……等等，明人學之，遂爲「杜樣」，然非杜樣也，盛唐樣也。杜甫七律別有一種生拗白描、筋韌骨硬者，始爲宋詩淵源，馮浩注引錢龍惕評義山「重吟細把眞無奈，已落猶開未放愁」，云：「閒冷處偏搜得到，宋人之工，全在此」，是其證焉。晚唐李咸用「緋桃」云：「未醉已知醒後憶，欲開先爲落時愁」、楊誠齋「普明寺見梅」云：「猶喜相看卻恨晚，故應更好半開時」之類，卽用其格調，細事微情，而深刻乃爾，非知性反省之創作型態乎？今若以唐宋爲古今兩種風格典型，則雖謂古今詩作不爲知性反省之創作型態，卽爲直覺表現之創作型態，亦無不可，而中唐則居此中間轉變之地。善乎葉橫山之言曰：「貞元元和時，韓柳劉錢元白鑿險出奇，爲古今詩運關鍵。後人論詩，胸無成識，謂爲中唐；不知此中也者，乃古今百代之中，而非有唐之所獨，後此千百年，莫不從是以爲斷」（已畦文集，卷八，三代唐詩序）！

雖然，中唐以後之宋詩，既爲自覺反省之創造；何以前文復稱之爲價值選取之創造耶？蓋凡人之反省，莫不以歷史爲其思考對象，於歷史中摘選教訓，判斷美惡，以爲處事之法則、未來之準據。故曰中唐以來歌詩之爲自覺反省，何自而見之？卽自其論古學處見之。

古學盛於元和，見『唐書』韓愈傳，其所謂古學者，兼擧其文字而言。元稹『長慶集』卷四十，制誥序又曰：

> 元和十五年，余始以祠部郎中知制誥，初約束不暇及，後累月，輒以古道干丞相，丞相信然之。又明年，召入禁林，專掌內命。上好文，一日從容議及此，上曰：通事舍人不知書，便其宜，宣贊之外無不可。自是司言之臣皆得追用古道，不從中覆。然而余所宣行者，文不能自足

其意，率皆淺近，無以變例；追而序之，蓋所以表明天子之復古，而張後來者之趣向耳。

可證文變舊例，追復古道，乃元和之通貌，不獨昌黎一人爲然；而所謂元和新體者，卽由此復古而出之者也。『白氏長慶集』卷五三「微之整集舊詩及文筆爲百軸，以七言長句酬樂天，樂天次韻酬之，餘思未盡，加爲六韻詩」：「制從長慶詞高古，詩到元和體變新」、自注：「微之長慶初知制誥，文格高古，始變俗體，繼者效之也」[68]，足證長慶古調，兼指詩歌與文筆而言，可與元稹所自述者合看。唯此類高古之長慶體，『舊唐書』卽名之爲新體，卷一六六元稹白居易合傳曰：

昔建安才子，始定霸於曹劉；永明辭宗，先讓功於沈謝；元和主盟，微之樂天而已。……贊曰：文章新體，建安永明；沈謝既往，元白挺生。

以元和擬諸建安體永明體者，良以當時已有詩到元和體變新之說，因以實之也。故其文義，非謂元和體卽如當日之沈謝永明，而直謂元和體以復古爲名，然實乃新體挺生耳。夫名則復古，實爲開新，昌黎所謂窺陳編以盜竊、而又唯陳言之務去也。以價值之選取，爲行事之規模；舉新猷之創發，爲復古先之價值，故其思想文化之反省與開拓，首自歷史之價值意識（Conciousness op Volue）始；其文學之發展，亦自文化之價值意識始。

文學之發展，自文化之價值意識始，故中唐以來，詩體文體之改革，莫不由文化之思考與復古而來。貞元元和，固勿庸議，北宋西崑以後，杜韓詩風之復興，亦與古學深具關係，諸家載記，如「陳舍人從易，當時文方盛之時，獨以醇儒古學見稱，其詩多類白樂天。……偶得杜集，舊本文多脫誤……因與數客各用一字補之」（六一詩話）、「狄遵度，當楊文公崑體盛行，乃獨爲古文章，慕杜子美韓退之之句法」（趙令時『侯鯖錄』卷三）、「景祐慶曆後，天下知尙古文，於是李太白、韋蘇州諸人，始雜見於世；杜子美最爲晚出，三十年來學詩者，非子美不道」（蔡寬夫詩話）等等，古文古學興，而後宋詩乃得成立，與貞元元和正復無異。故其論歌詩文章，亦皆主乎道，道者，言若極玄奧難和，實則具指古先聖王以來之傳統文化耳，白居易與元九書曰：「奉而始終之，則爲道；言而發明之，則爲詩」（長慶集卷廿八），論道與文之關係最晰，明文學之發展，卽文化發展之表徵也。宋柳開云：「吾之道，孔子孟軻揚雄韓愈之道；吾之文，孔子孟軻揚雄之文」（河東集卷一、應責）、趙湘云：「今學古之文章，而不求古之仁義之道，反自謂非聖賢不能爲之，是果中道而廢者？果賊於儒術者？爲蠹敎之物者？」（南陽集卷六、本文篇）……等，皆此說之後勁。中唐以來，論文者，類擧易經「化成人文，以敎乎天下」爲說，原因當卽在此[69]。方是時，釋者契嵩著「文說」，其言甚美，曰：「天下治，在乎人文之興；人文，資言文發揮；而言文，藉人文爲其根本。仁義禮智信，人文也；章句文字，言文也」（鐔津文集卷七），以一衲子而爲此語，不尤證文化意識之文學，已爲一代之共識乎？

雖然，文學固爲文化之表徵，一切文化皆足以爲文之根本乎？若於傳統文化中更起別擇，則是價值判斷之事也。

凡思想與文化之反省，首自歷史之價值意識始，既可徵諸韓愈之「原道」，亦可見諸石介之「怪說」。退之原道，力闢佛老非其所謂道，而欲返諸孔孟；石介「怪說」亦然，上篇攻佛老、中篇排楊劉，以爲：「昔楊翰林欲以文章爲宗於天下，憂天下未盡信己之道，於是盲天下人目、聾天下人耳。

使天下人目盲，不見有周公孔子孟軻揚雄文中子韓吏部之道；使天下人耳聾，不聞有周公孔子孟軻揚雄文中子韓吏部之道。俟周公孔子孟軻揚雄文中子韓吏部之道滅，乃發其盲，聞其聰，使天下唯見己之道、唯聞己之聰」（石徂徠集下）。於楊墨佛老申韓諸道中，獨擇孔孟等人以爲道，謂爲價値之所在，非此價値，則鳴鼓而攻之，自石介以迄道學諸君子，罔不然也。是文則推韓愈，於詩則推杜甫，故而道有道統，文有文統，詩則詩統，統者統天下之權衡，爲價値之標準，裁節矯揉而不使之蹉跌於吾規矩準繩之外也⑳。魏鶴山「唐文爲一王法論」不云乎：「一王之法，豈獨有天下者司之，而斯文獨無之哉？……有韓子者作，大開其門以受天下之歸，反刓劃僞，堂堂然特立一王之法，則雖天下之小不正者不將於王將誰歸？史臣以唐文爲一王法，而歸之韓愈之倡。是法也，惟韓愈足以當之」（鶴山大全文集卷一百）㉑！可見價値既經選取，即成規範，以某某爲絕對之價値，則爲人爲文爲詩，皆以上達此一價値爲蘄向。宋名杜甫爲詩聖，聖之一字，不猶論文化者之名孔子耶㉒？而宋詩以學李義山學白居易學韓愈學李白學杜甫爲發展之流變，不亦爲價値選取之歷程耶？

自覺反省之創作型態，既以價値選取爲其錧轄，則其創作方式，必趨於以復古爲開新一路。欲復古道，古不可不學；欲開新猷，新不可不創。二者相依，固爲一體。此類特色，可於當時目爲絕對價値代表之杜甫韓愈見之。

杜詩韓文，無一字爲無來歷，乃宋人之通言，亦韓愈所自詡者。然元稹「酬孝甫見贈十首」之二曰：「杜甫天才頗絕倫，每尋詩卷似情親；憐渠直道當時語，不著心源傍古人」、蘇軾「次韻孔毅父集古人句見贈五首」之三亦曰：「天下幾人學杜甫，誰得其皮與其骨？……前生子美只君是，信手拈得俱天成」，一似杜甫乃獨抒心臆、毫無倚傍者。儻不知其復古開新之創作塗徑，於此矛盾，將何以釋？

所謂復古以開新，復古爲其方法，開新爲其目的；然開新，亦所以復古也，故復古亦爲其目的。此蓋彼所謂古者，乃價値選取之古，而非歷史事實之古，復古，但求得其價値而已，初不在步驟規矩以模擬之也。昔人於此，或有未喻，遂病宋詩爲學古主義所矇，爲模擬盜竊，殊不知宋詩於此，適爲相反。江西，世所謂剽竊之黠者，而心法相傳，則爲「不踐前人舊行迹，獨驚斯世擅風流」（張耒・讀黃魯直詩）[73]。文章，則劉弇「上曾子固先生書」曰：「文章之難也，從古則然，雖有博者，莫能賅也。則處此有一道焉，『變』是已……二漢以下，獨唐元和長慶間文章號有前代氣骨，何則？知變而然也」（龍雲集卷十五）、李覯「答黃著作書」曰：「聖賢之言，翕張取與，無有定體……何須開口便學古人？漢傑使我效李習之，膠柱矣！」（文集卷廿八），言之亦已深著明切。

唯所謂反摹擬者，非謂遂不師古，獨以胸臆自爲之也。宋人於文事，類言須蘊釀於書卷、濡染於師友，而自得於養氣。如杜甫，讀書甚多，爲宋人所共認；王安中「鄆城杜澤之詩集序」又云：「天下之書，雖山經地志、花譜藥錄、小說細碎，當無所不讀；古今之詩，雖巖棲谷隱，漏篇闕句、衆體瓌怪，當無所不講。前輩長老以此用心至苦，終身不以爲易，諰諰然常若有所思，惟恐見聞之不富、句法之不逮古人也」（餘師集卷三），足見書不可不讀，書不多則積理不富，見事不瑩，用辭造語亦無法度，與無師友淵源者同也。

師友前輩，亦一古也，不可不學，且范溫『詩眼』有曰：「古人學問，必有師友淵源，……老杜律詩，布置法度，全學沈佺期，更推廣集大成耳」（漁隱叢話前集卷六引），學問之有師友淵源，亦屬古人長處，乃更不可不學矣。兩宋論文學文化，無不講此，如「江西詩社宗派圖」『伊洛淵源錄』之類，尤爲具體事證。

雖然，蘊釀漬染於書卷師友之間，卽足以爲古乎？彼外鑠者，但養口耳、博記聞而已，惡能以復古爲開新耶？欲求開新，當有以自立，並得學古之道，學古之道維何？曰得其意（道）而已。穆修「答喬適書」曰：「學乎古者，所以爲道，道者仁義之謂也」，言之最善；蓋所以學古者，爲求其道，而道卽仁義是已，此仁義又非外鑠我者也，而實卽於心之所養，故孫復曰：「文之作也，必得之於心，而成之於言」（答張洞書）、契嵩曰：「君子之學，欲深探其道；深探，欲其自得之也。於道苟自得之，則其所發，無不至也。所謂道者，仁義之謂也。仁義出乎性者也，人生紛紛，莫不有性，其所以不至於仁義者，不學故也。學之而不自得者，其學淺而習不正故也」（與章表明秘書書）。試觀其說，可知爲學之道，在乎自得，旣自得矣，則所發無不中節，雖肆肆而談，任意而爲，皆合律度，皆高古不俗矣。而此高古不俗，卽謂之爲創新，亦無不可也。要之，此種學古，殆有關鍵者二：一曰得其「道、意」所在；二曰藉養之工夫，奪其關鍵而自爲之主。山谷論詩，尤謹此意，玆以山谷與王觀復書爲例，稍釋此義——

所送新詩，皆興寄高適，但語生硬不協律呂，或辭氣不逮初造意時，此病亦只是讀書未精博耳。長袖善舞，多錢善賈，不虛語也。

案：作詩而必須讀書者，一在得古人爲文之法度、一在得古人意理之所在⑭。後者如「雲巢詩序」所云：「讀書不虛，用日多，得古人著意處，文章雄奇，能轉古語爲我家物」是也；前者如「與王庠周彥書」所云：「所寄詩文，意所主張，甚近古人，但其波瀾枝葉不若古人爾。意亦是讀建安作者之詩與淵明子美所作，未入神耳！」是也。宋代詩論一般雙論言意之趨勢如此，非山谷一人所獨然。唯本文摘擇利病，雖偏於觀復不得古人爲文法度之失，若與贈王庠周彥書相似矣；然未有既得古人之意而不得其法者也，法既有失，必是意猶未至，故文集卷廿六「跋柳子厚詩」又曰：「余友生王觀復作詩有古人態度，雖氣格已超俗，但未能從容中玉佩之音，左準繩右規矩爾。意者讀書未破萬卷，觀古人之文章未能盡得其規模及所總攬籠絡，但知玩其山龍黼黻成章耶？」明其所以未至者，乃在以文爲事，玩其辭華藻繢，未得其理也；未得其理，其文遂亦不能從容中聲，此與本文以下所申說者，若合符節。

南陽劉勰嘗論文章之難云：「意翻空而易奇、文徵實而難工」，此語亦是；沈謝輩爲儒林宗主，時好作奇語，故後生立論如此。（然）好作奇語，自是文章病，但當以理爲主；理得而辭順，文章自然出羣拔萃。觀杜子美到夔州後詩、韓退之自潮州還朝後文章，皆不煩繩削而自合矣。

案：讀書在於得理，所謂「精熟文選理」。得理，又或名爲入神、得意、得味。其精義有三：

一、得古人之理意者，不必言語之似——別集卷十載山谷書聖庚家藏楚辭，云：「章子厚嘗爲余言楚辭蓋有所祖述，余初不謂然；子厚遂言曰：『九歌蓋取諸國風、九章蓋取諸二雅，離騷經蓋取諸頌』。余聞斯言也，歸而考之，信然。顧嘗嘆斯人妙解文章之味」，言不必似，於味則同，楊萬里論江西諸派所謂「以味不以形」者，即用此江西論詩法也㉟。

二、欲得古之意，必須反身求之，自得於心——得古之意，既不在言語辭華之間，則其須自得於心，明矣。昔吳儔有云：「為詩，盡閱前人之作，而深知其意，然後辭之淺者不在區區蹈襲，已自建立，克成一家」（趙湘南陽集跋）、徐積亦云：「子莫為文學纖麗，須是渾渾有古氣，本源要在養諸『中』，不然恐汝為時輩」（節孝集卷十、示諸生）。山谷之意，與之寔同。答元勛不伐書之三曰：「如欲方駕古人，須識古人關捩。……文章無他，但要直下道，而語不犃俗耳」，識古人關捩之後，下筆則為直下道而已，如此卽可方駕古人，非自得於心者何⑯？且語讀書之程序，固以自得為終極；若不自得，讀書亦何所得耶？此所以山谷與洪龜父書又云：「要須盡心於克己，不見人物臧否，全用輝光以照本心，力學有暇，更精讀千卷書，乃可畢茲能事」（文集卷三十）也。

三、文既自得，則心所發露，自然合度——別集卷五有與王周彥書云：「讀其書（指六經）而誦其文、味其辭、涵泳容與乎淵源精華，則將沛然決江河而注之海，疇能禦之？……彥周其稽孔孟之學而學其文，則文質彬彬，誠自得於天者也」，卽謂讀書稽古而自得於天者，可以沛然發露，無所障阻；此卽本文所謂理得而辭順、而不煩繩削自合之義也。為文至此，直是無所用意，但從胸襟中流出而已，山谷嘗教人「丈夫存遠大，胸次要落落」（次韻楊明叔見餞十首之七），又云杜甫淵明詩，無意於文，原因皆在於此。與其弟幼安書嘗謂其書本無法，但觀世間萬物，如蚊蚋聚散，無一事橫於胸中，不擇筆墨，遇紙則書，亦不計較工拙，譬如木偶舞中節拍，人歎其工；舞罷則又蕭然矣云云，不猶不煩繩削而自合之義歟？為詩文如此，觀詩文亦然，故「大雅堂記」曰：「子美詩妙處乃在無意於文，夫無意而意已至，非廣之以國風雅頌、深之以離騷九歌，安能

咀嚼其意味、闖然入其門耶？故使後生輩自求之，則得之深矣！」（文集卷十七）⑰

往年嘗請問東坡先生作文章之法，東坡云：「但熟讀禮記檀弓當得之」，既而取檀弓二篇讀數百過，然後知後世作文章不及古人之病，如觀日月也：文章蓋自建安以來，好作奇語，故其氣象衰薾，其病至今猶在。

案：本節文義，承上文「好作奇語，自是文章病」及「理得而辭順，文章自然不煩繩削而自合」來。蓋所謂學古者，既以學入，由自己出，則心所發露，自然合度，初不待於刻意表現。文之刻意者，爲繩削、爲雕琢、爲奇巧、爲做作、爲斧鑿，皆非文之至者也，故後文續曰：「所寄詩多佳句，猶恨雕琢功多耳。但熟觀杜子美到夔州後古律詩便得句法：簡易而大巧出焉、平淡而山高水深，似欲不可企及。文章成就，更無斧鑿痕，乃爲佳作耳」。此爲山谷論詩文之精義，必止於無所用意於其間乃得，所謂彭澤意在無弦，非苟誇指法滾拂之奇巧也。唯此所以爲「古」，李昭玘「跋秦系詩」曰：「系辭、意清遠，諷而不怨，有古詩人之風，……非所謂大音希聲、大味必淡者歟」（樂靜集卷五），可以隅反。

總上所釋，可知以復古爲創新之創作塗徑，乃得古人道意所在而自得於心，其風格則爲平淡。此平淡高古之作品，謂爲復古固可，名爲新樣，亦無不可。惜乎世不解其宗趣，於黃詩輒謂其用意深苦、詩語奇巧，此眞林希逸所嘆：「今人更病語太奇，哀公不遇今猶故」（竹溪十一稿‧讀黃詩）也。千古以來，知涪翁此意者，以余所見，其唯近世散原老人乎！老人爲濮青士觀察丈題山谷老人尺牘卷子曰：

> 我誦涪翁詩，奧瑩出嫵媚，冥搜貫萬象，往往天機備。世儒苦澀硬，了未省初意：麤迹掃毛皮，後生渺津逮。……書何獨不然？……鋒鋭斂沖夷，乃副儒者事，取證內外集，波瀾莫與二。……

所謂天機、所謂鋒鋭斂而沖夷出等等，豈一味澀硬，而自以爲爲宋詩者耶？散老此詩，不唯抉涪翁一脈宋詩之秘奧，且所謂書法詩法無貳之說，亦可印合余上文所稱：宋詩之爲自覺反省創造、唐詩之爲直覺表現創造，非僅歌詩之異，實卽文化性質之殊也。

蓋宋詩此類強調得古人道意所在而自得於心之觀念，其本身卽藉物以啓我之自覺之過程；而此自覺，又隱含一文化之觀念，期使我之自覺與傳統文化之「道」相脗合爲一。以其爲自覺，覺者在心，故爲心所流布，不必蹈襲前古；以其爲合「道」，道備於歷史傳統，故爲歷史文化所融涵，所作必合乎古。貌若矛盾，而理實貫串，亦猶其知性反省之始乎概念知識、而歸於超越直覺（卽 second intuition）以冥合於自然也[78]。宋代一切文化表現體，皆具此特徵，初不只歌詩爲然：若理學，直爲自覺反省時代，價值選取之新文化創造；若古文，理學家無意提倡之，而古文乃與理學之盛行往往合轍；若駢文，多主議論，爲散體長句對仗，亦非唐四六豐縟彩繢之舊[79]；若詞，慶曆元祐以後，漸同於詩，坡翁之理窟、稼軒之議論，以及白石「立清新之意、刪靡曼之辭」，而移用江西詩法於詞作者，無不與詩之重「意格」相似[80]。至於藝術，書法繪畫，固以意格爲貴，卽陶瓷亦然。唐陶以浪漫活潑爲主，染纈紋與欖釉木紋，烘染色暈，益爲生動；其姿態之姸美、彩面之華麗，正與唐詩多興象風華者同也。宋瓷恰恰與此相反，器體端正，釉色沈靜，多樸素而不重紋飾，不唯青淡深邃，具理性沈潛反省之特徵，其普遍發展於北宋中期前後，亦與慶曆元祐間文化運動有關，猶如詩之至慶曆元祐始爲典型也。譚旦冏嘗歸納綜述宋瓷之特色曰：「宋官窯的青色釉，不重紋飾，只重品質，追求幽玄深邃的效果，純粹是理性學的結晶。這一代的青瓷便是宋儒的精神表現，也是『道』與『器』巡廻相應的結果。宋陸游老學庵筆記云：『故都時，定器不入禁中，惟用汝器，以定器有芒也』，就是因爲白釉器光芒炫耀，頗不適應當時的清靜習尚」⑻。沈潛思省，重於內在之體證自得，而非直覺呈現外觀之意象，故不尙彩飾；內得之深，適足以見其外現者之平淡，故不貴乎有芒采炫耀，山谷嘗謂后山小放歌行，顧影徘徊，炫耀太甚，亦是此意。且隋唐間北白南青兩系瓷器，頗多西域異質文化色彩，至宋，則形制多仿商周古器，紋飾亦已中國化。此眞以復古爲開新之型態也，宋人既多疑經疑古，而有所謂「新義」，然劉敞歐陽修集古錄、趙明誠金石錄、王黻宣和博古圖、呂大臨考古圖之類著作，亦間行於其中，非卽此類型態之又一明證乎？且夫學術研究者，道之事也，陶瓷製作者，器之事也，二者居然合轍，則亦二者本來卽屬道器合一型態之明證。請加籀說，更釋此義。

三、宋詩對「言」「意」之思考

道器之說，大備於宋；器者，括一切「製作」及「媒介」而言。以文事爲例，文本身爲器，文所傳達與表現之意，則爲道；以繪畫藝事爲例，線條彩墨爲器，其所欲達之意爲道；以書法爲例，筆墨爲器，所寄託者爲意。器造者以技成，意達者以道化，一可以形迹求、一可以象外見，凡宋人之論學論文論藝，多屬此一模式。試舉數例，以徵其槩——

繪畫：余所好者道也，放乎竹矣（蘇轍墨竹賦）

書法：其爲人倜儻，本不求工，而能工如此，如沒人之操舟，無意於濟否，是以覆卻萬變，而擧止自若，其近於道者耶？（漁隱叢話後集卷卅二引東坡語）

文章：文章爲道之筌也（柳開上王學士第三書）

詩歌：山谷言學者若不見古人用意處，但得其皮毛，所以去之更遠（潛溪詩眼）

哲學：形而上者指理而言，形而下者指事物而言。事事物物皆有其理。事物可見而其理難知，即是即物便要見得此理（朱子語錄卷七五）

凡此喋喋，如意、如理、如心等，皆就道而言之也。以文事言之，則爲言意之辨也，故黃裳『言意文集』序曰：「道本於心，以性爲體、以情爲用、志者存於心而行者也、意者思於心而作者也、言者發於心而應者也」，讀者循此言以觀此意，自具體構成之資料（Cosmology），以窺作者無形之志意性情；與作者本此言迹，而顯心象無迹之朕者，理實一揆。道由器顯，體由象見，然器不即是道，「即形器之本體而離乎形器則謂之道」；在言，斯爲言不盡意之說，此宋人論道器之曲折也。溯源探本，其出於易乎？

易繫上傳曰：「神無方而易無體，一陰一陽之謂道，形乃謂之器」、又曰：「書不盡言、言不盡意。……是故形而上者謂之道、形而下者謂之器」。按：易繫此說自有層次，道器之說，非柏拉圖理型與事物分離之義也，蓋自宇宙論立場述其演化及物之所以然耳；形上形下，但別其界止，非截然劃異，故形而上者，皆託見於形而下者之中，非離乎器而別有所謂道也[82]；第形而下者既已著乎形器，卽有所執，是經驗世界之特定局限意義矣，此其所以不能盡道。言，涉物者也，墨子小取篇所謂：「以名（言）擧實（物）」，以詞抒意」，意之托言而顯，亦猶道之寄器而見，然物器既不足以盡道，言庸足以盡意乎？莊子曰：「意之所隨著，不可以言傳也」成疏：「隨，從也。意之所出，從道而來，道既非色非聲，故不可以言傳說」（天道篇），述此義審矣。

漢晋名學，衍三玄之奧義，開品鑒之風習，既欲循名以責實，則未免瞻形而求神，由可知可見之形軀，溯所以表現此一形軀、而復不僅在形軀體竅間之神、氣、風、韻，斯亦言不盡意之推論模式也，故歐陽建云：「世之論者，以爲言不盡意，由來尚矣。至乎通才達識咸以爲然。若夫蔣公（濟）之論眸子，鍾（會）、傅（嘏）之言才性，莫不引此以爲談證」（藝文類聚十九引），可見言不盡意者，實乃才性諸說之理論基本架構；且諸家既以瞻形而得神爲事，自將得意而忘言，若盧湛寄劉琨詩所云：「誰謂言精，致在賞意；不見得魚，亦忘厥餌；遺其形骸，寄之深識」之類，殆一世之通言也。

至若引申微旨，用諸文事，則陸士衡「文賦」有焉，文賦曰：「恒患意不稱物，文不逮意」，徐陵本之，作「讓五兵尚書表」曰：「仲尼大聖，猶云書不盡言；士衡高才，嘗稱文不逮意」（孝穆集卷一），足證言不盡意，才士所同感，『文心雕龍』所謂：「思表纖旨、文外曲致、言所不追、筆固知止」（神思）「情在辭外曰隱」（隱秀・張戒歲寒堂詩話引），論之尤精。此蓋漢晉以來，論文學者，皆以道器立言：一陰一陰之謂道，而此氣下降流行，著於形軀則爲人；人、器之一也，爲陰陽之交，五行之秀氣。然既用氣爲性，則性成命定，氣性不均，於體斯異，其表見於文章，亦各不同，此

『文心』之所以有體性篇也。元氣之表見於人者爲才氣，才氣之表現於文章，則爲文氣，故文學創作，不唯爲作者才性之表現，抑且如人之植體焉。『抱朴子』云：『姸而無據、證援不給；皮膚鮮澤而骨骾迴弱」（辭義）『顏氏家訓』云：「文章當以理致爲心腎、氣調爲筋骨、事義爲皮膚、華麗爲冠冕」（文章）『文心雕龍』云：「必以情志爲神明、事義爲骨髓、辭采爲肌膚、宮商爲聲氣」（附會）……等等，皆其顯例[83]。文體既如人體，則鑒品人物，「由形所顯、覩心所蘊」，鑒文亦何不然？欲沿顯以知隱、因文辭而覽性情、循彩績以知風韻，其基本理路卽以爲文不能盡夫意也。故有所謂文外曲致、有所謂情在辭外。

由此而進之，則爲得意可以忘言之說也，如陶潛：「此中有眞意，欲辯已忘言」（飲酒），謝赫『古畫品』第一品評張墨荀勖：「風範氣候，極妙參神，但取精靈，遺其骨法」……等等皆是。然六朝文風，偏於瞻形得神者多，寄言忘象得意者少，故吟咏所發，志雖深遠，而形似成風，猶多體物，謝靈運「內無乏思、外無遺物」，言山水則苞以名理，遂爲一代之典型。文心所謂：「近代以來，文貴形似，窺情風景之上，鑽貌草木之中」（物色），情在形而上，因物鑒情，固猶道器之說，爲六朝所依循者也[84]。

宋人論道器及氣韻，貌似六朝，其實不類；蓋道器之說，至乎中唐又別有發展也。

文原於道，『文心雕龍』早有其說，原道篇且謂：「道沿聖以垂文、聖因文以明道」，中唐之論道器者，與之貌似。以文爲道之表現，現於天者爲天文、現於人者爲人文，故文無不含道，權德輿吳尊師集序曰：「道之於物，無不由也、無不貫也，而況本於玄覽，發爲至言，言而蘊道，猶三辰之麗天、百嘉之麗地」（文集卷三三），可爲代表。雖然，就道本身言之如此，就人而言，則文亦無不爲志之表現也，獨孤及趙郡李華中集序曰：「志非言不行、言非文不彰，是三者相爲用，亦猶涉川者假舟檝而後濟」（毘陵集卷十三）、柳冕與徐給事論文書曰：「在君子之心爲志、形君子之言爲文」、柳宗元楊評事文集後序曰：「文之用：闕其文采，固不足以竦動時聽、夸示後學，故君子抱其根源而必由是假道焉」（沙東集卷卅一）……等等，皆著重其表現之「媒介」意義，喻爲舟檝假道，此以美學理論釋之，則語言透明性（transparency）之說，與之類似[85]。蓋以文字言語本身，但爲一符號，指意之符號耳，示意既達，言語足捨，猶乎既濟者當捨舟檝、既獲者當去筌蹄也。言語本爲末事，道意方爲根本，語言卽或具有價値，亦非此采辭巧言之價値，而當爲符示功效（symbolic efficacy）之價値。此在中唐，殆屬共識，而六朝罕有所聞。故六朝間論謝靈運者，莫不謂其巧構形似、體物爲妙，而釋皎然乃謂其「但見情性，不覩文字，蓋詣道之極也」（詩式卷一）。蓋是眞意既得，遂竟忘言；其所謂道者，雖勿同於柳冕韓愈，然文與道（意）之關係，則彼此認識殊無差貳。

不只此也，文既所以示意，文之佳者卽不在言辭之工，而在意思之妙；且凡語之工者，卽是想之不俗。劉威：「都由苦思無休日，已證前賢不到心」（歐陽示新詩因貽四韻）、僧歸仁：「日日爲詩苦，誰論春與秋，一聯如得意，萬事總忘憂」（自遣）之類，頗可以見中晚唐間苦思得意以爲詩之原委。司空圖『詩品』云：「俱道往適，著手成春」（自然）者，卽此義也。

文與道俱，斯能著手成春，此在司空圖『詩品』中，當爲第一要義。如前所述，文之所以有存在之意義，卽在其能蘊道，道意既得，文自然合度，故曰：「妙造自然，伊與誰裁」（精神）「情性所至，妙不自尋，遇之自天，泠然希音」（實境）。論詩至此，遂復不能不求文外之情性與道意矣，故其含蓄品云：「不著一字，盡得風流；語不涉難，已不堪憂：是有眞宰，與之沈浮」。夫不著一字，而復與眞宰沈浮者，非瞻形而得神、卽言以會意也，是皎然莊周所謂忘言以得意也；味外之味、象外之象、與夫言（所以符示意義）外之言，皆屬言外幽旨，可以「離形得似」，而未必以形似得之也，故曰：「脫有形似，握手已違」（冲淡）[86]。此與張彥遠『歷代名畫記』所云以形似之外求其畫之說，固相類似。此宋人之所本也。

歐陽修盤車圖詩：「古畫意不畫形，梅詩咏物無隱情，忘形得意知者寡，不如見詩如見畫」、與梅聖俞「狀難寫之景，如在目前；含不盡之意，見於言外」之說，實相表裏。蓋狀難寫之景如溢眼前，文心所謂秀也，以言盡意、表物之意態也，意備於句中；不盡之意，見於言外，則是忘形得意矣，簡齋墨梅詩所謂：「意足不求顏色似」者，此其類歟！至於山谷自云學寫顏魯公書，「時時輒有其氣骨，而人以爲殊未得其彷彿；寫我心耳，豈可謂衆目哉？」（漁隱叢話後集卷卅三引），則離形得似也。宋之蘇黃，皆喜徵引司空圖「味」「韻」之說，考其淵源，正有所出，不僅非六朝「以形寫形、以色貌色」（宗炳・畫山水序）之舊蹊；且漢晉六朝諸文原論文氣論皆自人物品鑒中轉來，中唐兩宋則由文與與道之直接思索而得；唐人罕有稱述『詩品』『文心雕龍』者，宋人略有引證，而意若未甚推許，豈不以言意之辨雖同，手眼心目小有殊異耶？錢鍾書謂自謝赫以迄李廌陳與義姜白石嚴滄浪，論藝而云神韻、名既相如實亦復頗相如，不知其中大有曲折也[87]。

由此曲折而來，其特徵之尤著者有三：

一、**道器關係**——文爲器用，道爲根本，此義爲宋人所共喻；文必須與道偕適，文與道俱，否則爲無根，亦宋人所共知；文所以形道，可以符示傳達「道」，復爲宋人所強調。然此文究竟「如何」傳達此道，則諸家詮說，互有異同；文之造形價値（plastic values）究竟與其符示效用（symbolic efficacy）關係如何，亦爲聚訟之所在。而此，皆昔人所罕言者也。

語其後者則自中唐以來，文家多以爲文雖以示意爲主，然意既由文見，則語工與意深，本有相連之關係，如皇甫湜云：「來書所謂今之工文者，或先於奇怪，顧其文工與否耳。夫意新則異於常，異於常則怪矣；詞高則出衆，出衆則奇矣。虎豹之文，不得不炳於犬羊」（文集卷四・答李生第一書）、孫樵云：「鸞鳳之音必傾聽，雷霆之聲必駭心，儲思必深，擒辭必高，以之明道則顯而微，以之揚名則久而傳」（文集卷二・與王霖秀才書）之類皆是其例。辭必高然後爲奇，意必深然後爲工，至宋猶然，故孫何文箴曰：「語思其工，意思其深」，蘇軾南行前集序曰：「昔之爲文者，非能爲之爲工，乃不能不爲之爲工也：山川之有雲霧，草木之有華實，充滿勃鬱而見之外」，蓋以文意爲一內外之表現關係，意內既深既新，言外斯奇斯工，此處所見，諸家略同[88]。然文既爲意之表現矣，其功能與價値，即在傳達此意而已，周敦頤云文以載道；宋史張耒傳云耒嘗著論謂六經諸子百氏及騷人辯士之論述，皆爲寓理之具；黃山谷與孔毅父詩：「文章功用不經世，何異絲窠綴露珠」等等，莫不如此云云。文遂成一工具價値（autility valul）之產物，如負載之車，如漁獲之荃，如濟渡之舟，如盛物之器。夫其價値如此，固亦無傷，然此荃器舟車本身，除工具之效用與傳達之價値外，其自身亦有價値否？

美學中嘗以此類文字繪畫本身形相及結構所形成之美學價值爲「造形之價值」(plastic values)，以文字繪畫等藝術創作所傳達表示之意義，名爲心理之價值(dramatic or psychological values)。在宋人言之，詩文雖無純粹之造形價值，然有相對之造形價值。江西雖以論句法著稱，山谷則云文章本身僅爲絲窠珠露，斯其餘可以想見；彼之所以高談句法者，亦在乎意由文顯，語若不工、意卽不精也。柳開云：「文章爲道之筌也，筌可妄作乎？筌之不良，獲斯失矣」（河東集卷五・上王學士第三書）、歐陽修云：「傳曰：言之不文，行之不遠。君子之所學也，言以載事，而文以飾言；事信言文，乃能表見於後世」（文集卷六七・代人上王樞密求先集序書）、呂南公云：「士必不得已於言，則文不可以不工。蓋意有餘而文不足，則如吃人辯頌，心未始不虛、理未始不直，然而或屈者，無助於辭而已矣」（灌園集卷十七・讀李文饒集）……等，皆屬此類觀點。此與周敦頤等理學家「文所以載道也，輪轅飾而人弗庸，徒飾也，況虛車乎？」之說，本無不同，皆以文無本身之造形價值者，唯歐陽修等人復主張：於筌良獲精之條件下，文之造形價值可得成立；否則亦徒飾而已，虛車而已，故李復曰：「義理的當，中心渙然，乃可作文；義理若非，雖洪筆麗藻，亦非矣」（答耀州諸進士書）。此與理學家雖或小異，其實猶是自家兄弟之爭執，非敵國之交鬨；是以理家亦未嘗全然捨去文事之工，如邵雍論詩吟卽云：「旣用言成章，遂道心中事，不只鍊其辭，抑亦鍊其意。鍊辭得奇句，鍊意得餘味」，此與李漢孫樵等人雖有載道貫道之殊，而鍊辭鍊意至於必工必奇，則無不同也。

載道貫道之殊，卽此文「如何」傳達此道之問題。宋賢於此，駁詰甚多，如王柏題碧霞山人王公文集後曰：「李漢曰：文者貫道之器。以一句蔽三百年唐文之宗，而體用倒置不知也。必如周子曰：

文者所以載道也。而後精確不可易」（魯齋集卷五），所謂體用倒置，蓋用朱子之說，朱子語錄中辨蘇軾文道之義，云：「文皆是從道中流出，豈有文反能貫道之理？文是文、道是道，文只如吃飯時下飯耳，若以文貫道，卻是把本爲末、以末爲本，可乎？」「道者文之根本、文者道之枝葉，惟其根本乎道，所以發之於文皆道也。三代聖賢文章皆從此心寫出，文便是道。今東坡之言曰：吾所謂文必與道俱，則是文自文而道自道，待作文時，旋去討個道來放入裏面，此是他大病處」。

案：朱子所駁，實爲意氣，蜀洛本自不合，故於東坡等文家持論多不能平心以觀，及其駁正，乃多與之暗合。如此處所云道本文末、由心流出等義，李漢蘇軾本即如此主張，故程洵『尊德性齋小集』鍾山先生行狀中卽以「文者所以載道」釋蘇軾論文之旨，而歐陽修「答吳秀才書」「答祖擇之書」亦有道充於中而發於文之說，足證宗趣匪殊，朱子所駁幾於無的放矢矣[89]。其所以罪東坡爲作文時始取道放入文中者，亦非東坡所爲，東坡嘗謂辭所以達理、言所以達意，何嘗文自文而道自道？故曰：無問文之造形價値之問題及文如何傳達道意之問題，宋儒意見貌若紛紜，其實合轍，皆以道爲根本、文爲器用者也，山谷所謂：「文章者道之器也」（次韻楊明叔四首小序）云云，可以總括兼賅而無異論矣。

二、言意關係——言則成文、文以述意而爲道，既如上述，則言意關係，亦卽文道關係耳。此處析而兩之，蓋以爲道器之辨，所重者在乎文原文本；言意關係，則多屬「表現」之事。故黃裳「言意文集序」曰：「道本於心，以性爲體，以情爲用、志者存於心而行者也，意者見於心而作者也，言者發於心而應者也」，作者爲意、應者爲言，足證言意關係，多就其表現處見之。

言之表現於文章者，爲文之結構章法等問題；意之表現於文章者，則爲「命意」之問題；合而言之，斯爲「風格」。張表臣『珊瑚鉤詩話』卷二載陳后山論學杜甫之竅訣一段，最可說明此義。后山曰：

> 今人愛杜甫詩，一句之內，至竊取數字以髣象之，非善學者。學者之要，在乎立格、命意、用字而已。——（杜甫）冬日謁玄元皇帝廟詩，敍述功德，反復外意，事核而理長；閬中歌辭致峭麗，語脈新奇，句清而體好；茲非立格之妙乎？江漢詩言乾坤之大，腐儒無所寄其身；縛雞行訖雞蟲得失，不如兩忘而寓於道；茲非命意之深乎？贈蔡師魯詩云：『身輕一鳥過』，功在一『過』字；徐步詩云：『蕊粉上蜂鬚』，功在一『上』字；茲非用字之精乎？——學者體其格、高其意、煉其字，則自然合失，何必規規然髣象之乎[90]？

辭致峭麗、語脈新奇，爲用字之功；如上之與過，皆「言」表現於詩歌者也。事核理長，如腐儒無所寄身與兩忘得失等等，皆「意」表現於詩歌者也。詩家風格之形成與表現，不外此二事；若善體會，知其何以形成、如何表現；又何必剽竊模象之耶？宋人之論學古者，大抵如是，蓋由「意」「言」雙重考慮，而逼向「格」之問題。風格本諸人格，故其表現亦非可貌襲而有，非自得於心不可，是以后山又云學者須善「體」，體驗以自得之也。此在前文，已有揭發，證諸后山所論益信。當時所謂「奪胎換骨」者，亦猶是也。

奪胎換骨，首見於釋惠洪『冷齋夜話』，謂爲山谷語。宋人多有疑者，如吳曾『能改齋漫錄』云：「山谷作詩。所謂一洗萬古凡馬空，豈肯教人以蹈襲爲事乎？」（卷十）；金王若虛亦有是語，且直以山谷為剽竊之黠者[91]。夫山谷固非穿窬之雄，惠洪此語，宋人論之者多，諒亦非苟為杜撰，矧夫言未必山谷，其義則宋之公言也。儻不知其義，則往往以剽竊蹈襲為說；其實非也，但為創作時言與意之考慮耳。

案：『冷齋夜話』卷二引山谷語曰：「不易其意而造其語，謂之換骨法。規模其意而形容之，謂之奪胎法」，『野老紀聞』所引同之。奪胎，謂取前人詩語中所含之意，如奪人腹中之胎也；然奪而謂之胎者，即在其能加意形容，遂令詩意深於原作，為我胸腹所蘊釀胎結者也。嚴有翼『藝苑雌黃』曰：「杜陵謁玄元廟詩，其一聯云：『六聖聯龍袞，千官列雁行』，徽宗嘗製哲廟挽詩，用此意作一聯云：『北極聯龍袞，西風折雁行』，亦以雁行對龍袞，然語意中的，其親切過於本詩，不謂之奪胎，可乎？不然，徒用前人之語，殊不足貴，如蘇子美云：『峽來滄淵深貯月，岩排紅樹巧裝秋』，非不佳也，然正用杜陵『峽來滄江起，岩排石樹圓』之句耳，語雖工而無別意」（苕溪漁隱叢話後集卷十九），引例詳悉，足堪印證。凡借取前人詩語，而用意精刻，突過原作者，皆可謂之奪胎；胎既奪矣，語雖用古，實則新創，句勢略同，命意實別，如徽宗挽哲宗詩者是也。至於換骨，與此正為相反，所謂不易其意而造其語，用心專在語言之變造，故惠洪以「氣」為釋，曰：「如鄭谷十日菊曰：『自緣今日人心別，未必秋香一夜衰』，此意甚佳，而病在氣不長，所以荊公菊詩曰：『千花萬卉凋零後，始與閑人把一枝』，東坡則曰：『萬事到頭終是夢，休休休，明日黃花蝶也愁』，凡此之類，皆換骨法也」。意佳而氣不長，氣，此指文氣而言；文氣本諸性情，而發見於修辭，文心之所謂「骨」也[92]。『漁隱叢話』後集卷三二引『復齋漫錄』云洪駒父哭謝無逸詩「但使添丁長，終與謝客家」：「學東坡，語尤無功；添丁，盧仝子，氣骨不相屬也」，以用辭用事之不工切爲氣骨不屬，其意正與惠洪相似，『韻語陽秋』卷二所云：「詩家有換骨法，謂用古人意而點化之，使加工也」，蓋亦同此。皆取前人辭意而變造其語言，令其工妙甚於原唱者耳。山谷「雲巢詩序」曰：「得古人著意處，文章雄奇，能轉古語爲我家物」、李彭「遣興作十章兼寄雲叟之三」曰：「學詩如食蜜，甘芳無中邊；陳言初務去，晚乃換骨仙」（日涉園集卷二）……之類，可以推概，此物此志也。

昔人不解胎骨之意，故多謬說，甚者以爲教人剽竊，豈其然哉？奪胎換骨，本以陳言務去爲宗旨，以轉他人胎血成自家骨肉爲手段，而所關注者，則爲「言」「意」兩者之雙重考慮。奪胎，貴在意深；換骨，貴在語工，其深其工，皆在與古人相較時見之，故謂之點化，而不曰蹈襲，猶山谷所謂「點」鐵成金也。

山谷答洪駒父書第二首云：「古之爲文章者，眞能陶冶萬物，雖取古人之陳言，入於翰墨，如靈丹一粒，點鐵成金也」，曰雖者，文以自作語爲貴[93]，必不得已，以自作語爲難，則可轉古語爲我家物，假因藉之資，爲奇創之辭，雖用陳言，而加工也，化俗爲雅、以故爲新，不猶點鐵成金乎？其所以然者，在於氣，『文心雕龍』麗辭篇嘗云：「若氣無奇類，（則）文乏異采」，凡體勢之剛柔奇正、涿句之韻調聲采，皆作者生命力之表現；故凡能奪胎換骨、點鐵成金者，皆以其氣之養厚也。陳后山云學詩者當令其正心完氣，乃始有得，即是此義。俞成『螢雪叢說』卷上，覷破此義，故以活法爲說，曰：

文章一技，要自有活法；若膠古人之陳迹而不能點化其句語，此乃謂之死法。死法專祖蹈襲，則不能生於吾言之外；活法奪胎換骨，則不能斃於語言之內。吾言者生吾言也，故為活法。伊川先生嘗云：「中庸『鳶飛戾天』，須知天上者更有天；『魚躍於淵』，須知淵中更有地。會得這個道理，便活潑潑地」；吳處厚嘗作剪刀賦，第五隔對：「去爪為犧，救湯王之旱歲；斷鬚燒藥，活唐帝之功臣」，當時屢竄易，唐帝上一字不妥帖，因看游鱗，頓悟「活」字，不覺手舞足蹈；呂居仁嘗序江西詩，若言靈均自得之，忽然有入，然後唯意所出，萬變不窮，是名活法；楊萬里又從而序之，若曰學者屬文，當悟活法，所謂活法，要當優游厭飫。是皆有得於活法也如此。吁！有胸中之活法，蒙於伊川之說得之；有紙上之活法，蒙於處厚、居仁、萬里之說得之（文章活法條。又、參見苕溪漁隱叢話前集卷八引石林詩話論死法條）

有胸中之活法，斯能生吾言，故有紙上之活法；所謂「筆端傳活法，胸中定自奇」是也。呂本中活法之說，初由奪胎換骨轉出，觀此亦可以見。南宋，有作詩淵源自呂紫微者，放翁是也，放翁集卷五一夜吟詩云：「六十餘年妄學詩，工夫深處獨心知，夜來一笑寒燈下，始是金丹換骨時」，印證呂意尤同針芥，悟入由工夫來，而所悟在心，庶幾恢恢技近於道矣[94]。李彭所謂陳言務去，晚則換骨，不猶此歟？

由此可見，詩家風格之形成，類由語工而意深兩方面來。言以工為極，然徒工於言，亦非詩之極也，當知言之所生者在心，心表現為氣故見乎言，為詩者須深觀於命意，以涵養而自得之；倘或胸次圓活，自能陶冶萬物實性圓成，不襲陳迹，字字活而字字響，不然，則雖用昔人舊語，亦能觸處生新，點鐵成金、轉俗成眞也。

體會至此，則詩家「語言」之獨立實在性，輒被取消，謂詩爲純意之表現，而語言之煆鍊不與焉。陸游和張功父見寄云：「叮嚀一語宜深聽：信筆題詩勿太工」，頗有此意，而黃裳「書意集序」言之尤切，以爲：「常回顧性分中，求其所謂養心治氣之道，立之以志、作之以情、有感而後動，合養而爲意，思一寓之翰墨。則其所書者意耳，不主乎言」（集廿一）。黃氏嘗自編詩文集爲『言意文集』，今復云所書者意，不主乎言，而類輯元豐己未間所爲詩文爲『書意集』，其轉變之故，正如上述。凡技近於道者，其終輒復與道俱適，忘筌忘象，如此之例，蓋比比焉。

三、得意與忘言——放翁「信筆題詩勿太工」之戒，吾不知其淵源，然『鶴林玉露』卷二引游九言詩，亦有「平生意思春風裡，信手題詩不用工」之說，蓋南宋之通言也。工，爲語言之煆煉，不用工者，謂治氣養心之道，發而爲意，故詩爲心氣之表現，而非語言之舞蹈。多言（致力於文詞），是飾筌而忘道也，故其工夫與道無與；以其無與，專力於此，適與求道相左，故又曰：「文詞終與道相妨」「文詞害道第一事，子能去之其庶幾」（放翁．老學庵詩、雜感第四）[95]。去之，謂去言語之執，莊周之忘言、王弼之掃象，不僅心取書策之中，旨徵於言象之外，抑將不著一字，盡得風流。夫羚羊之掛角，原戒文字以爲詩；芭蕉之浴雪，不妨得意而忘言；尋詩旨之幽微，既如空中之音、相中之色；辨酸鹹於味外，當知清廟之瑟，臨水之鐘[96]。此西江之長技，亦南北宋間詩人所共信守者也。

呂本中與曾吉甫論詩第二帖有云：「欲波瀾之濶去，須於規模令大，涵養吾氣而後可。氣盛，則言之長短、與聲之高下皆宜，如此，則知所以爲文矣。曹子建七哀詩之類，宏大深遠，非復作詩者所能及，此蓋未始有意於言語之間也」（漁隱叢話前集卷四九），印證上文，殊爲貼切。蓋詩爲心氣之表現，非專力於語言者所能至；爲詩者，但爲心光志氣自然之發露，非有意於「作」，乃「無意爲文忽自工」（楊萬里．秋旱繼以大風即事十首之十）者也。斯豈非山谷理得辭順，不煩繩削而自合之說乎？山谷甥徐師川所傳汪藻，『浮溪集』卷十七亦有云：「古之作者無意於文也。理至而文則隨之，如印印泥、如風行水上，縱橫錯綜，燦然而成者，夫豈待繩削而後合哉?!」（鮑吏部集序）呼應山谷居仁，至爲明顯，必知夫此，然後山谷「子美詩妙處在無意於文，無意而意已至」之說，始得明僚。

山谷所謂無意於文、無意而意已至，其義殆云唯無意於文，意始能至耳。以其忘言，故能得意，否則則「語可安排、意莫傳」矣。昔王弼周易略例嘗云蹄者所以在兎、得兎而忘蹄，筌者所以在魚、得魚而忘筌，若存其象，卽未得意，以象生於意，存象則所存非其象也，言生於象，存言則所存非其言也；故曰忘象者乃得意者也，得意在於忘象、得象在於忘言。弼以此釋易繫辭傳「書不盡言、言不盡意」之旨。於宋，雖無弼之多一轉折（謂盡意者象，而成「言—象—意」之三層區分）⑰，然由得意忘言而表言不盡意，斯無異也。欲尋其要，可以例擧而爲言：

陳師道『后山談叢』嘗載：「韓幹畫走馬，絹壞，損其足。李公麟謂：雖失其足，走自若也」，夫失其足，是象已不存，走自若，則意猶在也。宋朝院畫，如「六月杖藜來石路，午陰多處聽潺湲」，不畫一人對水而坐，而畫長林亂石，一人於樹陰深處傾耳以聽；「野水無人渡，孤舟盡日橫」，不畫空舟繫岸，而畫一舟人臥於船尾，橫一孤笛；「踏花歸去馬蹄香」，只畫數蝴蝶逐馬後。又皆取意於象外，與詩家得意於言外者相似⑱，可知宋人論言，輒與象同，象外之象、景外之景、味外之味，善鑒者固當賞識於驪黃之外，其作者則必盡心於方寸之間。故元劉靜修評后山所述公麟語，卽謂：「足不能行氣自馳，天機深處幾人知？世間無物能形此，除我南窗兀坐時」（題李伯時馬），南窗兀坐，謂嗒然若喪其耦，去對象（言、物）之執著也，此爲養心工夫，所以能忘象而得意者，胥由於此[99]。

作者既盡心於方寸之間，持志養氣，去執離障，自得於心；覽者亦必得意忘言，善會其言外幽旨，『六一詩話』載：「狀難寫之景，含不盡之意，何詩爲然？聖俞曰：作者得於心，覽者會以意，殆難指陳以言也」云云，卽指此言，沈括『夢溪筆談』卷十七謂書畫之妙，當以神會，難可以形器求，與此正復相通。蓋作者得諸心而應諸手，意到便成；覽者自當瞻形得神，勿泥於形象言語之際。歐陽修盤車圖詩云：「古畫畫意不畫形，梅詩咏物無隱情，忘形得意知者寡，不若見詩如見畫」，於此書畫詩道忘形得意之旨，抉點甚精：咏物無隱，梅聖俞所謂狀難寫之景也；忘形得意，聖俞所謂言外見不盡之意也。唯其畫意不畫形，畫意而非有意於作詩寫物，形始能狀、意始能至，誠所謂無意爲文，忽爾自工也[100]。

歐梅之後，則有東坡。『苕溪漁隱叢話』後集卷三二載其言曰：「余嘗愛梁武帝評書，善取物象；而此公尤能自譬，觀者不以爲過，信乎其書之工也。然其爲人倜儻，本不求工，而能工如此，如沒人之操舟，無意於濟否；是以覆卻萬變，而舉止自若，其近於道者耶？」技近於道，不求工而自工，自是歐梅宗趣，含蓄之旨，於斯可見；至於評論藝文，取諸物象，則亦與言意之辨有關。玆分別說明如次。

東坡所云，沒人之操舟，無意於濟否，蓋以形容藝術創作者中無所執，無所執，故能應物付物，覆卻萬變，而擧止自若，此意『莊子』應帝王逍遙遊皆嘗言之。文字與境，皆執也，「詩人欲文字之工，卽是有執，不能工矣；唯不求工者而能工，則心法無執之故，所謂技近於道，蓋於此見之。黃山谷云：「覆卻萬方無準，安排一字有神」，卽是此意。唯其覆卻萬方無準，故能安排一字有神，否則徒事於文字，語費安排，終難有神，豈不謬哉！贈高子勉詩云：「拾遺句中有眼，彭澤意在無弦」，傳神寫照，初在眼中[101]，而無弦琴上，欲辯翻已忘言，范溫『詩眼』所謂：「老杜畫馬詩：戲拈禿筆掃驊騮。初無意於畫，偶然天成，工在『拈』字」（漁隱前集卷八引）於此正堪取詮。知鍊字有神，本自忘言得意來，則知昔人所譏山谷江西一脈爲徒事鍛鍊文字者爲非矣。

無文字之執，故能得文字之妙，於「境」亦然。詩人觀物，無意於寫物也，胸氣所發，森然紙上，而物之理得、物之神見，故『夢溪筆談』卷廿八云：「世觀畫者，多能指摘其間形象位置、彩色瑕疵而已；至於奧理冥造者，罕見其人，如……王維……雪中芭蕉，此乃得心應手，意到便成，故造理入神，迥得天意」。夫繪畫寫物，乃「觀物得其意審」（見晁補之跋李遵易畫魚圖，跋魯直所書崔白竹後贈漢擧）之後，復「命物之意審也」[102]。心得其意，意到手應，故能得物之理、見物之神，邵雍云：「行筆因調性，成詩爲寫心，詩揚心造化，筆發性園林」（伊川擊壤集卷十七）、東坡云：「枯腸得酒芒角出，肺肝槎枒生竹石，森然欲作不可留，吐向君家雪色壁」之類，皆指此一創作過程而言。作者旣觀象以得意，詩畫自將得意而忘象，『韻語陽秋』所云：「妙明眞心，不關諸象」（卷十二），理當在此。作品之所以能離形而得似者，亦端在得意而忘言也。下擧二事，可以證此——

△余雖因邕書得筆法，然為字絶不相類，豈得其意而忘其形者耶？（歐陽修文集卷一三〇試筆、

論李邕書)

△余比來極愛顏魯公書，時時輒有其氣骨，而人以為殊未得其彷彿，寫我心耳，豈可謂衆目哉？(苕溪漁隱叢話後集卷卅二引山谷語)

得心應手，意到便成，馴致得意而忘言，二公言之可謂彰明深切矣；得意忘言，妙理寄於形象之外，又可謂含蓄不盡矣⑽。宋人於此，論書畫歌詩，幾與論修身同意，治氣養心，以人格比合風格，通藝事於妙道，大類莊子養生主，故黃山谷謂陳后山曰：「學詩如學道，此豈尋常琱章繪句者之可擬哉？」(韻語陽秋卷二)

據此觀之，以藝文創作，不止於技事，而同於學道，乃兩宋道器合一之創作型態使然，葉水心譏唐人善於作詩而闇於聞道，頗可以見唐宋不同之所在。方是時也，藝術制作，旣與人格修持無異，評詩論人，亦當具同一眼目。此一眼目，可就批評者語言之使用及批評對象二方面言之。

以批評之對象言，人於此對象(此詩此人此書)，非欲形容刻畫其狀貌也，而直欲整體掌握此人此詩由形貌所透現之神之意，所謂瞻形而得神，意中已分析此批評對象爲形(言)、神(意)二事，意由象顯，而得意可以忘象，故其批評，輒重在此神此意之掌握，非僅不煩細密分解詳勘其布局結構肢體短長，抑且物象雖殊，若其神合，不妨類擬，瑤林瓊樹，狀神姿之高徹，芙蓉出水，表歌詩之自然，此其取譬，雖爲物象，而神冥理合，翻在言象之外，非得意而忘言者乎？

以批評語言之使用言，所謂「言不盡意」，本身卽一把捉眞理之方法論問題。言，本爲一概念之指涉，而概念但能及於經驗世界，非能窮究萬物本體者也；且人之所見所感，必爲整體經驗，亦非言語等「類概念」(Class Concept)所得窮盡，故簡齋詩云：「朝來庭樹有鳴禽，紅綠扶春上遠林，忽有好詩生眼底，安排句法已難尋」⑩。言之限制如此，譬喻與象徵生焉。之二者，皆所以喚起讀者之想像，以彷彿其意也，詩之所以不同於一般說明性語言，而獨能表言所不盡之意者，亦在乎此。批評之語言，何莫不然？司空圖二十四品以下，敖陶孫臞翁詩評蔚爲大宗，謂秦少游如時女步春、終傷婉弱，陳后山如九皐獨唳、冲敦自妍，韓子蒼如梨園按樂、排比得倫，王荆公如鄧艾縋兵、險絕爲工，乃至於洞庭始波、高秋晚眺、東海揚帆、飢鷹獨出，象喻之辭，層出不窮，而詩家之風格，恍然若見，非深於言不盡意之理者，曷克臻此⑩？斯亦所以爲吾國文學批評之特色，而有異於泰西者也。

參、江西詩社宗派之產生

準上所述，就歷史發展而言，自中唐以來，雖經晚唐五代凋敝坎陷之餘，歌詩一道，猶能上接元和之緒，以自發皇，齊變至魯、魯變至道，而以江西爲其典則焉。就歌詩風格及其創作意識而言，無問詩體詩心，俱與唐人大異，而意深語工，漸以平澹簡易爲歸；考其流變，亦不得不以江西爲其樞紐。此江西一社，在宋文化中之實質地位也。有其實者是以其有名，呂居仁存中原之文獻，圖江西之宗派，豈偶然也哉？昔人於此，或有未喻，輒以爲山谷作詩，而有習之者，呂本中少年遊戲，偶作宗派圖，後人遂以此爲派；如此，則江西一社，爲偶然之存在，無實質之條件矣。不論如此則江西本無所謂「宗派」，元祐以後，學黃者固多，學蘇者亦復不少，而不有眉山詩派者何？且江西詩人，自歐公晏殊荆公以下亦多矣，勳位名望及其詩，皆不在山谷下，世不之學，而學山谷，又何耶？崇寧宣和以後，世諱詩學，以蘇黃爲厲禁，而江西流布天下，遠及金元；四靈江湖繼起，水心后村爲其護法，而推崇江西，謂爲詩家宗祖；嚴羽苦訾西江，自許爲取心肝劊子手，然其宗旨，乃與之不謀而合⑩。……凡此之類，豈偶然戲作之說，所得藉口哉？故余曰：江西者，不僅爲宋詩之代表，亦宋文化表現之典型。唯其與宋文化之社會結構、文化精神有關，故呂東萊作如此想、南北宋人作如此見；著於批評意識與文化精神者如此，雖一時政治横暴，何足以遏之？雖迭遭誤解反對，抑何不與之暗合？若彼江西，產生於宋文化與宋詩定型之際者，勢也！

今欲綜括上文，更就推考，以論其「勢」；當知江西詩社宗派之名，起自呂本中；而本中之作此圖，所必關涉者有二：一爲江西本身實質內容及其形成，否則羊質而虎皮，名實不稱，豈得久耶？二爲本中個人批評意識之形成：以此意識，綜攝事類，而成此圖，其批評意識何自而來？得無內在外在之因素乎？摠此兩端，更相覈究，其言曰：

一、江西宗派實質內容之形成

放翁渭南書啓嘗云：「以元祐之黨家，話貞元之朝士」。宋文化始胚於元和貞元，坎陷於晚唐五代，復興於慶曆，而定型大成於元祐，宋人故自知之。蓋宋自立國以來，鋭意文治，除開舘修書，編『太平御覽』、『文苑英華』、『册府元龜』、『太平廣記』諸書外，太祖嘗欲「武臣盡讀書，以通治道」，命將領至史舘讀書；眞宗復作勸學歌以勵世人，曰：「富家不用買良田，書中自有千金粟；

安房不用架高樑，書中自有黃金屋；娶妻莫恨無良媒，書中有女顏如玉；出門莫恨無隨人，書中車馬多如簇；男兒欲遂平生志，六經勤向窗前讀」。以此利祿，捄五代澆風，馴致太宗淳化元年，諸道貢士，已達一萬七千餘人，眞宗咸平三年，親試擧人，亦取千八百餘人。讀書人固已多矣，然此利祿之誘引耳，士大夫以仕進爲心，奔競苟得，以文場爲利藪，於文化何與耶？以是而有僞天書符瑞事，君臣上下，共爲虛詐，太祖太宗兩朝積存，耗費無遺，而爲反文化之非理性表現也。其他雖未至此之甚，然亦冥冥漠漠，無所謂文化理想以興發鼓動，僅以讀書修書印書爲其職事而已。詩家創作，亦復如之。

楊億西崑體，在大中祥符二年被黜之後二十二年，錢惟演爲西京留守，歐陽修、梅堯臣、尹師魯皆在其幕，始補綴昌黎集而相與爲古文[107]。越明年，歐陽修上書范仲淹，並與張秀才第二書，云：「君子之於學也，務爲道；爲道必求知古，知古明道，而復履之於身、施之於事、而又見於文章而發之」（文集卷八）。文與道始卓見於儒者文化理想中，而爲一復古運動者，亦飈然以起。前乎此者，誠如王禹偁送孫何序所云，宋雖繼統創業、儒業乘興，然服勤古道、拳拳以立言爲己任者猶鮮；後乎此者，則宗經徵聖，一革向來利祿之念，而以明道復古爲說矣。穆修答喬適書曰：「學乎古者所以爲道，學乎今者所以爲名。道者仁義之謂也，名者爵祿之謂也」（文集卷二），最可以見其學風之改易與其所以復古之故。

夫五代宋初之無文化理想者，氣銷故也。氣銷故偪促於山林、哀窮於時世，范仲淹以是痛心疾首焉。「唐異詩序」曰：

五代以還，斯文大剝，悲哀為主，風流不舊。皇朝龍興，頌聲來復，大雅君子，當抗心於三代；然九州之廣，庠序未振，四始之奧，講議蓋寡……故有非窮途而悲、非亂世而怨，華車有寒苦之述、白社為驕奢之語，學步不至，效顰者多。以致靡靡增華、愔愔相濫，仰不主乎規諫，俯不主乎勸誡，抱鄭衛之奏，責夔曠之賞，遊西北之流，望江海之宗者有矣（范文正公集卷六）[108]。

謂五代繆風，多屬一己之悲歡，尠人羣之關懷；此在五代，以時局所限，主於悲哀，猶可說也。乃入宋以後，不爲九僧之寒儉，即作樂天之縱曠，未嘗抗心希古，以規鍼勸誡爲事，烏乎可哉？此蓋教育未施之故，所以慶曆變法，首在教育者，亶在此歟！

宋初教育，實以書院爲主流；太祖建隆二年，始正式開設國子監，端拱二年，改名國子學，淳化五年復國子監名，以京朝七品以上子孫爲監生。此猶唐之制度也，然中唐以來，科舉應官者漸多，官高子弟多不以入監讀書爲美事，而一般七品以下及寒人子弟欲入監讀書應舉者，又復不能，修改制度之議，由是而起。開寶八年，即以國子監生繫籍者或久不至，而在京進士諸科又常赴監講習肄業，詔補監生；景德間，又命遠鄉久寓京師而文藝可稱者，附學充貢。足見國子監制久已不敷實際，監中所講，亦皆與舉業有關者，范仲淹所謂：「九州之廣，庠序未振；四始之奧，講議蓋寡」，此其時矣[109]。

慶曆二年，以王洙議，整頓國子監，收八品以下及庶人子弟入監讀書，名爲四門學。夫此猶剜肉補瘡之計也。故慶曆四年范仲淹參知政事，首以復古勸學爲要，宋祁歐陽修等皆奏：「教不本於學校，士不察於鄉里，則不能覈名實。有司束於聲病，學者專於記誦，則不足以盡人才。參考衆說，擇其便於會者，莫若使士皆土著、而教之於學校，然後州縣察其履行、則學者修飭矣」，乃詔州縣立學，行科舉新法，使有司取人，先策論而後詩賦。至於國子監，至此亦別爲太學，以孫復胡瑗等主其事⑩。

凡此制度之變，必與一代之精神理想有關，若上擧王洙，有校刊杜工部集者也；歐陽修宋祁，爲古文者也；石介孫復胡瑗，復古明道者也。他不具述，以歐陽修爲例：修於天聖中與尹洙穆修爲古文，又於景祐中與曾鞏論氏族，並撰易或問春秋或問，以爲盡信書不如無書，黜其雜亂之說，乃所以尊經。康定元年，作正統論，又與祖擇之書，暢論師嚴道尊之意。慶曆二年，撰本論，以修明王政禮樂闢佛；作問進士策，以周禮得失爲問。至於慶曆變法失敗，而朋黨論作矣。夫此無一而非時人聚矢之論題，無一而非宋文化特有之表徵：古文也、宗族也、尊經也、疑古也、正統也、師道也、朋黨也、辨佛老也、論春秋周禮也，皆至慶曆而大啓，謂非宋文化之發軔期，可乎？

此期文化，與貞元元和關係邃密，石介柳開穆修尹洙歐陽修諸人之論文道，多本諸韓愈李翺，歐公至有「恨翺不生於今，不得與之交；又恨余不得生翺時，與翺上下其論也」之嘆（卷九、讀李翺文）。而孫復胡瑗論師道、石介智圓等人論嗣道，亦皆承韓愈之遺說。此復古自覺之價値選取之一面也，已詳本卷第二章第二節；若其復古而疑古，迹或相異，亦當於此理會之：蓋以自覺意識行價値選取式之復古，必當判斷何者爲有價値爲可尊可復，何者爲無價値爲可疑可棄。中唐古學復興，而疑古之風大盛，殆與慶曆間若也。如韓愈以孟子非軻所著書、柳宗元考諸子論語之眞僞、啖助趙匡以左傳非左丘明書、司空圖謂春秋有必非聖人之文者，而白居易爲補湯征、陳黯爲補禹誥、沈朗爲補毛詩、林愼思爲續孟子。……之類，非慶曆以後，劉敞改尚書武成、王洙改周易、金君卿以繫辭以下非孔子作、司馬光以孟子爲後人竄亂、李覯程頤疑儒行、余燾上書改洪範之同類乎？『東坡志林』卷五曰：「自余少時，見前輩皆不敢輕改書」、『困學紀聞』卷八引陸游曰：「唐及國初，學者不敢議孔安國、鄭康成，況聖人乎？自慶曆後，諸儒發明經旨，非前人所及。然排繫辭、毀周禮、疑孟子、譏書之胤征、顧命、黜詩之序。學者不難於議經，況傳注乎？」徵其實也[111]。舉此一端，可概其餘，若論朋黨、論佛老、論宗族，靡不皆然，此慶曆復古運動之大略也。

此復古運動，既以建立新文化爲指向，而又非一二人獨信獨守之志，而爲一代精神表現之共同趨向，則其不能遏也，殆必屬然（此與中唐不同者，在中唐知識階層遭宦豎、藩鎭、貴族三面夾擊，以致於理想流失，無由建立，斯所以有五代晚唐之悲哀。宋則社會基礎有利於知識階層之發展：世族權力分化，已無構成政治之力量，宦豎藩鎭亦皆不存。故其困難，僅在知識階層內部之協調耳。黨爭在宋，益烈於唐，原因亦卽在此。）慶曆變法，徒以呂夷簡王拱辰諸人故，法遏不行，然其文化精神與理想不可遏也。王安石變法，首言興建學校以復古，又立太學三舍法，非范仲淹遺意耶[112]？司馬光雖反對新法，然云：「取士之道，當先德行、後文字。就文學言之，經術又當先於詞采。神宗專以經義策論取士，此乃復先王令典，百世不易之法。但王安石不當以一家私言，令天下學官講解」，足見荆公修學校則貢擧之法不可不變、貢擧之法變則經義漸重於詞采，其辦法非僅爲范文正遺意，亦當時人所共信共知者也。新法之敗，全在人事，與慶曆無異，遂使後來者，欲行新政，先起黨爭，而文化理想之表現於制度者，終不可得矣。

雖然，制度涉及人事，往往而黜；議論辭章，表見於文化，反得以暢遂其狀，亦北宋特殊社會結構中之詭譎也。若詩若文，自慶曆以來，復古志道，人人如此，至元祐而大成，與荊公承范文正意而創太學及三舍法，亦相似也[113]。以詩言之，慶曆間，歐陽修與梅聖俞等唱和，標擧韓愈，取味古淡，宋詩之基本風格路向於是乎定；嘉祐元年，歐公薦梅聖俞胡瑗，又作議學狀，以立三舍、創新學、復五經博士爲說。至於薦王安石，又在其前。安石崛起南中，編四家詩選，非特以歐公居間，且謂韓愈李白在杜甫下。溯古直尋，始謂韓愈李商隱皆爲老杜嫡傳，斯猶其奉酬歐公詩所云：「他日若能追孟子，終身何敢望韓公」也。夫此有三事可論：一曰宋初以逮元祐，皆謂文以明道者也，其於詩亦然，故張咏答友生問文書曰：「視文之臧否，見德之高下；若以偶語之作，參古正之辭，辭得異而道不可異也」（乖厓集卷七）；詩文與作者之德及其所欲明之道有關，始有以見其心氣所繫之文化理想，此徵諸歐陽修王安石事，顯然可見。若黃山谷，則清魏禧答蔡生書亦云：「文章之本，必先正性情，黃魯直與洪甥駒父書，根本之說，最爲眞切；其與徐師川論孫思邈膽大心小語，僕讀之數年，玩繹不能已」（魏叔子文集卷六）；蓋道本於內，始能開通於外，見諸文章事功，而本文之所以輒以事功文章互相印證者，亦緣此故。二曰韓杜李白並擧，當爲北宋一般見解，然荊公所論，影響於此後元祐詩學甚大，故吳沆『環溪詩話』曰：「若論詩之妙，則好者固多；若論詩之正，則古今唯有三人，所謂一祖二宗：杜甫、李白、韓愈也。……荊公置杜甫於第一、韓愈第二、永叔第三、太白第四，蓋謂永叔能兼韓李之體而近於正，故選焉耳。又謂李白無篇不說酒色，故置格於永叔之下，則此公用意，亦已深矣！」沆著環溪詩話，多江西諸老論詩緒餘，於此引用荆公四家詩選之意，而更加引申，自屬南宋方虛谷輩標舉一祖三宗之先聲；且抑李崇杜，頗變歐陽修以來論詩風氣，遂令其超踔飛動者，一變而趨於深刻思索，以此求杜，故謂杜詩頗與經義相通也。三曰歌詩既有以見其心氣所繫之文化理想，又復以道義所歸論詩之正謬，則南北宋間推崇老杜，以爲匹儷六經、等諸春秋者，蓋理勢所應然者矣；推此而至於評詩論藝，其手眼遂亦與其治經學無以異矣。　山谷有懷半山老人再次韻二首之一有云：「草玄不妨準易，論詩終近周南」，『苕溪漁隱叢話』前集卷卅四又引『冷齋夜話』曰：「荆公言：前輩詩『風定花猶落』，靜中見動意；『鳥鳴山更幽』，動中見靜意。山谷云：此老論詩，不失解經旨趣，亦可怪耳」，今按荆公以前，罕有如此解詩者，故山谷曰可怪；然自荆公山谷以後，實爲宋人論詩之慣技，故晁無咎謂荆公題石牛洞詩廿四字而具六藝羣言之遺味也。清袁枚『隨園詩話』卷一：

> 昔人言白香山詩，無一句不自在，故其為人和平樂易；王荆公詩無一句自在，故其為人拗强乖張。愚謂荆公古文直逼昌黎，宋人不敢望其項背；若論詩，則終身在門外。尤可笑者，改杜少陵「天闕象緯逼」為「天閱象緯逼」，改王摩詰「山中一夜雨」為「山中一半雨」，改「把君詩過日」為過目，「關山同一照」為同一點，皆是點金成鐵手段。大抵宋人好矜博雅，又好穿鑿，故此種剜肉生瘡之說，不一而足（按：以下舉十五例為證，文繁不具引）……凡此種種，其病皆始鄭康成。康成注毛詩「美目清兮」：目上為明、目下為清。然則美目盼兮，盼又是何物？注「亦旣覯止」，為男女交媾之媾；注「五日為期」為妾年未五十，必與五日之御，五日不御，故思其夫；注「胡然而天、胡然而帝」便是靈威仰赤熛怒；注「言從之邁」言將自殺以

從之。其迂謬已作俑矣！

考源辨朔，推宋人長技於鄭注毛詩，而深詆荆公之論詩，確有所見。蓋宋人治詩，與其治經無異，故詩體尊而詩義備，此雖大成於山谷，然實啓自荆公。

不只此也，詩學既通於經學，宋代經學之流變蓋亦與詩學相若。

宋代經學，在慶曆間可以歐陽修爲代表。修著本論，盛贊三代之爲政，如井田、如禮樂、如學校，以爲儒者之於禮樂，不徒誦其文，必能通其用；然不喜談心性，並於中庸多致疑難，謂其不勉而中、不思而得諸語，皆是空言，疑其傳之謬。至王安石則不然，安石之經學，亦主致用，顧用有其本，本則心性之說是已。故安石所論，影響後世最大者，爲王霸論、爲性情論。王霸爲事功之異，而安石以爲心異所以事異，凡稱其事業爲大人者，其道之爲神、德之爲聖亦從而可知。如此，則事功直從心性中流出，性情遂不可不辨；安石同時，如周濂溪、程明道、張橫渠等，皆如是也[114]。宋學至此，遂成一大轉折，而佛氏之說入焉。夫講經術論聖學而雜以佛老，宋初無之，至安石而大啓，『宋史』本傳曰：「晚居金陵，又作字說，多穿鑿傅會，其流入於佛老」、『續資治通鑑長編』卷三六八亦載元祐年閏二月劉摯奏曰：「今之治經，以應科舉……以陰陽性命爲說、以泛濫荒誕爲之辭，專誦熙寧所頒新經、字說，而佐以莊列佛氏之書」（又見忠肅集卷四・論取士並乞復賢良諸科），可見說經而雜佛老論性命，實爲熙寧之特色。安石本人亦有楞嚴經疏解、老子注等書，陳善『捫蝨新話』卷一至有「王荆公新經字說多用佛語條」，頗可與劉摯所奏相印證[115]。凡此流變，略與詩學相似：

宋代詩學，自荆公東坡以後，多雜佛老，且由技藝間事轉入心氣之養。『冷齋夜話』卷五嘗載山谷評荆公「江月轉空爲白晝，嶺雲分晚作黃昏」「一水護田將綠遶，兩山排闥送青來」及東坡「只恐夜深花睡去，高燒紅燭照新粧」「我攜此石歸，袖中有東海」等詩，以爲：「此詩謂之句中眼，學者不知此妙，韻終不勝」（又見漁隱叢話前集卷三三引），卽其例焉。夫句中眼者，山谷題絳本法帖有云：「余嘗評書，字中有筆，如禪家句中有眼；至如右軍書，如涅槃經說，伊字具三眼也」（文集卷二八），眼，卽禪家所謂識，而識又由人之所養，故惠洪『冷齋夜話』卷四云：「句中眼者，世尤不解：語言者，蓋其德之候也，故有德者必有言」，山谷門人范溫卽本此，以作『潛溪詩眼』，發揮「詩文須韻」之說（見前文）[116]。推源溯本，蓋亦自荆公以後始然。坡翁經學，本以間雜佛老著名，朱熹至以東坡易解、潁濱老子解，合張無垢中庸解、呂氏大學解並駁之，謂爲「雜學辯」，可見時人觀感。其論詩也，又有「暫借好詩消夜永，每逢佳處輒參禪」（跋李端叔詩卷）「臺閣山林本無異，故應文字不離禪」（次韻參寥寄少游）之說，以爲「正志完氣，所以言也」（續文集卷八・送人序），則嚮之王覇顯迹於外者，漸歸於性情之所養，以是而有黃庭堅江西之宗派，非偶然也。

山谷夙與周濂溪父子稔[117]，又與晦堂祖心、圓通法秀、靈源惟清、死心悟新諸禪師相往來，故論詩文，直以輝光照見本心爲主（見文集卷三十・書舊詩與洪龜父跋其後），得其所以迹者，其迹遂若可忘。此較諸荆公事業出於心性之說，又進一層，是以論詩之法，亦稍不同，「大雅堂記」曰：

（杜子美詩）余嘗欲隨欣然會意處箋以數語，終以汨沒世俗，初不暇給；雖然，子美詩妙處乃在無意於文，夫無意而意已至……使後生輩自求之，則得之深矣，使後之登大雅堂者，能以余說而求之，則思過半矣。彼喜穿鑿者，棄其大旨，取其發興於所遇林泉人物草木魚蟲，以為物物皆有所託，如世間商度隱語者，則子美之詩委地矣（文集卷十七）。

蓋杜甫詩，隨人所見，略有三等：始焉者見其句律精深、語法雄奇，此滯於文，得其迹者也；其次則知杜公詩律之沈鬱，類由性情之忠愛悃厚而來，於是就其迹而原其所以迹，於詩中草木蟲魚，皆謂爲有所託也；又其次者，始能得意忘言，謂杜甫妙處端在無意於文，無意而意已至，得其所以迹而忘其所迹也。荆公論詩，不免於次者，故似鄭箋毛詩，如隨園之所譏；山谷亦欲箋詩，然僅欲隨其欣然「會意」處，聊識數語而已，視荆公一派論詩手法，殆又進之。南宋詩家，雖或才識所限，窘於山谷「杜詩韓文無一字無來歷」之說，罕得會意忘言之妙，然論詩祈嚮，仍以山谷此意爲依歸，謂余不信，請以劉克莊評陳禹錫補注杜詩事爲例——

陳禹錫以趙注杜詩爲本，更爲補注，謂杜公所以光焰萬丈、照耀古今者，在其顛沛流離、不忘君父，故研尋補綴唐史，必使史與詩無一事不合；單字半句，必穿穴其所本。后村見之，跋其書曰：「詩人之意，或一時感觸，或信筆漫興，世代既遠，雲過電滅，不容追詰。若字字引出處，句句箋意義，殆類圖象罔而雕虛空矣」，味其語，與山谷正自相肖，故其論詩亦云：「參透黃陳向上關，肯將風月乞揚幡」（和張使君）「少耽章句老明農，無意爲文忽自工」（秋旱繼以大風卽事）⑱。

推尋此例，可知宋文化自中唐漸次形成孳乳以後，經晚唐宋初而坎陷，經慶曆文化運動而復甦，至元祐始得完成。而黃庭堅承慶曆熙寧之後，實爲宋型文化之最佳代表與典型；江西詩社宗派，卽承此典型而產生者也。南宋以後之文化發展，類亦循此典型而更衍，初未嘗別鑄新樣，以自外於此一型式也。斯猶理學之發展焉，明道頗似荆公，伊川則於荆公所說更上一解，南宋皆祖伊川，以朱熹爲集大成，雖迭經政治迫害，亦不能遏。此非其本身自有其實質內容與發展乎？若江西非由此發展而具此內容，後世亦何所學焉？

復就南宋之學江西者而考之，除四靈晚唐一系代表宋文化坎陷期之特徵外，似尚無人能脫離江西牢籠，即以反江西爲名者亦不例外。舉例言之：元遺山，金源之魁傑也，論詩素薄江西，然而著論曰：「論詩寧下涪翁拜，不作江西社裏人」，標舉清眞天然，遂以蘇黃以後正統自許⑲。嚴滄浪，南宋之畸人也，痛惡江西，自比於取心肝劊子手，而以禪喻詩，昌言不落言荃、不以才力議論文字爲詩，實即山谷舊轍。後世或見此二家皆以反江西爲名，即謂江西至此已衰，不省江西在劉克莊時尚且人人勾牽入派，而所謂反江西者，亦由學者不得其眞而來，非能別張一軍以開新猷也。故曰江西詩社宗派之產生，實由其本身所代表之文化實質有以致然，非偶爲苟然適至之應也。

二、呂本中批評意識之產生

雖然，江西宗派代表宋文化定型後之典範，僅爲一事實問題，面對此一事實，而提出批評與描述，則爲一認識之問題。譬如理學至伊川而定型，是爲歷史事實；李元綱因撰「聖門事業圖」，以歷代聖賢大中至正之道，經堯舜禹湯文武周公孔子，而至顏子曾子子思孟子明道伊川，爲傳道正統，則爲認識之問題。凡認識之問題，不當考之歷史事實爲已足，而尤當究其認知意識之所起。例如李氏所作此圖，名堯舜以迄明道伊川諸人爲正統，則其意識中必已有「正統」之觀念，始得用此觀念考察歷史事實，而造爲此圖也。圖既成，覽者苟因其圖而得此一傳道正統之觀念及李氏對歷史之解釋（正統之中無漢唐儒者，即代表李氏等人對歷史之判斷與解釋），則必心目中已有類似李氏之意識存焉，否則於此即不能首肯。換言之，批評意識之產生，亦須有其外在條件也。李氏「聖門事業圖」如此，呂本中「江西詩社宗派圖」亦然。

據『雲麓漫鈔』卷十四所載，呂本中自謂：「國朝歌詩，至豫章始大出而力振之，後學者同作並和，盡發千古之秘，無餘蘊矣；錄其名字，曰江西宗派，其源流皆出於豫章也」，宗派之祖爲山谷，其次陳師道以下共二十五人。依呂氏之說及其圖，可知呂氏所以繫列此二十餘人者，在於社集之觀念、宗族之觀念與夫正統之觀念。而呂氏之所以有此類觀念，亦由當時社會一般意識使然。

此三類觀念，其實互有關聯，往往密不可分，然中亦有別：社集與宗族，乃當日社會羣體組織之結構，正統，則由此社會組織所紬繹而得之思考模式與價值取向也。今欲考呂居仁批評意識之起，必當就此三端，稍予說明。

甲、宗族結構

請先論宗族。

宋王明清『揮麈錄』嘗論呂本中一族曰：「唐朝崔、盧、李、鄭及城南韋、杜二家蟬聯珪組，世爲顯著，至本朝絕無聞人。自祖宗以來，故家以眞定韓氏爲首，忠憲公家也。……東萊呂氏，文穆家也。……兩浙錢氏，文僖兄弟也。皆爲今之望族」，蓋唐末五代世家大族，經結構分化後，世族雖不如世人所云「業已崩潰」（朱弁『曲洧舊聞』卷三：「後二十年間居洧上，所與吾遊者皆洛許故族大家子弟」可證），然權力既與宗族分化，昔蟬聯珪組、世爲顯著之家，卽罕有聞人矣。新興大族，如范氏仲淹家者益多，勳業或顯或不顯，惟眞定韓氏、東萊呂氏、西浙錢氏諸家，衣冠相繼，族望最盛，故『揮麈錄』卷二又曰：「本朝一家爲宰執者，呂氏最盛：呂文穆（蒙正）相太宗；猶子文靖（夷簡）參眞宗政事，相仁宗；文靖子惠穆（公弼）爲英宗副樞，爲神宗樞使；次子正獻（公著）爲神宗知樞，相哲宗；正獻孫舜徒（好問）爲太上皇右丞。相繼執七朝政，眞盛事也」。呂本中爲好問子，喬木世家，蔚爲中原文獻之所歸，而自呂公著以下七世二十二人，又皆登入宋元學案，則其人以宗派觀念繫列一代史事，自屬當然之義⑫⓪。

顧宗派觀念不只呂居仁一人特殊家世背景始能有之，自宋興以來，以迄慶曆元祐以後，人皆如是也。如山谷次韻謝黃斌老送墨竹十二韻：「吾宗學湖州，師逸功已倍」、汴岸置酒贈黃十七：「吾宗端居叢百憂，長歌勸之肯出遊」，凡贈同姓必稱吾宗，唐人未必然也。此蓋宋承唐末五代大亂之後，大家族同族體制不易維持，漸就潰散；至慶曆後，宗族意識勃興，而經濟復甦，族羣亦易藪聚，是以宗族觀念漸次強化。凡此蛻衍之迹，昔人雖所罕言，然亦不難稽比史料而知之也。——如

『續資治通鑑長編』卷九、開寶元年六月癸亥條：四川及山南諸州百姓，祖父母父母在者，子孫多別籍異財。詔長吏申戒之，違者論如律。

翌年八月丁亥條又云：

今川陝諸州，察民有父母在而別籍異財者，其罪死。

蓋五代喪亂，人戶流離，力往往不足以瞻宗族，故至有宋開國之初，諸道別籍異爨者猶多，而政府則

致力於收合族、聚羣居，以保養士民。民間亦以此爲事，如『金石續編』卷一四所收石介撰石氏墓志云：「吾祖之初來，既鮮兄弟，亦無族姻，……久之始生高祖逵、高祖乃生曾祖七人，石氏於是遂蕃長。……且五代兵寇之時，中原用武，諸祖又皆敏有材力，習戰尙勇、騎射格鬪，豪於鄉里」；呂南公『灌園集』卷三十臨川王君墓志銘謂宋初平閩以後，「處士之鼻祖實始挈家以來臨川，諱某某某者次，鼻祖以至處士者也，好善力田爲邑良門」，可視爲宋興以來宗族滋蕃之模式。李石『方舟集』卷十五鄭隱君墓志銘又載唐滎陽鄭絪之後，隱於美原：

美原，以鹽為實，主其地以致富，多詩書大家。惟鄭氏富而學者，故以衣冠持世，久且不廢……隱居世儒，……其家範儀矩付之儒術，而敎子叮嚀委之師友，而施于不倦。

此與曾鞏『元豐類稿』卷四五所載試秘書省校書郎李君墓志銘：「生五代之際，再試明經不合，退居楚丘，有田百餘頃，皆推與其族人」，皆屬衣冠舊族之存長於宋初者，與石介等南遷拓土者雖有不同，而族聚世承無貳也。凡此宗族，多以禮法自持，家守嚴謹，彼鄭氏者固無論矣，卽石介亦云：「曾祖治家□□，晨起令諸子弟畢先趨田畝，羣子弟無敢後者」，足見唐代世家禮法之風猶存勿替，五代瞀亂動盪之後，宗族猶能遍興於宋，於此要非無故。

雖然，此時尙屬大亂之後，休養生息之期。流亡之餘，譜系多有不謹，加以宋行科擧誘致偏方之士，昔之爲閩蜀漢唐吏官者，咸歸治化，家不尙譜牒、身不貴鄉貫，時世然也。及至仁宗英宗朝，宗族蕃滋既定，枝繁本茂，宗族意識遂亦由是而興。以宗族爲自覺反省之對象，而有族規、有宗譜、有家儀焉：

據『金石續編』卷十五仁宗朝姜潛所撰李（忠信）公侍郎墓表：「再貢試於禮部不中，遂晦迹含光，耽樂畎畝，親執耕耨於泰山之陽，有良田百□，歲入豐羡，供伏臘外，悉以周於族人之不能自存」、神宗朝李新『跨鼇集』卷十八小一姪字革先序：「余家三世十頃田，歲時伏臘飲食祭祀冠婚慶弔於是乎出」、畢仲游『西臺集』卷十六祖畢士安丞相文簡公行狀：「賑贍宗族，賙恤故舊甚厚」：…，知宋至仁宗英宗時，周贍宗族已甚普遍，范仲淹殆亦因世之所行者而更規則化耳。「范氏義莊規則」所揭櫫之精神，實可通之於蘇洵「族譜亭記」，記曰：「凡在此者死必赴、冠喪娶妻必告。少而孤則老者字之、貧而無歸則富者收之。而不然者，族人之所共誚讓也」，斯則可視爲鞏固宗族組織之一法[121]。夫由羣居互贍至於以規律相衡致令相賑相恤，正坐宗族意識勃興之故也。族規宗譜皆此意識之產物，觀洵此記自見。

與蘇洵同時，而特重宗譜者甚多，歐陽修呂夏卿爲最著名。皇祐二年，歐陽修撰「與王深甫論世譜帖」；嘉祐五年，修所編纂『新唐書』成，其中特立「宰相世系表」，紀志表與，系譜復盛，未有盛於此者也[122]。熙寧二年，又撰歐陽氏譜圖，據蘇洵『嘉祐集』稱：「爲蘇氏族譜，他日歐陽公見而嘆曰：吾嘗爲之矣。出而觀之，有異法焉。曰：是不可使獨吾二人爲之，將天下舉不可無也。洵於是又爲大宗譜法，以盡譜之變，而並載歐陽氏之譜。以告當世之君子，蓋將有從焉」（卷十三），蓋二氏之譜，皆用小宗之法，「凡天下之人皆得而用之」，然未及大宗之法，猶屬未備，故洵又爲補之。且觀洵語，二氏製譜，實爲創法，前世無此也，後世譜例皆則歐蘇，亦猶族規皆法范氏，寧不在此乎[123]？矧歐陽修不特自修其譜，又復爲人修之，文天祥跋歐陽修所爲李氏譜嘗云：「世代源流，記載釐然，他族求如此精核，十無二三」，范文正作序，亦許爲信譜，今其書雖不存，盧陵原序俱在，不難考按。斯卽所謂譜學[124]。當時譜學最精者，世推呂夏卿，『宋史』卷三三一本傳云：夏卿「又通譜學，創爲世系諸表，於新唐書最有功」，歐陽守道『巽齋文集』卷十九書歐陽氏族譜亦云：「文忠公遊宦四方，歸鄉之日無幾，其修譜又不暇咨於族人。是以雖數世之近、直下之派，而屢有失亡。最後獨質之呂夏卿，以爲的據」，可見歐公譜學多有倚仗夏卿者，而亦唯夏卿與歐公諸人鼓吹創制，譜學始能蔚爲一世顯學也[125]。吳澄題歐陽世譜後曰：「文忠公撰歐陽氏世譜，載在文集，行於天下，如揭日月，人所共見」（吳文正集卷五五），是可以觀其效焉。金元明清，皆承其風而繼起者。『二程全書』所載兩程子之言曰：

△管攝天下人心、收宗族、厚風俗，使人不忘本，須是明譜系世族與立宗子法（卷七・二先生語六）

△宗子法廢，後世譜牒尚有遺風；譜牒又廢，人家不知來處，無百年之家，骨肉無統，雖至親恩亦薄（卷十六・伊川先生語一）

亦與歐蘇諸公爲桴鼓之應。其弟子游酢『廌山集』卷四，有家譜後序一篇，此物此志，實肇南北宋風氣。如朱長文『樂圃餘稿』卷九所收朱氏世譜，及金李俊民『莊靖集』（九金人集所收）卷八所載李氏族譜，尤袤『遂初堂書目』所錄趙清獻家譜等，皆年代較早者。南宋人所撰譜序，今可考者猶得十九種，石刻文獻尚不在其數，則譜學之盛可知矣。

呂居仁本中原舊家，與歐蘇程呂咸有交誼，當譜學方盛之際，爰取宗族派系之說，而製爲「江西詩社宗派圖」，以黃庭堅山谷爲祖，其餘諸氏爲派，其實則一詩人家譜也。其圖本作一卷，後經豐城邑官開石者，亦由宋代宗譜多刊於石也⑫⑥。蘇洵建族譜亭，刻譜於碑，固其顯例。歐公家譜，亦以石刻傳世，吳澄「題歐陽世譜後」曰：「文忠公撰歐陽氏世譜……公之子孫留潁，而二百年後，永豐之裔，以此石本示余。余何人，敢贊一辭哉？」可證石刻拓本至元猶傳，今文忠集中石本與集本尚並存焉。其他如『師山遺文』卷一所收「鄭氏石譜序」、『（同治）臨邑縣志』卷十四所收「苗氏宗派圖」、『偃師金石記』卷四所收「陳氏世系圖碑」、『山右石刻叢編』卷二十所收「裴氏族譜石刻」……等皆是。聞喜裴氏家譜序曰：「一日，遠孫裴再興與衆議曰：祖塋畔舊有碑一座，並無一字鐫刻。次後遷移村下，立在道左，積有年矣。……今欲將家譜模勒是碑，非徒爲遠近榮觀，又且爲不朽之計，顧不韙歟？族人聞者皆悅從，迺相與鳩工聚費，再加磨礱」，論族譜石刻最詳。大抵宋以石刻爲主、元則以印刷爲主，南宋刻「江西詩社宗派圖」於石，正其時也。

乙、社會組織

江西詩社宗派，或簡稱江西詩社、江西社。如陸九淵與程帥書：「江西遂以詩社名天下」、周必大跋楊廷秀贈族人復詩：「江西詩社，山谷實主夏盟」等，皆其例也。所謂社者，當時社會結構中之一組織，俱詳卷二第三章第四節「會社組織之形成」。蓋社之在宋，已爲正式之社會基層結構，爲人羣之生活區域與生存環境，故清張泰來「江西詩社宗派圖錄」以爲：「嚴滄浪論詩體：宋有元祐體、江西體。注云元祐體卽江西派。是諸家已開風氣之先矣，居仁因而結社，一時壇墠所及，遂有二十五人，爰作圖以記之」。實則居仁本未結社，二十五人年輩亦不相及，居仁且不在社中，非可妄予牽附。此特知江西之有社，而不知其社僅爲觀念之社集，而非實質之會聚，故有此誤也。然其誤不自清人始，宋人自己有之，如史彌寧「賦桂隱用王從周韻」：「詩禪在在談風月，未抵江西龍象窟，爾來結習蓮社叢，誰歟超出行輩中？我知桂隱傳衣處，玄機參透涪翁句」（友林乙稿）、張孝祥與黃子默書：「前日爲子默作江西後社字，茫然莫知所謂。至湘陰館中，有題壁間二詩者，驚嘆世間久無此作；客謂此子默詩也。歛然心服，眞可作『社頭』矣」（于湖居士文集・卷二八）之類，或比附於佛教聚法傳衣，或擬論於行社組織。凡此諸說，蓋以南北宋間社集溥盛，故居仁借以類秩江西諸賢，而當時人亦以社集看待江西也。

考社之起源，本以祖先祭祀爲事，祖社本爲一物，墨子明鬼篇：「燕之有祖，當齊之社稷」，是其顯證。書甘誓：「用命賞於祖，弗用命戮於社」、周禮春官大祝：「出師宜於社，造於祖」，祖社皆對擧成文。大抵內祭曰祖、外祭曰社。『說文』社字作　，乃立木主石主，尊而識之之形，與宗廟同意。卜辭：「辛□御□水干土　」（鐵十四・二），御卽設樂以迎祭先祖。詩小雅甫田亦曰：「以御田祖，以祈甘雨」，田主卽是社，又名田祖，可見祖社爲一物，皆藏立神主之處。後人以其立木主石主於地，復訛以爲祭地祇，非其朔義矣。蓋社本爲氏族祭祀之遺習，宗廟是也。文選褚淵碑李注：「宗，宗社也」，爲藏神主之所在。張泰來所謂：「呂居仁因而結社，一時壇壝所及，遂有二十五人」云云，壇壝卽屬於宗廟。有土者始得立廟，故社又兼指其有土而言，後世以此致訛，亦有由也。古以二十五家爲社，或以族居百家以上者共立一社，如左傳僖公二十九年：「夏，宋公使邾文公用鄫子於次睢之社，欲以屬東夷」、昭十年：「秋七月，平子伐莒，取郠，獻俘，始用人於亳社」、哀七年：「（魯季康子伐邾），師宵掠，以邾子益來，獻於亳社」之類，則或爲社稷之社矣。大抵一社羣中人，不僅「世同居，少同遊」「居同樂，行同和，死同哀」，同守同戰，同耕同耘，且祭祀同福，死恤同哀（見國語齊語）。社羣之祭，卽爲祀社；社以此而爲公衆集會之所，祈禱、誓師、獻俘、受賑、聽訟、觀民、賦事、閱兵、卜稼、要盟……等，莫不在斯。社祭時，同社中人宴戲游觀，則謂之作社。其後，氏族血緣組合之社會型態，漸次改易，同社者未必同氏族，而社遂改昔之血緣取向爲地緣取向，以鄉里爲社者，此其故焉。『漢書』所載，有鄉社縣社里社等，卽其例也。此類里社，組織亦頗嚴飭，如『漢書』陳平傳云：「里中社，平爲宰」，宰卽社中職事，洛陽出土晉「當利里社碑題名」殘石，亦載有社老、社椽、社正、社史諸職，其無職者則爲社民。社老，或曰社司、社長，多以齒長德高者爲任，掌祭祀事也。社中祭，則民會，故又稱社會。社會一辭，實始於晉，『貞觀公私畫史』載有東晉史道碩畫田家社會圖；晉王廙又別有村社會集圖，可證禮記：「惟爲社事單出里，惟爲社田國人畢作」，注釋「單出里」爲「皆往祭祀」爲不誣。宋『琴川志』卷十三福山東嶽廟記曰：「凡有求必禱焉，率以類至，號曰社會」者，則其衍波餘流耳。世但知社爲祀土，而不知社者在祀不在土，故於此，悉不得其解，於宋代村社及諸社會之詳，亦莫得而知，惜哉[127]！

既知社者在祀不在土，則有二事可論，一者遠公蓮社也，一者職業行社也。

社本爲宗教祭祀之所，遠公所創白蓮社，實卽僧徒之氏族組合也。此雖民間聚衆結會之始，亦非突兀而至，乃佛教入我中國後，受我社會組織影響而創設者。蓋淄流在四民中無所歸屬，且旣剃度出家，亦與祖宗血緣斷絕關係，苟不自成一族，未免茫茫無所依傍。故凡入社者，皆視爲族類。後世之聚衆結會，多起於流亂無所依歸之民者，亦此類也。如唐宋以前之隋末譙郡「黑社」「白社」，宋之亡命社等皆是。『宋史』曾鞏傳：「章丘民聚黨村落間，號霸王社」、薛顏傳：「耀州豪姓李甲，結客數十人，號沒命社」、石公弼傳：「揚州羣不逞，爲俠閭里，號亡命社」，岳飛傳：太行山忠義社梁興等百餘，慕岳飛義，率衆來歸，……等，咸與蓮社性質相近。後人徒撫遠公蓮社之名，爲詩禪合一之藉，不曰江西一社，源於白蓮；即謂呂紫薇家世禪學，上襲慧遠。何其謬哉[127]？

職業行社，起於里社鄉社之後。以隋唐間坊里劃分，本以職業爲主，里社亦卽爲職業同行，於是坊里同行者自爲一社，昔之血緣而地緣者，今寖假由地緣而爲職業矣。及乎中唐市制崩隳，同業者不限於坊里，故又以行團爲社會。同行者，同祭祀也，其自視亦若一宗族然。顧此時所謂團行之社，已非身分取之團體，而爲契約取之團體，其同行者，僅以同行之事爲社，其他生活則未必與此行有關，故又有其他社集起焉。譬如某甲，以販米爲業，則自屬米行社會無疑也；然此人又好吟詩及雜劇，且拜八仙，故亦不妨同爲吟社、緋綠社及八仙社中人。凡此生活中同聲相求同類相聚者，咸有社集，斯唐末兩宋之特色也。英倫敦博物館藏敦煌文書第壹四七五號紙背社司狀文二通、第五八壹三號社司轉帖、法國第叁六叁六號紙背吳懷實契卷、同第三三一六號紙背投社人何清清狀、第三九八九號唐昭宗景福三年甲寅歲五月十日結社立條文書、第三四八九號敦煌文書戊辰年正月廿四日坊巷下婢團座商議立條結社文書……等，所載有關唐末庶民結社者甚多，皆可爲此特色佐證。如法國第三九八九號敦煌文書景福三年五月十日結社立條轉帖云：

景福三年甲寅歲五月十日。燉煌義族後代　郎。雖擇良賢。人以類聚。結交朋友。追凶逐吉。未及政條。今且執編條。已後街懺（懺）相見。恐失禮度。或則各自家內。有其衰禍。義濟急難。若有凶禍之時。便取主人指撝。不問車轝。便雖營辦色物。臨事商量。立條後。各自識大故小。切雖存禮。不得緩慢。如有醉亂拔拳。充突三官及衆社。臨事重有決罰。立此條後。於鄉城恪令。便推追遂行下。恐衆不知。故立此條。用為憑記。

衆請社長　翟文慶　文　衆請社官　梁海潤

請錄事　氾彥宗　彥宗　梁加進　進

索康三　乎　陳江慶　ヌ

高什德　什德　張若緣　食

梁義深　義深　梁海俊　小泄

索澤子　β　渾盈子　ナ

盧忠建　气

同社諸人既非同業，又非血親。其結社宗旨，亦不在共保職業福利，而在結交朋友、急難相濟。社中人臨事商議、禁止兇暴，則無異民間守望相助之組織也。『禮記』云：「禮行於社」，此猶存古意也。程顥所制「會約」（宋史本傳：「鄉民爲社會，爲立條旌別善惡，使有勸有耻」），即用其法，非有他妙巧焉。『渭南文集』卷十九「會稽縣重建社稷記」云：「宋興文物寖盛，自朝廷達於下州邑蕞，社稷之祀略皆復古」，碻爲一時實錄者，以此。[129]

大抵「社」至宋始形普遍，上承唐末風氣，更形蔓衍，不唯知識份子有之，庶民亦有之；不唯州郡有之，里邑亦有之。近世人類學家研究鄉市文化，有「大傳統」（great tradition）與「小傳統」（little tradition）之分，即知識階層文化與庶民文化之別也[130]。二者往往積不相容，不易尋得互相關鎖之主題。若「社」之在宋則不然矣。中唐以後，知識階層與市民文化，關係特深，已詳二卷四章一節；以社考之，其義尤晰。例如『宋史』孫覺傳云胡瑗有弟子千數，別其老成者爲「經社」，『直齋書錄解題』以此著錄孫覺『春秋經社要義』一書。而民間亦別有經社也，『慶元條法事類』卷八十雜勅條云：「僧道結集經社、聚衆行動者，各杖一百」、『至順鎭江志』卷八丹徒縣云：「宋嘉定五年，夏旱，五月六日，諫壁農人劉某等，偕社衆在廟誦經」、『樂全先生文集』卷廿一論京東西河北百姓傳習妖教事云：「里俗經社之類，自州縣坊市，至於軍營，外及鄉村，無不響風而靡，所由來者漸矣」……，諸如此類，可見社事已爲當時社會普遍羣體結構，知識階層與庶民文化相互涵容，難以遽分。『武林舊事』『夢粱錄』諸事所載杭俗社會，可以覆按。北宋中葉以後屠沽市兒雜入詩社者，其理蓋當如此。然非宋初所能有也。

宋初天下麤定，得位者既不自以爲安，覬覦者又不自甘於默，於是風聲鶴唳，頗以社事爲諱，『續資治通鑑長編』卷二九所載端拱元年開封府尹王元僖所發「陳三更、董半夜」事，卽其類也。其他如太祖乾德五年四月，禁民賽神爲競渡戲、及作祭青天白衣會；開寶四年十一月，又禁軍民男女結義社；五年八月，禁西川民歛錢結社及競渡；天聖五年八月，禁民間結社，祠嶽瀆神，私置刀、楯、旗、旛之屬⑬。胥可見宋雖承唐，然至仁宗天聖間社事猶在禁止之列，至仁宗慶曆後則大變：慶曆中有徐祜九老會、馬尋六老會；嘉祐間有杜衍五老會；元豐間又有徐師閔九老會、文彥博五老會；而富弼文彥博所集洛陽耆英會，尤爲後世所艷稱；元豐六年，彥博又集同甲會、司馬光亦集眞率會。諸會社雖本白傅七老之會九老之圖，然與宋初李昉宋琪等人慕樂天之所爲，而欲作九老會未果者相較，其變可知也。必經此變，社會始能復甦，故元豐之後，迺有元祐間南北諸詩社興起焉（『宋詩紀事』三十六載汪藻春日詩，引『遊宦紀聞』曰：「此篇一出，爲詩社諸公所稱，蓋公幼年作也」，藻生於元豐二年，幼年必在元祐紹聖間，故全祖望「句餘土音序」亦云：「吾鄉詩社，其可考者，自宋元祐紹聖之間」）。其起既與元豐慶曆宗族意識復扇之風有關，而民間本此，以起社會之俗，其勢亦不難考見。

宋室南渡後，此勢未衰，且加烈焉。『夢粱錄』卷十九：「文士有西湖詩社，此乃行都縉紳之士、及四方流寓儒人，寄興適情賦咏，膾炙人口，流傳四方，非其他社集之此」，全祖望「句餘土音序」：「建炎而後，汪太府思溫、薛衡州明龜、王宗正衍，相與爲五老會，以孝友倡鄉里敦龐之俗，而唱酬亦日出」，皆呂居仁撰江西詩社宗派圖時事也。居仁以後，詩社益多：宗偉、溫伯有詩酒之社；周必大、史彌寧各有詩社；樂備、范成大、馬先覺結詩社；曹邍有豫章詩社；王齊輿致仕後營雲壑園，與名公鉅卿唱酬，語多奇崛，社中目為詩虎；晉江廣福院僧法輝，禪餘以詩自娛，與呂縉叔、石聲叔、陳原道為同社；曾原一紹定中與戴石屏結江湖吟社；趙葦江有東嘉詩社；「慶元嘉定而後，楊文元公、袁正獻公、劉宣獻公，寓公則呂忠公，多倡和於史鴻禧碧沚館中。顧諸公以道學為詩，不免率意，獨宣獻不在其例耳。同時高疏寮、史友林，別有詩壇，則從事於苦吟者也。史樞密宅之兄弟，偕郞壻趙侍郞汝楳輩，在湖上又為一社。咸淳而後，甬上之士不見用，禮部尚書高衡孫、軍器少監陸合、知汀州汪之林而下四十餘人，一月為一集，顧其作少傳者」……諸如此類，盛況可想。至於陳起桐陰之社，謝翶月泉之吟，或為江湖書賈，或屬易代遺民，情有難禁，辭無不達，咸追風以鬪韻，或沿波而得奇，飈流所至，漪歟盛哉！若月泉吟社稿中所載，當時杭州尚有杭淸吟社、古杭白雲社、孤山社、武林九友會、武林社等，今皆不可考；要其本慶曆元祐以來風氣，更就推衍者，無可疑也。方呂居仁作圖時，社集方盛，爰因之以繫江西之宗派；及此圖流傳於南宋時，社集愈溥，故本之為南北之集會。江西之所以為宋詩宗主，豈無由哉⑬？

丙、正統觀念

宗派與社集，咸有祭事，前文述之已詳。宗族中因分主流與旁支、本幹與派生，故有所謂宗、有所謂派。宗者祖也；其下則大曰支、小曰派，稱某支某派者，小宗之子各自統其屬也。玆又有所謂正宗、有所謂別派，秩其血統親疏、淵源邇遠也。於社亦然，其為社者，曰盟曰壇，皆歃血誓神事也

⑬。同社諸人，卽擬若宗族然，故呂居仁曰江西社中諸人，以山谷爲祖；方虛谷撰『瀛奎律髓』，亦有釋菜祠祭之說，推其本，則一也。

虛谷『桐江集』卷二八「詩思」十首，自擬爲仲尼刪述事業，以傳道自期，而其言曰：「老子持公論，評詩衆勿驚：更無雙子美，只有一淵明；響接東坡和，肩隨太白名。吾嘗圖畫像，釋菜四先生」（其二）「萬古陶兼社，維堪配饗之？赦還儋耳海，謫死瘴城宜；無己玉堂凍，去非榕嶺馳，更添韓與柳，欲築八賢祠」（其三）。試觀其語，則所謂釋菜、配饗、祠堂者，皆宗派祭祀之觀念也。以此諸人爲可堪禮祠饗祭，則意中已有一價値判斷在：其判斷者何？此諸公爲正流，餘子碌碌，皆支裔別派也。何以知其如此？曰虛谷自有詩爲證，『桐江集』卷三引劉元輝「觀淵明工部詩，因嘆諸家之詩有可憾者二首」，賞其「三百五篇既刪後，寥寥正派有傳否」之說，而摘駁「惟餘陶杜知其道，便只蘇黃駁未純」諸語，詩思十首中，謂蘇黃足堪配饗陶杜，殆爲此等議論發也。

自居仁以迄虛谷，論江西者既無不預啣一正流別派之觀念，橫亙心中，則此觀念果與南北宋間社會文化意識相合乎否？果然合也，則呂居仁批評意識之起，要非無根；而後世翕然從同，亦有時代背景在。果然不合，則一家偶然苟且之私議，遽爲天下後世奉爲圭臬，寧不可笑？然乎不然，余雖蒙闇，試一考之。

案：自姚範『援鶉堂筆記』卷十三以下，世之論正統者，多謂正統二字，乃撮春秋『公羊』隱公二年「君子大居正」及隱元年「大一統」之義而成。又或曰五德終始正閏之義，實後世論正統者之所本。夷考其實，蓋皆非是。正統觀念，起自宗廟制度，舊嘗爲文考之綦詳⑭。『漢書』郊祀志曰：「

宣帝即位，由武帝正統興」，統指一姓本宗傳嗣胤緒而言，宗子爲正統，王者又爲天下之大宗，故以正統名其傳位之正也。傅季「王命敍」云：「自我高祖襲唐之統，受命龍興」，亦就血統承遞而言。其後史學中之正統論，復多與修史有關，而史乘猶家乘也，史著之所謂僞統，即如宗譜中之私生子，來歷不正，不入世系中，不與正統、不入正譜。以此而有附譜之例，專載此類不倫血統，以示與正統不同，如『蓬島郭氏家譜』云：「私生子義不入譜，玆……另設附譜以示區別。其母削去娶字、死削去妣字、子女削去名字行、於名下書養字」。此類辦法，史家亦屢用之，如黃文暘『通史發凡』，即將僞統附於正統之後，不稱國號，但云汴盜朱溫、降將趙構耳。蓋此政治正統之起，實授宗族正統而來，賀循「宗議」：「族不可無統，故立宗。宗位既定，則常尊歸之，理其親親者也。故爲宗子者，雖在凡才，猶當佐之佑之，而奉以爲主，雖有高明之屬，盛德之親、父兄之尊，而不得干其位者，所以全正統，而壹人情也」（全晉文卷八八）、范汪「祭典」：「大宗者，人之本也，尊之統也」（全晉文卷一二四、又見通典卷九六）、曹述初「出後者卻還爲本父服議」：「張湛謂曹曰：禮所稱爲人後，大宗所以承正統，若非大宗之主，所繼非正統之重，無相後之義」（全晉文卷一四一）……等，皆堪佐證。凡正統論必興於譜牒盛行之世，厥故斯在[135]。

宋興以來，論正統者初猶承唐人歷數之說，如『冊府元龜』閏位部、僭僞部、創業門、繼統門，龔穎「運曆圖」之類，遠紹漢儒曆運之說及唐王勃『大唐千歲曆』、王起『五位圖』、路惟衡『帝王曆數圖』等，推子午卯酉與五運元王，以分正統之繫，與後世所謂正統者不侔。蓋五德相勝，但別正閏，無所謂統；統緒之繼，正僞之分，又與五德相生之說無關，則中唐以後論正統者勿取斯義，理固然矣[136]。——柳宗元「貞符」痛駁董仲舒三代受命之說，見柳河東全集卷一，韓門弟子皇甫湜亦有「東晉元魏正閏論」，論正統之系譜曰：「我（唐）受之隋，隋得之周，周取之梁，推梁而上，以至堯舜，得天統矣」又曰：「晉之南渡，人物攸歸，禮樂咸在，流風善政，史實存焉。……（元魏）斬伐之地，雞犬無餘，驅士女爲肉籬，委之戕殺；指衣冠爲芻狗，呈其屠刈，種落繁熾，歷年滋多。此而帝之，則天下之士有蹈海而死、天下之人有登山而餓，忍食其粟而立於朝哉?!」（皇甫持正集卷二、又見唐文粹卷卅四），舉統緒之傳承，判文化之優劣，宋慶曆以來論正統者，蓋皆其流類也。

歐陽修正統論七篇，包「原正統論」「明正統論」及秦、魏、東晉、後魏、梁諸論；其後刪爲序論、正統論上、正統論下及或問，入全集卷十六；正統辨上下則附入外集，收全集卷五九中。其說黜五德歷運爲統之義，謂爲昧者之論，非聖人所言；而云正統者所以統天下之不一也。其後如章望之、蘇軾、陳師道、畢仲游、司馬光、黃裳……等，於此俱有考辨，不可歷紀。然余觀其說之尤要者有二：

一曰重統之傳。正統之所以有疑者，皆起於傳承問題，如歐陽修「正統論」序論曰：「太宗皇帝時，嘗命薛居正等撰梁、唐、晉、漢、周事爲五代，凡一百五十篇。又命李昉等編次前世年號爲一編，藏之秘府，而昉等以梁爲僞。梁爲僞，則史不宜爲帝紀，而亦無曰五代者」「夫梁固不得爲正統，而唐、晉、漢、周何以得之？」蓋梁爲僞，漢周等亦皆爲僞，宋之統何所承焉？『新五代史』及『通鑑』皆不僞五代者以此。清宋實穎譏歐公不僞梁，失春秋之志，著「黜朱梁紀年論」以非之，何其謬哉?!大抵論正統者，所爭議處皆在繼承其統之問題，爲解決此問題，迺各有其解答與處理繼統問題之標準。今者考論宋賢正統之說，苟不能振抉本株，徒亂於枝葉扶疏之趣，非善讀史者也。

二曰統可以絕而復續。統本重其傳，猶世重其次也。然政事究不同於宗族，「至其斷而不屬，則猥以假人而續之，是其論曲而不通也」（正統論下）。無已，則有所謂絕統，以爲統可絕而復續，其傳，遂不必繼繼不息焉。此說亦由解決繼統問題而來，倡之者歐陽修也。「正統論下」曰：「正統有時而絕也，故正統之序，上自堯舜，歷夏商周秦漢而絕，晉得之而又絕，隋唐得之而又絕。自堯舜以來，三絕而復續。惟有絕而有續，然後是非公、予奪當，而正統明」，統之絕與不絕，繫於道德之正，而實卽在於論者之價值判斷耳。此說於繫年史中，甚難運用，殆由此故，然影響於宋人正統觀念者深遠矣⑬⑺。

宋人文統與道統之說，咸本諸正統論而來，故於此二事，關係邃密。晦齋所撰「簡齋詩集引」曰：「詩至老杜極矣，東坡蘇公、山谷黃公奮乎數世之下，復出力振之，而詩之正統不墜」云云，自堪佐證。凡論傳道正統者爲道統、傳詩正統者爲詩統、文章正統者爲文統、宗教傳法正統者爲法統，分別部居，而皆出於一。今於道統、法統諸說，暫不具論，請略言詩文之統，以見兩宋金元間此類意識之溥盛也。

正統者，本出於氏族宗子之義，爲天下之大宗，故正統又或曰正宗；其文章蓋世，人所尊仰者，則若族中所宗宗子然，故又名爲宗主盟主。如眞德秀有『文章正宗』之作，元遺山病中感寓贈徐威卿兼簡曹益甫高聖舉待亦云：「正賴天民有先覺，豈高文統落私權」，陳善『捫虱新話』則稱：「一代文章，必有一代宗主」，凡此云云，咸與魏了翁「唐文爲一王法論」中所謂：詩文正統論，蓋卽在

「任斯道之託，以統天下之異」（鶴山先生大全集卷一百一）相似[138]。

正統者，所重在其傳授，故重淵源；而淵源本自擬諸氏族，故又或曰正宗別派、曰脈傳、曰家法。如呂本中卽撰有『師友淵源志』，斯與考亭『伊洛淵源錄』同也。其集中又有「詞源久矣多歧路，句法相傳是一家」（次韻吉父見寄新句）之說，試觀晦齋「簡齋詩集引」及山谷「答王子飛書」所云：「（陳履常）作詩淵源，得老杜句法」（集卷十九），則皆同一觀念也。且玆所謂一家相傳、淵源有自云云，實與正宗論者所揭櫫旨趣相似，眞西山『文章正宗』序不云乎：「正宗者，以後世文辭之多變，欲學者識其源流之正也」。其他如此類者孔多，如陸游『劍南詩稿』卷二十一：「願公力起之，千載傳正統」（喜楊廷秀秘監再入館）、曹勛『松隱文集』卷卅三：「涪詞翰自是一種家風，讀之使人增宗派之氣」（跋山谷書）「黃太史以詩專門，天下士大夫宗仰之。及觀其父所爲詩，則爲江西正脈有自來矣」（跋黃魯直書父亞父詩）汪藻『浮溪集』卷二十二：「承作者百年之師友，爲詩文一代之統盟」（知撫州回韓駒侍御啓）、元遺山「閑閑公墓志銘」：「文之廢興可考也，……及翰林蔡公正甫，出於大學大丞相之世業，……唐宋文派乃得正傳」、郝經「遺山先生墓志銘」：「汴梁亡，故老皆盡，先生遂爲一代宗匠，以文章伯獨步幾三十年。……方吾道壞爛，文曜噎昧，先生獨能振而鼓之，揭光於天，俾學者歸仰，識斯文之正，而傳其命脈，繫而不絕，其有功於世又大也」（陵川集卷卅五）、王義山題才夫石城詩集：「只因住在修江近，接得涪翁一派來」、朱熹答鞏仲至：「文章正統在唐及本朝各不過兩三人」（文集卷六四）、戴復古題鄭寧夫詩卷：「詩家體固多，文章有正脈」（詩集卷一）、何夢桂・杜學正竹處詩序：「是鼻祖之文脈詩派，殆私於君而不可與世之學詩者同日語也」（潛齋文集卷六）……等，皆世所著名，足以考其成說之底蘊者也。

大凡此類說法，側重於家法宗系傳承受授之統，雖曰淵源可考，而皆不免於武斷。故呂本中作圖，當時已有不樂於入派者，其後如胡仔、曾季貍、趙彥衞、陳振孫、劉克莊等，皆嘗見疑，謂其去取之意可商。斯蓋與論正統道統法統者同也。議正統之紛紛，固無論矣；道統之說，宗人亦自有疑其系統判定不公者，陳同甫周草窗，其尤著者耳，朱彝尊『道傳錄』序曰：「凡著書言道統者，輒斷自周子始，飮流或忘其源、知末而不揣其本，吾嘗未慊於中也」，於法統之判，蓋亦如此；宋代天臺與禪宗所爭付法次第，因有『佛祖統紀』『釋門正統』『傳法正宗記』『正宗論』等書，此警彼訾，斷斷不已[139]。或者見之，遽謂統之云云，直類蜚言，不爲典要，非經籍與歷史之系列，而僅爲哲學之統系而已。其說蓋有理致，然非余所知也[140]。竊以爲文化自覺本身卽具有價值意識（conciousness op value）之潛在判斷；中唐以來文化自覺，亦以表見於價值判斷之歷史意識爲最著。此類歷史意識，初不在建立客觀之歷史，而實乃就往古諸歷史事實中，揀擇一二合乎我人價值標準者，賦予意識，以待後人法效之也[141]。其說之所以多歧，正由諸家價值判斷之標準或有異同，故方虛谷云：「余平生持所見，以老杜爲祖，……此詩之正派也，餘皆旁支別流」，正派與旁支，其判斷實非二者本身定有乖闕，而在於論者所持見解之判斷耳。持所見者不同，所見正派與旁支卽不必從同，如嚴滄浪是也。滄浪論詩主第一義，謂小乘禪與聲聞辟支果皆非正也。其所稱正與不正、第一義第二義，皆價值判斷事；其不能不有判斷者固與方虛谷呂居仁弗異，而所見漢魏晉盛唐爲第一義，則顯與虛谷所見差池矣。論者但據其差池者言之，則滄浪誠或異於江西；然若考其所以差池之故，斯又同轍騈馳，塗囿無殊者也。

唯其與呂居仁方虛谷無異，故滄浪論詩亦言家法家數，「詩法」：「辨家數如辨蒼白，方可言詩」，所謂家數，實卽風格，故自註云：「荆公評文章，先體製而後文之工拙」。今案：文統道統，雖擬諸氏族，然授受傳承之間，非必有關係碻切如父子祖孫而可考者也，故所謂「句法相傳是一家」，咸自風格逆推而得。因其體製，卽可劃分其家數（「味其句法，知某某之詩爲有自」）；然家數本有正僞之別，於是作詩者於風格家數之辨，必謹於工拙之分。後世論道統者，必曰：「旁流之至聖，不如正路之賢人。故道統寧中絕，不以旁流繼嗣。何者？氣脈不同也。余嘗曰：『寧爲道統家奴婢，不爲旁流家宗子』」（呂坤・呻吟語・談道），不猶此歟？方虛谷論詩，首曰高格，與嚴羽同意。律髓卷二一云：「詩先看格高而意又到語又工爲上，意到語工而格不高次之，無格無意又無語下矣」（批曾茶山上元日大雪），卽荆公先體製而後工拙之說也。論詩文正統者，其後多趨於風格論，固不僅呂紫薇一人爲然[142]。

【附　注】

① 『四庫全書總目提要』卷一五〇曰：「唐自貞觀以後，文士皆沿六朝之體，經開元天寶，詩格大變，而文格猶襲舊規。元結與（獨孤）及，始奮起湔除，蕭穎士李華左右之；其後韓柳繼起，唐之古文遂蔚然極盛」（毘陵集）、又曰：「大曆以還，詩格初變，開寶渾厚之氣，漸遠漸漓，風調相高，稍趨浮響，升降之關，十子實爲

之職志」（錢仲文集），皆可參看。今案：就文化表現而劃分之，則武后以後爲盛唐、安史之亂以後爲中唐，宣宗以後爲晚唐。然其間詩人文士生卒頗有跨越年限者，且文化之表現，類皆漸漬而然，亦難斷然劃分，如杜甫、皎然之詩與詩論，定當屬諸中唐，而其人則未必。故今所論，輒以元和爲中唐之代表，謂中唐文化至元和長慶間，漸成典型也，觀者勿復泥之。宋人於中唐盛唐有時不甚別白（如司馬光『續詩話』云：「唐之中業，文章大盛」，而所舉乃爲天寶間之暢當王之渙），原因或即同此。

又，元和新體之爲復古，今人以陳寅恪論之最詳，見所著『元白詩箋證稿』第五、六章。郭紹虞『中國文學批評史』第五篇第二節，論唐中葉復古之風，雖亦謂其即爲開新，然郭氏於文學之演進與復古，觀念本多懵然（見其書第一篇總論），故所論殊不中的。

② 見陳寅恪『隋唐政治史述論稿』下篇、章羣『唐史』第九章。

③ 唐自至德以後，進士策問，以時事爲多。士非依誦舊文，即能高第，必須揣摩時事，思有所用，此即易引起政治意見及權力之衝突。元和四年，進士李宗閔與牛僧孺應制科，對策指切時政，言甚鯁直；李吉甫爲宰相，不能容，訴之於憲宗，主考之官，皆以是獲罪，而成嫌隙，足以證明朋黨者多由政治勢力之爭執、及政治意見之不同而來，削藩與削兵諸事，即其爭議之重心。

④ 外朝之朋黨，無不與內朝之宦官相勾結，以內宦握有禁軍，可爲依憑故也。然政治見解中，中外自有不能融合處，朝士進身及鬪爭，雖多引內宦爲奧援，實際秉政，則輒自張其抱負。故中唐朋黨之爭，宦官實爲其工具。

⑤ 黃巢屢擧進士不第，與王仙芝共販私鹽於江淮間。

⑥ 唐士猶不脫貴族豪奢習氣，其寒人進仕者亦以追逐嗜利享樂爲事，加以藩鎭驕兵，本無文化理想，遂競以侈靡相尙。大曆二年，郭子儀入朝，代宗詔賜輭脚局。宰相元載王縉、僕射裴冕、戶部侍郎第五琦、京兆尹黎幹各

出錢三十萬，宴於子儀第。其後魚朝恩、田神功及子儀等更迭治具，公卿大臣列席者百人，一宴費至十萬貫。此正兵戈後經濟窘迫時也，朝廷名公尚且如此，則一般狀況中之豪士藩鎭，可以想見。士之遭嗜利腐蝕，與此社會風氣有關。

⑦此所謂國本動搖，兼指二方面：一、東南經濟遭其破壞；二、農民參與叛亂。

⑧案會昌法難本爲佛道之衝突所致，經濟則爲附帶之理由。蓋會昌元年，武宗已擧趙歸眞等八一人建九天道場，帝親傳法籙，度明經、進士爲道士。四年，以趙爲右衞道門教授先生；五年春，於尊號中中旨加道字；七月，又惡僧尼耗蠹天下，欲去之，趙歸眞等復爲慫恿，遂先毀山野招提蘭若。是會昌法難，本由武宗發之，而歸眞附之。李德裕素惡趙歸眞，會昌四年且曾上諫武宗不宜親近。而『通鑑』卷二四八乃於會昌四年八月詔陳釋教之弊、毁佛滅法之前，夾入李德裕請廢寺材修太廟；之後，夾入李德裕勸幽州使勿納僧人；且謂：「主客郎中韋博以事不宜太過，李德裕惡之，出爲靈武節度副使」，一若此事胥由德裕主之，其實不然也。且舊書李德裕傳曰：「五年，武宗上徽號，（李）累表乞骸，不許，德裕病月餘，堅請解機務」，則其於武宗行逕，本不贊成，而亦未若『通鑑』所云之專擅秉權也。故會昌滅佛，與大中五年孫樵上書請汰佛寺，殊不相類，非儒者政經之考慮、抑文化之護持，而純爲宗教之鬪爭，但緣政治經濟爲手段耳。另參克寬『寒原道論』（六六年，職經）頁一四七—一五六；許烺光『文化人類學新論』（六八年、聯經）頁五四—六二、九三。

⑨『幕府燕閑錄』曰：「唐昭宗播遷，隨駕伎藝人止有弄猴者。猴頗馴，能隨班起居，昭宗賜以緋袍，號孫供奉。故羅隱有詩云云」，陳鴻祖『東城父老傳』則云：「生兒不用識文字，鬪鷄走馬勝讀書，賈家小兒年十三，富貴榮華代不如」。

⑩楊愼『升庵詩話』嘗引曾鞏曰：「白樂天長恨歌、元微之連昌宮詞、鄭嵎漢陽門詩皆以韻語紀常事，鄭嵎詩世

多不傳」。

⑪宋范正敏『遯齋閑覽』：「唐人詩句中用俗語者，唯杜荀鶴、羅隱爲多；今人多引之，往往不知誰作」

⑫互詳上卷第四章，論哲學突破中歷史意識之勃興。

⑬吳融「貫休禪月集序」曰：「國朝能爲詩爲歌者不少，獨李太白爲稱首，蓋氣骨高舉，不失頌美諷刺之道焉。厥後白樂天諷諫五十篇，亦一時之奇逸極言，昔張爲作詩圖五層，以白氏爲廣德大教化主，不錯矣！」此不僅可見白詩在晚唐之地位，亦可見其所稱者，厥在頌美諷刺之道，與皮日休「論白居易薦徐凝屈張祜」一文相似，見『全唐文』卷七九七。

⑭張爲『詩人主客圖』序卽以李益爲清奇雅正主，入室者張籍、姚合、僧無可、僧清塞、于鵠、楊巨源，升堂者賈島、方干、馬戴、任蕃、項斯，及門者朱慶餘、喻鳧、僧良乂、僧志定等。

⑮此類作家，於元白頗爲不滿，『蔡寬夫詩話』謂司空圖論元白詩，以爲力勍氣弱，乃都會之豪估（又見司空表聖文集卷一、與王駕評詩）。范攄『雲溪友議』卷中亦云：「元白詩體舛雜，而爲清苦者見嗤，因玆有恨也」（錢塘論）

⑯唐人句圖，參見郭紹虞『中國文學批評史』上卷第五篇第三章第一節，羅根澤『中國文學批評史』第五篇，黃美鈴『唐代詩評中風格論之研究』（師大碩士論文、七十年），黃維樑「詩話詞話中摘句爲評的手法——兼論學對偶句和安諾德的試金石」（『中西比較文論集』頁六一—七八、六九年、時報）

⑰見王著『初唐詩學者著述考』（商務印書館）頁一〇三。

⑱互詳上卷第四章，論文與道之關係。

⑲五代文學，此處多參考楊蔭深著『五代文學』。

⑳西崑酬唱，始於景德三年秋冬；作品結集，則在大中祥符元年秋冬至二年春間，詳簡錦松「西崑體小史」（卷一註三五），葉慶炳「西崑酬唱集雜考」（書和人一九五期）。

㉑歐陽修詩話曰：「自楊劉唱和，西崑集行，後進學者爭效之，風雅一變，謂之西崑體。由是唐賢諸詩集，幾廢而不行」。夫西崑結集於大中祥符光年秋冬至二年春間，當年眞宗即下詔禁文體浮艷，可知行世之時甚短，而風行如此，非與時代精神相孚應，未易臻及也。

㉒雖然，不只於此類消極意義而已也。凡一統之國家，必有一統之意識，自漢唐宋明清諸朝代觀之，其開國之初，皆有修書修史等事，不專在羈縻舊臣也。義詳龔鵬程『孔穎達周易正義研究』序（六八年，師大碩士論文）。

㉓另見『中華藝林叢論』文學類之「西崑發隱」（文馨出版社重印）、劉守宜『梅堯臣詩之研究及其年譜』（六九、文史哲）第一章第四節。

㉔西崑以後，如梅堯臣「罵譏笑謔，一發之於詩」，而善用比興，所作「隱晦本旨」者甚多（見歐陽修全集卷三、梅聖俞墓志銘序）；及魏泰所云：「詩者述事以寄情，事貴詳、情貴隱。如將盛氣直述，更無餘味，則感人也淺。魏晉南北朝樂府，雖未極淳，而亦能隱約意思，有足吟味者。唐人亦多爲樂府，若張籍王建元稹白居易以此得名。其述情敍怨，委曲周詳，言盡意盡，更無餘味；及其末也，或是詼諧，便使人發笑，此曾不足以宣諷；甚者或譎怪、或俚俗，所謂惡詩也，亦何足道哉?」（臨漢隱居詩話）之類，皆可證宋人無不講隱辭譎諫者，意思須隱，不惟有關政治指涉，於詩之美學要求（所謂含蓄），亦復如之，其由中唐來，暨其所以不滿於元白，而須崇取西崑者，原因亦正在此。互詳注廿五。

㉕『四溟詩話』：「唐詩如貴介公子，擧止風流；宋詩如三家村乍富人，盛服揖賓，辭容鄙俗」（卷一），不知

宋詩本有村氣，未嘗乍富，故方虛谷評選律髓，「詞涉富貴，則排斥立加；語類幽悽，則吹噓備至」（紀昀『刊誤』序），平淡爲其本色也。徐復觀『宋詩特徵試論』一文，懷疑「北宋詩人，都有白詩的底子，所以樸素雅淡、清新平易，是他們詩的共同特徵」，實則無論是否學白，皆以平淡爲其基線，然其平淡，多非只於平淡而已，講求朴而實綺、清而實腴，故於白詩，乃是始境，而非終境，於西崑亦然。互詳註廿四、廿六。

㉖張戒曰：「元白張籍詩，皆自陶阮中出；專以道得人心中事爲工，本不應格卑。但其詞傷於太煩、其意傷於太盡，遂成冗長卑陋爾。若收斂其詞，而少加含蓄，其意味豈復可及耶？」（歲寒堂詩話卷上）

㉗「東坡嘗有書與其姪云：『大凡爲文，當使氣象崢嶸，五色絢爛，漸老漸熟，乃造平淡』，余以不但爲文，作詩者尤當取法於此」（周紫芝、竹坡詩話），夫東坡詩卽學劉禹錫白居易者，其言如此，殊甚印證。

㉘昔人輒謂唐詩含蓄、宋詩逕切。不知含蓄也者，宋人論詩之鵠的，非唐人所嘗云也；今所指爲含蓄之唐詩，皆由宋人詩話標舉而來，與唐人選唐詩眼目互異。葉燮『原詩』所云：「自漢魏至晚唐，詩雖遞變，而遞留不盡之意。卽晚唐猶存餘地，讀罷掩卷，猶令人屬思久之。自梅蘇盡變崑體，獨倡生新，必辭盡於言，言盡於意，發揮鋪寫，曲折層累以赴之，竭盡乃止。含蓄渟泓之意，亦少衰矣」，卽此類誤例之尤著者。梅氏明謂含不盡之意，見於言外，而竟以言盡於意爲訾，毋乃於宋詩太不熟稔乎？夫沈德潛『說詩晬語』雖曰：「梅聖俞蘇子美，才力體製，非不高於前人，而淵涵渟泓之趣，無復存矣」，則歸愚宗旨唐言、主乎格調，其失誤也宜矣；橫山號能知宋，亦作此語，則知明人餘習，至清猶存，遂致青白相紊，莫能是正也。

又，意新語工與含蓄古淡，互詳本卷第二章第三節。

㉙造語簡古而用意深刻，則讀者必非猝然可了，作者於含蓄與僻澀之分際間，掌握亦難恰如其分，故宋江西詩多有僻澀之稱，非有意於僻澀也，特非是不足以洗鍊刮磨，以顯其含蓄耳。山谷詩如清廟之瑟，而世嘗恨其爲「

萬人叢中一人曉」，固可勿論；后山自謂：「豫章之詩如其人，近不可親，遠不可疏，非其好，莫聞其聲；而僕負戴道上，人得易之」，則其詩似較山谷爲平易矣，而任淵猶謂讀后山詩，如參曹洞禪，非冥搜旁索，莫窺其用意深處。可見宋詩之所以爲宋詩，於此當爲特色，『碧鷄漫志』云陳無已詞妙處如其詩，但用意太深，有時僻澀，亦與此同；宋人所標擧之詩家，如柳宗元寄至味於淡泊，而張敦頤乃謂其「簡古而不易校，其用字奥僻或難曉」（柳文音釋序），理則同之，可以互參。

㉚因主張意深，則必貴乎學、養；因主張語工，則必重句法與體製。此爲宋人論詩之焦點，而皆出於言意之辨者也。

㉛東坡序歐陽修居士集曰：「歐陽子論大道似韓愈，詩賦似李白，此非余言，天下之言也」、劉邠『中山詩話』：「歐公不甚喜杜甫，謂韓吏部絕倫。……歐貴韓而不悅子美，所不可曉，然於李白則甚愛賞，將由李白超卓飛揚爲感動乎？」。案：歐公之選擇韓李，自屬慶曆以來宋代自覺反省意識活動之一，選李而不選杜，亦開宋代李杜之爭，另詳龔鵬程「知性的反省——宋詩的基本風貌」。

㉜案：歐公詩，專以氣格爲主，而平易疎暢，見『石林詩話』。其所謂氣格，即重意而不重詞，所謂「律詩意所到處，雖語有不倫，亦不復問」，與西崑之尚工巧者不同，世遂謂其爲矯西崑之弊。然詩律精密，亦歐公所不廢，故石林云歐公好詩，不專在論意不論詞，而在於「兩段大議論，而抑揚曲折，發見於七言之中，婉麗雄勝，字字不失相對，雖崑體之工者，亦未易比。言所會處，如是乃爲至道」。此與荊公意與言會者，無以異也。荊公精嚴深刻，步驟老杜，又寓悲壯於閑澹之中，別見吳之振『宋詩鈔』。

㉝見『苕溪漁隱叢話』前集卷廿二引『蔡寬夫詩話』。

㉞漁隱叢話前集卷廿六，比較晏殊王安石兩紅梅詩，而云：「介甫句意俱工，勝元獻遠矣」。句意俱工四字，即

石林此處所云者，唐宋人論詩之高境也。凡句意俱工者，亦必意遣言會，渾然無迹，見前。

㉟ 見范溫『詩眼』、張戒『歲寒堂詩話』。

㊱ 山谷得法於少陵，然乃學少陵而不爲者，見后山與秦覯書。許尹題任淵注黃陳詩序亦曰：「宋興二百年，文章之盛追還三代，而以詩名世者，豫章黃庭堅魯直，其後學黃而不至者后山陳師道無己。二公之詩，皆本於老杜而不爲者也。」案：所謂本於老杜而不爲，則可指爲學杜，亦可指爲非學杜，宋人論山谷，正有此二派，如后山云黃庶謝景初學杜，在洪芻父則云山谷父亞父自有句法，不言其學老杜也。另詳卷四註六十。後人云「李義山、黃山谷極不似杜，而善學杜者無過義山山谷」（金武祥粟香隨筆卷五）亦學少陵而不爲之義。

㊲ 劉辰翁「能仁寺建清涼軒立山谷像疏」：「江西非無半山老，似是別宗」（須溪集卷七），不知何所見而云然，徐復觀「宋詩特徵試論」極言山谷與荆公之似，甚是。普聞『詩論』：「天下之詩，莫出於二句：一曰意句，二曰境句。境句則易琢，意句難製。境句人皆得之，獨意不得其妙者，蓋不知其旨也。所以魯直、荆公之詩出於流輩者，以其得意句之妙也」，可見宋人議論之一斑。

㊳ 呂居仁以後，論蘇黃者，多以黃融攝蘇東坡，宗旨在黃而語多兼擧，金文子山谷外集詩序，更有「山谷之詩與蘇同律，而語尤雅健，所援引者乃多於蘇」之說，則不僅蘇黃同趣，且隱以黃居蘇上矣。

㊴ 汪應辰跋山谷帖云：「余所覩山谷翰墨，大抵誨人必以規矩，非特爲說詩而發也」（文定集卷十一），可證此類文化表現，初不只歌詩而已。

㊵ 山谷爲詩，嚴於格律操持，而以得意爲主，故曰：「當以理爲主，理得而辭順，文章自然出羣拔萃」（龍川文集卷十六、書作論法後引）。後人之學杜甫山谷者，亦皆如此，如張戒『歲寒堂詩話』卷上即云：「作粗俗語，倣杜子美；作破律句，倣黃魯直，皆初機爾。必欲入室升堂，非得其意則不可」。

㊶參見錢鍾書『談藝錄』頁一—五、黃秋岳『花隨人聖盦摭憶』頁三六四。

㊷卽以杜詩言之：微之所見之杜，固不同於遺山所見之杜；在晚唐宋初，力崇賈島姚合淸雅之體時，杜詩之風格則或爲「淸」也。司空圖「力疾山下吳村看杏花十九首」之十五云：「杜二其如韻律淸」者，正因晚唐宋初人以爲「姚合得其淸雅，賈島得其奇僻」（孫僅・讀杜工部詩集序）；而由於賈島姚合與杜並非異敎，方虛谷融合姚賈，始有可能，如『瀛奎律髓』卷廿六曰：「老杜此等體多於七言律詩中變，獨賈浪仙乃能於五言律詩中變，是可也喜」（變體）、卷卅四曰：「在浪仙時初出此句亦佳，后山效之則無味矣」（川泉）等等皆是。昔人只知宋初有西崑與杜詩一段轉折，而不審當時亦有姚賈與老杜之一段轉折如此，故爲拈出。二事雖異，其爲價值之選取則一也。互見卷一註七五。

㊸關於唐宋之爭與風格典型之抉擇，另詳卷一第壹章第二節、龔鵬程「知性的反省——宋詩的基本風貌」，此不贅。

㊹一詩文體製之產生，必有其所以生發之觀念與意識，此在法制規模，亦復如是，故錢穆『國史大綱』第廿五章云：「一項制度之創建，必先有創建該項制度之意識與精神。一項制度之推行，亦同樣需要推行該項制度之意識與精神」。

㊺見繆鉞「論宋詩」（收入『詩詞散論』，開明書局）。

㊻姚鼐『今體詩鈔』序目曰：「聲病之學，肇於齊梁，以是相沿，遂成律體。南北朝迄隋諸詩人，警句率以儷偶調諧，正可謂之律耳，阮亭五言古詩中既已錄之，今不更載！」可見齊梁迄隋之五古，頗易與律相紊。

㊼『王直方詩話』又曰：「山谷……每作一篇，先立大意，長篇須曲折三致意乃成章耳」，後世知此義者，莫若桐城。桐城詩家論詩，每擧古文義法爲說，故其詩亦終於爲宋詩而已。

㊽『峴傭說詩』：「少陵七古，多用對偶；退之七古，多用單行。退之筆力雄勁，單行亦不嫌弱，終覺鈐束處太少」。長古以對偶鈐束，無論五七言皆然，但後世彷習，則白之對偶多，韓之對偶少，以韓尤近於文章也。至於元稹，其對偶又別爲一種，頗似宋之四六。

㊾馮鈍吟曾謂義山有轉韻律詩，指偶成轉韻一篇而言也，『詩學纂聞』謂其乃古詩之調平而似律者。義山古詩，頗濡染於齊梁初唐風貌，此亦受其影響而然者。

㊿宋型七古之遠源爲鮑照，照與杜甫、孟郊之關係，詳呂正惠「鮑照與杜甫」（幼獅學誌十五卷二期）「鮑照詩小論」（文學評論第六集・巨流）「元和詩體之演進」（稿）。

(51)宋型七古之用韻與五古小有異同，然其趨於不轉韻則一，葉燮『原詩』：「五古漢魏無轉韻者，至晉以後漸多。唐時五古長篇，大都轉韻矣。惟杜甫五古，終集無轉韻者，韓愈亦然。宋人五古，不轉韻者多，爲得之」。

(52)意妙，故能語新，另詳錢鍾書『談藝錄』頁二四七——二五一、王夢鷗『文學概論』（六二・帕米爾書店）頁二、第三章。

(53)『苕溪漁隱叢話』前集卷十七引東坡云：「書之美者，莫如顏魯公，然書法之壞，自魯公始；詩之美者，莫如韓退之，然詩格之變，自退之始」。案唐宋詩之流變，如前所述，與其書法繪畫等藝術活動，適相孚會，故昔人往往以書畫譬況詩歌，如『履園譚詩』云：「唐人五古，凡數變。約而舉之，奪魏晉之風骨、換梁陳之俳優，譬諸書法，歐虞褚薛，俱步兩晉六朝後塵而整齊之耳」，即指魯公文公未變唐法以前之唐書唐詩而言也。既變之後，即爲宋調。顏眞卿生世在盛唐中唐間，而一般歸入中唐文化發展中言之者，原因亦即在此（亦有譬顏爲杜甫者）。

(54)宋人五律，除四靈外，最重要之作家爲陳后山，『四庫提要』謂后山絕句不如古詩，古詩不如律詩，律詩則七言不如五言，五律佳處，往往邁杜，而間失之僻澀；然馮班王漁洋等人則斥后山爲鈍根。所以然者，以后山五律，亦杜甫一路，本非唐律正宗也。

(55)李于鱗論七律，以王維李頎爲正鋒，姚鼐雖詬其爲偏嗜，然方東樹已不以桐城本師爲然，至於宋犖、翁方綱、沈德潛等尤不待言。

(56)實字健句、虛字行氣，另詳張夢機先生『近體詩發凡』（六四・中華）第五章；黃永武『中國詩學——設計篇』（六五・巨流）頁八六——九一。

(57)宋人所謂活句，含義甚廣，其中一種，係以兩句一意者爲活句，『瀛奎律髓』卷十六：「相思深夜後，未答去年書。初看甚淡，細看十字一串，不吃力而有味。老杜有此句法，每言許見文章伯之類是也；不寐防巴虎，全生狎楚童亦是也。山谷欲嗔王母惜，稍慧女兄誇亦是也」，兩句串成一意，聯翩流轉，其秘在於虛字之作用。世謂山谷學杜七律，專以單行之氣，運於偶句之中；蘇東坡學太白，則以長古之氣，運於七律之中。其實與五律此類作法相似。『鶴林玉露』卷十：「兩句一意，乃詩家活法」、陳模『懷古錄』卷上：「杜詩：風磴吹陰雪，雲門吼瀑泉；酒醒思臥簟，衣冷欲裝綿。此本是難解，乃是十字一意解……讀者要當以活法求之」，所說皆此理。又唯其兩句一意，秘訣在於虛字，故亦有視虛字爲活字者，如『鶴林玉露』卷十六云：「作詩要健字撑柱，要活字斡旋」，活字卽指虛字。

(58)宋之荆公東坡，多學劉禹錫白居易此類筆法，故姚鼐云東坡七律只用夢得香山格調。至於山谷律詩，如「登快閣」「送彭南陽」之類，尤爲寓單行於排偶之例。

(59)如『峴傭說詩』：「七律至中唐而極秀，亦至中唐而漸薄；盛唐之渾厚，至中唐日散；晚唐之纖小，至中唐日開。故大曆十字七律，在盛衰關頭，氣運使然也」。

⑥⓪中晚唐拗對之規格與發展，見『貞一齋詩話』『陔餘叢考』。杜、皮、陸、黃吳體詩，則詳陳文華『杜甫詩律探微』（六七・師大碩士論文）、曹淑娟「杜黃吳體詩析辨」（中國學術年刊第四期）。

⑥①又有一種不就平仄對偶處論諧拗者，但以平聲字作仄聲用耳。如陳鵠『耆舊續聞』卷三云唐詩以格律自拘，獨杜甫白居易李嘉祐張祜蘇東坡黃山谷，多以平聲字作仄者用者是也。

⑥②互詳卷三第四章第一節。又，延君壽『老生常談』謂老杜秦州以後五古多頹唐之作，山谷避熟就生，善學此種。

⑥③參見龔鵬程「論杜甫夔州詩」（收入『讀詩隅記』，頁二六六——二七三）。

⑥④唐人選唐詩中，『中興間氣集』『河嶽英靈集』皆未選杜甫詩。

⑥⑤表現之創造與反省之創造，詳龔鵬程「知性的反省——宋詩的基本風貌」（『中國文化新論，文學篇二』）。

⑥⑥以上參見吉川幸次郎『宋詩概說』序章第四節「宋詩與日常生活」、第六節「宋詩的哲學性論理性」。

⑥⑦詳錢鍾書『談藝錄』頁二〇五。

⑥⑧所謂文格高古，爲中唐以來論詩文鵠的。高古、高格之說，見諸兩宋詩論中尤備。然而高古者雖爲風格之稱謂，所以致之之術，則在「古其理、高其意」（柳開・應責），以正心自得，而得古人意理之所在。詳下。

⑥⑨以文化論文學，本爲唐史官之傳統，元和以來，歷史意識形成，文家論文，無不參取其義，遂成中唐兩宋之特色。郭紹虞『中國文學批評史』上卷第五篇第一目「文與文化」所敘唐人以文化論文處，可參看。

⑦⓪所謂價值之標準，見黃山谷跋高子勉詩：「高子勉作詩以杜子美爲標準」（文集卷廿六）。

⑦①宋元人亦或以江西詩爲一王之法，如袁桷書黃彥章詩編後云：「元祐之學鳴紹興，豫章太史詩行於天下。方是時，紛應角進，漫不知統緒，謹儒者循音節，宕跌者擇險固，獨東萊呂舍人憫而憂之，定其派系，限截數百輩，無以議，而宗豫章爲江西焉」（清容居士集卷四八），以江西爲詩統，酷肖宋人所謂道統文統；且云江西

宗派圖有數百人入其派系，亦可證江西詩社宗派本有廿餘派也。詳龔鵬程「試論江西詩社宗派之形成」及卷三第叁章第二節丙、卷四第壹章第五節。

⑫不僅詩中有聖，亦有六經與諸子，如晁說之「和陶引辯」云：「曹劉鮑謝李杜之詩，五經也；大下之大中正也。彭澤之詩，老氏也，雖可以抗五經，而未免爲一家言也」（嵩山集卷十四）之類是也。

⑬指江西爲剽竊者，以金王若虛最著。然山谷本人則云：「要當於古人不到處留意，乃能聲出衆上」，時人評價，亦以爲：「山谷詩妙脫蹊徑」（西淸詩話）「魯直詩，體致新巧，自作格轍」（詩人玉屑卷八引陵陽室中語）「至於詩，則山谷倡之，自爲一家，並不蹈古人町畦」「歐公之文、山谷之詩，皆所謂不向如來行處行者也」（鶴林玉露卷十五）……。

⑭爲文法度及意理所在，均爲「關鍵」，如山谷答王子飛書云：「（陳師道）作文深知古人之關鍵，其論事救首救尾，如常山之蛇」（文集卷十九），卽指后山論事之法度；答元勛不伐書之三云：「欲方駕古人，須識古人關捩，乃可下筆」，則指后山作詩直下道。讀書，必須奪古人此二種關鍵，而自爲之主乃得。

⑮後人誤會山谷杜詩韓文無一字無來歷之說，苦苦就杜甫山谷集中搜尋其用事用典之迹，以爲精采，非也。任淵註山谷集謂山谷后山之詩，皆本於老杜而不爲，讀者不可以形似求，而當得之於味外，是眞知彼二公者。

⑯自得，爲宋人論詩文之共識，攻江西者如吳萃『視聽鈔』云：「黃魯直詩非不淸奇，不知自立者翕然宗之，而乃字字剽竊，萬首一律，不從事於其本，而影響於其末，讀之令人厭」、王若虛『滹南詩話』云：「古之詩人，雖趣尙不同，體制不一，要皆出於自得」等等，莫不如此，其是江西者則尤不待言矣。

⑰山谷好論詩中用意，後人亦輒誤以爲好詩皆用意深曲若不可測者，鉤稽揣測以索之，猶如射覆，故山谷撰此文，力陳：「彼喜穿鑿者，棄其大旨，取其發興於所遇林泉人物草木魚蟲，以爲物物皆有所託，如世間商度隱

語者，則子美之詩委地矣」。

(78) 另詳卷四，附論學詩如參禪。

(79) 宋之古文駢文，參呂思勉『宋代文學』頁廿二、三一。

(80) 論風格而重「意格」之現象，乃討論文格時輒與人格表現相聯繫之具體徵狀，此由當時人論詩文而言「氣」可證。詩爲作者氣之發露，故須養氣，而養之工夫，又與學道參禪相通，必欲得其天全乃已。夫天全者，天然渾全無刻鏤之迹也，白石詩話云：「雕刻傷氣、敷衍露骨」、陸放翁云：「雕鐫尤傷骨氣多」，皆指此而言。北宋論存養工夫者，以山谷后山爲著；南宋則東萊、紫陽兩系，無不講之。居仁所謂活法，本以「涵養吾氣」而得（見茶山題吳郡所刊呂居仁詩後），朱熹雖以存養爲禪學（語錄卷一二六：「至唐六祖始教人存養工夫。當初學者亦只是說，不曾就身上做工夫；至伊川方教人就身上做工夫，所以謂伊川偷佛說爲己使」），然論持志養氣，仍以此意爲說，如答陸子靜六書之一：「奏篇垂寄，得聞至論……語意圓活，渾浩流轉，有以見所造之深，所養之厚」（文集卷卅六）、答劉子澄十六書之十二：「子靜寄得對語來，語意圓轉，渾浩無凝滯處。……近日建昌……只以私意爲主，更不講學涵養，直做得如此狂妄」（文集卷卅五）等等皆是。詳卷四貳章一節丙。

(81) 參見譚著『陶瓷彙錄』（七十・故宮博物院）頁一一一——一一六、一二五——一五〇、二六五、二八五等。譚氏以爲宋瓷此類特質係受理學及考古學影響而然，非是。蓋理學與考古學亦爲宋文化特質之表現耳。

(82) 各家釋易，於此多有異同，今所述者，以宋儒一般看法爲說耳。另參朱子『語類』卷七五。

(83) 氣，本有流行表現義，然表現於人爲才氣、表現於文爲文氣，則此氣既爲表現、復爲本質（性），既爲作品之外貌，亦爲作品之內涵。故所謂文氣論者，包括兩方面：一、氣爲作品之內涵，風格即是人格，所謂吐納英華，莫非情性。二、氣爲作品之形貌，如體勢之剛柔奇正、辭采之譎麗清雅，皆氣之表現也。文心所謂：「辭之待骨，如體之樹骸；情之含風，猶形之包氣」（風骨）卽兼此二者而言。

(84) 六朝文學形似之風，另詳王文進『論六朝詩中巧構形似之言』（六七・師大碩士論文）「咏懷的本質與形似之言」（七一・聯經，中國文化新論，文學二）。

(85) 見蘭笈（S. K. langer）『哲學新論』（philosophy in a New Key）頁七五；劉文潭『西洋美學與藝術批評』（六八・環宇出版社）頁五五——六四。

(86) 昔人不知皎然司空圖諸說，爲中唐道器言意之辯之新發展，故或緣飾六朝畫論，以爲出諸謝赫；或傅會禪宗，以爲得諸教外。不解體用道器之別，遂因模糊影響之說，瞀亂淵源，非一日矣！

(87) 見『管錐編』第四册、頁一三五二——一三六六。

(88) 宋人稱詩文之佳者，輒曰奇曰古，原因亦正在此。玆所謂奇，云辭高意深而不諧俗也，與上文所引「好作奇語自是文章病」之奇，意涵不同。宋人亦自有相混者，如張戒駁山谷好奇是也。張耒等人謂山谷詩奇，自是贊辭，后山詩話歲寒堂詩話則誤以爲「有意出奇」之奇也，於是苦辯詩有有意出、有遇物而奇之分。不知意深文奇之奇，卽是無意於奇而自然出奇者，斯亦語意學中「語言歧義之謬誤」（fallacies of ambiguities）歟？

(89) 程洵亦主張文者所以載道，而云：「言之不文，行之不道，而世儒或以爲文爲不足學，非也」，足證主文以載道者未必反對文事。朱子必以「文與道俱」爲非，謂爲文自文、道自道。則文以載道何嘗不可強指爲：別尋一道以置文上？此朱子之拘也。楊用修『丹鉛錄璅語』嘗云朱子評論古今人品，皆於無過中求有過，且如村漢罵街、詞訟訐單，無復有道者氣象。此亦其例耳。

90 立格之妙、命意之深、用字之精，另詳白石詩說（「意出於格，先得格也；格出於意，先得意也」「意格欲高，句法欲響，只求工於字句亦末矣」）及方回『瀛奎律髓』。然白石之說意格，主乎涵養，與此微別。

91 見『滹南遺老集』卷四十。今人羅根澤『兩宋文學批評史』第七章、胡雲翼『宋詩研究』等十章、錢鍾書『談藝錄』『宋詩選注』等，皆作此語。

92 『文心雕龍』風骨篇，以氣之表現爲文章內涵者爲風，表現爲作品形貌者爲骨，所謂：「辭之待骨，如體之樹骸；情之含風，猶形之包氣」，風指情性言、骨指辭采言。此種辭氣文氣，本諸才氣，而發見於文章，故毛滂「上時相書」曰：「有氣也，淡然而淸，煒然而光，璀璨而徜徉，中之者，能使其言烱然而章」（東堂集卷七），魏了翁「攻媿樓宣獻公文集序」亦曰：「辭根於氣，氣命於志」（大全集卷五六）。辭既爲氣之表現，則冷齋所謂氣不長，即指其辭之表現未甚佳也。

93 文須直下道，爲山谷所常言，呂居仁『童蒙訓』亦引徐師川曰：「作詩自立意，不可蹈襲前人」，蓋出新意於法度，表前賢所未到，爲最高之要求，奪胎換骨，則爲輔助性之原則（故隱居詩話云：「詩惡蹈襲古人之意，亦有襲而愈工，若出於己者，蓋思之愈精，則造語愈深也」。）此原則之所以與要求新創之意不相矛盾，正由其以復古爲創新之寫作型態所致。

94 渭南文集卷十四「呂居仁集序」曰：「晚見曾文淸公，文淸謂某：君之詩淵源殆自呂紫薇」。又，悟入必自工夫中來，見呂氏『童蒙訓』。

95 伊川云作文害道，朱子云多言害道，後世論文者遂以此爲道學家特色（參錢鍾書『宋詩選注』頁一七一，注三），實則此爲南北宋間共識，如陳與義云：「小詩妨學道」（雨）即其一例，可與放翁語合觀。

96 主張詩須透澈玲瓏、無迹可求，而戒以文字爲詩，見嚴羽『滄浪詩話』詩辨。空中之音、相中之色，見『賓退錄』卷二，張芸叟評荆公詩云：「介甫如空中之音，相中之色，欲有尋繹，不可得矣」。

97 另參龔鵬程『孔穎達周易正義研究』（六八・師大碩士論文）頁一〇六。

98 參錢鍾書『管錐編』頁七一九——七二三。

99 戴熙『賜硯齋題畫偶錄』：「東坡在試院，以硃筆作竹，見者曰：世豈有朱竹耶？坡曰：世豈有墨竹耶？善鑒者固當賞識於驪黃之外」，爲鑒賞事。后山『詩話』云：「詩非力學可致，正須胸中度世耳」，爲創作事。

100 畫意不畫形，謂作畫者以意所發，不拘於形象之似，邵博『聞見後錄』卷廿七：「畫花，趙昌意在似，徐熙意不在似。非高於畫者不能以似不似第其遠近：蓋意不在似者，太史公之于文、杜少陵之于詩也」、董逌『廣川畫跋』：「無心於畫者，求於造物之先。賦形出象，發於生意，得之自然。待見於胸中者，若花若葉，分布而出矣，然後發之於外，假之手而寄色焉。未嘗求其似而託意也。李元本學於徐熙，而微見用意求似者。既遁天機，不若熙之進乎技矣」，皆其例證。

101 人物傳神，具在眼目，見顧長康畫人物點睛事。宋人謂詩中眼，或指句字之精采、或謂見理之豁透，傳神寫照，但其一耑耳。范溫『詩眼』之書，卽本山谷意而作，以中有所養爲主。

102 晁補之黃山谷此論，本通詩畫而言，故曰：「吾事詩如畫」。另參徐復觀『中國藝術精神』第九章第三節(2)，與余說稍有異同。

103 作者妙明眞心，得意而忘言，卽是「韻」。聲外餘響謂之韻，此與文內工夫之「工」不同，山谷論書法，卽云：「徐季海長處，正是用筆勁正而心圓。若論工不論韻，則王着優於季海，季海不下子敬。若論韻勝，則右軍大令之門，誰不服膺？」（漁隱叢話後集卷卅二引）王著書法，筆法圓勁，勝於季海而乏韻，原因在於季海「心圓」，故東坡賦孫莘老墨妙亭詩云：「徐家父子亦秀絕，字外出力中藏稜」，字外出力者有韻，字中用力者太工，胡仔謂沈傳師書所恨工巧太甚，亦是此意。山谷論書，最重此旨，以為筆墨各繫其人工拙，要須其韻勝。范溫撰『詩眼』，推本此意，即以論詩，『永樂大典』典八〇七詩字下所載佚文，累累千餘言，融貫綜核，莫非斯義。其略蓋以為：有餘意之謂韻，而所以有韻之道有二，一曰「備衆善而自韜晦」「體兼衆妙，不露鋒芒」「曲盡法度，而妙在法度之外，其韻自遠」，比如淵明之詩、東坡之書，皆於簡易閑澹之中，有深遠無窮之味者是也；一曰「知見高妙，超然神會，冥然脗合」，如山谷之書，氣骨法度皆有可議，而偏得蘭亭之韻，以其一超直入如來地，悟入在韻，故能開闢此妙，成一家之學也。推尋范氏之意，殆以前者工中有韻，工者能盡法度、韻則妙在法度之外；後者無工有韻，工雖有乏，韻則自勝。大抵宋人之論含蓄與遠韻，皆從山谷范溫出，得意忘言，而亦不出此二者之外，故稍覼縷，以見其詳也。范氏此文，郭紹虞『宋詩話輯佚』未收，當為補入。

(104) 詳『詩人玉屑』卷五引『小園解后錄』。

(105) 另詳蔡英俊『六朝風格論之理論與實踐』（六九．臺大碩士論文）第四章第四節「批評術語分析——風格論批評文字的特質」。又、東坡論書，善梁武評書之取諸物象，米芾論書亦然，『雲麓漫鈔』卷五載：余家有米元章評書云：善書者歷代有之，梁武帝評書，從漢末至梁得卅四人，襄陽米芾評書，隋唐及今又得一十四人。凡所批評，咸取譬象，與敖陶孫詩評，正相頡頏。

(106) 四靈與嚴羽之似江西，另詳龔鵬程「知性的反省——宋詩的基本風貌」

(107) 楊億之前有柳開，欲以韓體變古明道，未成。楊億錢惟演之改革，則田況『儒林公議』有云：「楊億在兩禁變文章之體，劉筠錢惟演輩皆從而學之，時號楊劉。二公以新詩更相屬和，極一時之麗，……其他賦頌章奏雖頗傷於雕摘，然五代以來蕪鄙之氣，由玆盡矣」（卷上），可見西崑亦起於變革之念，宋人公議如此，雖歐陽修黃山谷，不薄西崑者亦以此。

⑱此處所述五代宋初詩風，可與本卷第一章第二節合看。羅根澤『兩宋文學批評史』第一章第三節亦嘗引范氏此序，然謂范氏所攻擊者，乃在「五代文體的悲哀風流」，非也。范氏蓋謂五代詩風，以悲哀爲主，非大雅風流之舊，故下文卽以舊風流爲宋詩人勸。此意王荆公亦有之，所謂「文章最忌數悲哀」，其中卽涵有詩人之文化理想在，非無悲哀，無暇自哀也，觀范文正「岳陽樓記」可見。

⑲參見李弘祺「北宋國子監與太學的經費」（宋代教育散論・頁七四）

⑩歐陽修「胡瑗墓表」謂范仲淹慶曆改革時下湖州取胡瑗敎學法施之太學。然慶曆間胡瑗實未預聞其事，至嘉祐元年，始經歐陽修薦，管勾太學事，見歐氏全集卷十四。然其時太學生已減至二三十人而已。又、太學與國子監，又詳李覯「太學議」（直講李先生文集・卷廿九）。

⑪參見葉國良『宋人疑經改經考』（六九・臺大文史叢刊）

⑫太學三舍法，創於熙寧四月十月，蓋欲以學校敎育替代科舉取士之制也。荆公而後，新黨如章惇蔡京李定張藻等，皆努力推行之；然始罷於元祐元年、再罷於宣和三年，法卒不行。南宋時太學雖行三舍法，而科舉猶爲並行，且太學亦講科舉事，故朱熹云：「熙寧以來，所謂太學者，但爲聲利之場，而掌其敎事者，不過取其善爲科舉之文，而嘗得儁於場屋者耳」。

⑬楊萬里嘗云：「慶曆元祐之隆，近古未有，天下國家至今賴之」（誠齋集卷七二），大抵宋自慶曆至元祐，而文化之基本性格始定，南宋因之勿改，誠齋此語，固不只就政治立論也。

⑭另詳錢穆「初期宋學」、「廬陵學案別錄」（收入『中國學術思想史論叢』五、六七年、東大圖書公司）

⑮楞嚴經疏解，今佚；老子注二卷，見『郡齋讀書志』著錄，亦佚，嚴靈峯有輯校一卷。『宋元學案』所附荆公

新學略，記荆公說經而雜以佛老性命之說者亦多，可參看。

⑯案：句眼之義，實有二說：一卽此也；一指鍊字，於五七言第三五字用力。然後一說實乃自誤解前說而來，山谷句眼之義，本不如此，故贈高子勉詩曰：「拾遺句中有眼，彭澤意在無弦」，無弦與有眼，初非矛盾。呂本中序夏均父集，因拈出活法二字，狀此無意於文之法，本山谷之說也。當時學江西者，尚有鄱邠老等人，不解山谷無意於言語之義，謂七言詩第五字要響，響者，致力處也；其流遂至於南宋『詩人玉屑』一類，以五七言第三五字爲眼，謂眼可用活字、響字、拗字、實字等。不知呂本中『童蒙詩訓』所駁：「余竊以爲字字當活，活則字字自響」，是句活故響，非以響求活，更非活字響字可以分列；是字字當活，非某字獨活，更非該字可拗可實可活可響。蓋宋文化本以格物致知爲其途徑，山谷妙處，人皆知之，然用功著力，反落下乘，眞能窮理盡性者少，疲於格物致知者多，呂本中與曾吉甫論詩第二帖所云：「欲波瀾之濶去，須於規摹令大，涵吾氣而後可。此蓋未始有意於言語之間也。近世江西之學者，雖左規右矩，不遺餘力，而往往不知出此，故百尺竿頭，不能更進一步，亦失山谷之旨也」，卽指此言。方虛谷編選『瀛奎律髓』，誤於洪動之謬說（桐江集序云虛谷早年學詩於洪，洪取荆公詩句句字字指其眼以示，蓋亦鄱邠老、魏慶之一流），喜歡標點眼目，贈程以泰之詩亦自云：「句眼端能蔵一字，吟腸何啻著千年」（卷十九），而所蔵則多屬虛字，後人因以爲山谷句眼之說，亦指此實字虛字之煉，其實非也。互詳卷四注六六。

⑰周濂溪曾任分寧主簿四年，分寧卽山谷生地。山谷雖未親受敎於濂溪之門，而與濂溪長子壽（元翁）、次子燾（次元）相熟，故『宋元學案』列山谷於「濂溪私淑」。

⑱案此例亦可見注一一六所論「窮理盡性者少，而格物致知者多」爲不謬。另詳劉克莊『大全集』卷一百跋陳敎授杜詩補注、及卷一百六再跋陳禹錫杜詩補注。又、江西宗派中人，多出自滎陽門下，然『宋元學案』二十四

荆公新學略引呂榮陽語曰：「王介甫解經，皆隨文生義，更無含蓄。學者讀之；更無可以消詳處，更無可以致思量處」，論經學正與江西之論詩肖似，其不滿於荆公論詩，蓋亦如此。

⑲汪辟疆編『江西詩派十八家詩鈔』，不只於山谷前敍列歐陽修王安石兩家，且厠元遺山於派中，錄其詩百五十首，曰：「金之遺山、元之道園，上沿下泝，雖不主一宗，然以習尚蘇黃，亦未能盡脫黃陳之舊格，且用意遣詞、謀篇布局，與山谷后山固相通也。余誦習既久，景仰獨深，且知二家格律，淵源有自，徒以才雄力厚，脫除面貌，獨造深微，人但知爲金元大家，而不知受黃陳影響之深也」。其實遺山之淵源於山谷后山，不只詩作而已，其批評意識本卽以繼蘇黃正統自許者也，另詳周益忠『論詩絕句發展之研究』（七一年、師大碩士論文）。

⑳『宋元學案』共百卷九十一學案，呂氏諸儒居卅一，而四爲學宗，曰范呂（范鎭、呂公著）諸儒、曰榮陽（呂希哲）、曰紫薇（呂本中）、曰東萊（呂祖謙）。凡七世二十二人登於學案，其中唯東萊門下多異姓弟子，其餘則多呂氏子孫，所謂家學淵源，得中原文獻之統者，固非虛語。全祖望云登學案七世十七人，未確。

㉑族譜之收族功能，日人清水盛光『支那家族の構造』（一九四二）前篇第二章第二節「宗族の殘存」、森田憲司「宋光時代における修譜」（東洋史研究三七卷四號）頗嘗論及。

㉒南宋頗有討論北宋譜學成績者，歐公『新唐書』最爲論者矚目。故洪邁『容齋隨筆』卷六謂其「承用逐家譜牒，故有謬誤」。

㉓歐蘇之譜，實乃自我作古，爲近世譜學之祖。體例與六朝隋唐不同，觀敦煌所出唐姓望氏族譜可見。或曰此爲官譜與私譜之異，亦不盡然，私譜誠盛於歐蘇以後，而北平所藏「敦煌唐寫姓氏錄殘卷」、倫敦所藏「新集天下姓望氏族譜」亦非官修，故其差異當爲修譜目的及方法之殊。六朝隋唐所重者爲門閥，其譜自以姓氏族望爲

主；宋元以後，世族分化，其譜始以族內關係爲主。後世修譜，皆法歐蘇，而不能上效隋唐者，勢也。

⑫④ 又詳『文文山集』卷九「李氏族譜亭記」、吳俊升「世界李氏譜第二輯序」（東方雜誌復刊十二卷四期）。元代族譜亭著名者，則有新淦郭氏，見『勉齋集』卷二二「書新淦郭氏敍譜堂記」。

⑫⑤ 歐陽修譜圖譜序之外，蘇洵『嘉祐集』卷十三所收譜例、蘇氏族譜、族譜後錄、大宗譜法、蘇氏族譜亭記等皆爲譜學中最重要之文獻。

⑫⑥ 范季隨『陵陽先生室中語』：「宗派圖本作一卷，連書諸人姓字，後豐城邑官開石」。此在南宋初葉。

⑫⑦ 另詳龔鵬程「宗廟制度論略」（孔孟學報第四三、四四期）、「試論江西詩社宗派之形成」（古典文學第二集）

⑫⑧ 以蓮社解釋詩社、以傳衣解釋宗派，胡仔、劉克莊、史彌寧等皆有此說。實則蓮社爲淨土宗、傳衣爲禪宗事，二者已不得隨意牽合，況其他哉？

又、論宋詩與唐宋社會史者，類皆誇大佛教之影響力，如那波利貞「千佛巖莫高窟と敦煌文書」（西域文化研究第二・敦煌吐魯番社會經濟資料・上・一九五五年三月）即謂有關結社資料之敦煌文書可分二類：一爲承襲北魏以來佛教信仰之組織，以二十五家結爲邑社；一爲與佛教信仰無關之坊巷敦睦組織。其前者與寺院法會及俗講關係密切。驗諸敦煌文書資料，實不然也，『說文』引周禮佚文已謂：「二十五家爲社」，安在其必爲佛教影響？至於以社祭禱祀及散放焰火爲祆教風俗者，更無論矣。嘗見十二世紀初阿拉伯醫師麻瓦奇（Sharafal-Zamān Tāhir al-Marvazi）所著『The Natural Properties op Animals』一書，謂摩尼教爲中國國教，教導中國人由造像之術以敬神，其徒恐異國人入中國將暴露摩尼教之無益，故勸中國人閉關云云，觀察失眞，直與舉社事爲佛教祆教影響者弗異也。另詳卷四貳章一節乙。

⑫9 宋代州邑村社，另詳金井德幸「宋代の村社と社神」（東洋史研究、三八卷二號）；隋唐之社，則可參考那波利貞「唐代の社邑について」（史林、二三卷四期）、竺沙雅章「敦煌出土『社』文書の研究」（東方學報、第三五册）、長澤和俊「敦煌の庶民生活」（敦煌の社會・大東出版社・頁四五七—四七六）

⑬0 Redfield 曾以大傳統（great tradition）與小傳統（little tradition）之分，討論士紳與鄉民之文化關係。

⑬1 分別見『續資治通鑑長編』卷八、「永樂大典」卷一二三〇六、長編卷一〇五。據李攸『宋朝事實』卷九勳臣條云，太祖有義社兄弟九人，則其初得位必藉社集之力，宜乎登第後深固禁止之也。

⑬2 南北宋詩社，另參黃志民「明人詩社淵源考」（中華學苑第十一期）。又考全祖望「句餘土音序」所述元祐紹聖及建炎間甬上詩社酬唱之俗，曰：「吾鄉詩社，元祐紹聖之間，時則有若豐清敏公、鄞江周公、嬾堂舒氏、而寓公則陳忠肅公、景迂晁公之徒預焉」（鮚埼亭集外編卷廿五），而呂居仁『東萊詩集』卷九「叔度季明學問甚勤而求於余甚重，其將必有所成也，因作兩詩寄之」之二有云：「念我少年日，結交皆老蒼：曹南見顏（平仲）石（子植）、甬上拜饒（德操）汪（信氏）」，則居仁必嘗入景迂之社，而饒汪諸公在焉。

⑬3 如陳簡齋詩：「只有詩盟偶未寒」（又和歲除感懷用前韻）「詩盟聊可歃銅盤」（張迆功攜詩見過次韻謝之）「堂堂李杜壇，誰敢躡其址？先生坐壇上，持鉞令餘子」（游峴山次韻再賦）之類，當時人集中甚多，不枚數。又詳卷二叁章四節。

⑬4 見注一二六引文，及龔鵬程「道統論之形成與發展」（師鐸第十二期）。

⑬5 正式提出正統，以討論歷代政權遞衍者，世以習鑿齒「晉承漢統論」爲嚆矢。然習氏此論實非爲蜀漢爭正統而作，其所謂漢乃東漢而非蜀漢，『史通』稱謂篇云習氏『漢晉春秋』以蜀爲正統，非也，詳錢鍾書『管錐編』

頁一二四〇。

(136) 魯實先『史記會註考證駁議』：「劉向言五德主相生，以秦爲閏位去之。然鄒衍論五德相勝，本爲古意；相生之說，始自劉向。蓋劉氏見秦政暴戾，且又祚短，不欲其列於五德相傳之數，而以爲閏位去之；又見周爲火德、漢得土德，漢承周後，德本相生，故主相生之說也。東漢以來，並仍此說。不知五德相生，但可施於本朝，未嘗用之異代」（洙泗出版社、頁六六）

(137) 宋世用此義於史著者，自以陳過爲最著，據周密『癸辛雜識』後集正閏篇及『志雅堂雜鈔』下所載，過嘗據朱子『通鑑綱目』所定，因年著統，其非正統者，兩行分注。故正統所在，有絕有續，計自周亡至於五季，正統凡六續而七絕，「三代而下，獨漢、唐、及本朝可當正統，秦晋與隋乃屬於有統而無正者，當爲分注」。說殆與歐陽修相似也。

又、論統可以統而復續，不僅見諸史著，道統論者幾無不用此。伊川所撰「明道先生墓表」及朱子「中庸章句序」可爲代表。『宋史』朱熹傳引其門人黃幹曰：「道之正統，待人而後傳。……由孟子而後，周、程、張子繼其絕，至熹而始著」，是道統論者之公言，然與文統論者亦極肖似。李曾伯「過涪州懷伊川涪翁兩先生」詩：「嘗嗟道從孟軻死，一貫誰能接原委？又嗟詩自杜甫亡，四海誰能造詩壘？幸生伊洛續聖傳，鳶魚遂復窮天淵；從而江右振餘響，清廟又得存遺弦」（可齋雜著卷廿五），可見其梗概。大抵南宋人視伊洛爲聖學正統、江西爲詩學正宗，於此亦可略見。

(138) 其他可以證成此義者，如劉辰翁「能仁寺建清涼軒立山谷像疏」：「江西非無半山老，似是別宗」（須溪集卷七）、謝枋得「與劉秀巖論詩」：「凡人學詩，先將毛詩選精深者五十篇爲祖」（疊山集卷五）、李光「與善借示魯直集，雕刻雖精，而非老眼所便，戲成小詩還之」：「知君欲嗣江西派」（莊簡集卷七）、汪藻「知撫州回韓駒待制啓」：「承作者百年之師友，爲詩文一代之統盟」（浮溪集卷廿二）、黃敏求「題陳簣谷陳埜吟稿」：「後山衣鉢塵埃久，賴有雙英主夏盟」（江湖後集卷十三）、楊萬里「跋陳簡齋奏章」：「詩宗已上少陵壇」（誠齋集卷廿四）、方回「次韻贈上饒鄭聖予沂」：「上饒自南渡以來，寓公曾茶山得呂紫薇詩法，傳至嘉定中趙章泉、韓澗泉，正脈不絕。貴溪鄭君沂聖予過我論詩，所謂得正脈者也」（桐江續集卷十五）……等皆是。凡源派、宗脈、嗣系、血統等，皆宗族譜牒中語也。

(139) 『釋門正統』八卷，釋宗鑑撰。『佛祖統紀』五十四卷，釋志磐撰。『傳法正宗記』十卷，釋契嵩撰。『正宗論』二卷，契嵩撰。契嵩屬禪宗，宗鑑志磐則爲天臺。此可以見正統論影響於佛教之迹，另詳龔鵬程注一二七所引文，及卷四貳章一節乙。

(140) 否定正統道統論者，宋元以來甚多，不備舉。謂道統之說非經籍與歷史性之系列，而僅爲哲學之統系，則以陳榮捷「朱熹集新儒學之大成」（朱學論集、頁一—三五・七一年、學生書局）爲代表。

(141) 互詳卷二第四章第二節。

(142) 按：以「家」論詩文風格，始乎宋人，如劉克莊「中興絕句續選」曰：「南渡詩尤盛於東都，炎紹間，則王履道、陳去非……一二十公，皆大家數」（後村先生大全集卷九七），所謂大家、大家數，謂其風格可以沾溉後人者多也；故凡門庭中可容多士者，即爲詩文大家，否則爲小家，而不能自成風格者，斯不成家也。凡同一風格者，名爲氣格相似（如陸游『老學庵筆記』卷五：「氣格似山谷晚作，不類端叔也」），可通爲一家。此類批評觀念，可於下舉諸證中見之——葉適『習學紀言』卷四七：「後世詩文選集，詩通爲一家，陶潛、杜甫、李白、韋應物、韓愈、歐陽修、王安石、蘇軾各自爲家，唐詩通爲一家，黃庭堅及江西詩通爲一家」、陳巖肖『庚溪詩話』卷下：「山谷之詩，清新奇峭，頗道前人未嘗道處，自爲一家。……然近時學其詩者，或未得其妙處，每有所作，必使聲韻拗捩、詞語艱澀，曰江西格也；此何爲哉？」、周必大「跋山谷書文賦」：「前輩爲學，日益新而又新，晚欲自成一家」（周益公集・平園續稿・卷九）陳善『捫蝨新語』下集卷四：「東坡字本出顏魯公，其後遂自名家，所謂青出於藍也；黃魯直詩本是規模老杜，至今遂別立宗派，所謂當仁不讓者也」……等。

第四卷　江西詩社宗派圖內容之分析

就宋文化之發展言之，宋詩至於江西，已成典範，後此有作，竝皆循是規模以深造自得，正猶宋學至於伊洛，後學罕能別異者然也。方是時，而有一呂本中出，因當時之意識，圖江西以宗派，亦猶伊洛之傳，至於李元綱朱元晦，而有聖門事業圖焉。因理勢之固然，溯先芬以著統，兼籠前美，作範後來，遂使其一家之眇論，寖成老生之常談，韓淲『澗泉日記』所謂：「渡江南來，呂舍人居仁議論文章，字字皆是中原諸老一二百年醞釀相傳者，不可不諷味」云云，寧不以此歟？

雖然，本中江西宗派之圖，誠爲兩宋文化意識中之產物，時人翕然無異辭矣①；而易代睽隔，覽者勿詳其名義，弗考其醞釀，則嚮之晰者晦、粲者亂，發卷茫然，不解所謂矣。明人吐棄宋詩，於江西殆未涉獵，固可勿論。清康熙辛未季秋，宋犖序張泰來『江西詩社宗派圖錄』，猶云彼嘗以江西詩派論課士於豫章，答者率昧題旨，鮮饜人意，故張泰來摭拾遺事，徧考羣籍，而爲此圖錄焉②。夫豫章本江西宗祖黃庭堅舊鄉，而於前輩事迹，業已隔膜至此，他何論耶？即張泰來所撰圖錄，亦不盡不實，且昧於宗派名義，致與宋犖聚訟。犖云詩有統有派，近矣似矣，而復引申其友人劉山蔚之說，謂居仁之名江西曰詩派者，殆以一流小之，非尊之也，則大謬戾矣③。張泰來云詩派猶人之性情，以風土致異也，故江西者但詩中一派耳；又云居仁作圖，名雖爲詩，意實不專主於詩，大約如制科以詩賦取士，不過借以爲靖獻之資而已。此其乖刺，蓋猶愈於犖也。考者不知所問，答者不知所答，而解釋者又不得其解，迷以導迷，寧有甚於此者乎？張宗泰『魯巖所學集』卷十一所載跋文，謂其書持擇不審，間有失其本意者，是也。且張泰來又云：

> 居仁作圖，既推山谷爲宗派之祖，二十五人皆嗣公法者。今圖中所載，或師老杜，或師儲、韋，或師二蘇，師承非一家也。
>
> 詩派獨宗江西，惟江西得而有之。何以或產於揚、或產於兗、或產於豫、或產於荊梁？似風土又不得而限之矣。
>
> 或謂三百五篇而後，作詩者原有江西一派，自淵明已然；至山谷而衣鉢始傳。似宗派盡於二十五人也。及考紹興初，晁仲石嘗與范顧言、曾裘父同學詩於居仁；後湖居士蘇養直歌詩清腴，蓋江西之派別；坡公謂秦少章「句法本黃子」、夏均父亦稱張彥實詩出江西諸人、范元實曾從山谷學詩、山谷又有贈晁無咎詩：「執持荊山玉，要我雕琢之」，彼數子者，宗派既同，而不得與於后山之列，何也？

獻疑貢難，幾爲明清以來訾謷此圖之集大成者。然呂氏江西詩社宗派圖，誠有去取不公、擇擷未善處，而張氏所疑，則爲名義性質不晰所致，二者未可混爲一談。歷來難者，多類張氏，坐令疑者妄疑，信者妄信，而呂居仁撰圖之得失、作記之底蘊，舉莫能窺。此甚可憾也。今於前文，既已撮論宋詩之演變與江西宗派之產生，今當賡考呂氏作圖之情，以告來玆。

壹、江西詩社宗派圖

一、名稱

呂居仁「江西詩社宗派圖」，原書久佚，諸家傳述，名號或有異同，或稱「江西宗派圖」、或稱「江西詩社宗派圖」，如范季隨『陵陽先生室中語』云：「家父嘗具飯，招公（韓駒）與呂十一郎中昆仲。呂郎中先至，過僕書室，取案間書讀，乃『江西宗派圖』也」、周紫芝『竹坡詩話』卷三云：「呂舍人作『江西宗派圖』，自是雲門臨濟始分矣」、曾季貍『艇齋詩話』云：「東萊作『江西宗派圖』，本無詮次，後人妄以爲有高下，非也」、楊萬里「江西宗派詩序」云：「『江西宗派圖』，呂居仁所譜，而豫章自出也」……等，皆屬前者；如趙彥衛『雲麓漫鈔』卷十四云：「呂居仁作『江西詩社宗派圖』」、王應麟『小學紺珠』卷四云：「江西詩社宗派圖（二十五人）」等，則爲後者。今案：其圖蓋名爲江西詩社宗派圖，否則當時不應又有以詩社名江西者也。以楊萬里『誠齋集』卷七九所載「江西宗派詩序」與陸九淵『象山先生全集』卷七所收「與程帥書」互較，益信二家皆本居仁此圖此說，更加演繹，而一稱江西宗派，一稱「由是江西遂以詩社名天下」，苟非二者皆呂氏原名所應有，必不至此。且引文稱名，未必圓足，范季隨『陵陽先生室中語』、胡仔『苕溪漁隱叢話』前集卷四八，皆省稱爲宗派圖；陸九淵「與程帥書」、劉克莊「江西詩派總序」、楊萬里「江西宗派詩序」，則或稱江西宗派、或稱江西詩派。並圖字亦常省略，不獨詩社二字而已④。時人之稱江西爲詩社者，如周必大「分寧縣學山谷祠堂記」云：「李杜已遠，遂主詩社，身後光榮，乃至於此」（周益國文忠公集・平國續稿，卷十九）「跋楊廷秀贈族人復詩」云：「江西詩社，山谷實主夏盟」（同上・卷八）、王邁「山中讀誠齋詩」云：「江西社裏陳黃遠，直下推渠作社魁」（臞軒集卷十六）、元遺山「論詩絕句」云：「論詩寧下涪翁拜，未作江西社裏人」（遺山先生文集卷十一）等，名號昭昭，著於天壤，不可磨也，其始，則自呂居仁此圖發之。

二、寫作年代

呂居仁之作此圖也，世無明文載其製作年月，獨范季隨『陵陽先生室中語』謂居仁自云其圖爲「少時戲作」。後世因據此以證其與呂氏『紫薇詩話』持論之異同⑤。然余考諸吳曾『能改齋漫錄』，卷十議論門，有曰：

> 蘄州人夏均父，名倪，能詩，與呂居仁相善。旣歿六年，當紹興癸丑二月一日，其子見居仁嶺南，出均父所為詩，屬居仁序之。序言其本末尤詳。已而居仁自嶺外寄居臨川，乃紹興癸丑之夏。因取近世以詩知名者二十五人，謂皆本於山谷，圖為江西詩派，均父其一也。然則居仁作宗派圖時，均父歿已六年矣。余近覽贛州所刊百家詩選，其序均父詩，因及宗派之次第。且云：「夏均父自言，以在下列為恥」。殊不知均父歿已六年，不及見圖；斯言之妄，蓋可知矣。

則本中此圖，作於高宗紹興三年癸丑（一一三三）夏，無可疑也。夫呂氏生於神宗元豐七年（一〇八四），卒於紹興十五年乙丑（一一四五），作「江西詩社宗派圖」時，已五十歲，去其卒，纔十二年耳，謂爲少作，可乎？或者難之，曰：范季隨所記呂本中言，曾得韓駒印可，未必非吳曾『能改齋漫錄』失於考核，故誤以爲晚歲所作也。應之曰：不然，周必大「題山谷與韓子蒼帖」有云：「陵陽先生早以詩鳴，蘇黃門一見，比之儲光羲。與徐東湖遊，遂受知於山谷。晚年或置之江西詩社，乃曰：我自學古人。豈所謂魯一變至於道耶？」（省齋文稿卷十九）駒卒於紹興五年，呂本中圖作於紹興三年，非晚歲而何？此與吳曾所考，適然合也。可知范季隨所謂少年遊戲之說，必不可信；持是以考東萊詩學早晚同異之迹者，其尤妄焉者耳。

考其所以致誤者，蓋亦有故，如胡仔『苕溪漁隱叢話』卷四八錄居仁撰江西宗派圖後，即引呂氏童蒙訓中語，謂：「童蒙訓乃居仁所撰，譏魯直詩有太尖新太巧處，無乃與江西宗派圖所云抑揚反覆、盡兼衆體之語背馳乎？」疑所不當疑，未始非由居仁此圖選擇弗精、議論不公而來，然以此而疑居仁則非也。童蒙訓言學古人文字，須得其短處，如杜甫詩有近質野處、山谷詩有尖新處，皆就實言之，非此卽是貶退老杜與山谷也。苟舉此以證童蒙訓宗旨異於宗派圖，豈不謬哉？又『四庫全書總目提要』卷一九五集部詩文評類云：「本中雖得法於豫章，而紫薇詩話稱述庭堅者，唯范元實一條、從叔知止一條、晁叔用一條、潘邠老二條、晁無咎一條，皆因他人而及之。其專論庭堅詩者，惟歐陽季默一條而已，餘皆述其家世舊聞，及友朋新作，如橫渠張子、伊川程子之類，亦備載之，實不專於一家。又極稱李商隱重過聖女祠詩及嫦娥詩，亦不主於一格」，似本中論詩本不以江西爲矩矱，故宗派圖雖以江西爲主，自述見解於『紫薇詩話』中，則不主一格也。然四庫舘臣之著此語，實非此意。蓋江西本爲宋詩典型，何者不包？及至末流拘束，始以門戶別異，故此下又云：「詩體始變之時，雖自出新意，未嘗不兼採衆長；自方回一祖三宗之說興，而西崑江西二派乃判如冰炭，不可復合。元好問題中州集來，因有北人不拾江西唾，未要曾郎借齒牙句，實末流相詬，有以激之。觀於是書，知其初之不盡然也」。或者不知，舉『紫薇詩話』與宗派圖之同異，力證宗派圖爲少年遊戲、一時口談，非呂氏平生宗旨之所寄，豈其然乎⑥？

不只此也，「江西詩社宗派圖」爲呂居仁論詩主腦，猶可證諸呂氏所撰「夏均父集序」。序曰：「學詩當識活法」，序「江西詩社宗派圖」亦云：「詩有活法，若靈均自得，忽然有入，然後唯意所出，萬變不窮」，二者符契寔同，略無乖迕，故本中大弟子曾季貍「艇齋詩話」云：「後山論詩說換骨、東湖論詩說中的、東萊論詩說活法、子蒼論詩說飽參，入處雖不同，其實皆同一關捩」。儻謂呂氏宗旨勿同於江西，其誰信之？或者詆其圖曰：「呂居仁揑稱江西派祖，推波助瀾，耳食者隨聲附和，每況愈下矣」（張晉本達觀堂詩話卷四）「呂居仁作宗派圖，乃是一時高興的文章，呂居仁自己也說是少年戲作，不足以示人。卻不料脫稿後傳誦一時，竟成爲文學史上之專門名詞，這恐怕不是作者初料所及吧」（胡雲翼宋詩研究，頁九八）信口漫云，自見其無識而已。讀者苟不知「江西詩社宗派圖」非呂氏早歲戲作，而又與其平生論詩宗趣攸關，則鮮有不爲此類妄說所誑者也。

三、圖表形式

范季隨『陵陽先生室中語』載居仁作圖年歲雖誤，其論宗派圖形制則不誤也。彼云：「宗派圖本作一卷，連書諸人姓字。後豐城邑官開石，遂如禪門宗派，高下分爲數等，初不爾也」，取以參校曾季貍『艇齋詩話』所云：「東萊作『江西宗派圖』本無詮次，後人妄以爲有高下，非也」，益信其說之碻。世傳其圖如下表，非其朔矣⑦

造作此圖者，直不知此所謂宗派之義爲何，非徒傅會禪門宗派而已。呂居仁作宗派圖，本以詩人擬若族系，族有所宗，宗者山谷也；族內有派，后山韓駒徐俯等，皆一宗所傳之派，支分派衍，其族卽有此二十五派，故『童蒙詩訓』云：「近世欲學詩，則莫若先考江西諸派」，明其非只一派也。學山谷者，總名之爲派家，亦由此故⑧。其圖以此，遂若家譜然，楊萬里「江西宗派詩序」曰：「江西宗派圖，呂居仁所譜，而豫章自出也」，卽指此言。譜中諸派，皆平行關係，非有父子世次之高下縱行關係，故傳世文獻皆謂呂氏宗派圖連書諸人姓字，無高下數等也。謂余不信，嘗檢得宋曹士冕「法帖譜系」一卷，可供參驗。圖作於理宗淳祐五年，蓋仿江西詩社宗派圖而作，收在『百川學海』中。

其圖以淳化法帖爲歷代法帖之祖，猶宗派圖以山谷爲宗派之祖也。以澧陽帖、鼎帖、大觀太清樓帖、慶曆長沙帖、紹興監帖、絳本舊帖爲派，猶宗派圖列后山等二十五人爲派也。凡圈者自爲一派，卽上文云二十五人卽有二十五派之意。派下有傳承，卽上文所稱父子世次之別。宗派圖但列宗派，不及世次，與之小異，而其無高下數等之分，則煥然無可疑也。考曹士冕之所以仿居仁意而撰作此圖者，殆亦由南宋間普遍意識使然，視書家若詩人皆如宗族然，繫派別次，其間亦有正統存焉。明人項穆撰『書法雅言』一書，首揭書統，蓋卽因宋人所言而更推衍之耳。且今曹氏此圖，派下有傳承，體例若異於本中江西宗派之圖，其實不然，試覓元吳鎭所撰『文湖州竹派』考之，則知呂氏其圖所謂「本作一卷，連書諸人姓字」之意：

梅花道人吳鎭所作「文湖州竹派」，亦一卷，載有黃斌老、黃彝、王之才妻、張昌嗣、文同女、楊吉老、程堂、蘇軾、趙令庇、劉仲懷、俞澂、吳璜、王世英、虞仲文、蔡珪、李衎、李士行、柯九思、喬達、李倜、周堯敏、姚雪心、盛昭、蘇大年、溥光等廿五人，其畫竹皆宗文與可也。連書諸人姓字，而無世次關係，與呂本中江西詩社宗派圖正相脗合。其名爲竹派者，不包宗主文同而言，亦猶江西宗派不括黃庭堅則但稱江西詩派也⑨。

法帖譜系

淳化法帖

淳化三年刻板禁中釐為十卷是為歷代法帖之祖

- ○澧陽帖
- ○鼎帖
- ○大觀太清樓帖
- ○慶曆長沙帖
  - 劉丞相私第本
  - 碑匠家本
  - 三山木本
  - 長沙新刻
  - 蜀本
  - 長沙別本
  - 廬陵蕭氏本
- 二王府帖
- 黔江帖
- 臨江戲魚堂帖
  - 利州本
- ○紹興監帖
- 淳熙修內司帖
- 北方印成本
- 烏鎮張氏本
- 福清李氏本
- ○絳本舊帖（尚書郎潘師旦以官法帖刻石增益名帖總為二十卷）
  - 新絳本
    - 北方別本
    - 武岡舊本
    - 武岡新本
    - 福清本
    - 烏鎮本
    - 彭州本
    - 資州前十卷
    - 木本前十卷
    - 又木本前十卷
  - 東庫本
  - 亮字不全本

凡圈者自成一派

自宋以來，論江西者，名義多有不晰，又弗能參稽以考其圖式，今舉曹氏吳氏之書，用相覈驗，發千載之蒙惑，破禪林之謬說，豈不快哉！

附，曹士冕「法帖譜系」圖如右：

說明：法帖之名，始於淳化；法帖之起，亦由淳化始⑩。太宗淳化年間，命王著將內府所藏諸家法書摹刻爲法帖十卷，其中歷代君臣聖賢共五卷，二王書亦五卷。帖首只書法帖第幾，每卷之末，則刻有篆書淳化三年奉聖旨摹勒上石字樣，其實乃木版摹刻者也。曹氏所謂刻板禁中，爲歷代法帖之祖者，卽指此言⑪。第其書於原蹟鑒別不精，排比失次，鈎摹鐫刻，亦多失卻筆意，故後世重刻者甚多，曹圖所列大觀帖等，其尤著者耳⑫。大觀帖，又稱太淸樓帖，爲徽宗大觀間蔡京監刻，標題及帖尾皆京所書，摹刻甚精，可謂出藍，但其書今無全本，不審其卷數，或稱有廿二卷云⑬。絳帖爲私家所刻，駙馬潘師旦據官帖刻石，且有所增益，都二十卷，摹刻亦勝於淳化帖。然摹刻後未久，潘氏析產，卽將帖石分而爲二，一半沒入官府；絳州官府又將所缺一半補刻湊齊，名東庫本。曹圖所列北方別本等九種，則又自新絳本翻刻者也。此外，曹圖所謂淳熙修內司帖與淳熙十二年刻秘閣續法帖。其帖規模仿淳化，而卷尾爲楷書題字，爲南宋孝宗淳熙時，將淳化大觀兩帖未收名迹集刻而成者，非惟勝似淳化，亦較紹興監帖爲佳，曹氏不以爲派，毋乃崇遠卑近乎？抑別有意見，則今不能詳矣。要之，此圖不惟代表宋人對法帖之意見，兼與當時文化意識相關，故有可與呂氏江西詩社宗派圖合觀者也，例如其圖以宗族世系爲法帖繫屬之規模，不僅居仁有此意，后山亦有之，后山「觀袁國文忠公家六一堂圖書」詩云：「向來一瓣香，敬爲曾南豐，世雖嫡孫行，名在惡子中」，任淵注：「曾鞏子固，建昌南豐人，於歐公猶宗門中嫡子，而后山又師南豐，乃其孫也」冒箋：「嘉祐二年歐公知貢擧，南豐兄弟四人同登科，東坡送曾子固倅燕詩，有醉翁門下士，雜沓難爲賢，曾子獨超軼，孤芳陋羣妍句，故后山對歐公自稱嫡孫也」，夫南豐之於歐公、后山之於南豐，皆非果有血脈世次之因緣如父子祖孫者也，但以師法所在，遂用相稱，與呂曹不異。知此而後始可以讀呂本中江西宗派之圖、曹士冕法帖譜系之表、吳鎭湖州竹派之書。

四、流傳大略

呂氏此圖，不若曹吳所著，猶能流布人間；故有若干疑義，不得不竢諸考訂如上文所述者。且亦以此，其圖流傳大略，殊不能詳。

呂氏作圖於紹興三年癸丑，五年而韓駒卒，十年而徐俯卒，十五年呂氏亦卒。此十數年間，江西宗派圖流傳疑最盛，討論其書者，有韓駒、周紫芝等。韓駒早以詩鳴，蘇轍比於儲光羲，後與徐東湖友，遂受知於山谷；南渡以後，尊之者或謂爲「詩文一代之統盟」（汪藻・知撫州回韓駒待制啓，浮溪集卷廿二），竟因此不樂入派，云自學古人，非本山谷。實則正方虛谷所謂「其詩非江西而何」（律髓卷廿四）者也。周紫芝，則雖未必以江西詩法著，然其人生於元豐四年，猶及見張文潛李端叔晁以道諸人，又與曾吉父韓子蒼崔德符強幼安關子東諸人稔，習知蘇黃緒論，趣近江西，原無足怪。今其詩話中論及宗派圖者，有云：「呂舍人作江西宗派圖，自是雲門、臨濟始分矣」（竹坡詩話卷三），蓋由此故。考玆二者，嘗試論之：韓子蒼周少隱，去呂氏作圖之時最近，其議論亦最先，遂使後來論呂氏及其宗派圖者咸受影響。如胡仔云：「居仁此圖之作，議論不公，選擇弗精」、曾季貍云：「其圖不應如此紊亂，兼亦有漏落」、趙彥衞云：「議者以謂陳無己爲詩高古，使其不死，未必甘爲宗派。若徐師川則固不平曰：吾乃居行間乎？韓子蒼云：我自學古人，均父又以在下爲恥」、陳振孫云：「詩派之說，本出於呂居仁，前輩多有異論」……等，皆承韓駒緒餘者也；至於其後豐城邑官刻石而仿禪門宗派及劉克莊等人擬諸禪宗傳法事等，則本周紫芝之說而更爲推衍者也。前者本爲價値判斷事，難得公論，而江西詩法又復以自成面目爲主，不願入派，理勢所宜然，靡可深究。特周紫芝所論雲門臨濟事，取諸譬況，而後世遂以此實之，未免錯會宗旨耳。夫借禪門宗派之分以論詩家風格師承之異，早自吳坰『五總志』已然。坰謂南北宋間師坡者萃於浙右，師谷者萃於江右，大是雲門盛於吳、林濟盛於楚，即爲譬喻之辭，紫芝著論亦然；後世之假禪林事例以擬江西者，亦往往不脫本像，如黃敏求云：「後山衣鉢塵埃久，賴有雙英主夏盟」（江湖後集卷十三），非能盡用禪宗事以說江西宗派也⑭。

本中卒後第三年，胡仔撰『苕溪漁隱叢話』前集六十卷成；其書不僅備載諸人姓名、又摘鈔呂氏宗派圖序，爲正式著錄宗派圖之始。其後趙彥衞『雲麓漫鈔』亦嘗如此，但二家所錄文字頗有異同耳。今紫薇原圖原序已佚，賴此稍存梗槩，其功亦云不朽矣。唯胡仔本人頗不以呂氏議論爲然處，輒略言之，殆有二端：一爲山谷非能盡兼衆體；二爲山谷亦師杜甫者，學江西當復上追杜甫。玆二事，影響亦甚大。而二者又復一事而已，一事云何，曰尊杜也。江西本不宗杜，其圖所列二十五人爲派，俱出山谷，雖『紫薇詩話』載：「衆人方學山谷詩時，晁冲之獨專學者杜詩」，而冲之今在宗派圖中，宗派之祖固山谷也。胡仔始推山谷而上之，非駁呂本中，乃病當時學者率宗江西而止，不能更求江西之所出也。而後世乃復以此別出一祖三宗之說，遂使杜甫冒居宗主之位，漁洋因有「卻笑兒孫媚初祖，紛紛配食杜陵人」（自注：山谷詩得未曾有，宋人強以擬杜，反來後世彈射，要非文節知己）之嘆，張泰來汪辟疆等人又因其例，欲溯陶潛爲宗派祖，非胡仔本衷所能逆料矣⑮。

漁隱叢話成書之後二年，呂居仁弟子曾季貍亦撰『艇齋詩話』盛推其序，而謂其圖本無詮次。意季貍亦未嘗親侍東萊聞其撰圖之用意，但以師門教誨證明其序說爲不妄耳。曾氏以降，以世熟知其序及圖，故論述此事者甚廣，如李光陸游周必大皆其人也。於是而有『江西宗派詩』之編纂焉。

孝宗十一年淳熙甲辰十月三日，楊萬里以程大昌彙刻江西諸家詩於江西學官，而爲之序，是爲江西詩歌總集之始。據其序，是謝幼槃之孫源原有石刻本傳世，程大昌復爲補之也，惜其刻不知始於何年，流傳本末亦難遽考。其後程本流行，謝本必廢，然據劉克莊所爲「江西詩派小序」觀之，則此總集後亦有所增益，故劉氏云宗派中自山谷而下凡二十六人，又云派中以東萊居后山上，凡此皆非呂氏原圖所有，蓋諸家傳刻先後不同所致，沈曾植「重刊西江詩派韓饒二集序」嘗論其事，曰：「詩派有舊本、有增刻，諸家次第見於宋人紀述者，各各不同，就其最可依據者，陳氏所錄與後村所敍，亦不盡同。劉氏明言舊本以呂紫薇居後山上，而陳氏所錄乃在徐東湖之次；劉言紫薇以高荷殿諸公，而陳錄高在陵陽之次；不知陳氏所錄爲江西舊本耶、或卽黃汝嘉所校刊耶？北宋詩家之有江西詩派，猶南宋詩家之有江湖詩集。江湖詩集留存於今者，諸家卷第種種不同。度詩派理亦宜然，七百年來世間遂無留傳完帙，釋玆疑竇，深可惜也」。今推沈氏所說，更求三證，以明其書刻非一時一地：一、諸家著錄卷帙不同——西江詩派詩集，『宋史』藝文志著錄爲一百一十五卷、續宗派詩二卷。『直齋書錄解題』著錄正集百七十三卷、續集十三卷。而沈曾植據陳氏解題下詳稱詩集類綜合而數，得百六十一卷，其不同也如此。二、詩派中零本單行者——零本單行如呂東萊集、謝幼槃集、晁叔用集、韓陵陽集、饒倚松集等，皆有寧宗慶元五年校官黃汝嘉校刊題記一行，是爲詩派刻本無疑，然諸本板式不同，知其刻亦必非成於一時一手也。三、程氏刻集江西——楊萬里序程叔達所刻江西宗派詩，謂自山谷外凡二十有五家，而陸九淵與程帥書則云：「伏蒙寵貺『江西詩派』一部二十家」，二者不同，斷爲刻集先後之異也。楊序在淳熙十一年、陸書在淳熙十四年，疑其書乃排年陸續付刻，至淳熙十四年但成二十家耳，楊序則總序也，故有此異同。

循是推之，江西宗派及江西詩社之名，在紹興間卽已通行，流布人口，目爲典實；至淳熙間又復集刊諸家歌詩以供總覽，則風行草偃，一世景從，殆理勢所固然矣。寧宗嘉泰三年癸亥，楊萬里爲江西續派、二曾詩集序時，陸游方爲友人李兼所輯梅堯臣集作序，『直齋書錄解題』論其事，卽云：「聖俞爲詩，古淡深遠……自世競宗江西，已看不入眼，況晚唐卑格方錮之時乎？」（卷十七），據其所說，可知紹興、隆興、乾道、淳熙、慶元，爲江西極盛期，宗派圖大行於世（晁公武讀書記云：呂本中嘗作江西宗派圖，行於世）；至嘉泰間，江湖詩人起，晚唐卑格方錮，而江西亦間行焉。方虛谷曰：「慶元嘉定以來，乃有詩人爲謁客者」，卽其時也。然自慶元六年陸游寄趙昌甫徐斯遠詩以迄嘉定四年徐照之卒，江湖四靈最盛者亦不過此十二年，其餘則皆江西天下。嘉定十一年，元好問作論詩絕句三十首，中有論江西社者，其同時王若虛亦有「山谷於詩，每與東坡相抗，門人親黨遂謂過之，而今作者，亦多以爲然。余嘗戲作四絕云」詩，見『滹南先生文集』卷四五，可以證此。蓋居仁此圖流入北邦矣⑯。

方是時，既已「人人勾牽入派」，遂有反聲之詬，嚴滄浪其尤著者也⑰。『滄浪詩話』約著於理宗紹定元年左右，痛駁江西，引呂氏圖說爲據依。其後三年，方虛谷學爲詩，其叔父琢以胡仔漁隱叢話敎之，然虛谷詩學，乃由張文潛而上溯后山山谷以追杜甫者，與呂氏圖說無關，蓋其時宗派圖已無全帙，觀者尋名貿實，不暇究核其本末，遂使宗派圖散佚不傳，明清以降亦無聞焉。至淸宋犖張泰來等，始繙籀羣書，爲之考訂，其言雖或可商，其功要不可掩，此宗派圖流傳之大略也。

五、性質特色

陳振孫『直齋書錄解題』卷十五曰：「詩派之說，本出於呂居仁」，夫詩派云云，狄遵度「杜甫贊」即已有之，非起於呂居仁也。然以詩派之別，論述文學史者，則斷自居仁始。俱詳卷一第一章第四節。後世之論詩派文派畫派曲派書派者皆本諸此。一紙圖表，規模千載，其爲宗派論事之始，信乎無疑。然此一宗派，有異於其他者，世猶或未之知也，試爲條陳如次。

一曰江西爲觀念之社集，而非實際之聚會也。

案：江西一社，起於呂本中作圖，前此非有所謂社也；江西宗派圖既傳，江右分寧之間，山顛水涯，亦未聞有一江西詩社存焉。社中除山谷外，得二十五人，年輩各不相及，行止亦難接合，其非同社聚飲，以爲夏盟者，不待辯也。第江西宗派之圖，流傳太盛，世遂因此，謂江西實有其社，山谷主盟，壇坫誓盟者得二十五人焉。如周必大云：「江西詩社，山谷實主夏盟，後四方人才如林，今以數計，未爲多也」（跋楊廷秀贈族人道卿詩）「山谷先生……李杜已遠，遂主詩社」（分寧縣學山谷祠堂記）、文天祥云：「傳江西宗派之圖，敢云入社；誦徂徠聖德之句，請繼作歌」（致章簽書啓）、戴復古云：「借問金華老詩伯，幾人無忝入詩盟」（登快閣黃明府強使和山谷先生留題之韻）陳巖肖云：「呂居仁作江西詩社宗派圖，以山谷爲祖，宜其規行矩步，必踵其迹。社中如謝無逸之徒亦然」（庚溪詩話卷下）、王邁云：「江西社裡陳黃遠，直下推渠作社魁」（山中讀誠齋詩）等，皆其選例。降而至清，張泰來作『江西詩社宗派圖錄』，乃竟謂居仁結社，壇墠所及，遂有二十五人；不知江西雖有社，而實非社，但爲觀念之組合，與南北宋間各地酬唱賡吟之社集固有不同，即後世詩社文社，亦罕有如此類者⑱。苦尋其例，則所見唯有明楊升庵「周受庵詩選序」所謂：「蘇文忠公宋代詩祖……唐庚、韓駒、巽巖、後溪、魯交、李石、文丹、淵喻、三嵎，襲其殘芳」（升庵合集、文集卷四），與之相似。乃仿呂氏江西之圖，而故與之異者也。其他則多爲實際之社集，不止於觀念之綜攝而已。故曰呂氏此圖此社，乃純粹文學史之概念，他社無有焉。

二曰爲風格之判斷，而非地域之劃分也。

清裘君弘撰『西江詩話』，嘗序其緣起曰：「編詩話而繫西江，意者竊取夫子十五國風之旨，而吳楚二風之補乎？」「因思呂舍人江西宗派之說，爲西江詩話十二卷，此是書之所由起也」。其說若謂江西宗派之江西卽此吳楚間之江西也，不知其非是。彼呂居仁所謂江西詩社宗派者，言此社及諸詩派，一以山谷爲宗主，而源流又皆出於豫章。詩派所宗，旣在江西之黃庭堅，故名爲江西詩社宗派云爾。此爲風格之劃分與源流之觀念，非地域之繫屬，蓋甚顯然，世於此義，類多糾葛，遂致瞀亂，如張泰來云：「詩派獨宗江西，惟江西得而有之，何以或產於揚、或產於袞、或產於豫、或產於荆梁，似風土又不得而限之矣」、趙翼云：「江西詩派江西人，大都少肉多筋骨」（廬山紀遊）⑲、李樹滋云：「異哉呂居仁之作江西詩派圖也，吾不知其去取之意云何……陳師道彭城人，韓駒陵陽人，潘大臨黃州人，夏倪、二林蘄州人，晁冲之、江端本、王直方開封人，祖可京口人，高荷京西人，其不皆江西人也明矣。如不定以江西人爲例，則同時秦少游亦吳人，日與山谷唱和，胡不入派？如必以江西人爲例，則同時曾文清贛人，又與居仁以詩往還，胡以又不入派？擇焉不精、語焉不詳，欲免後人之異議，難矣」（石樵詩話卷一）⑳，其所抨擊，皆甚嚴厲，然皆不明所以之說也。彼蓋見明清以來諸詩社文派，多有以地域爲稱者，遂謂江西亦當以地域爲例限，而不知居仁作圖，本以風格爲依據，非地域風土及鄉曲之說也㉑。知此義者，厥推楊誠齋，誠齋序江西宗派詩云：「江西宗派詩者，詩江西也，人非皆江西也。人非皆江西而詩曰江西者何？繫之也。繫之者何？以味不以形也」，力主風格之說，而風格又不在形似，而在味合，正江西離形得似之論詩手法。誠齋以後，歐陽玄撰「羅舜美詩序」，曰：「江西詩，在宋東都時宗黃太史，號江西詩派，然不皆江西人也。南渡後，楊廷秀好爲新體詩，學者亦宗之。雖楊宗少於黃，然詩亦少變。宋末，須溪劉會孟出於廬陵，適科目廢，士子專意學詩；會孟點校諸家甚精，而自作多奇崛，衆翕然宗之，於是詩又一變矣」（圭齋文集）㉒，又以地域爲言，學者遂莫知所從矣。近梁昆撰『宋詩派別論』，引歐陽氏此言，謂江西派詩有三變，又云江西派是以地名名其宗派者，非也㉓。

三曰宗派中有二十五派，而非總爲一派也。呂氏宗派圖，以黃庭堅爲宗，而以后山以下二十五人爲派，故合山谷則云江西宗派，不含山谷則稱江西詩派。一源分流，故稱爲派，水別流也。此猶吳鎭所譜文湖州竹派然：人不皆湖州，而竹出於湖州，派中二十五人，各自爲派，而又皆以湖州爲宗。上文述之審矣。蓋宋元之間，言詩派文派者，只有二義，其一卽此所論者是；其二則以「詩」爲主體，譬若大江巨流，某家某風格，特其一支耳，此卽可以派稱之，於是同一風格者併曰一派。在宋元宗族意識蓬勃之際，論者用前一義多，採後一義者少。明清以後，則以宗派名義日益不明，羣以地域及風格爲派分之依據，如婁東、桐城、浙、吳江、同光等，不以地則以時、不以時則以風格，類聚羣分，繫爲一派，而前一義日晦矣。宋犖、張泰來等人釋江西宗派之派，類皆可笑，實由於此。然不知江西實有二十五派，其弊猶不止於此也。自宋以來，論者多謂呂氏宗派圖中人詩格未必從同，如潘大臨韓子蒼得法於蘇門、祖可善權實近乎韋體……等等，攻呂者夙以爲口實。實則不明江西本有二十五派也。有二十五派，卽有二十五種風格，諸人詩風雖殊，而皆傳諸山谷，譬猶一母九子，體貌之高矮姸醜、智力之穎鈍及成就之鉅細，雖必有異，而精神血脈，固自一源出也。呂居仁所謂：「雖體製或異，要皆所傳者一」、楊萬里所謂：「詩曰江西者何？繫之也。繫之者何？以味不以形也。東坡云江瑤柱似荔枝，又云杜詩似太史公書，不惟當時聞者嘸然、陽應曰諾而已，今猶嘸然也。非嘸然者之罪也，舍風味而論形似，故應嘸然也。形焉而已矣，高子勉不似二謝、二謝不似三洪、三洪不似徐師川、師川不似陳后山，而況似山谷乎？味焉而已矣，酸鹹異和、山海異珍，而調胹之妙，出乎一手也」，皆此義。惟其調胹之妙，出於一手，故江西詩人無不以自成面目、自具風格體製爲事㉔。宋元以降，凡有詩文書畫之派，咸以風格從同爲標幟，獨江西以風格或異爲事，此不僅在其派中有二十五派之分，亦由分派及所宗傳者，以味不以形，故能致此也㉕。

四曰江西宗派與當時社會文化關係最深。

江西之分派以風格，而風格又以互異爲事，望之若甚奇異，然分派標準在味不在形，正與當時思想文化關聯邃密。誠齋所序，引東坡論江瑤柱似荔枝、杜詩似史記，足可證此。至於陳簡齋詩：「意足不求顏色似，平生相馬九方臯」（和張規臣水墨梅五絕之四）及鄧椿畫記：「顏博文長於水墨，宇文季蒙龍圖家有橫披十六羅漢，其筆法位置如伯時，但意韻差短耳」（卷三）之類，則是水墨人物花卉，亦以離形得似爲討論重心矣。后山贈魯直詩云：「陳詩傳筆意，願列弟子行」之意，即此意韻與筆法位置之意，非二事也㉖。江西詩家所艷稱之活句活法，亦往往與此有關，如后山送蘇公知杭州詩：「豈不畏簡書，放麑誠不忍」任註：「此句與上句若不相屬，而意在言外，叢林所謂活句也」，即是其例。凡論味、書、畫、詩、道，皆用如江西分派之法，江西之與當時思想文化有關者，豈淺鮮哉（另詳卷三第二章第三節）？

不只此爾，考江西，即可知當時各類社集及詩文書畫派別之情狀。江西不只與南北宋間社會條件密合，其本身且爲觀念之社集，故尤具代表性。其形成也，固爲宋文化發展中之一典型；若其觀念，則與文化中諸表現體互有關聯。自宋以後，未有詩派而能如是者。明之復社、清之常州，近似矣，而不及焉，其他卽可勿論㉗。

貳、呂本中與江西詩社宗派圖

江西詩社宗派，本爲觀念之組合，上文已詳。呂居仁以社局及宗派之觀念，概括南北宋之間散雜不相系屬之詩人，而使之綜攝有序，其工作猶如研究動物者聚諸貓、犬、猴、人，而統稱之爲「食肉目」「靈長目」等等也。詩人與詩作，爲客觀存在、可知可感之經驗事實；用以整理此類事實之觀念，則爲諸事實間關係得以成立之系統架構。此二事，皆論江西所必詳者。後文亦因此而分爲兩部，一考江西宗派圖中人物所表現之客觀事實；一論呂居仁所以聯繫此客觀事實之觀念。

一、江西諸人之詩學觀念及創作特徵

甲、宗派之成員與關係

一、宗派之成員

呂氏宗派圖，世無傳本，載籍所錄派中人物，或有參差，今綜考名字，列如下表：

黃庭堅　宗派之祖

陳師道

潘大臨
謝　逸
洪　朋　胡仔列在徐俯之後，趙彥衞、王應麟皆列於此。
洪　芻
饒　節
祖　可
徐　俯
林敏修　趙彥衞作林修
洪　炎
汪　革
李　錞
韓　駒
李　彭
晁冲之
江端本　劉克莊引呂居仁序作江端友子我，與此別爲一人。
楊　符
謝　薖

夏　倪

林敏功

潘大觀　劉克莊云潘大觀有姓名而無詩。

王直方　劉克莊云王直方詩絕少。

善　權

高　荷　張泰來云胡仔苕溪漁隱與山堂肆考皆無高荷。胡仔實有。

呂本中　胡仔無。趙彥衞、王應麟有，且均列最末。劉克莊云詩派舊本以居仁在后山之前。

何　覬　胡仔列在潘大觀之後，王應麟缺，豫章志亦無。覬，又作顗。

何　顒　豫章志有。劉克莊云何顒無詩。胡仔、王應麟、趙彥衞皆無。王士禎引劉克莊序，何作袞。吳喬圍爐詩話列於潘大觀後。

曾　紘

曾　思　陳振孫直齋書錄解題有此二人。

江端友　僅見劉克莊引呂居仁序。

以上秩序依王應麟『小學紺珠』卷四，胡仔『漁隱叢話』及趙彥衞『雲麓漫鈔』所載，大抵相似，獨劉克莊「江西詩派小序」與之大異。其序首山谷，次后山、韓駒、徐俯、潘大臨、三洪（朋、芻、炎）、夏倪、二謝（逸、薖）、二林（敏修、敏功）、晁冲之、汪革、李彭、三僧（饒節、祖可、善權）、高荷、江端本、李錞、楊符、呂本中。合山谷，僅得二十四人。疑爲后村重訂之本，非原圖也。至於後村所云派中以呂居仁居后山上者，未見其本，疑亦當時爭勝，咸以下列爲恥者所爲，無可深究之也。其名氏之異同，附考於前，不更贅焉㉘。

二、諸成員間之關係

江西派中人物，如陳無己，旣已願居山谷弟子之列，何氏語林又載其文不負南豐，詩則一瓣香須爲山谷嬈之語。則其爲山谷門人無疑也。除此之外，三洪及徐師川，乃山谷甥，高荷、王直方、韓駒、謝逸、謝薖、潘大臨等又皆嘗受知於山谷，凡宗派中人，非戚屬，則世誼，亦世所熟知也。山谷文集卷二十，有「書洪玉父倦殼軒詩後」一文，曰：「潘邠老早得詩律於東坡，蓋天下奇才也。余因邠老故識二何，二何嘗從吾友陳無己學問，此其淵源深遠矣。洪氏四甥，才器不同，要之皆能獨秀於林者也。師川亦余甥也，比之武事，萬人敵也。因五甥又得潘延之之孫子眞，雖未識面，如觀虎皮，知其嘯於林而百獸伏也。夫九人者，皆可望以名名世」，此九人中，有七人著入江西詩派，蓋本山谷意也。

雖然，此類關係，乃不證而明者，世亦知之甚稔。另有一類關係，則昔人尙罕抉發，今嘗試爲之論定者，諸人之學術關係是也。

按：黃庭堅，『宋儒學案』入范呂諸儒學案中，爲李常門人。李常與呂滎陽善，滎陽常謂其有樂正子之風，庭堅爲其甥，自與呂氏門人子弟多有往來；而庭堅有門人王庭秀者，學案又入龜山門下，則是與龜山之學，亦有干係。江西諸派二十五人，考其爲學淵源，大抵亦符應於此兩端，如呂本中、徐俯，龜山門人也；汪革、謝逸、謝薖、饒節及呂本中，滎陽門人也㉙。夫呂本中固屬滎陽家學，然亦嘗從遊於游酢廌山、尹焞和靖、劉安世元城、陳瓘了翁、唐廣仁等人之門，序江西之圖獨有取於滎陽龜山者，豈不以山谷故耶？此可以注意者也一也。

江西除與滎陽龜山關係特深外，派中人及濡染江西宗風者，與理學家情分輒深。如黃山谷爲濂溪私淑；曾幾茶山則爲濂溪講友孔延之之再傳，且與呂本中同出劉安世之門；曾季貍受學於徐俯呂居仁，亦爲龜山之再傳，與尤袤同也㉚；陸游楊萬里周必大，出於胡安國一系，又與王十朋同出於張浚；……。凡此之類，皆其尤顯者耳。李曾伯「過涪州懷伊川涪翁兩先生」詩……「嘗嗟道從孟軻死，一貫誰能接原委？又嗟詩自杜甫亡，四海誰能造詩壘？幸生伊洛續聖傳，鳶魚遂復窮天淵；從而江右振餘響，清廟又得存遺弦」（可齋雜著卷廿五）云云，以涪翁與伊川並擧，頗可以見此消息。陸游撰「曾文清公墓志銘」，謂茶山「道學既爲儒者宗，而詩益高，遂擅天下」，亦此理也。『宋元學案』卷五九曰：

> 中興而後，學道諸公，多率於詩，呂居仁、曾吉父、劉彥冲，其卓然者。乾淳間，薛季宣、陳君擧尤工；至四靈雖嘗遊水心之門，而無得於其學。故是時學道而工詩者惟先生（指趙蕃），大江以南推二泉，其一謂韓澗泉也。

章泉趙蕃、澗泉韓淲，皆江西後勁，而兼詩與道學，正猶劉克莊受業於眞西山，而復爲江西也。其所以然者，楊萬里言之審矣，『誠齋集』卷七九「默堂先生文集序」曰：「其辭質而達、其意坦而遠、其氣暢而幽……蓋道學之充乎其中，而溢乎其外，形乎其躬，而聲乎其言者歟？」此又可以注意者二也。

綜此二事，義有足述者：蓋宋儒之學，起自慶曆，至元豐元祐而極其廣大，南渡以後，盡其精微而已。上承下啓，必由滎陽龜山二路也。

夫滎陽呂希哲爲呂公著長子，家世執政，蟬聯珪組，世未有其盛。而公著歷事四朝，與諸儒多所往來，其學既已爲世所重，家門中登學案者又有七世廿二人（子希哲希純爲安定門人，而希哲自爲滎陽學案；滎陽子切問，亦見學案；和問廣問及從子稽中堅中弸中，別見和靖學案；孫本中及從子大器大倫大猷大同爲紫薇學案；紫薇從孫祖謙祖儉祖泰又別爲東萊學案），本源末茂，世亦未有其盛㉛。然此猶其粗迹而已。以學術言之：滎陽初學於焦千之，廬陵歐陽修之再傳也，已而學於胡瑗安定、孫復泰山、邵雍康節、王安石介甫，而歸宿於程氏伊川；與石介李覯且爲學侶焉，一時名儒，如明道、橫渠、孫覺、李常，皆與之交遊。全謝山謂其「集益之功，至廣且大」，非虛語也。集益之功如此，輔以數世家學及中原文獻，其爲北宋學術之歸墟，必矣。大抵北宋之學，象數則濂溪邵雍、性理則二程張載、經術則荆公李覯、經濟則范文正，滎陽皆爲收蓄之，而歸宿於伊川，又爲洛學之最早者，上承下啓，此其幾焉。遍考北宋諸儒，無一有此性格、有此地位者。本中、汪革、謝逸、謝薖、饒節，出其門下，宜非偶然。至於本中本人，則自元祐以後諸儒，如元城、龜山、廌山、了翁、和靖等，莫不從遊，而「中原文獻之傳，猶歸呂氏，其餘大儒弗及也」，是其收束元祐以迄建炎紹興間學術，亦猶其祖呂希哲焉。全謝山謂其上紹原明，下啓伯恭，是也。伯恭呂祖謙，夙從林拙齋、汪玉山、胡籍溪諸先生遊，籍溪師武夷胡安定，爲朱子師也，故祖謙與朱子南軒爲講友；又喜陸象山，兼取朱陸之長，而主鵝湖之會。觀此三者，呂滎陽綜元祐以前之學、呂紫薇收元祐以迄紹興之學、呂祖謙又統乾淳之學，承先啓後，非其人耶？

然而，不只於此也。呂本中徐俯亦爲楊龜山門下，本中門人曾季貍，則爲龜山之再傳。龜山爲明道所喜，且獨邀耆壽，而爲南渡洛學之大宗，弟子遍天下，朱熹呂祖謙張栻皆其所自出，淵源可謂深遠矣。當時私淑洛學者，別有陳了齋，然了齋又私淑涑水康節，學徒雖盛，建炎後則皆歸入龜山門下，故謂龜山爲南宋學術之宗師，可也。

知乎此，則可以討論以下四問題：

一、何以江西詩社宗派能爲南北宋文化之代表？

二、何以南宋朱陸之學不同，而皆盛稱江西？

三、何以呂本中與曾幾善，而宗派圖中無其人？

四、此類學術關係與其詩學及創作有何關聯？

其中第一項前文論證甚詳，所當論者爲後三事也。試先論第三事，而後及於第二事。——

劉克莊嘗病呂氏宗派圖不列曾茶山，謂：「曾文清乃贛人，又與紫薇公以詩往還，而不入派，不知紫薇去取之意云何，當日無人以此叩之」（後村詩話後集卷二，江西詩派總序），後世亦往往以此爲疑。以余考之，呂本中爲龜山門人，江西宗派圖中所列亦多與龜山具有淵源者；茶山則爲武夷胡安國門下也。胡安國文定爲荊門教授，龜山代之，因此識龜山，因龜山方識游廌山謝上蔡，不及見伊川，但私淑耳。其學雖與龜山同宗伊川，子胡宏五峯又嘗從龜山遊，然與龜山有顯然不同者在；黃宗羲謂其出於上蔡，雖未必卽是，而此異同要不可掩。其異云何？可以朱子參悟中和新舊說爲證。朱子丙戌年答何叔京書云：「李先生（延平）教人，大抵令於靜中體認大本未發時氣象分明，卽處事應物自然中節。此乃龜山門下相傳指訣」（文集卷四十），此卽所謂觀「喜怒哀樂之未發」也，龜山傳羅豫章、豫章傳李延平，朱子受學於延平者，卽在因中庸之書，求喜怒哀樂未發之旨，惜其未達，而延平已歿。至乾道三年，朱子赴長沙訪張南軒，南軒爲文定再傳，五峯之門人也，朱子遂受其影響，而謂人心皆已發，無未發處之工夫。其所根據，卽胡氏與曾吉父書也。「中和舊說序」曰：「聞張欽夫得衡山胡氏學，則往從而問焉；欽夫告余以所聞，余亦未之省也。退而沈思，殆忘寢食，一日，喟然嘆曰：『人自嬰兒以至老死，雖語默動靜之不同，然其大體莫非已發，特其未發者爲未嘗發爾』，自此不復有疑，以爲中庸之旨，果不外乎此矣。後得胡氏書，有與曾吉父論未發之旨者，其論又適與余意合，用是益自信」（文集卷七五），所謂人心皆已發，無未發處之工夫，蓋卽胡五峯先察識而後涵養之說，其與龜山門下相傳於靜中體認未發時氣象之說，不同處在於：先察識後存養，乃就現有已發動處，作自覺反省，然後存養其善；此由於胡氏以性爲體，以心爲用，性無善惡，心爲已發，而心又能知天地宰萬物以成性，故爲一能實現「理」之自覺能力。龜山則要收斂本心之已發，而還於其所從來之未發，重在察識活動之前，意志本身之居敬培養工夫，故謂南軒等人「大抵都無前面一截工夫」（朱子文集卷四三，答林擇之又一書）㉜。

此類分別，亦可見諸呂本中與曾茶山。呂本中與曾吉父論詩帖第二，云吉父「治擇工夫已勝，而波瀾尚未闊，欲波瀾之闊去，須於規摹令大；涵養吾氣而後可。規摹既大，波瀾自闊，少加治擇，功已倍於古矣。……若未如此，而事治擇，恐易就而難遠也」（苕溪漁隱叢話前集卷四九引），又詩集卷七學道詩曰：「學道如養氣，氣實病自除」，皆主張涵養於未發之前者，先涵養而後知識省察以治擇之也。呂氏詩集爲曾茶山序，序亦引呂氏與彼論詩第二帖，然其文曰：「詩卷熟讀，治擇工夫已勝，而波瀾尙未濶，欲波瀾之濶，須令規模宏放以涵養吾氣而後可。規模旣大，波瀾自濶，少加治澤，功已倍於古矣」，茶山自謂此言雖老不忘，實則與居仁意固有不同。蓋令規模宏放，以涵養吾氣者，先察識而後涵養之路數也；涵養吾氣而規模自大，存養於未發以前之性質也。其異甚微，卽茶山亦未必自知，故引文不免隨手小有變動，非後世文定與龜山所傳經朱子南軒而有諍論，此異亦不易知。然而居仁不秩茶山於宗派圖中者，要於學術宗旨有關，無可疑也㉝。

雖然，此說亦有未盡者何？以後世多目茶山爲江西，而其門人陸游、及江西後勁楊萬里周必大，亦皆與胡文定一系有關也。

茶山爲孔毅父甥，毅父本與黃庭堅有舊，故茶山早歲卽以元祐學術爲尙，陸游所撰墓志，特著此事，曰：「時禁元祐學術甚厲，公獨憤嘆，思一洗之。一日得經義絕倫者，而他場已用元祐體見黜，公爭之，不可」云云，不免借茶山事，自澆塊壘。至於楊萬里，則當擧世禁遏蘇黃之際，獲王庭珪以元祐之學敎之㉞。玆數人者，皆與江西早有舊緣，故能爲其體段、得其精神也。然以余考之，蓋猶不止於是，學術之契，不可貌襲，若非其本身自有可合者，雖曰提耳而敎之使合，不能合也。茶山放翁等，與江西固有可合者在，此亦可於龜山之學見之。

程門弟子，謝上蔡立說，論者謂其近於明道；游廌山楊龜山則近伊川。此說是也，上蔡之學偏於論「覺」、論「心」，又喜用「天理」一詞以釋「格物窮理」，與後來之陸象山，皆有類似處，故於南宋學術之發展言之，程門明道一系，降而有謝上蔡、王信伯、林竹軒、張無垢、林艾軒等，至象山而集其大成。胡五峯及文定之學，亦其中之一也。朱子謂胡文定所得於上蔡爲多，想是上蔡英發，故喜之，不如與游楊說話時悶，亦是有見於此。其後胡五峯深譏游氏，而門人張栻復因師說而與朱子辯已發未發氣象，則龜山之學近於伊川、上蔡文定之學近於明道，益可信矣。龜山文集卷廿一云：「切謂學者以致知格物爲先。……夫格物而知至，則目無全牛，游刃自有餘地矣」（答胡處梅），自述宗旨，而其與伊川朱熹甚似者，則與上述分析合。此擧世所共知，無待縷陳，然余讀諸先生文集語錄，初不能無所疑也。蓋龜山若果屬諸伊川，則與明道喜龜山、伊川喜上蔡之說不合，且明道嘗賞龜山云：「楊君會得容易」、又云：「吾道南矣」，其學必當有與明道合者在㉟，世但以朱子爲其三傳，故歸龜山於伊川朱熹一路，不知其不盡然也。今以其論仁體與格物證之：

朱陸論心性，夙所齟齬，而扞格處不在心卽理抑性卽理也；在於朱子一系，工夫著在去雜成純、轉人心爲道心處，而陸九淵則謂人心本爲道心，直顯本心，卽能成就，故無此去雜成純之工夫也，工夫只在直顯本心上㊱。龜山論此心仁體亦然，上承明道「仁者渾然與物同體」之說，由人之疾痛相感處，標出「與天地萬物爲一」爲仁體，見『語錄』三。其說與上蔡由風痺不仁處論仁體無異，而靜斂以養心之工夫，亦非程朱一路。據『宋元學案』所載李侗與羅豫章書云：「先生令侗靜中看喜怒哀樂之謂中，未發時作何氣象；不惟於進學有方，亦是養心之要」，則所謂龜山門下指訣，正在於靜斂其心，用力於此，卽是治心，其實則養心也。朱子作延平行狀，云延平教人，要在「反身自得」「默坐澄心，體認天理」，久之則無私欲之發。此雖不同於象山之直指本心，而主於靜斂以漸養，然工夫畢竟著在心上㊲。朱子則不然，延平「凡爲學，也不過是恁地涵養將去，初無異義」（朱子語類一〇四），朱子則謂：「涵養中自有窮理工夫，窮其所養之理；窮理中自有涵養工夫，養其所窮之理」（語錄卷九），只恁行將去，則無致知一段（同上）。文集卷五六「答方賓王十五書」之一，云延平所傳龜山門下指訣者，「恐亦自是一時入處，未免更有商量也」，其故蓋由於此㊳。卽此而可以見朱子論格物致知，實有勿同於龜山者在。

龜山之學，亦主格物致知，已前見，然文集卷廿六「題蕭欲仁大學篇後」有曰：「學始於致知，終於知止而止焉，致知在格物，物固不可勝窮也，反身而誠，則天下之物在我矣」。其言與朱子「大學補傳」所稱：「所謂格物致知者，言欲致吾之知，在卽物而窮其理也……是以大學始敎，必使學者卽凡天下之物，莫不因其已知之理而益窮之，以求至乎其極」之說，顯有不同。因朱子之意，正所謂「物不可勝窮也」；象山謂朱子徒致力於外索者，亦由於此。然若象山者，專力於反身而誠，不甚論格物致知，亦與龜山之兼合兩端異趨。以是觀之，龜山之學又恰爲伊川象山兩系學術之中介，二者咸可於此引其同類以附益之也。全謝山謂象山之學兼出於王蘋信伯，而王信伯極爲龜山所許，爲朱熹所深貶，爲陽明所盛稱；且朱熹師劉白水勉之，勉之則又師龜山。正由龜山之學兼此二截，故雖胡五峯亦未嘗不從學於龜山也。南宋學者，以朱陸兩系爲盛，江西既屬滎陽龜山之學，宜其左右逢源，一體同忻，無異辭焉㊴。此由江西之論詩，實本其學術淵源來，詩學與道學非屬二事，養氣與作詩亦難遽分，故道學根本若無殊異，其詩學見解卽無差忒。當時反江西者，爲葉水心及永嘉四靈，世但知爲江西與晚唐之爭，不知其亦學術宗旨之異也。至於葉適晚年自悔其言，斥四靈而歸江西，則與呂祖謙雖善朱陸，而又推重陳同甫同。滎陽之學，本與以經制言事功者無甚扞格，故易於相卽也。

據此言之，茶山之學雖出胡安國，然確有可與龜山通郵處；安國答曾幾書，且既論「致知窮理」，復強調「不迷本心」（宋元學案卷卅四引），與龜山尤非涇渭。茶山放翁王十朋周必大等人，出自武夷學脈，而深有取於江西，要非自爲乖戾。朱子之學，本出龜山，於江西亦罕有反唇之詬，且謂黃庭堅煞有學問、煞有工夫，而雅不喜東坡。至於陸九淵，則云山谷之詩「體製通今古，思致極幽眇，一時如陳、徐、韓、呂、三洪、二謝之流，翕然宗之，由是江西遂以詩社名天下。開闢以來，能自表見於世若此者，如優曇花時一現耳」（文集卷七，與程師書），推贊不可謂非極至㊵。江西一社，與宋文化之表現與趨向相脗合者，於此蓋可見也。

乙、江西與三教混合文化之關聯

此類趨向之合，亦可於江西詩學宗旨與南宋理學見解相合處見之。如上節所論活句之言意形味云云，卽與龜山所說相契，龜山文集卷廿五「與陳傳道序」曰：「六經雖聖人微言而道之所存，蓋有言不能傳者，則經雖具，猶不能諭人之弗達也，然則聖之所以爲聖、賢之所以爲賢，其必有在矣。雖然，士之去聖遠矣，舍六經亦何以求聖人？或要當精思之、力行之，超然默會於言意之表，則庶乎有得矣」，語錄又敎學者讀書之法曰：「以身體之、以心驗之，從容默會於幽閑靜一之中，超然自得於書言象意之表」。此與呂居仁讀易詩所稱：「孰能言語表，能使意獨至」（詩集卷十一）何以異乎？與居仁「胸中塵埃去，漸喜詩語活。」（外弟趙才仲數以書來論詩因作此答之）之說，又何以異乎？

欲考江西之詩學，不可不覈當時學術文化之情狀者，正由此故。

雖然，有疑義焉：黃庭堅句眼之說，本採自佛家，活句云者，亦本諸叢林。至於江西本身，論者輒擬爲禪宗；滎陽龜山，亦皆以濡雜禪學著稱，此何說歟？豈所謂江西詩學與宋文化相桴應處，僅在其皆有採於禪宗耶？

夫滎陽家學，本以雜於佛學著稱，黃百家謂其「晚年更從高僧遊，斟酌淺深而融通之，曰佛氏之道與吾聖人脗合」者是也。其弟子饒節，遂爲緇衣，並貽詩呂居仁，勸其胡床趺坐、專意學道，亦師門之教使然。龜山間雜佛學，雖不如滎陽之甚，然晚歲所得，如言常總所說經中十識第八庵摩羅識、唐言白淨無垢，卽孟子所謂性善也；形色爲天性，亦猶所謂色卽是空；維摩經云眞心是道場，儒佛至此，實無二理。……等等，信非醇一儒者之說㊶。次韻何吉老遊金鑾寺又云：「僧關叩禪寂，未語心已領」，則其默坐澄心，要亦與此有關。至呂本中承滎陽龜山之學，頗採佛家意見，固其宜也。本中友曾茶山，出文定之門，而入於禪，與本中同㊷。此南宋學術雜於禪之大概也。

江西詩社宗派中，饒節、善權、祖可本卽爲僧人，可以勿論。山谷故與靈源惟清禪師、死心悟新禪師、晦堂祖心禪師、圓通法秀禪師善，集中如「念念皆空更莫疑，心王本自絕多知」「冥此芸芸境，回向自心觀」「要當觀此心，日照雲霧散」……等，雜於禪悟，亦甚明顯㊸。后山於此，與黃庭堅同，寄晁載之兄弟詩：「端能過我三冬學，可復參儂一味禪」、南軒絕句：「少日書林頗著勳，暮年貪佛替論文，銅鑪瓦枕芒鞋裏，此外惟須對此君」、別寶講主：「暫息三支論，重參二祖禪」、送劉主簿：「二父風流皆可繼，謗禪排道不須同」之類，宗旨甚晰㊹。二者以下，可勿俱論。此江西宗派中人雜於禪學之大略也。

江西詩風，論者亦謂其爲禪，楊萬里送分寧主簿羅宏材秩滿入京詩：「要知詩客參江西，正似禪客參曹溪」，即是其例。又蔡絛嘗云：「黃太史詩，所恨務高，一似參曹洞下禪，尚墮在玄妙窟裏」（漁隱叢話後集卷卅三引）、金李屏山亦云：「黃魯直……以俗爲雅、以故爲新，不犯正位如參禪，著末後句爲具眼」（中州集卷二劉西嵓小傳引）；其後任淵注后山詩，乃本其說，曰：「讀后山詩，大似參曹洞禪，不犯正位，切忌死語，非冥搜旁引，莫窺其用意深處」（序），則是江西之詩亦如禪宗矣㊺。劉克莊由此復推以廣及宋詩，云：「豫章爲本朝詩家宗祖，在禪學中比得達摩」（大全集卷九五）「比於禪學，山谷初祖也，呂曾南北二宗也，誠齋稍後出，臨濟德山也」（卷九七・茶山誠齋詩選序），此雖譬擬之辭，使非詩人參江西如禪客參曹溪，亦何由致此乎？此江西類似禪宗之概貌也。

至若江西之詩學理論，如悟入、如活法、如謂學詩如參禪，其與禪學有聯，不待論矣。綜此數耑，謂江西爲禪宗影響下之詩學活動，不亦宜乎？

然而非也。此事非由中唐以來宋文化之形成與發展處言之，未易得其底蘊。

北周武帝以來，始召百僚及三教名德，共同聆講，辨釋三教先後。然其初猶重在講經，至李唐始以論辨三教宗旨爲事，冀使三教互爲觀摩，商榷意旨，以供融滙之發展，『新唐書』高祖本紀：「武德七年，二月丁巳，帝幸國子學，觀臨釋奠，引道士沙門，有業學者，與博士相駁難，久之乃罷。因下詔曰……朕今欲敦本息末，崇尚儒宗，開後生之耳目，行先王之典訓，而三教雖異，善歸一揆」，即其事也㊻。三教講論行之既久，三教合一之說，亦由此而盛，『摩訶止觀』六上以佛家五戒比諸儒家五常，『諸方門人參問語錄』云：「迷悟由人，不在教之異同」，皆此類觀念。然中唐以前，猶爲講論諍辯之狀態，所謂同者，不過傅會比擬之說耳。中唐以後，儒者有排佛之說，然排佛，而不排三教合一，且由儒者之排佛，益使佛徒努力於中國化，而三教遂始由理論層面相溝通矣。此可擧三事以爲證：

一則佛徒之宗儒傳道也。宋眞宗大中祥符九年，釋智圓自序其『閑居編』，時歐陽修始十歲。僧曰：「釋道儒宗，其旨本融，守株則塞，忘筌乃通」（卷十六，三笑圖讚）「宗儒逃孟軻，好道注陰符，虛堂踞高臺，往往談浮圖，漫衍雖無家，大方貴西隅」（卷四八，潛夫詠）「禮樂歸周孔，虛無學老莊，內藏儒志氣，外假佛衣裳」（卷四九，湖居感傷詩）蓋智圓本宗天台，又極推中庸，故自號中庸子，宋人之尊中庸，未有先於此者；推挹韓柳，謂其力扶姬孔之道，手持文章之權，宋人之尊韓，亦未有先於此者。其後又有契嵩，撰原教孝論十餘篇，明儒釋之道一貫，而尤重洪範中庸，與胡安定重洪範、范文正重中庸同時。其『鐔津集』論儒者之道甚備，甚者援儒衞釋，所論且多與後起理學家相呼應，錢穆「讀契嵩鐔津集」一文，論之綦詳。此前世所蔑有也㊼。

二則儒者之融會三教也。儒者融會釋道，以成新說，中唐自以柳宗元李翺爲最著。及乎宋興，周濂溪邵康節皆本陳摶之傳，濂溪又與胡文恭同師潤州鶴林寺僧壽涯。其後依佛依道者，不可卒數。朱子且爲『參同契』作注，又與蔡季通書，謂『參同契』更無縫隙。卽龜山，亦作「踵息庵記」以莊子之說爲是。此類融薈三教，而鑄新義者，又前此所未有也㊽。

三則佛徒運用中國觀念以整理佛教也。

咸淳五年，釋志磐撰『佛祖統記』五十四卷成，序曰：「依倣史法，用成一家之書，斷自釋迦大聖，訖於法智。一佛二十九祖，並稱本紀，所以明化事而繫道統也；至若諸祖旁出爲世家，廣智以下爲列傳，名言懿行，皆入此宗。而表志之述，非一門義，具在通例，可以類知。既又用編年法，起用昭王，至我本朝；別爲法運通塞志。儒道釋之立法，禪教律之開宗，統而會之，莫不畢錄。……紀傳世家，法太史公；通塞志，法司馬公」。按其書始撰於理宗寶祐六年，事在朱熹李元綱揭明儒家道統之後，而與理宗之御製道統十三贊正當同時也。贊文曾鐫於杭州府學，志磐或嘗見之，其書遂以編年史法明佛事而繫道統，又採史公紀傳世家之體，分別立傳，非僅於史學中特具意義，且可洞明當時佛徒採擇我傳統觀念以整理佛教事之情狀㊾。蓋唐宋之際，自覺反省之歷史意識興起，浮圖受其鼓盪，羣以中國觀念類秩史事，所得未必相同，故爭鬩又復時起，如其效法我世系譜牒及帝王統紀，而編排之歷代祖宗，卽多異同，『宗鏡錄』『壇經』『景德傳燈錄』主七佛偈，謂印度有二十七祖，達摩東來爲廿八祖。天台宗則或謂印度只二十三祖，無後四人，亦不信七佛偈，如唐僧神機是；或者非之，如契嵩；凡此爭鬩，但爭正統耳，非有關於印度史實。其書如契嵩『傳法正宗紀』十卷、『正宗論』二卷、宗鑑『釋門正統』八卷，亦皆論宋文化者所必究。他如釋德洪『石門文字禪』卷廿五題修僧史所謂：「依倣史傳，立以贊詞，使學者臨傳致贊語，見古人妙處」，亦可與宗鑑志磐等事同觀。斯亦前古所罕覯者也㊿。

總此三事，斷明一理：中唐以來，乃一自覺反省之綜合創造文化型態，前此之三教，至中唐皆已體系森飭、理論昌明矣，後此之三教，則相融相即，共開新境。北宋初葉釋贊寧撰『宋高僧傳』護法篇極倡佛道二教合同，不難窺審其端倪。波流之漸，至元祐而爲洪水矣：

△元祐二年正月戊辰詔：自今擧人程試，並許用古今諸儒之說，或出己見。勿引申韓釋氏之書。考試官……勿於老列莊子出題。（宋會要輯稿、選擧三、科擧條。又見長編卷三九四）

△試策以二：一問歷代、一訪時務，禁用釋典，不得專援老莊。……自熙寧以來，學者爭言老莊，又參之釋氏之近似者，與吾儒更相附會。（長編三七四、元祐元年）

斯所謂揉雜者，猶屬義理層面事；若其宗教信仰層面，融雜益甚，遂有面目迥異於方來者[51]。世不知此類揉雜，如水著鹽，水非昔水、鹽亦非昔之鹽也；但謂爲油水相摻、不醇於一，非其情實矣。以山谷詩爲例，其用釋典及觀念固多，而昔人亦嘗謂其離『莊子』『世說』一步不得。世說者，玄言也。其詩如留五郎：「要知胸中有，不與迹同陳」，而胸中究竟須有何物耶？山谷或曰：「要須心地收汗馬，孔孟行世日杲杲」（送五郎）、或曰：「此公天機深，爵祿心已死，養生遺形骸、觀妙得骨髓」（次韻定國聞蘇子由臥病績溪）、或曰：「塞上金湯唯粟粒，胸中水鏡是人才」（送顧子敦赴河東），或綜提其義理而曰：「任世萬鈞重，載言以爲軒，空文課來世，聖達欲無言。咸池浴日月，深宅養靈根，胸中浩然氣，一家同化玄」（贈柳閎）。夫靈根之說，出於黃庭經；浩然之氣則見孟子；至於一家同化玄者，任注引張拙悟道頌、楞嚴經及莊子爲說，甚是。乃收蓄三教，採鎔而成我之義理者，當時之所謂兼用釋氏，多類於此。江西派中，則以后山爲最著。

后山學佛，近華嚴與禪宗，不信道教服石求仙事，「嗟哉行」詩借張生服石事，上數及於韓昌黎白香山，蓋當時士大夫以服石死者甚多也[52]。然后山所不信者爲食丹砂耳，於老莊固未排之。故送劉主薄詩云：「三千奏牘諸儒上，四百庵寮一歲中；二父風流皆可繼，謗禪排道不須同」，主薄名義仲，父道原、祖凝之皆嘗佛老者，后山云云，蓋示以儒道釋本不相妨也。因其本身態度如此，其論詩亦遂有假借丹道以資詮證者。

初，山谷嘗贈后山詩云：「陳侯學詩如學道」，然此所謂道，殆非有實質內容者，所當問爲此道究屬何者之道，以后山詩勘之，則仙道也。『能改齋漫錄』卷五：「鮑愼由答潘見素詩云：學詩如登仙，金膏換凡骨。蓋用陳無己答秦少章：學詩如學仙，時至骨自換之句」，是其證焉。然工夫精熟，自爾蟬蛻，實有異於金膏換骨者在，則內丹與外丹之說也。

金石丹砂硫火雄黃之屬，合而爲藥，餌以求壽考者，漢晉南北朝之外丹法也，萃其大成者爲『參同契』；宋張平叔伯端作『悟眞篇』，嘗謂此書爲萬古丹經之王，可見宋人推挹之誠，朱熹因之以撰注釋，豈偶然哉？第其書以陰陽五行說爐火修煉，輔之以藥物金石，流弊孔多。隋道士蘇元朗（青霞子）因此改倡「內丹」之說，其說雖仍託諸『參同契』，而前此實無此類觀念，『抱朴子』雖有「大藥」之說，仍與房中術有關，非眞內丹也。彼內丹者，借行氣導引之法，自煉精氣以求長生，以周身爲小天地，以形氣爲眞爐火，涉及人內部之精神修養及境界問題，故至中唐以後流傳日廣[53]，黃晦木嘗擧周濂溪「太極圖」，謂爲道教內丹丹訣，曰：「其圖自下而上，以明逆則成丹之法。……其最下圈，名爲玄牝之門。……稍上一圈，名爲鍊精化氣，鍊氣化神。鍊有形之精，化爲微芒之氣；鍊依稀呼吸之氣，化爲出有入無之神，使貫徹於五臟六腑，而爲中層之左木火、右金水、中土相聯絡之一圈，名爲五氣朝元。……又其上之中分黑白，兩相間雜之一圈，名爲取坎塡離，乃成聖胎。又使復還於無始，而爲最上之一圈，名爲鍊神還虛，復歸無極，而功用至矣」（太極圖辨）。夫濂溪此圖，得諸陳摶刻於華山石壁者，確爲內丹丹訣無疑；然濂溪則借以表示一形上學及宇宙論之觀念，正爲宋文化之特徵，爲綜合融攝之自覺創造也。此無可議者，可議者爲：因濂溪之採用此內丹丹訣，可見內丹之說在宋甚爲普遍，且又與儒者義理相關聯也。濂溪集中，有「題酆都觀」詩三首，其二爲讀英眞君丹訣，曰：「始觀丹訣信希夷，蓋得陰陽造化機。子自母生能致主，精神合後更知微」（卷八），於此尤爲顯然。江西中如黃庭堅陳簡齋，皆與濂溪子壽（元翁）、燾（次元）相熟，其論后山詩，殆亦用此內丹之義[54]。

『泊宅編』卷九載：「陳去非謂余曰：陳無己之詩，如養成內丹」，此用以論其詩，然后山實有於內丹事，送姚先生歸宜山三絕之二：「老逢熙運乞前官，病遇先生得內丹」注：「修眞秘訣曰：老君含和鍊藏，吐故納新，上入泥丸，下注丹田，此內丹也」，姚先生即姚丹元，與東坡善，坡謂其詩飄飄然有謫仙風度，后山則稱其「定力不爲生死動」，是其修養可知。后山於此不僅用內丹之說，且其稱譽丹元子，亦兼用莊子所載壺丘子事與『大智度論』「以業力故入生死，以定力故出生死」之說，足證三教混融，至此已非虛語，而江西之所謂雜於禪宗者，即可由此考之。

按『王直方詩話』：「潘邠老云：『陳三所謂學詩如學仙，時至骨自換，此語爲得之（山谷詩注引作：自謂此語得意）』，然余見山谷有『學詩如學道』之句，陳三所得，豈其苗裔耶？」（詩話總龜前九引、又山谷詩外集注十五引），推其言旨，可有二解：一作此語自謂得意，則此二語必爲陳后山平生詩學宗趣所繫；一作此語爲得之，則其說已得潘大臨所首肯。玆二者無論誰是，其爲江西詩學關鍵可知[55]。后山而後，江西又復因之而有「學詩如參禪」之說，亦學詩如學道之苗裔也；其說起於吳可，曰：「學詩渾似學參禪，竹榻蒲團不計年；直待自家都了得，等閑拈出便超然」，韓駒本之，亦曰：「學詩當如初學禪，未悟且遍參諸方，一朝悟罷正法眼，信手拈出皆成章」（贈趙伯魚），厥後龔相、趙蕃皆有其說，江西之公言也。然又不只於學詩如學仙學禪，又有如學孔孟之道者焉：方虛谷曰：「生年同孔氏，傳道仰文公，爛卻沙頭月，誰參到此中？」（桐江集卷廿八・詩思十首之九）卽其一也。試考其說，毋論其爲儒爲道爲佛，咸以工夫精熟以至超然解悟爲事，爛卻沙頭之月、坐破蒲團之榻，時之又久，遍參諸方，而後骨換神融，信手拈出，頭頭是道。呂居仁所謂：「要之此事須令有所悟入，則自然度越諸子」（與曾吉甫論詩第一帖）「詩有活法，若靈均自得，忽然有入，然後惟意所出，萬變不窮」（江西詩社宗派圖序）「作文必要悟入處，悟入必自工夫中來」（童蒙訓），亦是此旨。曾季貍『艇齋詩話』云后山之換骨、東湖之中的、東萊之活法、子蒼之飽參，其實皆同一關捩者，正須由此觀之。而此非江西一宗一派獨得之秘要也，乃宋文化百餘年醞釀發展，三教融滙創造中漸漬而有者，曲曲折折，蔚爲洪流，至南宋遂爲一普遍趨向焉。此所以江西言悟入、言飽參、言學詩如參禪，而攻江西之嚴羽亦作此語，與嚴羽同時諸詩家，亦無不如此也。所尤可注意者，爲趙蕃、爲戴復古。

趙蕃章泉，爲劉淸之靜春門人。淸之之學，蓋私慕胡安國者，故所作朱陵道院，曾祀張九齡韓愈寇準周敦頤胡安國於側。其兄弟家卽陳后山與劉主薄詩所謂「二父風流皆可繼，謗禪排道不須同」之劉貢父原父一宗也，世數益遠而家法益峻，極爲朱子所推重。淸之尤以排斥二氏著名。語錄云：「異端侵畔，良可憂」「苟志於學，而乃惟理文書之傳是玩，善士大夫是攀是慕，與向來眩於文章、溺於訓詁、流於異敎者，同一轍也」，可見其宗旨，而趙蕃卽出其門下。蕃爲詩，格近江西，與上饒韓澗泉齊名，而喜論詩甚於澗泉，蓋嘗問學於朱熹，又受知於楊萬里故也。魏慶之『詩人玉屑』引其論詩語甚多，殆爲當時學者所重。今觀其語，所尤要者有二：一卽推本呂居仁以來江西舊說，如規模宏放、涵養吾氣之類；一卽上仿吳藏海學詩渾似學參禪之說，而謂所參在心不在句。夫以朱熹靜春之傳而著此語，卽可以見當時風氣。此江西後勁，且合道學一派之所爲也。

戴復古石屛，早從雪巢林景思、竹隱徐淵子學詩，又從陸放翁遊，其後羈旅南北，以詩爲生涯，名屬江湖集中，而與四靈頗有往來，乃一純粹詩人，而復周旋於江西江湖四靈中者。其詩論之尤要者有三：一曰唐宋未易軒輊，性情本無今古、格律亦不必辨唐宋，且宋詩出於經，故醇正大雅，多與理契。二曰作詩非僅粧點風景事物，非胸中有書千百卷，未易致奇貨。三曰欲參詩律似參禪，謂妙趣不由文字傳也。一二項實與江西及理學家見解無甚差異，石屛以一純粹詩人而議論如此，要必有一文化因素在；至第三項則尤明顯與曾幾趙蕃等人同，而此諸人又皆無明確宗敎背景與經驗，使之必作此語，故知江西所開此類論詩風氣，正由時代文化型態使之流傳弗衰也㊱。其勢，又可見諸石屛與嚴羽之交往中。——石屛欲參詩律似參禪之說，見其「昭武太守王子文日與李賈、嚴羽共觀前輩一兩家詩及晚唐詩，因有論詩十絕。子文見之，謂無甚高論，亦可作詩家小學須知」詩之七，嚴羽卽以禪論詩之巨匠也，嘗以參詩精子自命，其說又以盛唐爲宗，痛斥蘇黃及江西，此與石屛之「要洗晚唐還大雅，願揚宗旨破羣癡」，誼若相戾矣；而其議論往來，則似不甚相非者。故知石屏與滄浪之所謂高低，乃「同一思想架構中之差異」，非「不同體系間之爭論」。此義深微，若非窮宋文化之發展、究三教之趨會，有未易知者也(57)。

頃既考此，斯可以論江西詩社宗派中人之詩學觀念與創作特徵矣。布敷論旨，仍請由其論活法及學詩如學仙學禪始。

丙、江西詩學及其與南宋詩壇之關係

曾季貍『艇齋詩話』嘗云：「後山論詩說換骨，東湖論詩說中的、東萊論詩說活法、子蒼論詩說飽參，入處雖不同，然其實皆一關捩，要知非悟入不可」。曾氏嘗師事韓駒、呂本中、徐俯，有詩名，張栻『南軒文集』卷五有送曾裘父序，謂其直諒多聞，爲古之益友；朱子集中亦有寄曾艇齋詩：「老懷清似水，雙鬢斷如蓬」云云，可以想見其爲人。此自述師門宗旨語，尤覺親切有味；且陸游『渭南文集』卷十五有曾裘父詩集序，云裘父「安時處順，超然事外，不矜不挫、不誣不懟，發爲文辭，冲澹簡遠，讀之者遺聲利、冥得喪，如見東郭順子，悠然意消」，其言亦不止論裘父而已，實即江西一社之通例。此則以陸放翁親從茶山夜半傳機要，故其言亦能洞中肯綮也。以今觀之，凡論詩而講活法悟入者，其詩作類皆冲澹簡遠，使人讀之遺聲利、冥得喪；而其爲人則皆安時處順，超然事外，縱不能至，心猶嚮往之。此江西詩學觀念及創作特徵之所在，亦南北宋整體詩學之基本架構，而與其時之哲學有密切關聯者也。其詳見附錄，此不贅述。但敍黃庭堅之詩學創作觀念，而以江西社中諸人附焉，見此活法之大凡耳。

山谷詩，淵源自黃庶謝師厚韓持國，黃謝二公皆學杜者，韓維持國爲荊公詩友，亦嗜杜甫詩，故山谷學杜，蓋無可疑㊽。然世於兩家風格之異同，頗多爭議，謂山谷似杜者固不必論，其謂山谷不似杜甫者，則如胡應麟『詩藪』：「黃律詩得杜聲調之偏者，其語未嘗有杜也；古選歌行絕與杜不類」「黃、陳、曾、呂，名師老杜，實越前規」云云，可爲代表，而其說實起於宋金之間，張戒嚴羽劉壎王若虛，皆以山谷爲不似杜者。以今考之，淸費經虞所稱：「江西宗派專學杜韓，實則諸公自爲體耳」（雅倫卷二）當爲此案定論。何以知其然耶？此當考江西之學杜，究爲如何學、且其所學者爲杜何事，始能知之。

張表臣『珊瑚鉤詩話』卷二嘗載陳無己自述學杜要訣語，適可解釋此類問題，其言曰：「學者體其格、高其意、鍊其字、則自然有合矣，何必規規然彷像之乎？」后山作詩淵源得老杜句法，乃山谷所稱許者，此語蓋亦與山谷之學杜途轍相似㊾。自然有合，而非寸寸規撫，所謂得法於少陵者，其法不過如此，亦前文所述江西論味不論形之舊蹊也。論味不論形，故其體貌未必即與杜甫相類，以此遂滋後人疑竇；其實勿論黃陳學杜，皆以味似不以形求；其創作要求，亦在乎自成一體，而不以爲某家肖子爲事也。前者要以許尹「黃陳詩任注序」論之最詳（「二公之詩，皆本於老杜而不爲者也。……論畫者可以形似，而捧心者難言；聞弦者可以數知，而至音者難說。天下之理涉於形名度數者，可傳也；其出於形名度數之表者，不可得而傳也」㊿）；後者，則諸家載籍，述之綦備，如「不踐前人舊行迹，獨驚斯世擅風流」（張耒・讀黃魯直詩）「魯直一掃古今，直出胸臆」（王直方詩話）「極風雅之變，盡比興之體，包括衆作，本以新意者，唯豫章一人」（呂本中・童蒙詩訓）「至於詩，則山谷倡之，自爲一家，並不蹈古人町畦。……歐公之文、山谷之詩，皆所謂不向如來行處行者也」（羅大經、鶴林玉露卷十五）……等，皆其例焉。宋人喜稱引山谷「隨人作計終後人」「文章最忌隨人後」諸語誨人，江西尤謹於此，而後世不曉，妄謂其學杜與點鐵成金云者，卽剽竊仿擬古人，摘截割裂以爲己作，眞山谷所謂：「烏有此理？便如此點鐵」也[61]。

雖然，山谷亦非一夕遽至此境，其學杜也，雖終能本於老杜而不爲，實則中間轉折甚多，後人於山谷之詩與詩學議論不一，亦由此中層次不同之故。

蓋山谷少年學詩，淵源於黃謝諸公，謝師厚所言甚高妙，非尋章摘句而自謂古人裔孫者流，其詩作鮑照語，論杜則尤切。元祐元年，山谷有詩奉答師厚子公定與榮子邕論狄元規孫少述詩，載謝公之讜論，而惜無復知杜甫及謝公之句法者，其言曰：「謝公遂如此，宰木已三霜；無人知句法，秋月自澄江。二子學邁俗，窺杜見牖窗；試斲郢人鼻，未免傷手創：蝍胥與竹萌，乃不美羊腔。自往見謝公，論詩得濠梁……小謝有家法，聞此不聽冰」，大抵當時學杜者皆如彼二子，有好奇之病，而未極其妙手，故皆只能窺杜牖窗，非能登堂入室也；謝公所論，獨異於是，所謂論詩得濠梁，任注謂能令人有所悟入，實則濠梁之樂，貴在自得，自得故能知魚之自得其樂，所悟者此，惜無人知之耳。山谷所謂學杜者在此，其言句法者亦在此，傷謝公既卒，已遂絕弦如伯牙之無知己者，不亦宜乎？元祐間詩所謂「句法提一律」「文章自有體」，大抵皆爲此義，此元祐間之黃魯直也。

建中靖國元年，山谷寫有伏波神祠詩卷，自跋曰：「若持到淮南，見余故舊可示之：何如元祐中黃魯直書也」，文集中又有自評元祐間字語，謂當時「用筆不知擒縱，故字中無筆耳；字中有筆，如禪家句中有眼，非深解宗趣，豈易言哉？」按：山谷於紹聖元年黃龍山中忽悟草書三昧，十二月即以黨事責授涪州別駕、黔州安置，故其詩亦當以此爲斷限，元祐以前尚無詩眼之說，後始有之，后山紹聖四年「答魏衍黃預勉余作詩」詩中，盛稱：「句中有眼黃別駕，洗滌煩熱生清涼」者，正山谷在黔南時也。

蓋紹聖以前，山谷所知之杜，乃「老杜雖在流落顚沛，未嘗一日不在本朝。故善陳時事，句律精深，超古作者；忠義之氣，感然而發」（潘子眞詩話引）處。其論句法，雖主自得，然猶是「琢磨佳句問潛郎」（奉酬劉景文河上見寄）「杜郎覓句有新功」（寄杜家父）「欲搜佳句恐春老」（王才元舍人許牡丹求）一路，欲以琢磨搜索，得老杜之所謂句律精深。黔南以後，困心衡慮，重理舊說，而造新境，遂有句眼之說。夫句眼者，『冷齋夜話』嘗病世之罕能知其意也，而爲之釋曰：「語言者，蓋其德之候也，故有德者必有言」（卷四）；山谷晚歲弟子范溫元實，亦嘗本山谷敎，而撰『潛溪詩眼』一書，發揮「學者以識爲主，禪家所謂正法眼藏，直須具此眼目，方可入道」之義。今綜其議論，可知所謂句眼，消極之工夫，在於勿刻意於文字；積極之工夫，則在德人之修養。山谷再次韻楊明叔論詩法詩所云：「道應無芥蔕，學要盡工夫」者，即指此而言。

次韻楊明叔四首，作於紹興四年，期之以遠且大者，故其言曰：「文章者道之器也，言者行之枝葉也。耕禮義之田而深其耒」「道學歸吾子，言詩起老夫」「道常無一物，學要反三隅，喜與嗔同本，嗔時喜自俱，心隨物作宰，人謂我非夫，利用兼精義，還成到岸桴」，道學之名，此實起於理學家未名之前，而其所謂道者，則綜攝儒佛而歸本於心。夫養心觀心以盡性者，山谷一貫之工夫也，但紹聖以前罕將此與詩學比併合論，黔南大悟以後，乃以此爲學詩之積極工夫，如再次韻兼簡履中南玉：「句中稍覺道戰勝，胸次不使俗塵生」「道機禪觀轉萬物，文采風流被諸生」、贈高子勉：「文章瑞世驚人，學行刳心潤身」「句法清新俊逸，詞源廣大精神」等皆是[62]。荆南向和卿用余六言見惠次韻奉酬詩曰：「覆卻萬方無準，安排一字有神，更能識詩家病，方是我眼中人」，論此義尤晰。蓋詩人之病，在於心隨物轉，感物而動；在於執取文字，刻意爭工，佛家所謂遍計所執與依他起性也；若能大悟，得一正法眼藏，則轉識成智，轉俗成眞，自不爲物所轉役，而觀萬物皆得其自在矣，所謂化俗爲雅，以故爲新，鎔鑄化工，何爭奇險之有哉！任淵注，於不爲物役乃凝於神處，頗得山谷精義，而於詩家之病處，僅擧沈約四聲八病之說以實之，非也。[63]

病執於境，固爲一僻；病執於言，亦一僻也。山谷既主積極之工夫修養以消卻逐物之心，自亦有消極之工夫以去此文字之執著。再次韻楊明叔詩序曰：「庭堅老懶衰墮，多年不作詩，已忘其體律」者，卽此工夫也（忘，本身亦修養之一端，然山谷次韻黃斌老所畫橫竹云：「公與此君俱忘形」，可見此時山谷論忘，多就藝術創作者不執取於形象處立言，故今屬諸消極工夫，以別於積極之外物以養心也）。崇寧元年，山谷在荆南，有詩贈高子勉曰：「妙在和光同塵，事須鈎深入神。聽他下虎口著，我不爲牛後人。拾遺句中有眼，彭澤意在無弦」，首二句卽謂人之修養，後兩句則指句中所以有眼，正由於意在無弦之故。夫彈者之必假弦以達，猶詩者之必借言以赴也，今其意在無弦，非詩家忘其體律乎？次韻奉酬向和卿詩所謂：「覓句眞成小技，知音定須絕弦」者，亦此義也。「意出筆墨外」（謝子舟爲余作風雨竹），則自然高勝，乃山谷晚歲之勝境，亦江西後來「無意於文文始工」及「不得句中眼者，韻終不勝」諸說之所本。此山谷學詩之曲折也。

當時或於此山谷詩學歷程不甚了了，而山谷又夙好與人論詩，遂有用其早歲議論以苦追古人者、有誤會其說而仍以早歲見解相衡者，有不知所謂而橫加訾議者。如『王直方詩話』譏潘邠老作詩，「多犯老杜，爲之不已，老杜亦難存活」，此蓋邠老誤解山谷奪胎換骨之說，又謬以后山「學詩如學仙，時至骨自換」之換骨爲此換骨所致；遂不免於摘尋章句，於前人集中作賊矣。又如張戒『歲寒堂詩話』載：「往在桐廬見呂舍人居仁，余問：『魯直得子美之髓乎？』居仁曰：『然』『其佳處焉在？』居仁曰：『禪家所謂死蛇弄得活』」，所謂死活弄得活，即山谷次韻楊明叔序所云「以俗爲雅，以故爲新，百戰百勝如孫吳之兵」也，居仁「活法」之說，推本於此[64]；而張戒不能知，乃苦詰山谷某詩似杜乎、杜甫某詩山谷能乎，於是居仁沈吟久之，以「子美有可學者、有不可學者」答，而張戒遂謂已說得直矣。不知此居仁無意作答之辭耳，記曰：不可與言而與之言，是爲失言，居仁之答，亦此類也，觀居仁所作江西宗派圖序推尊山谷之辭可知。凡此之類，皆當時事也，後世於此，益復矇然，膠執於點竄、脫胎、句律、奇字、硬語之間，以求所謂山谷與夫江西，南轅北轍，往而不返，哀哉！誰復知山谷「大雅堂記」及「排悶有新詩，忘蹄出兎徑」（答斌老獨遊東園）之旨耶？

當時能會其旨者，江西而外，首推魏了翁，『鶴山先生大全集』卷五三「黃太史文集序」曰：

公年卅有四，上蘇上公詩，其志已犖犖不凡，然猶是少作也。迨元祐初，與衆賢彙進，博文學德，大非前比。元祐中末，涉歷憂患。極於紹聖元符以後，流落黔戎，浮湛於荊、鄂、永、宜之間，則閱理益多，落華就實，直造簡遠，前輩所謂黔州以後句法尤高。……荊江亭以後諸詩，又何其恢廣而平實，樂不至淫，怨不及懟也？

王應麟謂：「山谷詩晚歲所得尤深，鶴山稱其以草木文章發帝機杼、以花竹和氣驗人安樂」（困學紀聞卷十八）者，蓋指此言。此恢廣平實，與物無對，而能見天地化機者，非其修養之厚，曷能臻此？呂本中與曾茶山論詩第二帖云涵養吾氣，則詩宏大深遠，非復措意於言語之間者所能及，殆即此義。然呂氏又云：「近世江西之學者，雖左規右矩，不遺餘力，而往往不知出此，故百尺竿頭，不能更進一步，亦失山谷之旨也」，則知此甚深妙義，知者未甚夥也。然諦考南北宋文獻，又可知凡不解宗趣者，胥隨草木以俱朽，論詩之家，不以山谷此旨爲依歸，即往往與之暗合，一時風會，漸趨此途，要非人力所能遏，如魏了翁林希逸王應麟者，即其例焉㊅。

至於呂居仁論詩，全本山谷者，除上擧與曾吉父論詩帖外，「夏均父集序」最詳：

學詩當識活法。所謂活法者，規矩備具，而能出於規矩之外；變化不測，而不背於規矩也。是道也，蓋有定法而無定法，無定法而有定法。知是者，則可以與語活法矣。謝玄暉有言：「好詩流轉，圓美如彈丸」，此真活法也。近世惟豫章黃公首變前作之弊，而後學者知所趨向，畢精盡知，左規右矩，庶幾至於變化不測。然，余區區淺末之論，皆漢魏以來有意於文者之法，而非無意於文者之法也。——子曰：「興於詩，詩可以興、可以觀、可以羣、可以怨；邇之事父、遠之事君，多識鳥獸草木之名」，今為詩者，讀之果可使人興起其為善之心乎？果可使人與觀羣怨乎？果可使人知事父事君，而能識鳥獸草木之名之理乎？為之而不能使人如是，則如

> 勿作。吾友夏均父，賢而有文章，其於詩，蓋得所謂規矩備具，而出於規矩之外，變化不測者；後果多從先生長者遊，聞人之所以言詩者而得其要妙，所謂無意於文之文，而非有意於文之文也。

文見『後村先生大全集』卷九五引。其論活法，主於有意於文處；由此進之，乃得無意於文之法，如與曾吉父論詩帖所云者。此活法，得諸豫章，居仁自述甚詳，而與潘邠老一類拈著某字某句以爲工者異矣。『童蒙詩訓』載潘邠老言七言詩第五字要響，南宋以來論鍊字句眼者之權輿也，所謂響，謂其致力處；然詩中七字僅鍊此一節，可乎？呂居仁謂字字當活，活則字字響，駁之甚當[66]。第此所謂活，猶以字句論，非究竟義也。余考之呂東萊集，知其活法有不盡於是者：詩集卷三「外弟趙才仲數以書來論詩，因作此答之」：「前時少年累，如燭今見跋，胸中塵埃去，漸喜詩語活。孰知一杯水，已見千里豁，初如彈丸轉，忽若秋兎脫，旁觀不知妙，可愛不可奪」、卷六「別後寄舍弟」：「惟昔交朋聚，相期文字盟，筆頭傳活法，胸次卽圓成」、卷七「大雪不出寄陽翟寧陵」：「文章有活法，得與前古並，默念智與成，猶能愈吾病」等，皆可證活法之活，不在文字間求，而實關係於涵養，故居仁每教人「請公著眼落筆前」（觀寧子儀所蓄維摩寒山拾得唐畫）；此涵養工夫皆著在去病處，病者何？心移於外物，筆執於文字也，前述山谷詩學處論之已詳。斯卽佛家所謂遍計執與依他起也。唯涵養既久，工夫精熟，而後始能轉識成智，底於圓成實性之境。居仁所謂智與成、圓活者，義理之根柢如此，故又有「沈郎愛客如愛酒，章子問詩如同禪：肯共寒爐撥殘火，共搜佳句作新年」（戲成兩絕奉簡章仲孚）之說。按、此說亦本諸山谷，山谷崇寧元年作次韻高子勉十首，其四曰：「寒爐餘幾火，灰裏撥陰何」，任注：「言作詩當深思苦求方與古人相見也。傳燈錄：百丈謂潙山曰：汝撥爐中有火否？師撥云：無火。百丈躬起深撥得火，擧以示之云：此不是火？師發悟禮謝」。以深撥得火爲深思苦求，殊失山谷意；蓋禪家以火喩眞心自性、以灰喩外塵雜染，呂蒙正詩所謂：「撥盡寒爐一夜灰」者，卽指此言。居仁此詩，要章仲孚共明此心，以令詩語活耳。詩集卷七有學道詩云：「學道如養氣，氣實病自除……但能嚴關鍵，百歲終不枯，道苟明於心，如馬得堅車，養以歲月久，自然得坦途」，擧山谷之除病、后山之學詩如學道、與曾吉父論詩帖之養氣、曾季貍之關捩，皆可於此見之。至若徐俯之言中的、韓駒之言飽參，與玆同意，尤不待論矣。吳藏海學詩詩曰：「學詩渾似學參禪，自古圓成有幾聯」者，亦遂以筆頭之圓成本諸心性之了豁，與山谷紫薇之說，共路駢馳矣。㊼

雖然，作詩而持論如此，其藝術效果如何？得無轉移藝術創作之問題而爲人生涵養問題之嫌乎？在山谷言之，蓋無此疑，以詩爲人所作，人格未超，詩語必陋，且詩者心聲、書者心畫，皆本心所形，非由文字造作而成，故曰：「子舟落心畫，榮觀不在外；耆年道機熟，增勝當倍倍。祖述今百家，小紙弄姿態」（咏子舟所作竹），凡於文字間造作姿態，以炫華巧者，皆非至極，江西遂以此而以簡遠含蓄爲鵠的焉。

陸游嘗謂曾裘父詩「冲澹簡遠」，其說實自山谷以來皆然，次韻高子勉之六曰：「驚人得佳句，或以傲王公，處世要清節，滑稽安足雄？深沈似康樂，簡遠到安豐；一點無俗氣，還期林下同」，俗塵漸去，詩自清遠，其義已述之於前；惟此詩以驚人佳句爲滑稽之雄，而謂詩當深沈簡遠，則不僅爲陸游所本，鶴山謂山谷黔南以後「落華就實，直造簡遠」，殆亦推此意而說也。昔人謂山谷詩「渾厚，坡似不及」（陳善・捫蝨新語上集卷一）「卻有涵蓄，膾炙人齒頰處」（陳模・懷古錄卷上）「獨入無聲三昧」（惠洪・石門文字禪卷十四）者，大抵亦皆就其簡遠深沈處立論。江西尤重此節，如放翁云：「心平詩淡泊」（閑趣）「身閑詩簡淡」（幽興）「古詩簡淡有遺音」（暑中自遣）、石湖云：「朱弦瑟縮調彌高」（次韻公辦）、誠齋云：「其味黯然而長，殊有后山風致」（答胡仲方）、后村云：「至質翻如俚，尤臞始似仙」（敖茂才論詩）、羅大經曰：「張宣公詩閑淡簡遠，德人之言也」（鶴林玉露卷十三）等皆是，例繁不備舉[68]。凡造語簡淡者，韻味必長，有起人思省之餘地也，故又論含蓄，含蓄卽所謂遠。白石嘗言：「詩務含蓄，東坡云『言有盡而意無窮』者，天下之至言也。山谷尤謹於此，清廟之瑟，一唱三嘆，遠矣哉！」可以證此。大抵宋文化中宋詩之發展，本卽以平淡簡遠爲其趨向，自梅堯臣歐陽修王安石蘇軾以來，無不致力於此，而以山谷成就最高，南宋多以此爲標準，故其詩多古拙無華，不求雕飾。此由其創作態度不在「作詩」，而欲其自肺腑中自然流出，使之不煩繩削而自合也。

山谷於杜甫陶潛，皆有不煩繩削而自合之譽，與王觀復書又曰杜甫夔州以後詩文「簡易而大巧出焉，平淡而山高水深」，夫大巧若拙，語出老子，其巧非世俗雕刻之巧，而爲「雕刻衆形而不爲巧」（莊子大宗師）之巧，此拙此大巧，實由巧而忘其爲巧、創造而忘其爲創造來，爲文而無意於文之說，殆亦類此[69]。相傳黃庭堅嘗語郭功父：「公作詩費許多氣力做甚？」（許彥周詩話），其意正由力作安排卽不免於雕鑿刻意之巧，非能無意於文，自然流出，不假安排也。自然流出，不假安排，如風行水上，自然成文，南宋又或稱爲「活法」，如張元韓序亦樂居士集曰：「韓杜門庭，風行水上，自然成文，俱名活法」（蘆川歸來集卷九），卽其一例。元幹於政和宣和間，與楊龜山、洪駒父、徐師川、呂居仁遊。序王承可詩，又自云初從徐東湖指授句法，則此活法之說，深得江西精義可知（姜夔送朝天續集歸誠齋詩嘗云：「箭在中的非爾力，風行水上自成文」，以徐東湖中的之說與此風行水上之說並論，則張元幹說活法，或卽揉合居仁與東湖之說而成者）。

此活法，本出心識，不執取於文字之間，故其道也，非賦非比，直爲興耳。觀其言，可以知德人之用心，驗物我之交會，顯天地之生機，興發讀者之志意。朱子曰：「興乃興起之意。『倬彼雲漢，爲章于天』……涵泳久之，自然見得條暢浹洽，不必多引外來道理言語，卻壅滯詩人活底意思也。……更著個『倬彼雲漢，爲章于天』，喚起來便愈見活潑潑地」（文集卷四十），論此意甚審，知夫此，而後乃知呂居仁序夏均文集，後半由論活法與無意於文處，何以忽然闌入孔門興於詩之義也。江西宗派之詩學觀念與創作特徵，大抵如此，而其與南宋一般文學理論之關係，亦由是可見⑳。

二、呂本中製作詩社宗派圖之方法

江西之句法，既由人格修養來，則當時之句法批評，實卽一種風格論也。山谷跋雷太簡梅聖俞詩曰：「梅聖俞與余婦家有連，嘗悉見其平生詩，如此篇是得意處，其用字穩實，句法刻厲而有和氣，他人無此功也」（文集卷廿六），所謂句法刻厲而有和氣，不專就其語言型構處言，而更有文氣論之一面。此卽典型之風格論也㉑。

山谷以後，以風格論爲批評格局者，呂居仁是其健將。除『童蒙訓』外，「江西詩社宗派圖」亦以風格爲聯繫江西詩家之原則者。此種主觀聯繫，有二事足論：一者爲繫聯諸客觀事實（如前節所述江西諸人詩學觀念及創作特徵）之理論內容；一爲組織諸客觀事實間關係之形式架構。以『廣韻』一書爲例，清陳澧據書中所載反切上字必與本字雙聲、必分清濁之理，考『廣韻』切語上字，凡四五二字，系聯之得四十一聲類，蓋以切語上字與所切之字雙聲，則切語上字同用者互用者遞用者，聲必同類也。陳氏『切韻考』中所述基本系聯條例、分析條例、補充條例，卽其理論內容，今稱之爲內質條件；內質條件乃所以系聯諸客觀事實者，然客觀事實初未必爲系聯而造，廣韻之反切本未注意於系聯爲四十一聲類，江西諸家自爲詩時亦未嘗以成一宗派爲事，故『廣韻』中實同類而兩兩互用無法系聯者，爲勢所不免，江西宗派圖亦不盡能包當時實際狀況。治『廣韻』者，人各爲之系聯，而迄無兩家相同者，不猶呂氏所譜，當時多不滿其去取乎⑫？至於組織關係之形式架構，則陳澧所訂四十一聲類中，反切上字之排列，一以系聯之需要爲主，如見類字，首字爲居，居九魚切，故次字爲九；九擧有切，故其次又爲俱爲擧，以次類推。曾運乾所訂五十一聲類中，不以此組織其關係，而以『廣韻』中反切上字於小韻中出現次數之多寡排列。此種排列之原則，今稱之爲形式條件。呂居仁譜「江西詩社宗派圖」，其內質條件爲風格之判斷，其形式條件，則爲宗族組織法，以此組織諸風格間之關係。

以下卽本此劃分，略述其內質條件與形式條件如左。

甲、內質條件：風格論原理

藝術創作活動，基本須以兩事共同組成：一爲創作者、一爲創作品。作品之藝術結構，必由作者質性所裁成，朱子論二程語錄所云：游錄語慢、上蔡語險、劉質夫語簡、李端伯語弘肆、永嘉諸公語絮者，不獨記言者如是，創作亦然，『文中子』事君篇曰：「謝莊、王融，纖人也，其文碎；徐陵、庾信，夸人也，其文誕」、吳處厚『青箱雜記』曰：「山林草野之文，其氣枯碎；朝廷臺閣之文，其氣溫縟」，皆其類例。故論風格者，不獨當考諸文辭結構所顯示之狀態，亦當觀索作者才性所展現之姿采。前者，今多以「文體論」或「文類論」爲名，後者則稱爲「文氣論」。二者合之，斯爲廣義之文體論（今雖以風格論爲稱，用資區別於文類，而古人實多混同，此須當先爲識別）。

風格論，必爲文學反省活動中首要之考慮範疇。蓋一作者於創作中若僅爲情思之宣洩則已，苟於此宣洩發舒之際，反省自覺其創作之表現與情思之性質，風格論之思考郎於是乎起。黃山谷謂荆公論文，先體製而後工拙；與方虛谷論詩，先高格而後句意，皆是此理。風格之考慮先乎所作之優劣及內容是非也。試稍說明之：

『豫章黃先生文集』卷二六「書王元之竹樓記後」：「荆公評文章，常先體製而後文之工拙，蓋嘗觀蘇子瞻醉白堂記，戲曰：文詞雖極工，然不是醉白堂記，乃是韓白優劣論耳」（漁隱叢話前集卷卅五引西淸詩話略同），其後如陳后山『詩話』：「退之作記，記其事爾；今之記，乃論也。少游謂醉翁亭記亦用賦體」「范文正爲岳陽樓記，用對語說時景，世以爲奇。尹師魯讀之曰：傳奇體爾」、朱弁『曲洧舊聞』卷一：「醉翁亭記初成，天下傳誦……宋子京得其本，讀之數過曰：只目爲醉翁亭賦，有何不可？」……等記載，皆在辨其體製，謂某體有某特定之風格及其作法，猶『文賦』所云：「詩緣情而綺靡、賦體物而瀏亮」也。作某體而用它體之風格作法，是爲破體失格，雖工亦弗取焉。

此宋代文學批評與風格論之關係，然此所論，猶多在文類論，若方虛谷者，則以文氣論爲主矣。

『律髓』卷廿一批曾茶山上元大雪詩：「詩先看格高而意又到語又工爲上，意到語工而格不高次之，無格無意又無語下矣」，而其所謂高格者，則擧詩人以當之，曰：「其中以四人爲格之尤高，魯直、無己，足配淵明、子美爲四也」（桐江集卷三、唐長孺藝圃小集序）⑬。之四人者，詩風未必從同，而類以高格爲說者何？曰高格之說，見諸虛谷書者，其義有二，一曰：「胸中所見高，則下筆自高，此又在乎涵養省悟之有得，不得專求之文字間也」（律髓卷十九）、一曰：「用字奇妙、意至而詞嚴，不爲事所縛，詩之第一格也」（律髓四三），後者指其語言表現之審美效果，前者指作者才性與涵養，文類文氣俱括於風格論之下，宋人論風格者大類似此；偶或隨文發義，各偏一端，亦與虛谷此處各擧半義爲說者相似。蓋自覺反省之時代，創作活動及批評意識，每以風格論爲其考慮範疇也。

不寧惟是，此類綜合文學表現形貌與作者人格修養之文體論（風格論），亦與宋代詩學之基本觀念有關。宋人類皆以詩文爲心聲心畫，以文體本諸性情，作者因文以寄意，覽者披文以入情，文體遂因人而有異同，故其論風格也，亦由早期論文之體製（如尹師魯、荆公、后山），逐漸轉入以作者爲主之風格劃分（如虛谷），肇機所自，則在呂本中。

呂本中之風格論，乃宋代詩文辨體論與風格論中之一支，其原本自黃山谷。山谷論體製句法，由荆公來，而深入骨髓，自文類體製涉入文氣範疇，如次韻奉答文少激紀贈云：「詩來淸吹拂衣巾，句法詞鋒覺有神。。」，而神來自「文如霧豹容窺管，氣似靈犀可辟塵」；其說猶如安排一字有神之與虎頭墨妙凝神，牽語言結構與心靈修持爲一也。前擧「句法刻厲而有和氣」之說亦然。山谷晚歲所論句法，皆兼包此二事，但未發展出作者論之句法觀念耳。世之師山谷者，如陳后山洪駒父，皆不省此旨，僅就其語言結構而說[74]；范溫親承山谷末年之教，其論句法始稍有此中微意，『潛溪詩眼』嘗舉「千巖無人萬壑靜，十步回頭五步坐」，謂其句法出自『黃庭經』及張平子「四愁詩」，七字中四三爲斷，然特爲注明：「此專論句法，不論義理」，可證一般論句法者當兼其義理而說也。及至呂居仁出，論句法始兼二事，而以作者爲風格之代稱[75]。『童蒙詩訓』曰：

> 前人文章各自一種句法。如老杜「今君起柂春江流，余亦江邊具小舟」「同心不減骨肉親，每語見許文章伯」，如此之類，老杜句法也。東坡「秋水今幾竿」之類，自是東坡句法。魯直「夏扇日在搖，行樂亦云聊」，此魯直句法也。學者若能徧考前作，自然度越流輩。

本中此言，遽聞不易猝了，當先知其所謂遍考前作之意。觀『童蒙訓』中，有另兩事與此相關者：「學文須熟看韓、柳、歐、蘇，先見文字體式，然後更考古人用意下句處」「學詩須熟看老杜、蘇、黃，亦先見體式，然後遍考他詩，自然工夫度越過人」（耆舊續聞二、仕學規範卅九引），擧此以與前文互勘，碻知居仁所云句法，即體式之意。體式先得，然後再究語言與意思，則體式爲風格之代稱，殆無疑義。覽者於此亦彷彿可見方虛谷先體格而後言意之說，權輿所自來矣。漁隱叢話前集卷十八引呂本中曰：「淵明、退之詩，句法分明，卓然異衆，惟魯直爲能深識之。學者若能識此等語，自然過人」（詩話總龜後集卷廿引同），以風格爲句法，義尤晰也。

此句法體式，乃作者性情體氣之具見於作品者，故人各一種句法。而此句法既本於心氣之體現，心有昏明、氣有厚薄，句法亦遂有高下之分，所謂格高格卑，初不自言語構造處論也。且此句法云者，乃作者整體生命之表現，觀者玩之既熟，自能見之，其後始分析之以考其用意下句。譬猶觀人者然：猝爾相値，能知人之體貌，而未審其性情精神；既熟，能深識之矣，問以其人之思想貌相，轉或茫然；此蓋熟而見其精神（體式、句法），乃識其全幅生命之表現而與相感知者，非分析之觀點也；若寸寸析論，察其眼耳口鼻之佈置、手足軀榦之小大、顰笑啼言之所以然，則嚮之綜而合者，區以分矣。論詩之家，有出於此分析之途者，西方與語言學、語意學關係密切之「文體論」（Stylistics）是已。注目所及，專在眼耳口鼻之佈置、手足軀幹之小大，窺作品藝術之形貌，捨使其形者而勿論。呂居仁句法之說，蓋無有是。此由我國藝術評論本與人物品鑒關係甚密，觀人者瞻形而得神，正猶披文者循言以見意，雖論作品，而能上溯於使其作品如此者。以作者爲風格之名，理蓋如此。且其途徑，非由分析以抵綜合，而實由作者論之綜合風格觀點，以統攝其分析也。故由理論程序言，因作品以窺作者之精神心氣，寸寸上溯；自批評之運作論，由作者風格以見作品之命意用字，一以貫下。本中『童蒙訓』及「江西詩社宗派圖」所涉及者，多屬實際批評之範疇，故亦取徑於後者。

昔劉勰『文心雕龍』序志篇嘗云文心之作，上篇諸文體論之基本架構爲：「原始以表末，釋名以彰義，選文以定篇，敷理以擧統」，呂本中所撰宗派圖亦略似之。然其圖論文體不以體爲名如劉勰所爲，而逕以作者爲說，則本中之理論依據使然，前已述之甚詳。其圖所述，僅爲廿五六位詩人而已，它無所有，而竟成爲一風格論之實際批評者，亦當由此理論依據考之。

江西以山谷爲宗，其餘廿五人爲派，此二十五人各爲一派，其派卽有其特具之風格，二十五派二十五種風格，其證在於『童蒙訓』：「近世欲學詩，則莫若先考江西諸派」（詩話總龜後卅一引）及

「江西詩社宗派圖」序：「學者同作並和，雖體制或異，要皆所傳者一」二語。大抵本中言「考」者，皆由風格體式以漸下及於命意用字，前引諸文已自可見，此亦不能例外。言考江西諸派者，謂熟觀體味其句法風格，而漸探其命意用字之妙巧也。至於此諸派之諸，即體製或異之諸體製耳。居仁夙以前人文章各自一種句法爲說，故此亦以廿五人爲廿五種句法體製。

此體製體式之義，顯異於荆公先體製而後文章工拙之說。蓋荆公所云，雖亦風格論之涵義，而風格乃以文類爲判斷單位者，非以作者爲判斷依據也。若溯諸文體論之源流，則此異同，尤爲顯著。

以文類爲風格之判斷者，起於摯虞『文章流別論』，其所論，凡有頌、賦、詩、七發、箴、銘、誄、哀辭、表策、解嘲、碑、圖讖等十二類：李充任昉等人繼之，析類益繁，如『文選』有三十八類、『文章緣起』有八十四類，引據既疎，復傷穿鑿，後世多或病其繁碎，然於其分類實亦依循弗畔也。凡此分類，要在描述體製發展之過程，說明每一形式之特定效用與風格。故曹丕「典論論文」曰：「文本同而末異，蓋奏議宜雅、書論宜理、銘誄尚實、詩賦欲麗」，謂某一體製，即有特定之寫作方式與表達狀況也。荆公評東坡醉白堂記、陳后山評當時之記，皆謂其似論；少游與宋子京又謂醉翁亭記頗用賦體，胥本此義。故其論體製者，某一文體之形式與風格也。居仁之說體製，與之異趣，指某人所顯示於詩中之整體風格而言[76]。其所以致異處，端在居仁有一文氣論之根柢也。

『童蒙詩訓』嘗云曹子健詩「思深遠而有餘意，言有盡而意無窮，學者當以此等詩常自涵養，自然下筆不同」，又云李白詩「氣蓋一世，學者能熟味之，自然不褊淺矣」可見其欲人熟味者，不只在造句構字之間，所謂涵養，指養氣也，故又曰：「讀三蘇進策，涵養吾氣，他日下筆自然文字滂沛，無吝嗇處」「韓退之答李翺書、老泉上歐陽公書，最見爲文養氣之妙」「列子氣平文緩，非莊子步驟所能到」。讀文章，則在因文求氣；創作，則養氣以成文。反覆道之，不過此旨。

夫文以氣爲主，載在「典論」，六朝間以王充氣性論爲根柢之文氣論亦多矣。此類文氣論，以爲人之氣性，本諸天地元一之氣，而文學創作則決定於作者本身之才性如何，所謂「清濁有體、巧拙有素，雖在父兄，不能以移子弟」，不同作者與作品之才性風格，有不可力強而致之先驗界限在。如是，則涵養云者，工夫著在何處耶？

呂居仁之文氣論，殆又異於是。其源則出於孟子。『孟子』公孫丑篇：「夫志，氣之師也；氣，體之充也。夫志，至焉；氣，次焉」「我知言，我善養浩然之氣。……其爲氣也，至大至剛，以直養而無害，則塞於天地之間。其爲氣也。配義與道；無是，餒矣。是集義所生者……」氣，指自然生命之力量，而爲心志所統攝，故經專壹、持志之修養工夫，人皆可以志率氣，使此自然生命之氣配義與道，而爲浩然之氣焉。『童蒙訓』既特重涵養吾氣，則其工夫便應著在心上，所載如：「呂與叔嘗作詩云：『文如元凱徒稱癖，賦似相如只類俳。唯有孔門無一事，只傳顏氏得心齋』、張橫渠讀詩詩云：『置心平易始知詩』，楊中立云：知此詩，則可以讀三百篇矣」，非其學道詩所謂：「學道如養氣」，而又「道苟明於心，如馬得堅車」耶？彼嘗云初學作詩者，寧失之野，不可失之靡麗；失之野不害氣質，失之靡麗則不復可整頓（詩人玉屑卷五引），亦是就變化氣質一面說，存養以使之善也。

居仁此種作者論之風格理論立場，南宋論江西者大多知之，以其本爲宋文化中辨體論發展之一重要關鍵，而當時文學觀念亦主乎此也。如陸游『老學庵筆記』卷五謂山谷兩首水仙花絕句，雖見諸李端叔集中，「然氣格似山谷晚作，不類端叔也」，此氣格卽風格之稱，而以氣言之，非有一文氣論底子，不能爲此語，而陸游卽江西也。楊誠齋序江西宗派詩，曰人非江西而詩非江西者，繫之以味不以形，故捨風味而論形似，則宗派中無一相似者。其言尤深得本中意。蓋本中之圖原有廿五派，體製旣異，風格自殊，而其繫聯此二十五人者，不在語言表現之審美效果（形），而在使其形者，必矣。誠齋所云：「酸鹹異和、山海異珍，而調胹之妙，出乎一手」者，卽指此言。此出乎一手者，謂其氣也。本中嘗云：「李太白詩氣蓋一世，學者能熟味之，自然不褊淺矣」，其教人味之者，正在於氣；宗派圖所以繫此廿五人者，亦由其皆能涵養其氣以爲詩，不同於流俗之作也（誠齋所謂：「江西之詩，世俗之作，知味者當能別之」）。不然，當時亦有學山谷而有名者，如釋惠空之『雪峯和尚外集』，曾茶山卽云：「江西句法空公得，一向逃禪挽不回，深密伽陀妙天下，無人知道派中來」，何不入其圖耶？

總之，風格論爲宋自覺反省文化中之首要文學問題，其說由體製之辨，漸入於文氣之求；亦遂由言語文字之創作，進而談作者養氣持心之要。並由此形成批評觀點，審視諸作家之風格。呂本中之說之圖，卽此理論發展中之一大關鍵，蓋前此論風格者旣多以言辭體製爲說，其論爲文之持心養氣工夫如山谷者，亦未發展出此一成系統之實際批評範例也。

乙、形式條件：宗族組織法

此一範例，乃以作者批評爲中心之風格論所構成者。昔人往往擬諸唐張爲所撰「詩人主客圖」

如陳振孫『直齋書錄解題』、李懷民「中晚唐詩人主客圖」等，皆謂宋人詩派之說，實本於此。夫張爲主客圖，出中唐哲學突破及知識階層興起之後，與司空圖之論風格同時，而有此作者論之風格劃分及實際批評，雖時爲之，亦屬難能可貴，宜與本中之宗派圖同價矣。然此二圖卽如昔人所說，爲一事乎？

曰：非也。玆二圖者，系聯諸客觀事實之理論內容，性質固同；其組織諸客觀事實間關係之形式架構則異矣。李調元序張圖，又妄爲比附於鍾嶸『詩品』，益覺不類。今請試爲比較此數者之異同，而論呂氏宗派圖之形式架構焉。

葉夢得『石林詩話』有云：「魏晉間詩人，大抵專攻一體，如侍宴、從軍之類。故後來相與祖習者，亦因其所長取之耳；謝靈運擬鄴中七子與江淹雜擬是也。梁鍾嶸作詩品，皆云某人出於某人，亦如此」，論鍾記室書，殊不中肯。蓋相與祖習及以侍宴從軍爲體，兩觀念皆非嶸所能有也。鍾嶸『詩品』以國風、小雅、楚辭爲古今歌詩創作之三種基本風格，後世作家，皆由此三類出：源自國風者，有古詩曹植以下十四人；源自小雅者，有阮籍一人；源自楚辭者，則有李陵以下二十二人。其風格之判斷，乃作品之風格也。非作者，如呂本中張爲所記；亦非體裁，如葉石林所云。至其聯繫諸作者間關係者，則爲源流之觀念，故謝榛『四溟詩話』謂：「鍾嶸詩品，專論源流」。夫源流者，猶摯虞以文章「流別」名其書也。皆取象於水流之本末曲折，非「祖述相仍」之觀念，蓋甚顯然。

除源流之觀念外，其書又有所謂品。同一風格者，或入不同之品。如同出於國風者十四人，居上品者六人、中品一人、下品七人；同出於楚辭者二十二人，居上品者五人、中品十七人。析類不同，此又何耶？蓋其組織同一風格中人之關係者，即在於品。品者，分類之觀念也；源於『漢書』古今人表及漢之三公，其後則有魏陳羣所定九品官人法及人倫品鑒之三豫。故『詩品』序曰：「昔九品論人、七略裁士，校以賓實，誠多未値；詩之爲技，較爾可知，以類推之，殆均博奕」，隋志所載此類官人裁士及博奕之書，有梁官品格一卷、沈約新定官品二十卷、范汪等撰棋九品序錄一卷、袁遵棋品後九品序一卷、棋品敍略三卷、褚思莊建元永明棋品二卷、柳惲天監棋品一卷等。除此而外，『全梁文』又載有庾肩吾『書品』及謝赫『古畫品』，推人物之藻鑑爲藝文之權衡，遂使其分類與當時社會門第結構互爲呼應，施諸方外，理亦如之，如魏五斗米敎經典『正一法文天師敎戒科經』謂人可因所修功德之厚薄，而成上中下三品神仙；上淸派經典『紫陽眞人內傳』亦分藥有數種、仙有數品；『抱朴子』所引古道經及『上淸觀天經』之類，亦有三品神仙之說。與鍾嶸可謂同聲相應矣[77]。

由是觀之，『詩品』非僅風格劃分之理論內容異於呂本中「江西詩社宗派圖」，其據以組織各客觀事實（詩人與風格）者，亦本諸當時之社會結構，而與呂氏不同：其所以組織之形式架構；一爲源流之觀念，一爲由當日九品官人法所延伸而來之分品觀念；呂氏之圖則以宗族與社集兩觀念爲之耳。

至於張爲「詩人主客圖」者，『四庫全書總目提要』謂其爲摘句之始，非也。詩句圖摘句爲圖而已，張爲所作，則往往列擧全詩，如白居易，選有秦中吟第二首、寓意詩第一二首、讀史詩第四首等，其非句圖，發卷瞭然。且句圖爲摘句評賞，此爲系聯作家，何可相提並論？徒以有一圖字，即近牽於詩句圖、下附於宗派圖，不審名義之實、未詳義理之歸，有如是者！

然則主客圖與『詩品』同乎？亦不同也！『詩品』所論者爲風格之源流，主客圖所敍者，乃作家之分類，無所謂源流之觀念。其書以一作者代表風格之判斷，與宗派圖同；然一風格之下又分入室、升堂、及門等數等，則與鍾嶸『詩品』同，故爲居間轉換之書：

△廣大敎化主：白居易。上入室楊乘。入室張祜、羊士諤、元稹。升堂盧仝、顧況、沈亞之。及門費冠卿、皇甫松、殷堯藩、施肩吾、周元範、況元膺、徐凝、朱可名、陳標、童翰卿。

△高古奧逸主：孟雲卿。上入室韋應物。入室李賀、杜牧、李餘、劉猛、李涉、胡幽正（貞）。升堂李觀、賈馳、李宣古、曹鄴、劉駕、孟遲。及門陳潤、韋楚老。

△清奇雅正主：李益。上入室蘇郁。入室劉畋、僧清塞（周賀）、盧休、于鵠、楊洵美、張籍、楊巨源、楊敬之、僧無可、姚合。升堂方干、馬戴、任蕃、賈島、厲元、項斯、薛壽。及門僧良乂、潘誠、于武陵、詹雄、衞準、僧志定、喻鳧、朱慶餘。

△清奇僻苦主：孟郊。上入室陳陶、周朴。及門劉得仁、李溟。

△博解宏拔主：鮑溶。上入室李羣玉。入室司馬退之、張爲。

△瓌奇美麗主：武元衡。上入室劉禹錫。入室趙嘏、長孫佐輔、曹唐。升堂盧頻、陳羽、許渾、張蕭遠。及門張陵、章孝標、雍陶、周祚、袁不約。

廣大敎化、瓌奇美麗、清奇雅正、博解宏放、清奇僻苦、高古奧逸代表六類風格，而風格以一人主之，其餘風調相近者，咸附其門下。同門者未必相識、甚者未必同時，亦有本爲師長而入廁門客，如顧況之於白居易者，故知其爲風格之劃分無疑。乃『詩品』過渡至「宗派圖」間之作品，故猶風格與作者並舉也。

至其所以系聯組織諸詩人間關係，如主客入室升堂者，則與『詩品』同，皆與其時之社會結構有關。——中唐以後，知識階層興起事，已詳卷二。科舉制度下之座主門生及諸同門，互爲汲引，亦屬治史者所習知。『唐摭言』三、慈恩寺題名遊賞賦咏雜記條曰：「會昌三年……十二月中書覆奏：奉宣旨，不欲令及第進士呼有司爲座主，趨赴其門，兼題名局席等條疏進來者。伏以國家設文學之科，求貞正之士，所宜行敦風俗、義本君親，然後申於朝廷，必爲國器，豈可懷賞拔之私惠、忘教化之根源，自謂門生，遂成膠固？……今日已後，進士及第，任一度參見有司，向後不得聚集參謁，及於有司宅置宴」，禁之者李德裕也。然據玉泉子云，德裕門無賓客、絕於附會，且力破朋黨，遂爲世所怨。則是主客之勢不可戢也。座主以門客爲莊田、門客以座主爲利藪，時殆視爲當然。此中固有道義相結，砥勵以爲師友者，乃亦錯雜相因，夤緣而爲一大階層焉。波流所及，不僅科第之座主門生而然。晚唐干謁之風大熾，正由其擇食棲木者多也。李觀與房武支使書曰：「足下誠肯徹重味於膳夫、抽月俸於公府，實數子之囊、備二京之糧，則公之德聲日播千里，衞之客爭趨其門」（全唐文卷五三三），可以概見當時主客所以結合之故。唐制，諸侯可自辟署，益增其主客相因之勢，如李商隱即輾轉於令狐楚、楊嗣復、柳仲郢、鄭亞、王茂元諸幕。主客相待，在師友間。警者甚且以戰國諸公子期其主人，如任華與庚中丞書云：「昔平原君斬美人頭、造躄者門，賓客由是復來。今君猶惜馬蹄不我顧，僕恐君之門客，於是乎解體」（全唐文卷三七六）者，在中晚唐皆非特例。觀乎此，而後可知所謂主與升堂入室及門之客也。

逮乎宋興，知識階層之興，猶唐季也；然諸侯既無自辟幕僚之習，權歸中央，儒者復以道義自期，此風遂遏（慶曆以前，猶如唐世，如范文正在睢陽掌學時，泰山孫復即累來索遊干謁，文正勸以力學；張載年十八，慨然以功名自許，亦欲結客取兆西之地，上書謁范文正，殆欲以文正爲主也。因范公敎，始一力向學）。呂本中作圖，不能以此爲其形式結構者，亦時爲之耳⑱。

然則本中之圖，以何者爲其形式結構耶？曰宗族與社集也。夫社爲一祭祀族羣，已詳前述，故本中此圖，雖用二事，其實一理，一理者何？楊誠齋「江西宗派詩序」所謂閥閱也。楊序曰：

大抵公侯之家有閥閱。豈惟公侯哉？詩家亦然。婁人子崛起委巷，一旦紆以銀黃、纓以端委，視之言公侯也、貌公侯也；公侯則公侯乎爾，遇王謝子弟，公侯乎？江西之詩、世俗之作，知味者當能別之矣。

昔者詩人之詩，其來遙遙也。然唐云李杜、宋言蘇黃，將四家之外，舉無其人乎？門固有伐，業固有承也。

所謂閥閱門業，即氏族家風云爾。宋之宗族意識，勃起於慶曆元祐間，前文述之亦詳。當時大儒如范仲淹、司馬光、歐陽修、蘇洵、程顥程頤等，莫不重此。頤嘗修冠昏喪祭鄉相見六禮，而尤謹於家廟祭祖；溫公家禮亦爲世所傳習。呂本中家門閥業，原爲世重，移宗族之義以統攝詩家創作，於勢甚順。今觀其圖，所記眞葉石林所謂「後來相與祖習者，亦因其所長而取之」事，但變鍾記室水之源流爲血統之源流，以類秩詩作耳。凡宋人之論源流淵源，大抵如是，要非本中一人之奇想，觀石林之說，亦可見也。

以上略詮三家之異同，而論呂氏宗派圖之形式架構。以下請更考此形式架構與風格理論之配合關係。

案：呂本中、鍾嶸、張爲諸家，雖意見不同，體例或殊，然其皆爲風格論之立場，蓋甚顯然。其中『詩品』雖不以作者論爲中心，然其書本爲東漢氣性論以下，由人物品鑒延伸而成之文學批評。性有三品九品，人亦有三品九等之分，而風格本諸才性，故詩亦區爲三品焉。唯其說固與當時九品官人及門第品藻之社會結構有關，而實不以社會結構類繫詩風者，亦由其本非純粹之作者論，故可由風格及風格之由來處（才性論），作此區分。至張爲呂本中則不然，與社會結構之關係，益爲密切者，端在其風格理論之內容。

「詩人主客圖」與「江西詩社宗派圖」皆以作者論爲中心之風格論。視作品如人，一作者卽代表一風格，故亦恆以人與人之關係，處理風格與風格間之關係。然此類關係，本隨時代之社會羣體組合關係而異動，中唐之羣體組合關係以主客爲一重要網絡，至宋則未必然，故「人際關係之體系」影響於風格之系聯雖一，此體系之異動又常使其風格劃分不同。此間差異，請以佛道二教之系聯其宗師仙佛者釋之。

舉天地諸仙滙合而列爲譜系者，始於陶弘景「眞靈位業圖」。其書仿人間朝廷之結構，按仙家等級之尊卑，敍爲七階，各有仙銜職稱，其序曰：「搜訪人綱，定朝班之品序；硏綜天經，測眞靈之階業」，最高者爲元始天尊，其次則爲諸派創始諸仙等。其所謂人綱，卽人倫社會組織之結構也，此類結構，與唐宋以來喜用「吾宗草堂、派衍黃龍」（雪峯空和尚外集、釋覺惟序）一類劃分，以類秩佛仙及宗敎世界者不同，全眞敎中亦有『金蓮正宗記』『金蓮正宗仙源像傳』一類著作。可見諸用以繫聯客觀事實之形式架構，多取之於人羣組織，然其選取，必隨作者觀念及當時實際社會組織關係而異。宗教家如此，詩家亦然：宗教家以人與人之關係，處理神與神、先知與先知之關係；詩家亦以人與人之關係，處理風格與風格之關係。而其關係，又皆與所處時代之社會結構相爲呼應。

其所以然者，蓋以人際關係之體系，乃社會結構之主要內容；而人之所以能了解一社會之文化，又端賴掌握此社會之結構與特徵；因人際關係體系不僅規制一社會之生活，亦與其行爲觀念，密邇相關也⑲。詩人討論文學之方式，必受其社會結構之制約者，但其一例耳。方其觀察若干河沙數之詩與詩作時，既不能不假借一結構之關係模式，以使其秩然勿紊，並使我之認識得一方便；則彼所處時代之社會結構、人際關係卽往往移用以入。斯亦理所固然，事所必致者。而在我國行之亦久矣。

近，西方文學研究者乃更因此而創有文學中之「社會結構」(social context)說。其說主要在討論文學與研究文學之方式如何受社會之制約，而文學又如何影響於社會生活⑳。夫前者已如上述，後者則自詩大序以降，未之或絕。僅就呂本中「江西詩社宗派圖」言，雖僅爲移用社會結構以系聯風格之作，未嘗論詩歌影響於社會者爲何如；然本中序夏均父詩集，不云「興」乎？詩者興觀羣怨，羣卽人倫結構之和諧也，呂本中曰：「今之爲詩者果可使人興起其爲善之心乎？果可使人興、觀、羣、怨乎？果可使人知事父事君、而能識鳥獸草木之名之理乎？」論此義甚備。故知所謂「社會結構」者，呂本中有焉。

雖然，本中以作者論爲中心之風格論，使之不能不借人際關係之結構以處理風格間之關係，如前述矣。捨是而外，別有意義，以說其何以選用宗族結構乎？當時之人際關係，固有在宗族與社集二者之外者矣。

曰：有之。我國宗族組織，自周以來，所謂大小宗，咸以單系繼嗣爲原則，宗廟皆父系也。然六朝門第，女子亦得入譜，昭母系之血統也。經唐末巨變，而純父系又純單系傳承之譜興。此單系傳承制度之功能價値，據人類學家言，可免於權利義務之衝突，且有益於世族羣之持續與團結⑧¹。故宋之論正統道統者，莫不喜用之。呂居仁作宗派圖，夙有文統之意，以此爲其形式架構，不亦宜乎？居仁而後，如方虛谷之所謂「一祖三宗」，所謂「正派」，猶用此宗族結構以爲說，則知居仁所爲，有非偶然者矣⑧²！

【附　注】

①當時人之有異議者，在其入派之人、與去取之故，而不在根本懷疑其作圖之意識，並有所反對。

②事又詳王漁洋『帶經堂詩話』卷十七、查爲仁『蓮坡詩話』。然漁洋文中嘗引劉克莊江西詩派序，其間有袁顥，又云：「袁顥則與今本作何顒迥異」，此乃漁洋偶讀誤書，非江西又有一袁顥也。

③呂居仁與汪信民、謝無逸、饒德操、韓子蒼等人善，其論詩又盛推黃山谷，詩集卷三喜章仲孚見過詩自注且云：「山谷論作詩法，當自舜皐陶賡歌及五子之歌以下，皆當精考。故余論詩，必斷自唐堯以下」，則其必非以詩派小之，無疑也。

④當時稱名，亦有凡例，大抵不包山谷者稱江西詩派，其詩則派家也；包山谷者，稱爲江西宗派，以山谷爲江西之宗也；至於不論本中之圖，而論後世所爲江西諸人詩集者，則名爲江西宗派詩、或江西詩派。

⑤疑呂居仁「宗派圖」之見解與其『詩話』及『童蒙訓』不同者甚多，如胡仔即云：「童蒙訓呂居仁所撰，譏魯直詩有太尖新、太巧處，無乃與江西宗派圖所云抑揚反覆、盡兼衆體之語背馳乎？」(漁隱叢話前集卷四八)，近人作此論者猶多。

⑥四庫提要此說，其意似暗指馮鈍吟而言。蓋自吳喬馮班以來，虞山詩家多以江西爲敵，標準西崑，如馮班所批『瀛奎律髓』卷十六，於虛谷「余平生持所見，以老杜爲祖，老杜同時諸人皆可伯仲；宋以後，山谷一也、后山二也、簡齋爲三、呂居仁爲四、曾茶山爲五。此詩之正派也。餘皆旁支別流」之說，大加訾議，曰：「此書大例如此，若我家詩法則不然，歐梅一也、次則坡公兄弟、次則王半山、次則范陸、不得已則四靈，所謂硜硜小人哉。如山谷出於子美，而子美以前不窺尺寸，有父無祖，何得爲正派？」(另詳王應奎柳南隨筆卷三)可見其宗旨。四庫於『紫薇詩話』特稱其盛許義山詩，有調和之意在焉。

⑦圖轉引自李鼎彝『中國文學史』(六七年，傳記文學社)下册，頁二七六。

⑧方岳『秋崖先生小稿』卷四三：「本朝詩自楊劉爲一節，崑體也；四瑚八璉，爛然皆珍，乃不及夏鼎商盤自然高古。後山諸人爲一節，派家也；深山雲臥，松風自寒，飄飄欲仙，芰荷衣而芙蓉裳也」。

⑨黃庭堅咏子舟所作竹詩：「誰云湖州歿？筆力今尚在。……祖述今百家，小紙弄姿態，雖云出湖州，卷置懶開對，非公筆如椽，孰能爲之大？」謂文與可以後，祖述者多，然皆失與可本意，惟黃斌老「意出筆墨外」，故能祖述湖州也。吳鎭「文湖州竹派」首黃斌老者，以此。猶江西之陳后山也。「文湖州竹派」，據『美術叢書』三集四輯本。又，北地亦有此名目，王寂『拙軒集』，卷三：「能詩怪有墨君癖，一派元出文湖州」(見子以詩酒送文伯起既而復繼一詩，余善其用韻頗工，爲和五首之二)即其一例。

⑩陸友仁、邢侗、李日華、汪仲嘉等皆以南唐昇元帖爲淳化祖本；劉跂暇又以唐保大七年帖爲淳化祖本。然法帖

之名，實起於淳化也，好古敏求，殊不必要。

⑪ 淳化帖爲木刻，詳見淸王澍『淳化秘閣法帖考正』卷十一附錄所考。

⑫ 淳化閣帖，出自禁中，世莫敢議，至米芾「法帖題跋」出，始有論其得失者。黃長睿『法帖刊誤』尤爲巨著。其他宋人有關法帖之作，以秦觀「法帖通解」、劉次莊「法帖釋文」爲著。

⑬ 「法帖譜系」注：「大觀帖、大觀太淸樓帖，今所傳自有兩本，而前人多混而爲一」。

⑭ 衣鉢，爲禪宗觀念，持以論江西者較少。宗派爲中土舊有名義，取譬者多。此事亦可以觀其曲折焉。

⑮ 呂本中『師友雜志』亦云謝無逸嘗語本中外弟趙才仲云：「以居仁詩似老杜、山谷，非也。杜詩自是杜詩，黃詩自是黃詩，居仁詩自是居仁詩也」。又，周紫芝書徐師川詩後云：「金陵吳思道爲余言：頃嘗以近詩示公，徐公謂僕：是豈欲擬杜少陵句耶？法思道曰：少陵安可擬？但不得不取法耳。公因言：余平生正坐子美見誣。思道問其故，公曰：今人飯客，飲食中最美者無如饅頭夾子，連日食之，如嚼木札耳」（太倉稊米集卷六六）。夫居仁詩不似杜黃，只可證當時江西學者學詩，皆以自立面目爲事，猶難爲居仁及江西本未宗杜之證；至於徐師川言，則碻然可證矣。師川論詩，學於山谷，又喜學選詩，詳『艇齋詩話』，其告吳可語，正謂杜詩雖佳，學之徒令人厭也。江西諸人，實曾法杜者，山谷外，爲陳后山、晁沖之、高子勉、潘大臨，然所師者皆山谷也。自胡仔以後，世推山谷爲杜甫嗣傳，而山谷詩家宗祖之位禪矣。趙蕃書紫薇集詩曰：「詩家初祖杜少陵，涪翁再續江西燈」（章泉稿卷一），已開後來方虛谷一祖三宗之漸，然其說實出於曾茶山也。按淸潘德輿『養一齋詩話』曰：「『工部百世祖，涪翁一燈傳』『老杜詩家初祖，涪翁句法曹溪。尙論師友淵源，他時派衍江西』皆曾茶山詩也。夫祖工部可也，竟以涪翁爲杜之法嗣，可乎？此自茶山之見耳」（卷九）茶山好以禪家事義論詩，於此遂以杜甫爲達磨、以山谷爲曹溪，非呂居仁意矣。其後楊萬里云：「要知詩客參江西，正如

禪客參曹溪」，即由此出。此蓋山谷詩在當時已有謂其爲敎外別傳者（詩到江西別是禪），故茶山以此擬之，而所影響者深遠矣。

⑯據朱彝尊『日下舊聞』卷廿九引辛齋詩話云：「蘇子由爲賀遼生辰國信使，在元祐四年八月。既至，國人每問大蘇學士安否。子由經涿州寄詩曰：誰將家譜到燕都，識底人人問大蘇；莫把聲名動蠻貊，恐妨他日臥江湖」可見宋代詩文典籍流入遼國者甚多。『金史』文藝傳序：「金初未有文字，……及伐宋取經籍圖，宋士多歸之」、『宋史』卷三七一宇文虛中傳：「虛中恃才輕肆，好詆訕，凡見女眞人，輒以獷鹵目之。貴人達官，往往積不平……由是媒孽成其罪……乃羅織虛中家圖書爲反具。虛中曰：死自吾分，至於圖籍，南來士大夫家多有之，高士深圖書尤多於吾家，豈亦反耶？」則又可見南宋圖籍入金甚多。本中「江西詩社宗派圖」入金蓋亦甚早。故王若虛、劉迎、李屛山、元好問等人皆嘗論及江西事也。

屛山詩，郝經謂其似黃，然王若虛甚詆黃詩，遺山亦有不作江西社裏人之說，後人遂謂金源以蘇學爲主，故山谷及江西派不行也。不知遺山詩學實與江西宗旨無殊，感興四首所云：「詩印高提敎外禪，幾人針芥得心傳」「廓達靈光見太初，眼中無復野狐書，詩家關捩知多少，一鑰拈來便有餘」之類，爲證甚顯。卽王若虛痛詆山谷，而和王子端所稱：「百斛明珠一一圓，絲毫無限徹中邊」者，非江西胸次圓活及造語圓妙之說耶？論者拘於名相粗迹，於此便不能了。另詳周益忠『論詩絕句發展之硏究』（七一年，師大國研所碩士論文）第五章第三節。

⑰呂居仁作圖時，論者謂蘇黃兩家雲門臨濟於是乎分，然後來祖述，無東坡之派。除東坡詩與宋文化之主要性質未能配合外，洛閩學者不喜坡翁，殆亦其中一重要因素。四庫提要謂「朱子答呂祖謙書有『舍人丈所著童蒙訓，極論詩文必以蘇黃爲法』之語，此本無之。……以意推之，殆洛蜀之黨既分，傳是書者輕詞章而重道學，

不欲以眉山緒論錯雜其間，遂刋除其論文之語，定爲此本歟？」可以見此中微意。

⑱按謝邁寄汪信民詩：「寄書問亳社，有夢過江西」，蓋本有將社集與江西比類爲喻者，後居仁乃因以指實之耳。

⑲趙氏此語，似有所本，非純偏見使然。案李東陽『麓堂詩話』：「陳無己詩，綽有古意，如風帆目力短，江空歲年晚，興致藹然。然不能皆然也，無乃亦骨勝肉乎？陳與義一涼恩到骨，四壁事多違，世所傳誦，然其支離亦過矣」，支離卽骨勝於肉之意。

⑳李樹滋此說，殆本劉后村，見『后村先生大全集』卷九五江西詩派總序。

㉑按後世之所以每誤江西爲地域之稱者，亦有宋人見解使然者。放翁撰曾文清墓志，言茶山未冠時補試州學，教授孫勰亦贛人，異時讀生程試，意不滿，輒曰：吾江西人屬文不爾。諸生初未諭，及是持公所試文，矜語諸生曰：「吾江西人之文也。乃皆大服」（文集卷卅二）又、陳了翁嘗問洪範：「江西之詩，誰家爲最？」洪覺範以洪駒文、李彭、徐俯對。呂本中詩：「只今江西二三子，可到元和六七公」者，似指此言。蓋江西在宋，文風丕盛，寖假而成一特殊區域，故時人每討論該地風氣之轉移與作者興衰之故，後世觀之，未能與其論江西宗派者相區別，遂相紊焉。如張泰來云：「矧江西宗派不只於詩，卽古文亦有之，不獨歐陽曾王也；時文亦有之，不獨陳羅章艾也；推之道德節義，莫不皆然」（江西詩社宗派圖錄序）以一切江西人所成就者爲江西派，可謂集此說之大成矣。

㉒劉辰翁以後，江西一地詩歌之流變，以程文海『雪樓集』卷十五「嚴元德詩序」敍之較詳：「自劉會孟盡發古今詩人之秘，江西詩爲之一變。今三十年矣，而師昌谷簡齋最盛，餘習時有存者」。

㉓見梁書，頁六四、一〇四。

㉔凡江西皆以自具面目爲事，故其詩多稱爲新體。如山谷，王若虛『滹南遺老集』卷卅八引其舅氏語，云：「魯直雄豪奇險，善爲新樣」；簡齋，陳善『捫虱新話』卷二云：「世以簡齋詩爲新體」；誠齋，項安世『平庵悔稿』卷五云：「雄吞詩界前無古，新創文機獨有今」（題劉都監所藏楊廷秀詩卷）皆其例也。當時所謂誠齋體、簡齋體等，猶云山谷體后山體，皆自成風格之謂；自成風格而又同爲江西，始爲江西特殊處。故其詩法又恆以教人「自得」爲說，不僅山谷后山本於老杜所不爲，簡齋亦教人識蘇黃所不爲。張鎡『南湖集』題尚友軒詩，舉淵明寒山李白杜甫白居易東坡及黃陳八家爲作詩模軌，而復云：「胸中活底仍須悟，若泥陳言卻是癡」（卷五）益可以見其宗旨。

㉕「論詩得奇味」爲江西夙來舊法，誠齋此處形味云者亦然。許尹序任淵注庭堅詩，以形似與味外並舉，持論大抵相似；方逢辰序批點分類『誠齋先生文膾』亦云：「人莫不飲食，鮮知味也；知味者，在飲食之外也」。故知其手眼無殊也。詳下文。

㉖錢大昕嘗謂呂居仁不應列后山於派中，云：「後山與黃同在蘇門，詩格亦與涪翁不似，乃抑之入江西派，誣矣」（十駕齋養新錄卷十六），既不知江西社中詩格未必從同；又不知后山推尊山谷之實，其說甚謬。考之后山集，彼正以「黃公金華伯，莞爾回一盼」（次韻答秦少章）自喜者，入居山谷之次，有何不可？且彼蓋誤以爲宗派圖所列二十五人併屬一派，故有此失，其實后山自是一派也（王漁洋彭門懷古詩：「黃葉西陂七字詩，後山詩派石林知」）。

㉗復社、常州，皆爲政治風氣中之產物，故其學亦多與經世有關，能顯示其政治文化中某類狀況及轉變之趨勢，而不能如江西之爲一時代文化典型也。

㉘除以上二十餘人外，後世聚訟者則爲曾幾與陳與義。幾之不入詩派，義詳後。至於陳與義簡齋，與居仁同朝且

相善，而不入譜，意者居仁或以簡齋宜在后山派下，故不入列耶？宋人如楊萬里等皆謂簡齋詩乃宗后山者，荊溪吳氏『林下偶談』卷一，又謂簡齋模衍后山詩，而短於識拙於才。則知簡齋在當時確有視爲后山法嗣者。居仁所作宗派圖，僅別宗與派，無派下支系世次，故未及敍也。

㉙呂祖謙「書伯祖紫薇翁贈青溪先生子詩後」云：「臨川耆舊汪、謝、饒皆出滎陽公之門。德操既遁世不耀，無逸亦以布衣死。志節稍見於世者，獨青溪先生而已 紫薇伯祖與青溪忘年交，序引所述備矣」（東萊文集卷六）。

㉚尤袤出龜山門下，又與楊萬里爲金石交，羅大經『鶴林玉露』載其與萬里諧謔事頗多。

㉛實有七世廿二人，詳卷三注一二〇。

㉜朱子嘗駁湖湘學派知言之議，謂其「性無善惡，心爲已發，仁以用言，心以用盡，不事涵養，先務知識」，皆爲可疑。蓋其與湖湘一脈主要差異，卽在「心」上。胡安國胡五峯，以心爲用，以性爲體，故心爲已發，已發則無所謂涵養，『朱子文集』卷七三「胡子知言疑義」所引胡氏語曰：「聖人指明其體曰性，指明其用曰心；性不能不動，動則心矣。聖人傳心，敎天下以仁也」，卽是此意。朱子則以其說爲伊川早期看法（語類卷一〇一），又謂其說本諸上蔡：「心性體用之云，恐自上蔡謝子失之。此云性不能不動，動則心矣，語尤未安」。以朱子觀之，性及理本身無所謂動，心始有體用動靜可言，故已發未發皆指心，用敬致知之工夫亦因此而落在心上也。劉蕺山謂朱子此處所用主敬工夫，卽是龜山門下之澄心，蓋由此來。『宋元學案』卷四八引蕺山語曰：「自周子有主靜立極之說，傳之二程，其後羅李兩先生，專敎人默坐澄心，看喜怒哀樂之未發時作何氣象。朱子初從延平遊，固嘗服膺其說，已自又參以程子主敬之說，靜字爲稍偏，不復理會。迨其晚年，深悔平日用功，未免疏於本領，致有辜負此翁之語，固已深信延平主敎之無弊，而學人向上一機，必於此而取則矣」，所

論當爲此時之朱熹。過此以往，卽延平之說，亦不守矣。另詳劉述先『朱子哲學思想的發展與完成』（七一年、學生書局）第三章；牟宗三『心體與性體』第四部第三章。

㉝案：『宋元學案』中亦嘗載有此一問題之討論。武夷學案附錄所收林拙齋記茶山紫薇論學語，曰：「（茶山）嘗問尹和靖日用下工夫處，和靖曰：『須求喜怒哀樂未發以前底心』，少蓬（呂本中）曰：『如此才擧，便是發了，如何求得未發之心？』和靖曰：『只如吉甫未發意來相見時，豈有許多事？才擧意來，路中乘輪來相見，喫茶喫湯，如此類求之』」。呂本中所云：才擧便是已發，正爲胡五峯張南軒所持之說；而尹和靖所告者，反爲喜怒哀樂未發之旨。此似與上文所論者顚倒，然而不然者，蓋江西諸人，出尹和靖門下者，唯呂本中與韓元吉、韓洸而已，本中兄弟行如呂堅中、呂稽中、呂弸中、呂和問、呂廣問，則皆和靖門下，可見呂氏之學，與和靖關係匪淺，而茶山不與焉。且所謂關係匪淺者，非適然而合也，乃其學術宗旨相近使然。龜山和靖，皆言求喜怒哀樂未發以前底心，故能相合如此。據拙齋此處所記，是本中於此義原有未喩，故和靖爲其釋之，其後本中遂守此敎也。

㉞王庭珪，號盧溪眞逸，誠齋集卷八三：「余生十有七年，始得進拜盧溪而師焉、而問焉。其所以告余者，太學犯禁之說也」（松溪集後序），蓋當時目歐陽修蘇軾黃庭堅之學爲僻學，禁士人讀之，書肆畏罪，至毀其板也。

㉟見『宋元學案』龜山學案。

㊱朱陸所異者，第一關鍵不在尊德性與道問學，亦不在心理是否合一，而在其工夫論，參用唐君毅『中國哲學原論』原性篇「原德性工夫（上）朱陸異同探源（上）」（五七年、香港新亞書院研究所）及友人李正治說。

㊲龜山全集卷十二：「心之爲物，明白洞達，廣大靜一。若理會得了然分明，然後可以言盡；未理會得心，盡個

甚？能盡其心，自然之性不用問」。彰顯本心之仁以盡心，頗近於象山一路。

㊳參見白田『朱子年譜考異』卷三、劉述先前揭書頁一一九—一三七。

㊴龜山格物致知義，所可與象山通郵者有二：一、致知乃所以明善。全集卷廿一：「致知乃能明善，不致其知，而能明善者，未之有也」、卷十八：「明善在致知」，明善爲『中庸』之說，若云致知乃所以明善，而善在心，則此所謂知，性質當非屬於聞見之知，與全集卷廿六所云：「致知當極盡物理」者不同。此中矛盾，端在龜山所謂物者，非世之所謂物也。二、全集卷十八：「凡形色之具於吾身者，無非物也。而各有則焉。反而求之，則天下之理得矣」、卷廿六：「凡形色之具於吾身，無非物也，而各有則焉。目之於色、耳之於聲、口鼻之於臭味，接乎外而不得遁焉者，其必有以也」，以具於吾身者爲物，則其與伊川所謂格物窮理在於「或講書講明道義、或論古今人物而別其是非、或應接事物而處其當否」者不同，甚顯然也。依伊川說，是今日格一物、明日格一物，不必因見物而返求諸己（見遺書卷十八）；故朱子語類十八載朱子駁溫公、呂和叔、上蔡、及龜山和靖胡文定之說云：「龜山說只反身而誠，便天地萬物之理在我，胡文定卻言物物致察，宛轉歸己」，皆非伊川意；尹和靖不信今日格一件、明日格一件爲伊川言，亦爲朱子所譏。此不只可見龜山有異於伊川朱子處，亦可見和靖文定與龜山確有合轍處。至於象山「不取伊川格物之說，若以爲隨事討論，則精神易弊，不若但求之心，心明則無所不照」（見朱子語類十八），與龜山通郵處在此，則尤可知也。

近人知龜山之學與象山有相契處者，所見唯有唐君毅『中國哲學原論』附編，可參看。

㊵象山於此文甚自喜，故象山全集卷十七與沈宰書云：「某嚮有復程帥惠江西詩派書，曾見之否？其間頗述詩之源流，非一時之說，愚見大概如此」。

㊶據朱子言，胡五峯性無善惡之說卷乃自龜山與常總此說轉來。

㊷『宋元學案』卷卅四：「宗羲案：朱子言曾吉父答文定書，天理人欲之說，只是籠罩，其實初不曾見得，文定便許可之，他便卽如此住了，蓋亦入於禪者也」

㊸參見張秉權『黃山谷的交遊及作品』第二章第十—十三節、第三章第三節。

㊹后山與呂本中祖希哲嘗同至武臺禮坐化僧，有「禮武臺坐化僧」及「寄單州呂侍講」等詩，所謂：「縱談尙記華嚴夜」者，卽指此言。后山本人持戒律，又重華嚴，然自謂早契少林之禪，願息三支之論，則其確爲禪宗否，雖不可必，而不屬相宗斯可知矣。

又、二祖禪，據釋居簡『北磵集』卷七「題皎如晦行書后山五詩」云當作二老。

㊺金劉迎題吳彥高詩集後云：「詩到西江別是禪」（中州集卷三）

㊻詳龔鵬程『孔穎達周易正義研究』第二章第二節。

㊼以上另詳錢穆「讀智圓閑居編」「讀契嵩鐔津集」（中國學術思想史論叢（五））頁二七—五二。

㊽前嘗擧『宋元學案』黃宗羲語，謂胡文定與曾茶山說入於禪（注四二），然武夷學案中又引呂本中說，謂其講春秋用老聃墨子義，亦是一例。

且不僅儒者以融會三敎爲事，佛徒亦然，以南宋釋文珦『潛山集』爲例：其集開卷第一首，卽爲「堯舜禹行」；又廣與道士相酬贈，其人之立場可知。所作仙佛辭曰：「仙以靜爲道，佛以空爲宗，羣動本皆靜，萬有體恆空……或曰空靜殊，斯言吾不庸，心靜卽仙佛，得於此心中，心乃佛仙質，仙佛心之容，三法妙而一，胎焉歸大同」（卷二），宗旨尤晰。

㊾宋釋徒之用史法治象敎事，另詳方豪「宋代佛敎對史學之貢獻」（幼獅學誌九卷二期），曹仕邦「論釋門正統對紀傳體裁的運用」（新亞學報十一卷上册）「佛祖統記對紀傳體裁的運用」（新亞學報九卷一期）

㊿當時又不僅佛徒如此，儒者亦往往借佛教觀念說中國事，更相假借，如劉克莊以禪家達磨、南北二宗、臨濟德山喻江西詩史，卽其一端。題放翁像又曰：「譬宗門中初祖，自過江後一人」（卷卅六），與題誠齋像所稱：「歐陽公屋畔人，呂東萊派外詩；海外咸推獨步，江西橫出一枝」（同上）皆用禪家語（宗派有別出一枝，見傳燈錄）。

㉛當時宗教頗有異於曩昔者有二：

一、綜合教義之新教及諸多異教，同時併興：宋代佛教已由昔之宗派井然者，漸變爲混雜數宗而以某宗爲主幹者；道教亦有全眞教之類新道教起。至於景教、摩尼教等，亦並行於時。

二、由原始教義衍生之異化現象：如白雲宗，創於大觀年間，以天台教義論十地；如白蓮教，依天台，勸男女同修淨業。皆由原來佛教轉化而來者。

㉜實則不僅當時士大夫多食丹藥者，后山亦嘗食之。贈石先生：「多方作計老如期，百疾交攻遽得衰。晚有勝緣逢異士，生須快意闕前知。追人鬢領紛紛白，臨事廻迂種種遲。分我刀圭容不死，他年鶴馭得追隨」，是其證。

㉝內丹法之起源及中唐以後之流傳，詳勞思光『中國哲學史』第三卷上册，第三章。頁一四九—一五一。

㉞簡齋集卷十五，有難老堂周元翁家詩。另詳卷三注一一七。

㉟李彭『日涉園集』卷二亦云：「學詩如食蜜，甘芳無中邊，陳言初務去，晚乃換骨仙」（遣興作十章兼寄雲叟之三），可見在江西言之，學詩如學仙一辭，初不下於學詩如參禪也。故後人祖述亦兼用此二語，如元朱思本曰：「學詩眞與學仙同，換骨元非一日功」（貞一齋詩稿卷二，詩序之二）卽是。

㊱石屏有「有妄論宋唐詩體者」詩：「性情元自無今古，格律何須辨宋唐」。包恢所撰石屏詩後集序又云：「有

語石屏以本朝詩不及唐者，石屏謂：不然，本朝詩出於經，此人所未識，而石屏獨心知之」，似卽指此而言。其後文又謂黃庭堅稱杜詩無一字無來處，然杜無意用事，可以補後文所述石屏作詩須多讀書之說。至於石屏言參詩如參禪者，包恢亦嘗論及，詳『敝帚稿略』卷二答傅當可論詩。案：包恢父揚、世父約、叔公遜皆從朱陸二子學，度宗至比之爲二程，而其論詩與石屏相符契若此，可以覘風尚焉。

57 錢鍾書『談藝錄』頁一三七：「嚴滄浪力排江西派，而其論詩法一則曰：造語須圓、再則曰：須參活句，與江西派圖作者呂東萊之說無以異」，頗有見於此。然又云：「故知圓活也者，詩家祈嚮之公，而非一家一派之私言也」，殊不知圓活之說，宋以前無之，卽呂東萊所論活法引宣城彈丸之說爲喻，亦屬方便，非宣城卽以活法圓熟爲詩法也，故謝邁讀呂居仁詩云：「居仁相家子，斂退若寒士，學道期日損，哦詩亦能事，自言得活法，尚恐宣城未」（謝幼槃文集卷一）。其爲宋文化中所發展出者，殆無疑義。

58 『艇齋詩話』：「山谷詩妙天下，然自謂得句法於謝師厚，得用事於韓持國」、『后山詩話』：「唐人不學杜詩，惟唐彥謙與今黃亞夫庶、謝師厚景初學之。魯直，黃之子、謝之婿也。其於二父，猶子美之於審言也」。

59 后山之學杜，而後人每謂其與杜不似，亦與山谷同。如嚴羽『滄浪詩話』詩體云：「後山本學杜，其語似之者但數篇，他或似而不全，又其他則本其自體耳」、翁方綱『七言律詩鈔』凡例云：「自山谷以下，後來語學杜者，率以后山簡齋並稱。然而后山似黃、簡齋則似杜」等皆是。陳模『懷古錄』則云后山不特不似山谷，亦非山谷所能及（卷上）。可見其所謂學杜學黃者，大抵如此。

60 當時晦齋所撰「簡齋詩集引」亦曰：「近世詩家知尊杜矣，至學蘇者乃指黃爲強，而附黃者亦謂蘇爲肆，要必識蘇黃之所不爲，然後可以識老杜之涯涘。——此簡齋陳公之說云爾」。另詳卷三注卅六。

61 『道山淸話』載曾紆每對人口誦山谷黔南絕句，謂是用白居易語以點鐵成金。范寥在宜州，卽擧以問山谷，山谷云詩乃少時誦熟，久而忘佚之者，阻雨衡山尉廳，信筆戲書而已。寥以曾紆點鐵之語告之，山谷大笑曰：「烏有是理？便如此點鐵？」此事最可爲世之以抽換數字爲點鐵成金者戒。蓋還丹一粒，點鐵成金，典出『傳燈錄』，謂至理一言，點凡爲聖也，參禪者所貴者禪師點化；而禪師又恆謂還丹一粒自求，至理無言，終須自證。昧者不知，遂以盜用古人語勢句法及用字爲點鐵成金，宜乎山谷之大笑也。

⑫宋人於山谷修養工夫，至爲推賞，如晁補之書魯直題高求父楊清亭詩後云：「魯直於治心養氣，能爲人所不爲，故用於讀書、爲文字，致思高遠，亦似其爲人」（雞肋集卷卅三），其說實亦本諸山谷與洪龜父書所云：「要須盡心於克己，不見人物臧否，全用輝光以照本心，力學有暇，更精讀千卷書，乃可畢玆能事」者，故論山谷甚切。其後后山學黃，亦云：「正心完氣，廣之以學，斯至矣」（答江端禮書）。故知此亦江西通例也。

⑬詩人之病，不在四聲八病，而在執境執文，證例孔多，但世未之知耳，試擧數事，以見一斑。——山谷答黃斌老病起獨遊東園：「萬事同一機，多慮乃禪病；排悶有新詩，忘蹄出兔徑」、呂本中學道：「學道如養氣，氣實病自除」，楊萬里陳晞顏和簡齋詩集序：「大抵夷則遜、險則競，此文人之奇也，亦文人之病也。而詩人此病爲尤焉。惟其病之尤，故其奇之尤。……然奇則奇矣，而詩人至於犯風雪，忘饑餓，竭一生之心思以與古人爭險以出奇，則亦可憐矣。然則險愈甚，詩愈奇，病愈痼矣」（卷七九）。

⑭所謂死活，不在文字，而在人之善參與否。膠執者死，忘言者活。故心活者可以轉俗成眞，點凡爲聖。死蛇弄得活與山谷所云點鐵成金、以俗爲雅，皆同此理。葛天民寄楊誠齋詩曰：「參禪學詩無兩法，死蛇解弄活潑潑。氣正心空眼自高，吹毛不動會生殺（吹毛劍喻眞心自性）。生機語熟卻不排，近代獨有楊誠齋……知公別具頂門竅，參得徹兮吟得到。……隔千里兮共明月，何似寒灰相對撥」（葛無懷小集）論此義甚切，可參看。另詳『談藝錄』頁一一七—一一八，及俞成「膠古人陳迹，而不能點化其句語，此乃謂之死法。死法專祖蹈

襲，而不能生於吾言之外；活法奪胎換骨，則不能斃於吾言之內」（螢雪叢說卷一）之說。又，通志藝文略，宋四庫闕書目通志，國史經籍志皆著錄任博『詩點化秘術』一卷，已佚，或亦論此事者。

㊀65 林希逸『竹溪十一稿』讀黃詩詩，已引見卷三，云山谷晚節筆意尤工也。王應麟語見『困學紀聞』卷十八。

㊀66 按後世承用邠老此說者，以『苕溪漁隱叢話』『詩人玉屑』『瀛奎律髓』為著。叢話後集卷九曰：「詩以一字為工，自然穎異不凡，如靈丹一粒，點石成金也」。並舉孟浩然「微雲淡河漢，疏雨滴梧桐」老杜「身輕一鳥過」為例，謂工在第三第五字也。玉屑卷八引筆談曰：韓駒改曾幾「白玉堂中曾草詔，水晶宮裏近題詩」為堂深宮冷，即是句中有眼，「古人鍊字，只在眼上鍊，蓋五字詩以第三字為眼，七字詩以第五字為眼也」。其說妄謬，不足辯也。方虛谷少時學詩於其叔琢，琢即取漁隱叢話令其參考互證。其後復從洪勳後峴學詩於天目山，而後峴即信此謬說者，故「取王荊公詩，句句字字而指其眼」以教之（見桐江集序）。虛谷之詩，自矜「句眼端能藏一字」（贈程以忠楊泰），蓋淵源有自。然詩以第三第五字為眼之說，其謬有非師承習氣所能掩者，虛谷於此遂不得不轉而彌縫之，或以兩句成詞為眼，或以眼不定在第三第五字，或以一句甚或兩句為全詩之眼，歧路亡羊，總之，為詩中較警策處耳。推其極至，竟至通體是眼（所謂全是眼）。不知何物怪獸，而有偌多眼目也。互詳卷三注一一六。方回所謂句眼，不限於一字，詳黃啓方「論方回之詩學」（國立編譯館館刊四卷二期）論技巧，許清雲『方虛谷之詩及其詩學』（七九年，東吳國研所博士論文）第三章第二節第二目。

㊀67 曾幾有撫州呈韓子蒼侍郎詩，云：「聞道少林新得髓，離言語處許參不？」（茶山集卷五）可見韓駒之云飽參者，不在語言文字間也。茶山別有讀呂居仁舊詩有懷其人作詩寄之詩，亦云此義：「學詩如參禪，愼勿參死句，縱橫無不可，乃在歡喜處；又如學仙子，辛苦終不遇，忽然毛骨換，正用口訣故（按即所謂至言一句，點鐵成金、超凡入聖也）。居仁說活法，大意欲人悟，常言古作者，一一從此路。豈惟如是說，實亦造佳處；其

圓如金彈，所向若脫兎」（南宋羣賢小集，前賢小集拾遺卷四），二者可相印證。

(68) 中尤可注意者，爲朱弦瑟縮之喩。自蘇黃以下，論詩文之含蓄者皆喜擧橄欖、朱弦、太羹玄酒等事爲譬例，如李廌答趙士舞德茂宣義論宏詞書：「如朱弦之有餘音，太羹之有餘味者，韻也」（濟南集卷八），放翁讀近人詩：「琢雕自是文章病，奇險尤傷骨氣多，君看太羹玄酒味，蟹螯蛤柱豈同科」（詩七八），嚴羽滄浪詩辯：「近代諸公蓋於一唱三嘆有所歉焉」，蘇籀書三學士長短句新集：「晁南宮……朱弦三嘆」（雙溪集卷十一），楊萬里誠齋詩話：「少陵羌村、後山送內，皆有一唱三嘆之聲」，項安世別周季隱東湖隱居：「東湖先生徐師川，雅歌清廟彈朱弦」（平庵悔稿卷二），謝薖懷潘邠老謝無逸：「阿兄溫潤玉介導，我友淡薄朱絲弦」（文集卷五），張嵲贈陳去非：「唯公妙句法，字字陵風騷，如鼓清廟弦，萬古無淫滔」（紫微集卷四）等，皆用此喩，可以見風會。

(69) 詳徐復觀『中國藝術精神』第二章第三節。

(70) 本節另詳附錄，此處敍論較簡。

(71) 所謂句法刻厲而有和氣者，唐庚送王觀復序所發揮者，可以見其爲文氣論之底蘊，其言曰：「吾視觀復比來日益就道，蓋更事愈多，見善愈明，少年銳氣掃滅殆盡，收斂返約，漸有歸宿，宜其見於文字者如此，吾可以知其然也。人之精神何與於琴，而幾動於心，則聲應於旨，自然冥合，有不可詰者，而況於文乎？文生於氣，氣熟而文和，此理之決然，無足怪者」（唐眉山文集卷九）

(72) 陳澧所爲系聯之困難，詳董同龢『漢語音韻學』頁八八—九二。

(73) 以高格卑格評詩，方回以前，要以張戒爲著。『歲寒堂詩話』：「世言白少傅詩格卑，雖誠有之，然亦不可不察也……比之吳融韓偓俳優之詞號爲卑格，則有間矣。若收斂其詞，而少加含蓄，其意味豈復可及耶？」「王右丞詩，格老而味長」。夫格老者謂氣格老成也，見詩話卷上。張戒以為詩之意味可學，而氣韻不可學，本已近於曹丕文氣論一路。而此所謂格者，自當屬諸氣韻，以氣韻勝者必然意味深長，故又以含蓄及味長為釋。張健「張戒詩論研究」不知所謂格者包氣韻而言，且其氣得諸才性，遂誤以為張戒批評理論有矛盾（中國文學批評論集，頁二三八—二四〇），非是。另參李錞『李希聲詩話』論氣格之高古凡下條。

⑭『后山詩話』：「杜之詩法出審言，句法出庾信，但過之耳。杜之詩法，韓之文法也」，詩法指篇法，句法指句子構造之規模。『洪駒父詩話』：「山谷父亞父詩自有句法。山谷書其大孤山宿趙屯兩詩，刻石落星寺。兩詩警拔，世多見之矣」，亦以語言構造為主。

⑮范溫為范惇夫子，秦觀婿，呂本中表叔。

⑯文體論，或專論語言形式之構造與其表現風格；或以為形式即內容，文體必與作者所貫注之精神思想相符。詳Graham Hough『文體與文體論』（六八，成文・何欣譯）。又，本節所述，參蔡英俊『六朝風格論之理論與實踐』（六九年臺大碩士論文），王瑤『中古文學史論』（「文體辨析與總集之成立」），王夢鷗「中國文體論之研究」（文學季刊六期）等。

⑰神仙分品之理論，另參李豐楙「不死的探求——道教信仰的介紹與分析」（中國文化新論，宗教禮俗篇）

⑱宋人之用升堂入室之觀念評詩者，為張戒。『歲寒堂詩話』卷上：「作粗俗語倣杜子美，作破律句倣黃魯直，皆初機耳。必欲升堂入室，非得其意則不可。張文潛與魯直同作中興碑詩，然其工拙不可同年而語。魯直自以為入子美之室，若中興碑詩，則真可謂入子美室矣」。

⑲此參用人類學中結構功能理論一派意見。另詳『人與文化的理論』（赫屈著・黃應貴、鄭能美譯・桂冠）頁二一四一—二四六。

⑧0 見 Frye, The Critical Path: An Essay on the Social Context of Literary Criticism, in In Search of Literary Theory, ed. by M. W. Bloomfield (Cornell University Press,1972)。及蔡英俊前揭書，頁一一九、一二五、一三三。

⑧1 詳注七九所引書，頁二五九、二七八。

⑧2 以結構本身言之，有其結構之「基本形貌」與「變異之因素」。故借用一結構以詮釋事義者，往往基本結構猶存，而詮釋者各以己意爲之變異，坐令彼此貌同質殊，各不相侔。此蓋結構本身歷史發展中常有之現象（如唐宋明清之宗族結構，有其基本形貌，而亦有因時地以致變異者），借用此結構以爲詮釋事業者，遂亦不能不隨之更易；且運用形式架構以系屬，以理解事類，本爲主觀之活動，主觀意識不同，雖同用一結構爲說，其間亦不能不有變異。試徵江西之流變，此義不難考知。呂居仁宗派圖與方虛谷一祖三宗，其爲宗族結構固一，而內涵實非一事；降而至淸，若桐城若同光之宗宋，取法江西，亦有與宋之江西不同者。若引後事以證前例、或說源流而詮影響，皆不能略此不道，否則張冠李戴，有忽其變異而視爲同族者矣。

第五卷　江西詩社宗派事迹簡表

△本表斷自黃庭堅生年始，至方回編選瀛奎律髓成書止，計一三九年，略與本論文所述兩宋江西詩社宗派事相呼應。

△表譜之學，必與著述宗旨有關，本表所列之人之事，別擇當與其他年表世譜之書不同，宜與本文互參。

△表下附考，於諸家生卒事蹟等，格於篇幅體例，不能詳辨載籍之異同，然鈎稽說明，亦頗有與本文相發處。

紀年	江西宗派事迹	時事紀要	
仁宗 **慶曆**五年 乙酉 1045	六月十二日黃庭堅生	歐陽修上書論朋黨事、貶滁州。 石介卒、年四一。 李之才卒。 梅堯臣年四四。 蘇軾年十歲。 王安石年二十五。 畢昇作活字版	堅生於黨事急切之日、歐陽修以論朋黨降知制誥。知滁州，在八月。十月到郡，劉守宜『梅堯臣年譜』繫其貶於次年，誤。石介嘗云盡孔子之心者易，盡孔子之用者春秋。又云周禮明王制、春秋明王道。爲宋學開山。歐陽修謂宋人自孫復石介，始識師道。
慶曆六年 丙戌 1046	歐陽修作梅聖俞集序：「余聞世謂詩人少達而多窮，夫豈然哉？蓋愈窮而愈工，然則非詩之能窮人，殆窮而後工也」。	范仲淹撰岳陽樓記。 呂大臨生。 尹洙卒、年四六。 劉敞成進士。	呂大臨字與叔、爲伊川門人。歐陽修在滁，作豐樂亭記、醉翁亭記，自號醉翁。程顥程頤師事周敦頤於南安。
慶曆七年 丁亥 1047		蔡京生。 王安石及第。	曾鞏與王安石書云歐公欲足下少開廓其文，勿用造語及模擬前人，孟韓文雖高，不必似之也，取其自然耳。
慶曆八年 戊子 1048		周敦頤令彬縣。 劉安世生。 蘇舜欽謫姑蘇、卒、年四一。 范仲淹知杭州，撰十六羅漢因果識見頌序。	貝州王則反，六十六日而平。
皇祐元年 己丑 1049		秦觀生。 李公麟生。 范仲淹置義莊於蘇州。與林逋相唱和。	仲淹過桐廬，建嚴子陵祠，又撰嚴先生祠堂記，李覯讀之，改先生之德，爲先生之風。（申時方范仲淹年譜繫在景祐元年）

皇祐二年 庚寅 1050	六月，歐陽修與王深甫論世譜帖云：「惠借顏氏譜，得見一二，大幸。前世多喪亂，而士大夫之世譜，未嘗絕也。自五代迄今，家家亡之，由士不自重，禮俗苟簡之使然。」	司馬光奏乞印行荀子、揚雄法言。 謝良佐生。 范仲淹薦胡瑗李覯充學官。	揚子學術，亦當時顯學之一，蓋宋初學術，乃由韓愈上推王通揚雄董仲舒，所謂通經致用也。
皇祐三年 辛卯 1051	黃庭堅七歲，作牧童詩：「騎牛遠遠過前村，吹笛風斜隔岸聞，多少長安名利客，機關用盡不如君」 歐陽修作廬山高詩，黃庭堅文集卷三十有跋，王直方詩話亦載郭功父過梅聖俞，誦廬山高事。	范仲淹撰續家譜序。 賜梅堯臣同進士出身，仍改太常博士。 趙令時生。 米芾生。 夏竦卒，年六七。	山谷作詩，見桐江詩話。 十月，唐介劾文彥博以燈籠錦媚貴妃，得相位、帝怒、貶唐爲英州別駕，魏泰作東軒筆錄，收書竄詩一首，論此事，嫁名梅堯臣。 王安石題舒州山谷寺石牛洞泉穴。另詳元豐三年條。
皇祐四年 壬辰 1052	黃庭堅作送人赴舉詩，云：「送君歸去玉帝前，若問舊時黃庭堅，謫在人間今八年」。 王安石編杜工部詩後集，有洗兵馬等世所不傳者二百餘篇。	王安石撰老杜詩集後序。 李覯刋行周禮致太平論十卷。 范仲淹卒，年六四，梅堯臣作詩哀之。 儂智高陷邕州，圍廣州，西南震動， 胡瑗爲國子監直講。	此詩載在山谷先生年譜，疑僞。 寶元二年春，梅作河豚詩，誠仲淹之喜諫。慶曆四年，范仲淹欲復古勸學，採胡瑗法革新教育，且聘胡爲掌教；又行科舉新法，用蘇舜欽參行事，而與呂夷簡黨交鬨，蘇李定本呂黨，獄事遂起，堯臣叔父詢，李定又因其介而識仲淹，故二人交誼決裂。
皇祐五年 癸巳 1053	八月，陳師道生。	晁補之生。 楊時生。 游酢生。 賈昌朝上春秋節解八十卷。 梅堯臣撰林和靖先生詩集序。 田況上所撰揚雄太玄經發隱三篇，章察錄之。 狄青敗儂智高。	皇祐元年范仲淹過孤山林逋廬，曾贈以詩。

至和元年 甲午 1054		韓琦作五賢贊：孟子、荀子、揚雄、文中子、韓文公。 王洙上周禮器圖。 張耒生。 周敦頤知洪州南昌縣。 歐陽修刋修唐書，薦王安石呂公著。	重周禮，復古道，皆北宋風氣，於文學亦然，石介可爲顯例。所謂復古者，意識與行事二面。行事必見諸制度，故宋儒好言制度，卽理學家亦然。 張耒生年，據疑年錄稽疑卷二。
至和二年 乙未 1055		晏殊卒，年六五。	江西文采，宋自楊億之後，以二晏父子爲著。
嘉祐元年 丙申 1056	歐陽修作盤車圖詩，云：「古畫畫意不畫形，梅詩詠物無隱情，忘形得意知者寡，不若見詩如見畫」。又上議學狀，欲復五經創新學。	趙槩上宋堂所著春秋新意。 程頤入國子監讀書，胡瑗以顏子所好何學論試之，並延爲教席。 周邦彥生。 張載在京師坐虎皮說易。 蘇洵上歐陽修書並上洪範史論七篇。	伊川年譜謂二程與張載在京論易，載自以爲弗及。未確。易與春秋，爲宋學要籍，蓋行事者以周禮爲主，意識者，以易春秋爲主。胡瑗有易解，亦有春秋說；孫復亦有易說（胡瑗洪範口義又詳引周官法以推演八政）。王安石有奉酬永叔見贈詩。
嘉祐二年 丁酉 1057	歐陽修與梅聖俞范景仁等，在試院，爲唱和詩集三卷，又作於劉功曹家見楊直講褒女奴彈琵琶戲作，朱熹集卷七一云：「公嘗因醉戲親曰：廬山高他人作不得，唯韓退之作得；琵琶前引，退之作不得，唯杜子美作得；後引子美作不得，唯太白作得」，後王安石卽以此四人爲四家詩選。	歐陽修知貢擧，文體爲之一變，是科程顥、張載、朱光庭、蘇軾、蘇轍、曾鞏、呂大鈞皆及第。 王洙卒，年六一。 狄青卒，年四九。 孫復卒。 宋咸上所注論語。 邵伯溫生。	據山谷撰黃幾復墓志，云幾復年甚少，卽有意於六經，方士大夫未知讀莊老時，幾復爲余言云云，是黃與山谷交，在此數年中。此事與山谷思想發展有關。宋初三大運動：一變法、二倡古文，三改革教育，范仲淹啓於前，歐陽修繼其後，教育與古文兩事，漸次得行，變法，則猶有未及，必待安石而後備。宋之革新教育，其效有三：一破

			門第。二、啓書院講習之風。三、除進士詩賦之習，此三者皆成於此數年間。孫復所著春秋尊王發微，十五篇，成於慶曆元年，今則藏入秘閣。東坡論宋人書以蔡襄爲第一，本年始遇蔡於都門。
嘉祐三年 戊戌 1058	崔鶠生。	楊繪獻春秋辨要十卷。陳恬生。	或謂春秋與周禮，代表經學與史學兩派不同之政治主張，非是。崔鶠與陳恬鮮于綽齊名，號陽城三士，爲簡齋師。
嘉祐四年 己亥 1059	黃庭堅遊學淮南。四月王琪就王洙本重定杜工部集二十卷，爲此後一切杜集之祖本。段緯得司空圖詩一卷，以示宋祁。	蘇軾集其父弟文百篇，爲南行集。劉道醇作五代名畫補遺成。王安石作明妃曲。程顥作答張載定性書。李廌生。晁以道生。李覯卒，年五一。胡瑗卒，年六七。	荊公詩李壁注：「山谷跋公此詩（明妃曲）云：荊公作此篇，可與李翰林王右丞並驅爭先矣，往歲道出潁陰，得見深父先生，最承愛敎，因語及荊公此詩，庭堅以爲詞意深盡，無遺恨矣！」李廌及陳師道或與山谷等蘇門四學士合稱爲蘇門六君子。本年陵州人龍昌期上所著書百餘卷，仁宗命兩制審閱，以爲詭誕穿鑿，指周公爲大姦，乞令益州毁棄所刻板本，昌期詣闕自辯，歐陽修、劉敞劾其異端害道，仁宗遂予遣歸。
嘉祐五年 庚子 1060	江端禮生。	梅堯臣卒，年五九。王安石，唐百家詩選成。歐陽修上所修唐書二五〇卷。	五月，王安石召入爲三司度支判官，上萬言書，言治財之道，此其變法之始也。

		周敦頤作太極圖說。	梅卒，歐陽修醵於諸公，得錢數百千，置義田，以恤其家。又，新唐書特重表志，系譜因以復興。又，歐陽修本年以後，多蒐碑刻
嘉祐六年 辛丑 1061	黃庭堅年十七，在淮南，從舅氏李常學，與孫覺相識，知向道之方。	王安石知制誥。宋祁卒。	孫覺有春秋經社要義。經社者，宋史孫覺傳云：胡瑗子弟千數，別其老成者爲經社。
嘉祐七年 壬寅 1062		呂公著爲天章閣待制。包拯卒，年六四	歐陽修撰集古錄自序。
嘉祐八年 癸卯 1063	黃庭堅以鄉貢進士入京。	賀鑄生。	
英宗治平元年 甲辰 1064	黃庭堅春赴禮部試。	司馬光呂公著上配天議，以仁宗配饗明堂。	歐陽修本年所撰唐田弘正家廟碑跋尾云：自天聖以來，古學漸盛，學者多讀韓氏，而患集本訛舛。（集古錄八）司馬光與歐陽修爭逐路取人，是爲南北之爭。
治平二年 乙巳 1065		歐陽修編太常因革禮百卷。司馬光上言濮王典禮劄子。程頤代彭中丞論濮王稱親疏。	據宋文鑑卷一四〇，次年蘇洵撰太常因革禮百卷成。研易制禮，殆爲當時風氣，故蘇轍又云洵晚年著易傳未完而疾革。英宗以濮王子入承大統，詔議崇，奉濮王典禮，歐陽修主張稱爲皇夫人爲后；司馬光主張視爲皇

			伯。二派遂致交鬨。
治平三年 丙午 1066	秋，黃庭堅再赴鄉舉，膺首選，主文衡者廬陵李詢，讀黃詩渭水空藏月、傅巖深鎖烟，以爲此人異日當以詩名擅四海。	司馬光應詔編歷代君臣事迹。王安石秉政，黜御史呂誨、范純仁、呂大防，呂公著出知蔡州。蘇洵卒。朱長文自序墨池編。宋庠卒，年七一。	本年歐公以濮議見攻於呂誨、彭思永。次年又以飛語見毀於彭思永、蔣之奇，力請外郡。
治平四年 丁未 1067	黃庭堅試禮部，登進士第。張元幹生。	蔡襄卒。勅郭熙畫小殿屏風。徐積成進士。	歐陽修序歸田錄。元幹於政、和宣和間，與楊時、洪芻、徐俯、呂本中遊，序王承可詩又自云初從徐東湖指授句法，則其爲江西無疑。
神宗熙寧元年 戊申 1068	陳師道年十六。黃庭堅到汝州任，與江西老禪惠南交，又作木之彬彬篇、鄒操、惠聽、履霜操等，既戒士以口舌賈禍，復冀士有志問學，雖動心忍性，遇變而不悔。蓋先生以士爲社稷所繫，而黨禍頻仍，故深有所慨耳。	呂公著、王安石、孫覺、曾鞏修英宗實錄。劉敞卒，年五十。邢居實生。	據曾文定公年譜，后山從南豐受學，繫在熙寧七年。宋慶曆以前，學者多守注疏之說，至敞爲七經小傳，始與諸儒異。後王安石修經義，蓋本於敞，而新奇過之。
熙寧二年 己酉 1069	黃庭堅此數年所作諸楚辭體，外集稱晚年刪去。王直方生。歐陽修撰歐陽氏族譜。	王安石創置三司條例，議置新法。興建學校以復古，並以經義論策取士，罷詩賦明經諸科。程顥以呂公著薦，授太子中允，有論君道疏、論王霸劄子。又薦父表弟張載、弟頤等數十	二月安石入對云：「變風俗、立法度，今之所急也」此可以概括新法之精神。五月，王拱辰自北京還朝，語帝曰：牛李黨事方作，不可不戒。

		人。呂誨范純仁皆罷。	
熙寧三年 庚戌 1070		歐陽修知蔡州，號六一君士。呂公著、李常、孫覺、程顥皆以反新法貶。	詩話當撰於此時，七月，蘇軾跋文同墨竹。
熙寧四年 辛亥 1071	黃庭堅送陳慥歸洛，又作過百里大夫冢詩，呂氏童蒙訓云：「或稱魯直挑李春風一杯酒，江湖夜雨十年燈，以爲極至，魯直以此猶砌合，須石吾甚愛之，勿使牛礪角，牛礪角尚可，牛鬪殘我竹，此乃可言至耳，然如魯直百里大夫冢詩與快閣詩，已自見其成就處。」又作平輿懷李子先時在并州詩，潛夫詩話載山谷教人詩法云世上豈無千里馬，人中難得九方臯，可以爲律詩之法，即此詩也。	楊繪上言請令學者以三傳解經八月，復春秋三傳明經取士。呂誨卒。蘇軾通判杭州。唐庚生。余燾上書請改洪範經文，爲台諫所彈，不果行。	楊繪事，適可見當時疑經自抒胸臆之風甚盛。又，續通鑑六八云王安石本已釋春秋，而孫覺經解已出，自知不能復出其右，乃詆春秋，貢擧不以取士，帝特命復之。垂虹詩話云山谷在葉，作新寨詩，有俗學漸知回首晚，病身全覺折腰難之句，傳至都下，半山嘆賞，遂除北都教授。此說與本傳不合，而黃譜附於此年。
熙寧五年 壬子 1072	洪朋（龜父）生。黃庭堅試中學官，除北京國監子教授，與張耒、晁補之秦觀並遊蘇門，稱四學士。	蘇過生。歐陽修卒，年六六。羅從彥生。釋契嵩卒、年六六。朱震生。	郭熙奉旨畫關山春雪圖。歐陽修疑易傳，疑河圖洛書，疑春秋三傳，於周禮及新莽北周之仿古，亦多駁難，頗代表宋學之轉變，於文學亦然。
熙寧六年 癸丑 1073	曾紆生	王雱爲經義局修撰周敦頤卒，年五七。	山谷與濂溪長子壽，次子燾熟稔，又序濂溪詩，謂其人品甚高，如光風霽月。故宋元學案列山谷爲濂溪私淑。田槩編杜牧遺詩爲樊川別集。

熙寧七年 甲寅 1074	陳師道以文謁曾鞏	胡安國生。王安石罷相，出知江寧府。程頤與朱光庭訪邵雍論道。	熙寧元年，南豐官京師，陳師道方十六歲，恐無由謁見；至本年南豐知襄州，陳氏年二二，謁見於江漢之間，情事較合。
熙寧八年 乙卯 1075	庭堅有觀道、聽戴道士彈琴等作。	王安石上三經新義，頒於學官。呂惠卿免。韓琦卒。	
熙寧九年 丙辰 1076		張載集所爲文，名曰正蒙。王雱卒，年三三。	
熙寧十年 丁巳 1077		王安石還歸江寧。七月邵雍卒，年六七。十二月張載卒，年五八。葉夢得生。	葉夢得爲晁無咎甥。
元豐元年 戊午 1078	秦觀、蘇轍作黃樓賦，陳師道作黃樓銘，庭堅作和答李子眞讀陶庾詩及效韋蘇州十四首等，又有古風二首上東坡，山谷甥洪炎玉父編其文集，斷自退聽堂始，故以古風二首冠首，且以見山谷受知於東坡也。	蘇軾撰莊子祠堂記。王安石居鍾山。	庭堅慕陶及效韋蘇州，實在東坡之前，其爲老莊之學亦然，見嘉祐二年條。釋文瑩玉壺野史自序成，後人就其中輯爲玉壺詩話一卷。
元豐二年 己未 1079	庭堅有次韻伯氏寄贈蓋郎中喜學老杜之詩，王直方云：元豐初山谷過下邳淮陰廟作，以示孫莘老，言其太過，無含蓄。山谷然之，遂改今詩。黃譜繫淮陰侯詩在治平三年。	三月河南府陳公廙首修禊事，預會者賦詩屬和，程頤不能詩，作禊飲詩序。四月，蘇轍撰古今家誡序。呂大忠、呂大臨、呂大鈞兄弟入洛見二程。	饒節約在此數年前後在世，生卒不可考。汪藻曾經徐俯指點詩法。王庭珪爲楊萬里師，教以蘇黃之學。

	汪藻生。王庭珪生。	文同卒，年六二。蘇軾撰文與可畫篔簹谷偃竹記。十月，蘇軾湖州詩案，貶爲黃州團練副史，司馬光坐蘇軾詩案罰銅。	
元豐三年 庚申 1080	庭堅，改官吉州泰和縣，十月遊山谷寺，始號山谷道人。作汴岸置酒贈黃十七詩，王直方詩話云：山谷謂洪龜父，云甥最愛老舅詩中何語，洪龜父舉，蜂房各自開戶牖，蟻穴或夢封侯王；黃流不解涴明月，碧樹爲我生涼秋，以爲深類工部，山谷云：得之矣。後一聯即此詩中句。又，作銅官僧舍得尚書郎趙宗閔墨竹一枝，筆勢妙天下，爲作小詩二首。（王引前一聯爲落星寺詩，亦本年作）	王安石，封荊國公，居鍾山，恨爲呂惠卿所誤。章惇參知政事。米芾年三十，爲長沙椽，盡焚所爲詩文。程頤入關。胡安國七歲，爲小詩有「自任以文章道德」之句。六月，詔秘書監劉几等定雅樂。	
元豐四年 辛酉 1081	庭堅有詩予惠洪：「惠老有才氣，往來十三年，松風沉永日，詩句即深禪」。陳師道遊京師。	楊時以師禮見程顥於潁昌。曾鞏充史館修撰，九月，王珪上國朝會要。司馬光撰法言集注成。孫覿生。李清照生。	蘇轍貶筠州，與吉州皆在江西，與山谷時有往來。
元豐五年 壬戌 1082		王安石進字說。呂大鈞（和叔）卒。黃裳、晁說之成進士。王珪上兩朝正史，百二十卷。蘇軾始自號東坡，作赤壁賦。司馬光作洛陽耆英會序，又作疑孟（文集六八、七三）。	陳浩然編杜詩析類，宋宜序之，其後徐居仁編千家注杜詩二五卷亦然，故爲杜詩分類之祖。呂大鈞曾編鄉約，南宋朱熹爲之增損，又作月旦集會續約之禮，以補呂氏意。

元豐六年 癸亥 1083	后山集始於本年。庭堅作讀方言，題前定錄。	司馬光作致知在格物論。蔡卞進周禮。李綱生。曾鞏卒，年六五。富弼卒，年八十。呂大防建錦院於成都，募織工五百人，置監官織造。	研究揚雄之風，互詳皇祐二年條。又按八月，蒲宗孟入對，謂人才半爲司馬光邪說所壞，帝不許之；又泛論古今人物，蒲盛稱揚雄之賢，帝曰：揚雄劇秦美新，不佳也。遂罷宗孟，時論以爲揚雄爲蒲宗孟坐累，則揚雄之學正行於當時可知。案：晁公武讀書志云呂微仲在成都時嘗譜杜詩之年月，知呂撰杜甫年譜，當在此數年間。
元豐七年 甲子 1084	呂居仁生。曾幾生。黃庭堅過揚州、泗州、赴德州任。	李公麟作馬性圖，猶未舉進士。司馬光撰中和論，進資治通鑑。六月，禮部乞續編歐陽修太常因革禮。	八月，東坡數見王安石於金陵，論詩及時事，有次韻荆公詩四首，九月五日並書云：「某始欲買田金陵，庶幾得陪杖屨，老於鍾山之下」，時安石年六四，罷相八年矣。案：日本福井榕亭崇蘭館藏昌黎先生文集四十卷，北宋刋本。有呂大防年譜及識語曰：余苦讀韓文杜詩之多誤，既讎正之，又各爲年譜。以次第其出處之歲月，而略見其爲文之時。則其歌時傷世、幽憂竊嘆之意，粲然可觀；又得以考其辭力：少而銳，壯而健，老而嚴，非妙於文章，不足以至此，元豐七年，十一月十三日，汲郡呂大防記。
元豐八年 乙丑	六月後，山谷赴京。	謝良佐成進士。王珪卒，年六七。	顥卒，文彥博表其墓曰：明道先生。其弟頤序之曰：孟軻死，聖

1085		程顥卒，年五四。 阮閱中進士。	人之學不傳，先生生於千四百年之後，得不傳之學於遺經，自孟子之後，一人而已。時司馬光章惇在朝，不合，惇每讒侮困光。
哲宗 元祐元年 丙寅 1086	庭堅在秘書省，司馬光作徽言，乞庭堅同校資治通鑑。 師道在京，與東坡交，作贈二蘇公詩，又作南豐先生挽詞二首，並與晁無咎張文潛來往。	范祖禹進所著唐鑑十二卷。 命司馬光修神宗實錄。 四月，王安石卒，年六六。 九月，司馬光卒，年六八。 程頤在經筵多用古禮，蘇軾爲翰林學士，謂其不近人情，每加玩侮。十二月，朱光庭遂劾蘇軾所撰策題爲訕謗。時議因起洛蜀二黨之說。 車蓋亭詩案起。 楊無爲序武林梵天寺僧法欽編唐宋高僧詩集。 向子諲生。	山谷作贈陳師道，黃譜云：王景文聞諸榮茂世曰：得之前輩言，山谷嘗與后山相過於潁昌，因及杜甫暮歸詩中客子入門月皎皎，誰家擣練風凄凄之句，故此詩有霜月入戶寒皎皎及萬人叢中一人曉之句。 東坡本年爲翰林學士，效庭堅體亦在此年。 哲宗即位，蔡確播言由己擁立，既失勢，怨望，至安陸，遊車蓋亭，賦詩十章，吳處厚箋釋其詩而上之，遂貶英州別駕，新州安置。當時朝野以爲過當，蓋宋待士優渥，黜謫絕少嶺海之行也。
元祐二年 丁卯 1087	陳師道以布衣薦爲徐州教授，由東坡孫覺諸人之薦也。和黃庭堅黃梅詩。	詔舉人程試，勿用老莊申韓列釋之書。 五月，胡宗愈進君子無黨論。 邢居實卒，年二十，王直方編其遺草爲呻吟集。 洛、蜀、朔三黨成，洛以頤爲首，朱光庭、賈易爲輔。蜀黨以蘇軾爲首，而呂陶等爲輔。朔黨以劉摯、梁燾、王巖叟、劉安世爲首，而輔之者尤衆。惟呂大防秦人，戇直無黨，范	山谷作咏雪呈慶平公詩。據吳曾能改齋漫錄云歐陽季默嘗問東坡：山谷詩何處是好，東坡不答，但劇口稱重黃詩，季默云：如夜聽疏疏還密密，曉看整整復斜斜，豈是佳耶？東坡云：正是佳處。即此詩。山谷又有次韻秦觀過陳無己書院觀鄙句之作，及咏李伯時摹韓幹馬題陽關圖等。 后山作丞相溫公挽詞三首，此三詩石州詩話謂其有杜意。第二首

		祖禹、司馬康不立黨。	時方隨日化身已要人扶，山谷見而嘆曰：陳三眞不可及。見冷齋夜話、鶴林玉露。又作答何頡兄弟四首，藏海詩話云：何頡嘗見陳無已，李廌嘗見東坡，二人文，學所以過人，若崔德符、陳叔易恐無師法也。
元祐六年 戊辰 1088	山谷在秘書省兼史局，有跋自書枯木道士賦後云：閑居當熟讀左傳、國語、楚辭、莊周。后山在徐州，黃預來學。	胡安國遊學信州。黃介，幾復卒。劉攽，貢父卒，年六七。晁說之在袞州，始爲京氏易學。五月呂公著錄歐陽修朋黨論上之。李亮工、李公麟、李冲元同舉進士，世稱龍眠三李。李侗生。	本年山谷題伯時胡僧憩寂、彭蠡春牧、松下淵明、老杜浣花溪、嚴陵子釣灘、頓塵馬、觀魚僧、蛘虎、虎脊天馬、象龍、天育驃騎、馬諸畫作甚多。四庫提要著錄同文館唱和詩十卷，宋鄧忠臣等撰，乃忠臣與張耒、晁補之、李公麟、孔武仲等同舍唱和之作。鄧氏宋史無傳，然入元祐黨籍，有玉池集，已不傳，唱和蓋在此數年間。
元祐四年 己巳 1089	七月，山谷除集賢校理。六月，陳師道見東坡於南都，爲劉安世所彈。	蘇軾知杭州，文彥博勸少作詩。呂公著卒，年七二。沈括作夢溪筆談。	以上三四年，山谷在京，多與東坡等唱和，本年夏，東坡出知杭州，遂無詩伴，又苦昏眩，不能苦思，因以廢詩，有書老杜詩跋云：「老夫今年四十五，不復能作詩，他文亦懶下筆，欲學詩，老杜足矣。」東坡知杭，后山告徐州孫覺，欲往見，覺不許，乃託疾謁告，來南京送別，同舟東下，至宿而歸，劉安世劾之，置不問，陸游老學庵筆記引爲宋帝優待文人之諭。

元祐五年 庚午 1090	山谷在秘省兼史局。后山移潁州教授。六月陳與義生於洛陽。	李常公擇卒，年六四。孫覺莘老卒，年六三。蘇軾作問淵明說。胡宗愈刻杜詩於成都杜甫草堂。洪興祖生。	本年東坡五五，山谷四六，后山三九，居仁七，茶山七，伊川五八，崔鶠三三，葉夢得十四，李清照七，向子諲六，秦檜一。
元祐六年 辛未 1091	山谷進神宗實錄，爲起居舍人，詔秘書省，著作郎中。十月，東坡使后山遣子迨迎張龍公，作乞雨文。	蘇軾以翰林學士承旨召還。劉摯等攻敗洛黨，朱光庭、賈易等失其領袖，皆附朔黨以干進，並攻擊東坡兄弟，八月東坡除龍圖閣學士，知潁州。張方平卒，年八五。	
元祐七年 壬申 1092	山谷護母喪歸鄉。后山有詩寄王直方。	呂大防考古圖十卷成。呂大臨與叔卒，年四七。東坡知揚州，和陶淵明飲酒詩	
元祐元年 癸酉 1093	七月，山谷除編修官，呂大防所薦，本年曾作和答魏道輔寄懷十首，次韻道輔旅懷見寄等。后山作南軒絕句、寄晁載之兄弟等，刻意學佛。	陳祥道卒，年四一，范祖禹言陳氏註解儀禮三二卷精詳博洽，乞下兩制看詳，並所進禮圖付太常，以備禮官討論，從之。楊時以師禮見程頤於洛陽，留十日，以往訪游酢。賀鑄遇李之儀於京師。東坡知定州。	魏泰道輔曾作東軒筆錄、臨漢隱居詩話，生卒不詳。賀鑄與黃山谷等人善，而好許渾詩，時三卷本丁卯集已不可見，鑄求訪二十年，僅得四五四篇。
元祐九年 甲戌 四月改元紹聖 1094	山谷知宣州，又除知鄂州，十月離分寧，自言是年黃龍山中，忽得草書三昧，十二月以黨籍坐史事，責授涪州別駕，黔州安置。后山罷潁學。	正月，東坡與李之儀論陶詩，四月，謫英州，六月詔惠州。秦觀坐黨籍，出判杭州，范祖禹責授武安軍節度副使。三月，朱光庭卒，年五八。	宋詩鈔晁冲之具茨集鈔：紹聖初，黨禍起，羣從多在黨中，被謫逐，遂飄然棲遁於具茨之下，號具茨先生。呂本中云時衆人方學山谷，叔用獨專學杜詩；然考具

	洪芻中進士。	程頤撰禮序。張耒權知宣州	芡集中有過陳無己墓云：我亦嘗參諸弟子，往來徒步拜公墳，則亦未必專學杜詩者矣。
紹聖二年 乙亥 1095	山谷赴黔州貶所。三月，后山丁母憂，歸徐葬父母，遂寄居曹州，依外舅概爲食。魏衍來謁。	正月，東坡爲徐彥和書黃庭堅跋三畫圖後，三月，和陶歸田園居六首，十月，復作重九和陶己酉九日詩等。呂大防以監修史事，貶秩分司南京安州居住。鄒浩作論語解義十卷，孟子解義十四卷。沈括卒，年六五。十一月，有詔赦元祐臣僚，東坡獨不赦，且終身不徙。	謝逸約此前後在世，生卒不詳。山谷書法大變，自云元祐間字「用筆不知擒縱，故字中無筆。字中有筆，如禪家句中有眼，非深解宗趣，豈易言哉！」
紹聖三年 丙午 1096		二月，東坡書柳子厚南澗詩。賀鑄編慶湖遺老前集九卷。楊時官瀏陽，有與伊川論西銘書，伊川答以理一分殊之說。章惇上重修神宗實錄。	此數年間，蔡京章惇等發動同文館獄，編類元祐章疏，禁蘇黃著作，設元祐訴理所，被禍者七八百家，甚者且加以釘足剝皮拔舌斬頭之刑。
紹聖四年 丁丑 1097	山谷有與楊惠明叔詩，云文章者道之器也，言者行之枝葉也，又云以俗爲雅，以故爲新，詩人之奇也。后山歸徐。江端禮卒，年三八。	胡安國、葉夢得成進士。二月，程頤追毀出身以來文字，放歸田里，十一月，編管涪州。朱松生。呂大防卒，年七一。文彥博卒，年九二。東坡貶儋州，十二月，檢所和陶詩，凡一〇九篇，轍爲之序。	后山本年有答魏衍黃預勉余作詩、魏衍見過、和黃預感秋、答顏生、和顏生同遊南山諸詩，從遊之盛，略可考見。

元符元年 戊寅 1098	春，山谷遷戎州。后山作何郎中出示黃公草書四首，門人黃預卒。	秦觀移雷州編管。范祖禹卒，年五八。晁說之從邵伯溫得邵雍遺編。	山谷嘗有李伯時畫刀鑷工跋尾曰：龍眠李伯時，爲廬江何琬子溫作，子溫有遠韻，其賞味古今人詩，得其致意處，故伯時肯以妙予之，元祐五年九月己巳，黃某題。草書亦同時所作。
元符二年 己卯 1099	后山在徐州。	正月，程頤自序易傳。十一月，東坡有書柳子厚詩後。	
元符三年 庚辰 1100	山谷書杜甫兩川夔峽諸詩，刻於楊素翁所建大雅堂。十一月，后山除秘書正字。魯訔生。	正月徽宗卽位。程頤遷峽川，得赦放還。章惇罷。秦觀卒，年五二。李公麟病，隱栖龍眠山，號龍眠道人。朱長文卒，年六十。	朱長文著有墨池編、琴史。蘇轍於本年後六年，撰歷代論，其周公一篇，疑周禮。
徽宗 建中靖國元年 辛巳 1101	山谷留荊南，有和王觀復、洪駒父謁陳無己長句，跋子瞻和陶詩，病起荊江亭卽事等。十一月二十九日，陳師道卒，年四九，友人鄒浩買棺斂之。本年與饒節王直方頗有唱和。劉子翬生。	蘇軾度嶺北歸，七月卒，年六六。設翰林圖畫院官職，行考試。	時議以元祐紹聖均有所失，欲以大中至正消釋朋黨，故改元建中靖國。劉子翬與曾茶山、韓子蒼、呂居仁等人遊，亦江西也，朱子師之。
崇寧元年 壬午 1102	山谷在荊南，有贈高子勉詩，所謂拾遺句中有眼，彭澤意在無弦。九月，至鄂州。	賀鑄與郭祥正、李之儀定交於當塗。胡銓生。陸佃卒，年六一。九月，立黨人碑於端禮門。劉弇卒，年五五。	詔諸邪說詖行、非先聖賢之書及元祐學術政事，並勿施行。

崇寧二年 癸未 1103	山谷留鄂州，十一月陳舉承趙挺之意，上其荆南所作承天塔記，指爲幸災，遂謫宜州。初，正月曾夢東坡，山谷爲誦詩，東坡笑曰：公詩更進於曩時。	程頤自序春秋傳，有旨追毀出身以來文字，所著書，令監司覺察，盡逐學徒。 四月，詔將蘇洵、蘇軾、蘇轍、黃庭堅、張耒、晁補之、秦觀、馬涓文集，范祖禹唐鑑，范鎭東齋記事，劉攽詩話，僧文瑩湘山野錄等，印板悉行焚毀，毀司馬光等景靈宮繪像，令州縣立黨人碑。 岳飛生。 徐積卒，年七六。	楊萬里序劉才紹樧溪居士集云：「仁宗時，則有若六一先生主斯文之夏盟，在神宗時，則有若東坡先生傳六一之大宗；在哲宗時，則有若山谷先生續國風雅頌之絕絃。中更羣小，崇姦絀正，目爲僻學，禁而錮之。惟我廬陵，有濾溪之劉，自作金城以郛此道……挾六一坡谷之書以入濾溪」。又曰：「是時書肆畏罪，坡谷二書皆燬其板，獨一貴戚家刻印焉，率黃金斤易坡文十，蓋其禁愈急，其文愈貴也」。
崇寧三年 甲申 1104	山谷自潭州歷衡州、永州、金州、靜江，以趨貶所，作中興頌詩。 與義在杭州，十五歲，賦木犀詩。	鄭樵生。 獎勵書畫，設投試簡拔之法，置書畫算學博士。 六月，圖熙寧元年功臣王安石等於顯謨閣，重定黨人，刻石廟堂，爲元祐黨籍碑。	
崇寧四年 乙酉 1105	九月卅日，山谷卒，年六一。	章惇卒。 以朱勔領蘇杭應奉局及花石綱。 五月，賜龍虎山道士張繼元號虛靖先生。	胡宏生。
崇寧五年 丙戌 1106		毀黨人碑。 楊時錄京師所聞。	
徽宗大觀元年 丁亥	陳與義入太學。	五月，高宗生。 趙令時卒，年五七。	與義晚年以文字受知於高宗。

1107		楊時知餘姚。程頤卒，年七五。及葬，洛人畏入黨籍，無敢送葬者，唯門人尹焞、張繹、范棫、孟厚四人助理其葬。米芾卒，年五七。	尹張二人受伊川易傳之傳。
徽宗大觀二年 戊子 1108		葉夢得遷翰林學士，極論士大夫朋黨之弊。張繹卒，年三八。蘇棫之禁諸子百家。	
大觀三年 己丑 1109	洪朋卒，年三八。王直方卒，年四一。與義在太學，學詩於崔鷗。	楊時錄南都所聞。賀鑄以承議郎致仕，卜居蘇州、常州。李廌卒，年五一。	徐度卻掃編，卷中：陳參政去非，少學詩於崔鶠德符，嘗請問作詩之要，崔曰：凡作詩，工拙所未論，大要忌俗而已，天下書雖不可不讀，然慎不可有意於用事。
大觀四年 庚寅 1110		晁補之無咎卒，年五八。	
政和元年 辛卯 1111		呂惠卿吉甫卒，年八十。	建設畫學，用太學法補試四方畫工，以古人詩句命題（宋初已有翰林圖畫院）。
政和二年 壬辰 1112		王十朋生。蘇轍卒，年七四。李綱成進士，楊時知蕭山。羅從彥來受學。	惠洪坐交張郭配崖州，赦還，又以張懷素黨繫獄。

政和三年 癸巳 1113	與義以上舍甲科，授開德府教授，編詩始於本年。王彥輔以二王爲底本，撰增註杜工部詩四六卷。	陸佃子宰上佃所著禮記新義。詔求道教仙經於天下。王重陽創全眞教。	案：文獻通考卷百八一引宋中興藝文志云，宣和末所上，非是，玉海卷三九，謂佃撰新義於本年，亦非。與義在開德，與相來往者有呂欽問、劉長言、謝文驥等，欽問卽呂本中之再從叔。
政和四年 甲午 1114	政和中王雲得陳師道門人魏衍親授本后山詩集，編次有序，歲月可考。	楊時撰中庸義序、慶湖遺老集序。張耒卒，年六一。沈晦編校柳河東集。六月黃潛善奏禁元祐學術。林光朝生。	案：柳宗元集，五代以來，散佚殆盡，經穆修多年訪求，晚年始獲唐寫舊本，參讀編校，於天聖元年寫成後序，爲宋代柳集之祖本。沈本卽以穆修四五卷本爲主，而以諸本所錄爲外集，重新補正，號四明新本。
政和五年 乙未 1115	呂本中調興仁濟陰簿。	葉夢得起知蔡州。李燾生。	晁說之作中庸傳，改正錯簡。
政和六年 丙申 1116	與義解任歸洛陽。吳沆生。	李侗從學於羅從彥。	
政和七年 丁酉 1117	與義春末入汴京，送張元幹歸閩。	洪邁生。	
重和元年 戊戌 1118		韓元吉無咎生。黃伯思卒。	案：黃伯思校定杜工部集二二卷，改王洙以來古近體分編之法，一以編年爲主，李綱序謂用東坡之說，是也，書不知編於何年，

			，序曰伯思歿十七年始見稿於其家，則編定當猶在前，繫之於此。
宣和元年 己亥 1119	與義爲辟雍錄。	暘時召爲秘書郎。 胡安國提舉江南東路學事。 王楚集三代秦漢彝器，繪其形范。辨其款識，爲宣和博古圖。 金完顏尹希作女眞文字成。	十月，天下禁誦蘇軾文，其尺牘在人間者，皆毀去。強行父在京錄唐庚談藝語爲唐子西語錄，次年春成，其書則成於紹興八年。
宣和二年 庚子 1120		六月，蔡京致仕。 十月，方臘反。 秦九韶作九章算術。	宣和書譜、畫譜成。 本年十一月，有奏，請禁明教，蓋宋代禁佛道以外諸異教，以徽宗時爲最甚也。方臘之反，明教頗扇異之。
宣和三年 辛丑 1121	與義在汝州，丁母艱。 吳可藏海詩話撰於此數年間。	張商英卒，年七九。 彭汝方卒，年六六。 四月，平方臘。 童貫承詔罷蘇杭應奉局及花石綱。	計有功成進士，有功撰有唐詩紀事。 與義在汝州，時與僧覺心往來，屢有贈答。陳恬曾稱覺心云：「虛靜師所造者道也，放乎詩，遊戲乎畫，所謂風行水上自成文理者也。」與義師崔鶠亦與之善。
宣和四年 壬寅 1122	與義除服歸洛，葛勝仲以與義所賦墨梅詩繳進，即除太學博士。	胡寅撰上蔡論語解後序。 萬歲山成，更名艮嶽。 王師愈生。	案：與義爲太學博士時，專用程氏之學。 王銍自序所作四六話二卷。
宣和五年 癸卯 1123	徽宗命與義召對，有見晚之嘆，除秘書省著作郎。	洪邁生。 游酢卒，年七一。 阮閱編詩總十卷成。	詔舉人傳習元祐學術者以違制論。蔡條西淸詩話以多用蘇黃之說，被劾。受勒停處分。

宣和六年 甲辰 1124	呂本中除樞密院編修。十二月，蔡京復相，與義坐王黼黨，謫監陳留酒稅。陳呂同朝，始於本年，相識亦始於本年。	樊汝霖成進士。詔有收藏習用蘇黃之文者，並令禁毀，犯者以大不恭論。方深道成進士。黃徹成進士。	樊有韓集譜注四五卷、韓文公志五卷，為宋人註韓之最早者，其譜則與洪興祖韓文公年譜、方崧卿增考、程俱韓文公歷官記等，皆由呂大防韓文公年譜衍出。方深道有諸家老杜詩評五卷。
宣和七年 乙巳 1125	陸游生。	賀鑄卒，年七四。黃裳除端明殿學士。	陸游父宰，與向子諲、洪駒父有交遊。
欽宗靖康元年 丙午 1126	呂本中遷職方員外郎，以不答梁師成，大著名。與義正月喪父，南下，二月至鄧州，始以簡齋名其居室。崔鷗卒，年六九。	正月，金人渡河攻汴，二月，議和，金退兵，八月，復入侵，閏十一月，汴京淪陷。周必大生。范成大生。蔡京卒。	后村詩話續集之二：薛能云：詩深不敢論，鄭谷云：暮年詩力在，新句更幽微。詩至於深微，極玄妙矣，然二子皆不能踐此言，唐人唯韋柳，本朝唯崔德符、陳簡齋能之。葉夢得石林詩話作於本年以前。
南宋 高宗建炎元年 丁未 1127	與義居鄧州。楊萬里生。	尤袤生。王明清生。楊時擢為工部侍郎。汪藻遷中書舍人。	據周必大題二老圖詩序云誠齋生於丁未。宋史本傳云楊氏卒於開禧二年，年八三，誤。
建炎二年 戊申 1128	與義入岳州。許顗撰許彥周詩話。江端友請下湖州取崔子方所著春秋傳。	胡銓成進士。宗澤卒，年七十。葉夢得為翰林學士。惠洪卒。	許彥周詩話，為宋人自述詩話撰書宗旨之始，又，許自言嘗與惠洪論詩，而李端叔高秀實皆其父執，故其論詩宗旨頗近江西一脈。
建炎三年 己酉 1129	與義九月離岳州南下，經潭州至衡州。	晁說之以道卒，年七一。向子諲與胡安國相遇於熊湘之西。	晁晚歲精研道學，作太極傳六卷，與義本年詩亦多悲壯遙深之作。

		三月，劉正彥兵變，秋冬間金兵渡江，高宗航海避難。黃裳卒，年八七。	
建炎四年 庚戌 1130	呂本中居賀州，與義亦來，相與酬唱。與義正月西至邵州，赴武岡。	朱熹生。呂師愈少韓生。均產之亂起。	宋代名師愈師韓者甚多。摩尼敎徒金中相倡貴賤相等、貧富均一，爲岳飛所平，歷時五年，是爲均產之亂。
紹興元年 辛亥 1131	林之奇從呂本中遊。陳與義至行在，遷中書舍人，兼掌內制。陸游七歲，已能賦詩。	李光奏疏，極論朋黨之害。七月詔贈程頤直龍圖閣。趙子晝請續編紹興太常因革禮。明年成八六篇廿七卷。鄭卬編杜甫詩。陸榮望刪校薛能許昌集。	本年以後，與義名位漸隆，而作詩反少，明年壬子至卒年戊午，七年僅得詩四十餘首。鄭卬有杜詩音義，現存一序，集註杜詩姓氏云：長樂鄭氏著釋文。或卽音義也，卬字尙明。
紹興二年 壬子 1132	徐俯成進士。	邵伯溫編聞見錄。張孝祥生。陸九齡生。	
紹興三年 癸丑 1133	徐俯成春秋解義。陸游隨親返故鄉山陰。呂居仁作江西詩社宗派圖。張元幹卒，年七七。	常同召還，論朋黨之禍。張栻生。	案：能改齋漫錄卷十：「居仁自嶺外寄居臨川，乃紹興癸丑之夏，因取近世以詩知名者，二十五人，謂皆本於山谷，圖爲江西詩派」。時呂居仁五十歲。
紹興四年 甲寅 1134	徐俯兼權參知政事，與趙鼎不合，出知信州。陸游入鄉校，從韓有功及從父彥遠學。與義在吏部侍郎任，上疏言元祐黨籍及元符上書人姓名事。	胡安國春秋傳成。鄧名世上春秋四譜六卷，辨論譜說十篇，古今姓氏書辨證四十卷。文安禮作柳文年譜成。李燾兩漢鑑成。邵伯溫卒，年七八。	李燾時年二十。

	江端友卒。	薛季宣士龍生。楊萬里作邵州希廉堂記。	
紹興五年 乙卯 1135	韓駒卒。多，與義初見張戒所爲詩，曰奇語甚多，只欠建安六朝詩耳。	楊時卒，年八三。羅從彥卒，年六四。	
紹興六年 丙辰 1136	呂本中召赴行在，特賜進士出身，擢起居舍人，兼權中書省。陸游以蔭補登仕郎。與義拜翰林學士，知制誥。	陳公輔乞禁程學，詔士大夫之學宜以孔孟爲師，從之。趙鼎上重修神宗實錄二百卷。	崇寧以來，禁錮元祐學術，帝渡江，復遵尚程頤之學，本年復召尹焞，公輔之議，蓋有所指。
紹興七年 丁巳 1137	呂本中上奏論政務，以求人才、恤民隱爲先，陳與義參知政事。陸游喜讀陶詩。	樓鑰生。呂祖謙生。陳傅良生。朱熹八歲就傅。岳飛入朝，頗自矜大，與義面折之。	本年胡安國上疏諫禁程頤學術事，陳公輔與周秘等交章論安國學術頗僻，安國遂辭召命。
紹興八年 戊午 1138	與義卒，年四九。詔呂本中侍講左氏傳。	葉夢得知建康府。胡安國卒，年六五。汪藻上所修書，凡六百六十五卷。尹焞爲論語解書成。陳巖肖中詞科。	案：汪藻詩學出於徐俯。唐子西文錄成。
紹興九年 己未 1139	陸游十五，爲學頗慕呂本中。	陸九淵生。	
紹興十年 庚申	陸游赴臨安應試。徐俯卒。	辛棄疾生。趙汝愚生。	朱弁序風月堂詩話，其書遺留於金，至度宗時始傳至江南。

1140	楊萬里初從高守道受業。	李綱卒，年五六。汪藻爲吳園先生春秋指南序。	
紹興十一年 辛酉 1141	陸游年十七，從鮑季和學，塾設雲門山中，喜讀王維詩。	董琦從鄉先生程韓溪受春秋學。楊簡生。胡宏皇王大紀成。	楊時與秦丞相書：「近世名儒，自安定而下，如歐公輩，無不學春秋者」（文集卷二二）。
紹興十二年 壬戌 1142	陸游讀王維詩甚熟，始從曾幾遊，致力學詩。周葵在吳興，取與義詩釐爲一卷，刻之郡庠，葛勝仲序。	李燾始撰續資治通鑑長編。蔡元定八歲，已能詩。尹焞卒，年七二。洪邁始作夷堅志。	周紫芝竹坡詩話疑成於本年以前。周氏生於元豐四年，猶及見張文潛，李端叔，晁以道，曾吉父，韓子蒼諸人，又與崔德符，強幼安，關子東等人相稔，熟知蘇黃緒論。
紹興十三年 癸亥 1143	楊萬里師王庭珪，年十七。陸游至臨安應試，始志勵於經學。趙蕃生。	陳亮同甫生。朱松卒。畢良史獻春秋正辭二十卷。洪邁上國史列傳百三五卷。五月停給僧牒。	據楊萬里集卷八三，杉溪集後序，時崇姦黜正，目歐陽修、蘇黃之學爲僻學，禁士人讀之，書肆畏罪，至毁其板。
紹興十四年 甲子 1144	陸游春落第，夏秋間娶唐氏女，又作司馬溫公布被銘。	高宗作宣聖贊，七十二賢贊。四月初，禁野史，十月何若乞申戒師儒之官，黜程頤張載之學，自是又設專門之禁者十餘年，至秦檜死乃已，薛尚功鐘鼎款識法帖二十卷成。	禁野史，多得罪者，李光、李燾皆竄。
紹興十五年 乙丑 1145	六月，呂本中卒，年六二，朱敦儒爲浙東提刑，陸游始受知於朱氏，又好與僧遊。		

紹興十六年 丙寅 1146		黃裳生。吳沆進羣經正論四卷，三墳訓義三卷。	
紹興十七年 丁卯 1147	陸游續娶王氏。劉子翬卒，年四七。	陸九淵九歲，屬文已能自達。朱熹舉建州鄉貢。李燾丁父憂。黃伯思東觀餘論成。	
紹興十八年 戊辰 1148	陸游自剡中入遊天臺。胡仔苕溪漁隱叢話前集成。	朱熹成進士，授泉州同安主簿。朱弁卒。葉夢得卒，年七二。尤袤成進士。竄胡銓於海南。邱處機生。	胡仔叢話以子美爲宗。
紹興十九年 己巳 1149		鄭樵爲經旨、禮樂、文字、天文、地理之書奏上。	
紹興二十年 庚午 1150	曾季貍艇齋詩話作於本年前後。黃罃生。	葉適生。三月，李光坐私史譏謗，詔遇赦，子孟堅，竄峽州，十月，右廸功郎安誠，坐文字訕謗，貶惠州編管。	
紹興二十一年 辛未 1151	曾幾僑寓於上饒茶山寺。周必大成進士。程大昌成進士。	王楙生。李燾重刻周易古經。晁公武撰郡齋讀書志。	宋刻大藏經，自太祖開寶四年（九七一）至本年，共刻印三次，近萬八千卷。
紹興二十二年		三月，向子諲卒，年六八。	

壬申 1152			
紹興二三年 癸酉 1153	陸游赴鎖廳試，考官陳之茂擢為第一，觸秦檜怒，幾得禍。楊萬里與曾震始定交。張鎡生。	薛季宣成春秋經解指要十四卷。朱熹至同安，夏始見李侗於延平。李光被告與胡銓詩賦唱和，譏訕朝政，移昌化軍。辛棄疾中鄉薦。項安世生。	魯訔編次杜詩十八卷，王十朋集注編年詩史三二卷，即以此書為底本。楊萬里跋張鎡約齋詩稿曰：「孤芳后山種，一瓣放翁香」，則鎡之為江西，可以確定。
紹興二四年 甲戌 1154	陸游試禮部第一，以論觸秦檜怒，遂黜之，返里，居雲門寺。楊萬里成進士，為贛州司戶。汪藻卒，年七六。	洪邁編詩為野處類稿二卷。敖陶孫生。吳棫卒。劉過生。	
紹興二五年 乙亥 1155	曾幾以左朝請大夫為浙東提刑。任淵注山谷詩內集成。	洪興祖卒，年六六。秦檜卒。	
紹興二六年 丙子 1156	七月，曾幾改知臺州。	胡寅卒，年五九。張敦頤韓柳音釋二卷成。	
紹興二七年 丁丑 1157		王十朋舉進士第一。劉彌正生。	陳善自序捫蝨新話。
紹興二八年 戊寅 1158	三月，秘書少監曾幾等上神宗寶訓一百卷。七月，幾權禮部侍郎。		黃徹䂬溪詩話當成於本年以前。

紹興二九年 己卯 1159	陸游曾航海，望見琉求。	陳亮讀書於龍窟臥龍山中。三月，朱熹校定謝良佐上蔡語錄，削去五十餘章。洪邁兼國史院編修。李壁生。趙秉文生。	
紹興三十年 庚辰 1160	周必大、程大昌並爲秘書省正字。	朱熹始受學於李侗。童宗說編鄭谷雲臺集，序云村塾中往往以鄭詩爲兒童發蒙之具。	陸游本年始與周必大定交。程大昌帥江西時，以謝邁之孫源所刻江西宗派圖石本，彙刻於學官。
紹興三十一年 辛巳 1161	四月，陸游以文投執政，有云：「夫文章，小技耳；然與至道同一關捩，唯天下有道者，乃能盡文章之妙。」此即江西之所見也。夏，罷職返山陰，從曾幾遊。先是，王十朋除大宗正丞，將往會稽，陸游爲大理司直，嘗賦詩送之。	陳亮著酌古論，遇周葵，葵教以中庸大學之旨。鄭樵上通志。五月，金主亮使人來求漢淮之地，始聞靖康帝之哀。金主亮嘗隱畫工於奉使中，圖臨安湖山以歸，爲屛，而圖己之象，策馬於吳山絕頂，題句云：立馬吳山第一峯。	本年以前楊萬里詩學江西諸君子。
紹興三十二年 壬午 1162	陸游以史浩薦，賜進士出身。楊萬里少作千餘篇，至此皆焚之。	陸九淵以周禮舉鄉試。陳亮與呂祖謙同試漕臺。正月，辛棄疾奉耿京命，奉表南歸。十八日至建康，召見，授右承務郎。薛季宣作武昌土俗編序。朱熹應詔上封事，議復仇。陸九淵丁父憂。鄭樵卒。徐璣生。嚴有翼作柳文切正成。	楊萬里自序江湖集云：「余少作有詩千餘篇，至紹興壬午，皆焚之。」今江湖集所存者，皆學山谷半山及唐人者。胡宏卒，年五七。

孝宗隆興元年 癸未 1163		陳傅良見薛季宣於梅潭、又授徒永嘉，從者數百人。 呂祖謙成進士，中博學宏詞科。 陳亮在周葵幕下，得交一時豪傑。 朱熹撰論語要義，論語訓蒙口義。十月，召對垂拱殿，力言非戰無以復仇。十二月，除武學博士。 李燾在榮州，奏進續通鑑長編十七卷。 洪邁始撰容齋隨筆。	朱子本年與張栻初會於臨安。
隆興二年 甲申 1164		朱熹編困學恐聞成。 辛棄疾簽判江陰任滿，去職。 張浚卒，年六三。 葛立方韻語陽秋二十卷成。	葛氏成書之年，據葛氏自序。
乾道元年 乙酉 1165	陸游改通判隆興事。	辛棄疾上美芹十論。 洪适爲相，復主和，朱熹與議不合，請祠歸。正月，召陳俊卿入對，帝勞撫之，因極論朋黨之弊。 葛立方作韻語陽秋序，卒。	二月，陸游集與韓元吉唱和詩，爲京口唱和集。
乾道二年 丙戌 1166	陸游卜居鏡湖之三山。 曾幾卒，年八三。	洪适罷，著隸釋廿七卷。 張行成進周易通變四十卷。 朱熹與張栻二書，論中和。 十二月，洪邁序夷堅乙志二十卷。	陸游居隆興府任，藏道書二千卷，又入豫章西山，得司馬子微餌松菊法，曾幾有詩贈之，詩人玉屑卷十九云：放翁詩本於茶山，茶山之學，亦出於韓子蒼，三家

		王明清為揮麈前錄。朱熹作雜學辨，辨蘇氏易解、蘇黃門老子解、張無垢中庸解、呂氏大學解。張燾卒，年七五。李心傳生。張栻撰潭川重修嶽麓書院記。	句律大概相似。游撰曾文清公墓志銘亦云：公源委實自程氏，治經學道之餘，發為文章，詩以杜甫、黃庭堅為宗，初與徐俯、韓駒、呂本中游。洪适嘗有「好事近，席上用景斐詠黃海棠韻」「望江南，再作」等，以詞論詩，為宋人論詩詩之變貌。
乾道三年 丁亥 1167	陸游自名書室曰可齋。戴復古生。胡仔苕溪漁隱叢話後集成。	葉顒卒，年六八。李燾上四朝國史帝紀。潘緯作柳文音義。呂祖謙講學於明招山中，陳亮、張栻常與之相往還，互究所學。	
乾道四年 戊子 1168	陸游為放翁家訓成。	朱熹編程氏遺書成，並立社倉法於建州。陳亮首貢於鄉。洪适刻隸續十卷。李燾上長編百八卷。陳傅良師事鄭伯熊、薛季宣，講讀於仙巖僧舍。	呂祖謙九月定規約。陳俊卿序黃徹䂬溪詩話。
乾道五年 己丑 1169		孫覿卒，年八九。張孝祥卒，年三八。張敦頤作柳宗元先生歷官記。朱熹丁內艱，撰太極圖通書後序。楊簡舉進士，在富陽興學養士，文風益振，陸九淵過富陽，楊簡師之。	正月，李燾有奏曰：比年科場所取試文，甚者強綴禪語，充入經義，伏願深詔輔弼，明勅有司，自今試士必取實學切於世用者，苟涉浮虛及妄作禪語，雖其華靡，並皆黜落，見宋會要輯稿選舉四。呂祖謙續訂己丑規約。
乾道六年 庚寅 1170	陸游離山陰赴夔州通制任，成入蜀記六卷，集中存詩，亦自此歲以後始多。	朱熹得雲谷於建陽西北，始號晦庵，年四一。	呂祖謙嗣訂麗澤書院規約。陳騤自序所撰文則二卷。

乾道七年 辛卯 1171	陸游在夔，訪詩人杜甫故居。	胡銓歸廬陵，上所著易、春秋、周禮、禮記解。 陸九淵以易經舉於鄉。 王十朋卒，年六十。 五月，朱熹創社倉於五夫里。	
乾道八年 壬辰 1172	吳沆卒，沆著環溪詩話在其前。	陸九淵、陳傅良成進士。 趙與旹生。 江溥始刻劉敞公是先生弟子記。 四月，朱熹撰通鑑綱目，八朝名臣言行錄。 五月，洪邁重刻夷堅志於贛州。 八月，朱熹作中和舊說序。	朱子中和新舊說，舊說當完成於戊子，新說則起於己丑，前者以爲先察識，後涵養，後者反之。
乾道九年 癸巳 1173	八月，陸游畫岑參象於齋壁，刻其遺詩十八篇。	薛季宣士龍卒，年四十。 四月，朱熹撰太極圖說解，通書解成。 六月，編伊洛淵源錄。 陳亮作伊洛正源書序。 金禁女眞人改漢姓。	
淳熙元年 甲午 1174		朱熹編次古今家祭禮。 吳文炳爲義學，名東塾，以教宗姻子弟。 王若虛生。 劉敞公是先生弟子記再版。 袁樞撰通鑑紀事本末成。 李燾進長編四百十七卷，自治平四年至元符三年。	

淳熙二年 乙未 1175		呂祖謙約陸九齡九淵朱熹等人，會於信州鵝湖寺。陳亮類次文中子成。呂祖謙訪朱熹於寒泉精舍，相與編次近思錄。四月，孝宗至玉津園，謂輔臣曰：朝廷用人，只論其賢否如何，不可有黨，如唐牛李之黨，相攻者四十年，不解，近來士大夫好倡爲清議，恐相師成風，如東漢激成黨錮之禍，卿等宜書諸紳。	陳巖肖庚溪詩話當成於此數年間。其書云當時學山谷者，未得其妙，但使聲韻拗捩、詞語艱澀，以爲江西格。
淳熙三年 丙申 1176	陸游始自號放翁，多與釋道劍客遊，並爲范成大集作序。	六月，張栻跋三家昏喪祭禮。呂祖謙以李燾薦，除秘書省郎兼國史院編修。韓醇注新刋訓詁唐昌黎先生文集五十卷。	陸游跋溫庭筠詩集，云其父及當時蜀中所有溫集，皆無早行詩，歐公所賞鷄聲茅店月，人迹板橋霜者也。
淳熙四年 丁酉 1177	楊萬里爲毘陵守，與龍川丞蕭東夫相遇於上饒。	范成大爲洪适刻隸續四卷於蜀，洪适跋歧陽石鼓文。正月，陸九淵丁母憂。六月，朱熹周易本義成。朱熹作論孟集注或問，詩集傳，呂祖謙始編次宋文鑑。仲多，韓醇新刋訓詁唐柳先生文集成。	晁公武欲捐別墅以舍放翁，會召還不果。公武、冲之子、與放翁爲中表親。紹興三十二年至今，楊萬里詩學后山半山及唐人。
淳熙五年 戊戌 1178		葉適成進士。眞德秀生。魏了翁生。李燾成說文解字五音譜十二卷。	林光朝卒、年六五。

		正月，謝廓然乞戒有司勿以程頤王安石之說取士，從之。	
淳熙六年 己亥 1179	呂午生	朱熹赴南康任，重建白鹿書院，呂祖謙爲作記。陸九齡自撫州至信州，訪朱熹於鉛山觀音寺。呂祖謙編聖宋文海成，奏御賜名文鑑。	朱子訂白鹿洞書院學規。呂午與方回父琢同受業於舒璘，嘗令方回讀張耒詩，自作曰竹坡類稿，佚。
淳熙七年 庚子 1180	陸游集漢隸十四卷，趙蕃始於是時以詩投陸，遂與爲友。	胡銓卒，年七九。張栻卒，年四八。陸九齡卒，年四九。敖陶孫舉鄉薦第一。洪邁容齋隨筆成。正月，呂祖謙撰大事記成，起春秋後，迄於五代。八月，辛棄疾創飛虎軍於湖南。	趙蕃字昌父，號章泉，受知於楊萬里、范成大、周必大，問學於朱熹，劉克莊謂近時詩人，唯趙章泉五言有陶阮意。有門人阮秀實，與方回善。
淳熙八年 辛丑 1181	郭知達編杜工部詩集注卅六卷，一名九家集注杜詩。	呂祖謙卒，年四五。辛棄疾自號稼軒居士。二月，陸九淵訪朱熹於南康，登白鹿書院講席。呂凝之上易書四十卷。十二月，下朱熹社倉法於諸路。	李燾在遂寧，遇虞仲房，仲房能爲古文奇字，凡江浙偏旁及金石刻，多出仲房筆，遂與商榷五音譜。呂祖謙自序周易古經。程大昌自序考古編。
淳熙九年 壬寅 1182	陸游奉祠居家。	朱熹致書陳亮，備言交遊之樂，並約陳亮與陳傅良往官舍一晤。包恢生。	

淳熙十年 癸卯 1183		李燾薦尤袤、劉清之等十人爲史官。三月，李燾上長編全書，自建隆迄靖康，凡九百八十卷，擧要六八卷。林栗著經傳集解三十卷。六月，陳賈請禁道學，由是道學之名，貽禍於世。	
淳熙十一年 甲辰 1184	程大昌刻江西詩社宗派詩，於江西學舍，楊萬里爲序。	陸九淵編朱熹奏立社倉事。朱熹自浙東返，始辨浙學之非，與陳亮辨王霸義利，秋，陳亮訪朱熹於武夷精舍中。洪适卒，年六八。李燾卒，年七十。洪邁序班馬字類書於金華松齋。熊克上九朝通略。朱熹，編張南軒文集四四卷，又作資治通鑑擧要曆後序。高似孫成進士。	
淳熙十二年 乙巳 1185		朱熹辨陸學之非，又辨陳學之非。二月，禁胡服。六月，洪邁兼修國史。	
淳熙十三年 丙午 1186	六月，楊萬里自序南海詩集。陸游起知嚴州，過闕陛辭，與楊萬里尤袤、張鎡等爲文酒之會。	朱熹易學啓蒙，孝經刊誤成。范成大、范村菊譜成。八月，洪邁請修九朝正史。	湯岩起詩海遺珠九卷成，此書專與胡仔立異，且不錄元祐諸人詩，猶持黨禁見解也。

淳熙十四年 丁未 1187	陸游刻劍南詩稿廿卷成。陸九淵答江西程帥叔達惠新刊江西詩派劄子。劉克莊生。	韓元吉卒，年七十。金禁女眞人學南人衣飾。	陸游本年復與趙蕃來往。劉克莊爲道學世家，祖父夙，父彌正，皆出閩儒林光朝門下。南渡後，金人高價購求南方書刊。
淳熙十五年 戊申 1188	楊萬里出守高安，又自序江湖集。	陸九淵改應天山爲象山，學生結廬而居，又與朱熹辨太極，又作荆國王文公祠堂記。辛棄疾與陳亮至鵝湖同憩，棄疾門人范開輯稼軒詞甲集成，又自爲序。	林栗與朱熹論易西銘不合，遂攻道學，葉適上疏辨之。
淳熙十六年 己酉 1189	陸游錄舊作長短句，自爲序。楊萬里自序江西道院集，光宗卽位，召爲秘書監。	朱熹序大學中庸章句。方崧卿韓集擧正刋於南安。	中庸章句，有道統說。宋人校勘韓集，初以穆修歐陽修爲著，方氏參考各本，重爲校訂，其後朱熹卽據此以作考異。
光宗紹熙元年 庚戌 1190	陸游居山陰。胡穉箋注簡齋集成。	元好問生。十月，朱熹刋四經四子書於漳州。十一月，洪邁刻唐人絕句百卷於蓬萊閣。	方回送紫陽王山人長俊如武陵詩：「乾淳以後學無師，嘉紹厭厭士氣衰，何等淫詞南嶽稿，不祥妖讖晚唐詩」可以見晚宋文風。
紹熙二年 辛亥 1191		朱熹與陳傅良論學。辛棄疾起爲福建提點刑獄。	
紹熙三年 壬子 1192	楊萬里自序江東集。陸游名所居室爲老學庵。胡注簡齋集刻成。	魏了翁年十五，著韓愈論。陸九淵卒，年五四。	

紹熙四年 癸丑 1193	春，劉過訪陸游。	陳亮擧進士第一。范成大卒，年六八。辛棄疾應召赴任，訪朱熹於建隆，晤陳亮於浙東。洪邁夷堅壬志成二十卷。	岳珂桯史卷二：「廬陵劉改之，以詩名江西」。楊萬里因李孟達，序其八世祖推官「披沙集」，自云：好唐人之詩，博覽數百家；又云孟達亦能詩，殊有推官公句法。
紹熙五年 甲寅 1194	楊萬里作范石湖文集序。	尤袤卒，年六八。陳亮卒，年五二。楊簡爲國子博士，並撰象山行狀。王明清撰揮麈後錄。徐夢莘成三朝北盟會編二百五十卷。黃裳卒，年四九。	
寧宗慶元元年 乙卯 1195	程大昌卒，年七三。	朱熹草疏萬言，以自筮得遯之家人。取奏稿焚之，更號遯翁。李壁除著作佐郎。六月，劉德秀請考核道學眞僞。	宋史紀事本末云在二年，十二月，得遯之同人，誤。程大昌亦陸游之詩友，宋詩紀事卷五十，有程次韻陸務觀海棠詩。
慶元二年 丙辰 1196	陸游序呂居仁集。	太常少卿胡紘請勿用僞學之黨，葉翥之將語錄之類盡行除毀，故是科取士，稍涉義理者皆黜落，是六經語孟中庸大學諸書爲世大禁，八月中，嚴道學之禁，汪義端引李林甫故事，以僞學之黨皆名士，欲盡除之，十二月，沈繼祖又論熹以喫菜事魔之妖術，鼓簧後進。	洪邁容齋三筆成。

		元好問七歲，能詩。趙汝愚卒，年五七。	
慶元三年 丁巳 1197		朱熹韓文考異成。十二月，以王沇奏，詔省籍僞學姓名，共五九人，周必大、朱熹、陳傅良、樓鑰、葉適、楊簡等皆在其中。	王柏生。
慶元四年 戊午 1198	陸游奉祠歲滿，不復請。	蔡元定卒，年六四。五月，以張釜等請，下詔申僞學之禁。	周必大二老堂詩話必成於本年以後。
慶元五年 己未 1199	黃汝嘉校刋江西詩社宗派詩。春，陸游作沈圖詩二絕，夏以中大夫致仕，製道衣道帽。	眞德秀、魏了翁、敖陶孫成進士。三月，朱熹、楚辭集注後語辯證成。	方岳生。
慶元六年 庚申 1200		僞學禁方嚴。朱熹卒，年七一，陸游辛棄疾各爲文祭之。魏仲舉刋新刋五百家注音辨昌黎先生文集唐柳先生文集。	冬，陸游有寄趙昌甫並簡徐斯遠詩，二人皆江湖詩人也。游本年又有唐盧肇集跋。
嘉泰元年 辛酉 1201	陸游得詩已萬首。	春，施康年劾周必大首倡僞學，私植黨羽。	春，陸游有追感往事詩其三曰：「文章光焰伏不起，甚者自謂宗晚唐，歐曾不生二蘇死，我欲痛哭天茫茫」。三月，又有朝飢示子聿詩：「外物不移方是學，俗人猶愛未爲詩」。劉克莊與孫季蕃、趙紫芝、翁卷

			趙仲白、敖器之等人交遊，當始於此數年間。
嘉泰二年 壬戌 1202	正月，陸游爲施元之所注東坡詩作序，夏，作贈曾溫伯邢德允詩，述受教於曾幾事。	洪邁卒，年八十。二月，禁行私史，同月，弛僞學之禁。趙汝愚朱熹先後追復，繼復周必大少傅。	溫伯名黯，幾曾孫也，其世系爲：曾幾——曾逢——曾槃——曾黯。張孝伯謂韓侂胄：「不弛黨禁，恐後不免報復之禍」故有弛禁之令。
嘉泰三年 癸亥 1203	楊萬里爲江西續派、二曾詩集序。正月，陸游爲友人李兼所輯梅堯臣集作序，又作春社日效宛陵先生體四首。	元好問受業於郝天挺。李壁編國朝中興諸臣奏議四百五十卷。陸游除寶謨、閣待制、舉曾黯自代，四月，又爲韓侂胄作閱古泉南園記，見譏清議。夏，辛棄疾起知紹興府，兼浙東安撫使。蔡夢弼草堂詩箋自跋於本年。	見誠齋集卷八三。直齋書錄解題卷十七：「聖俞爲詩古淡深遠，有盛名於一時，近世少有喜者，或加訾毀，唯陸務觀重之，此可爲知者道也。自世競宗江西，已看不入眼，況晚唐卑格方錮之時乎？杜少陵猶有竊議妄論者，其於宛陵何有？」陸游本年有連陰欲雪排悶，乃吳體。姜白石跋所得禊帖，云二十餘年習蘭亭皆無入處，今夕燈下觀之頗有所悟。
嘉泰四年 甲子 1204	蔡夢弼以魯峕本，會箋成杜工部草堂詩箋五十卷，外集一卷。	周必大卒，年七九。楊萬里撰易外傳後序，周易宏綱序。	
開禧元年 乙丑 1205		陸持之編次象山遺文，楊簡爲序。孫奕履齋示兒編自序。	示兒編卷九卷十，螢雪叢書輯爲履齋詩話一卷。
開禧二年 丙寅 1206	楊萬里卒，年八十。陸游子遹編劍南詩續稿四八卷。	陸游爲曾幾奏議稿跋。劉過卒，年五三。	瀛奎律髓云慶元嘉定以來，乃有詩人爲謁客者，龍州劉過改之之

	趙彥衛以舊刊擁爐閑紀十卷補五卷，合刊改名雲麓漫鈔。	何汶編竹莊詩話成。	徒不一人，石屏亦其一也，相率成風，至不務舉業事，干求一二要路之書爲介，謂之濶匾，副以詩篇，動輒獲以數千以至萬緡，錢塘湖山，此曹什伯爲羣，阮梅峯秀實、林可山洪係花翁季蕃、高菊磵九萬，往往雌黃士大夫，口睰可畏，至於望門倒屣，足見此數年間爲江湖詩人最盛期。
開禧三年 丁卯 1207		辛棄疾卒，年六八。	
嘉定元年 戊辰 1208	二月，陸游作曾裘父詩集序曰：「安時處順，超然事外，發爲文辭，沖淡閑遠，讀之者遺聲律、冥得喪，如見東郭順子，悠然意消，豈不又難哉？」蓋其晚年定論。史容注山谷詩外集成。	楊簡遷著作佐郎，眞德秀從之遊。項安世卒，年五六。史彌遠以母憂去位。	趙甌北詩話卷六：「陸晚年則又造平淡，並從前求工見好之意，亦盡消除，所謂詩到無人愛處工者，劉后村謂其皮毛落盡矣，此又詩之一變也」，案此即江西高境，開禧元年所云：「近時江西名家者，例以黨籍禁錮，乃有才名，蓋詩之興本如是」，猶未臻此。
嘉定二年 己巳 1209	十二月陸游卒，年八五。	蔡沈書經集傳成。元好問以秋試留長安。葉適撰龜山楊先生祠堂記。	本年陸有讀許渾詩，持論猶是江西故轍。錢大昕放翁年譜作八六，在次年春。
嘉定三年 庚午 1210	劉克莊爲靖安主簿，入江西倉幕。	改閱古堂帖爲羣玉堂帖。	

嘉定四年 辛未 1211		李琪著春秋王霸列國世紀編三卷。四月，劉爚請開僞學禁。十二月，李道傳乞下除學禁之詔，頒朱熹四子書，定周程邵張五先生從祀，未從。徐照卒，葉適有墓志。黨懷英卒，年七八。	四靈名望不顯，僅水心集中有徐照徐璣墓志，後村集中有挽趙師秀詩。
嘉定五年 壬申 1212	黃榃、子耕卒，年六六。	劉爚乞以朱熹語孟集注列於學官，從之。五月，以李心傳建炎以來繫年要錄一百卷付國史院。八月張季悅編次象山遺文成。	
嘉定六年 癸酉 1213		黃震生。王楙卒，年六三。樓鑰卒，年七七。劉彌正卒，年五七。閏九月，史彌遠等上三祖下世仙源類譜、高宗寶訓、皇帝玉牒、會要。丘眞常刻龍川集於婺州。	
嘉定七年 甲戌 1214		徐璣文淵卒，年五三。元好問避兵南渡河。	
嘉定八年 乙亥 1215	邱壽雋重校刋刻呂本中童蒙詩訓，樓昉跋。	李道傳刻朱子語錄於池州。	童蒙訓初刻於長沙，又刋於龍溪，譌舛頗甚。劉昌詩自跋蒲蘆筆記。

嘉定九年 丙子 1216		黃鶴補注千家注杜工部詩史三六卷成 劉秉忠生。 劉爚卒，年七三。 元好問以忻州被兵，奉母南渡河寓居福昌縣三鄉鎮。	李心傳撰丙子學易編。
嘉定十年 丁丑 1217		元好問在三鄉，以詩文謁趙秉文。	
嘉定十一年 戊寅 1218	元好問作論詩絕句三十首。		元徐明善送黃景章序云：「中州士大夫文章翰墨頗宗蘇黃」，遺山論詩，即以蘇黃正統自居。
嘉定十二年 己卯 1219	劉克莊詩斷自本年，南嶽稿下其子注曰：公少作幾千首，己卯自江上奉祠歸，發故篋盡焚，僅存百首，是爲南嶽舊稿。	黃榦修喪禮十五卷成。	宋詩抄云克莊詩得法江西，而能瘦能淡，能不拘對，又能變化而活動，自爲一宗。克莊題其弟集亦自云詩自放翁入，後則兼取誠齋與東都南渡江西諸老。
嘉定十三年 庚辰 1220		眉州刊朱子語類，魏了翁爲序 包恢成進士。	
嘉定十四年 辛巳 1221		黃榦卒，年七十。 元好問登進士第，座主爲趙秉文。 黃桂知南康軍，置西源莊，以爲白鹿洞學田。	
嘉定十五年 壬午		李壁卒，年六四。 王若虛撰揚子法言微旨序。	高似孫選詩句圖一卷成。

1222			
嘉定十六年 癸未 1223		郝經生 王應麟生 葉適卒，年七四。 趙秉文編所爲文爲閑閑老人滏水文集二十卷。 高似孫硯箋四卷成。 日僧道元來朝，始傳製陶之術。	
嘉定十七年 甲申 1224		李心傳取程頤入經筵後百四十年間道學興廢之故，萃爲道命錄。	計有功唐詩紀事始刻於懷安郡齋
理宗寶慶元年 乙酉 1225		寧宗崩，史彌遠廢皇子竑爲濟王，出居湖州，立皇姪貴和，是爲理宗，改元寶慶。 元好問權金國史編修，旋告歸嵩山，作杜詩學。	
寶慶二年 丙戌 1226		湖州潘丙作亂，牽及濟王，史彌遠命醫酖之，輿論譁然，魏了翁、洪咨夔等皆鳴竑之冤，詩人以詩譏刺者尤多，御史梁成大、李知孝等附史，取劉克莊敖陶孫詩箋釋以上，遂興江湖集獄，劈江湖集板。 謝枋得生。 楊簡卒，年八六。 吳子良成進士。 衛湜自序禮記集說。	江湖集案，與晚宋相終始，爲政治一大關鍵。竑卒，詔貶爲巴陵郡公，周密齊東野語中載有巴陵本末，記前後朝議甚詳。 楊簡卒年，據宋元學案卷七四。 吳子良撰有荊溪林下偶談四卷，吳爲葉適弟子，而書中收錄適所作王木叔詩序、劉潛夫詩卷跋等，皆有不取晚唐之說。

寶慶三年 丁亥 1227	五月十一日方回生	敖陶孫卒，年七四。成吉思汗卒。	
紹定元年 戊子 1228	嚴羽滄浪詩話當成於本年左右	趙與旹卒，年五七。	戴復古祝二嚴詩蓋成於本年。
紹定二年 己丑 1229	李埻重鋟呂本中童蒙訓。	眞德秀成大學衍義四三卷。趙蕃卒，年八七。	
紹定三年 庚寅 1230		胡三省生。蔡沈卒，年六四。黃仲炎成春秋通說。	戴復古與曾原一結江湖吟社，約在此時。原一著有蒼山曾氏詩評。
紹定四年 辛卯 1231	虛谷學爲詩。劉辰翁生。	李純甫卒，年四七。雷淵卒，年四六。郭守敬生。袁甫持節江西，修明陸九淵之學，建象山書院，侑以楊簡袁爕。	劉氏生年，據姜亮夫綜表。方回從叔父瑑學，瑑取漁隱叢話敎之。
紹定五年 壬辰 1232	山谷孫黃㽦跋史溫注山谷詩別集。	周密生。趙秉文卒，年七四。	
紹定六年 癸巳 1233		朱長文琴史六卷始刊行。趙時庚金漳蘭譜三卷成。史彌遠卒。	

端平元年 甲午 1234		岳珂卒，年五二。理宗親政，徽辟道學，召還眞德秀。魏了翁、洪咨夔、袁甫、李韶、趙汝談等，時號小元祐。	正月，宋與蒙古共滅金。
端平二年 乙未 1235		劉祁自序歸潛志。眞德秀卒，年五八。林希逸成進士。	
端平三年 丙申 1236	方回入徽州州學，從諸葛泰學時文。	李心傳十三朝會要成。文天祥生。三月，元好問遊泰山，旋返冠氏作東坡樂府集選。	方回自云學性理自眞西山讀書記入，學典故自呂東萊大事記入，學五七自張宛丘入，學四六自周益公入。
嘉熙元年 丁酉 1237		陳塤刻象山語錄。魏了翁卒，年六十。八月、金亡、士人多流寓東平。	
嘉熙二年 戊戌 1238		陸秀夫生。李心傳修高孝光寧四朝實錄。宋伯仁梅花喜神譜自序初刻成。十月，元建太極書院於燕京，以趙復爲師，選取俊秀有識者爲道學生，河朔始知道學。	
嘉熙三年 己亥 1239		王應麟隨侍王撝入朝。姚燧生。	王埜刻唐李頻梨嶽集。先是眞德秀得其遺稿百九十五篇，欲以私錢刻梓於廟，未果，至是始刻。姚燧生年據疑年錄彙編卷五。

嘉熙四年 庚子 1240		王應麟試國子監入選。劉壎生。	可燦重刊貫休禪月集。
淳祐元年 辛丑 1241		王應麟成進士，七月，隨父宦遊婺州，從王埜受學，得呂祖謙、眞德秀之學。詔禮部修四朝國史、寧宗實錄。表彰道學，理宗並撰道統贊。	張端義序貴耳集。
淳祐二年 壬寅 1242		史鑄百菊譜成五卷。林景熙生。程珌懷古卒，年七九。	
淳祐三年 癸卯 1243		王若虛卒，年七十。李心傳卒，年七八。王質詩總聞付刊。	
淳祐四年 甲辰 1244	洪勳以鎖廳試進士第。	郝經撰唐宋近體詩選序。戴表元生。耶律楚材卒，年五五。	黃升序魏慶之詩人玉屑二十卷。
淳祐五年 乙巳 1245		史克恭生。李衎生。	
淳祐六年 丙午 1246	八月，劉克莊賜進士出身，爲秘書少卿監，兼國史院編修官、實錄院檢討官。方回從呂午學詩，習張耒體。	史鑄續撰百菊譜第六卷。	桐江續集卷二七贈葉與貴云：「我詩初學張文潛，晚悟后山拜山谷，頗通大道合自然，拙朴有餘巧不足」。

淳祐七年 丁未 1247		郝天挺卒。	
淳祐八年 戊申 1248		高克恭生。嚴粲自序詩緝。	
淳祐九年 己酉 1249		戴表元六歲，已知爲詩。元好問中州集成。董彥明以所藏王若虛文，合若虛子所舊有，彙爲四五卷，刊之。嚴中外上書之禁。謝翺生。吳澄生。	
淳祐十年 庚戌 1250	陳杰登進士。	劉祁卒，年四八。郝經從元好問學。史鑄爲百菊譜補遺。	陳杰號自堂，有自堂存稿，源出江西，而參以石湖劍南，方回受其詩法。
淳祐十一年 辛亥 1251	方回出遊浙右江左，訪詩家求教，並入天目山，謁洪勳，讀王安石集，始字萬里。	李心傳道命錄，刻梓於九江。四月，鄭清之等進淳祐條法事類四三〇篇。	浙右江左，爲蘇黃詩學傳播地，見吳坰五總志，然洪勳所教方回者，乃五七言詩第三第五字爲眼之說。
淳祐十二年 壬子 1252	三月，魏克愚知徽州，方回歸歙，以詩投之，遂入魏幕，讀梅堯臣詩，欲學之。	王應麟差浙西提舉常平茶鹽司，父撝卒。	
寶祐元年 癸丑 1253		金履祥始受業於王柏	寶祐中，梁楷爲畫院待詔

寶祐二年 甲寅 1254	魏克愚改知溫州，刻其父了翁遺稿，曰大全集，令方回監刻。	趙孟頫生。王惲與好問會於西山。	方回至永嘉，遊江心寺，見徐道暉題江心寺詩刋楣間。
寶祐三年 乙卯 1255	呂午卒，年七七。	王應麟爲揚州教授。	
寶祐四年 丙辰 1256		文天祥、謝枋得、陸秀夫、胡三省、黃震、舒岳祥、王應鳳等皆擧進士，考官爲王應麟。胡三省注通鑑，爲廣注九七卷，通論十篇。姚燧始受學於許衡。十一月，王應麟擧博學宏詞。太學生劉黼、陳宜中等上書改丁大全專恣。	虛谷雪中遊湖，歌晁無咎摸魚兒。
寶祐五年 丁巳 1257		元好問卒，年六八，郝經誌其墓。鮮于樞生。	葉茵，合笠澤叢書、松陵集，編成甫里先生文集二十卷，又和其絕句百八十餘首。
寶祐六年 戊午 1258		吳澄始得朱子大全等書讀之，釋志磐始撰佛祖統紀。	林希逸序葉編甫里文集，云陸氏詩似杜拾遺。
開慶元年 己未 1259		陳恩自序海棠譜。	趙子固得姜白石所有盧朝奉本禊帖，自霅歸、舟覆、帖渰濕，不壞，即所謂落水蘭亭也。
景定元年 庚申	呂師夔知池州，虛谷從之任。	許衡應元世祖詔，至京師，授國子祭酒。	

1260		元製蒙古新字，以西僧帕克斯巴爲國師。	
景定二年 辛酉 1261	方回以呂師夔薦，應浙漕試，中舉。	元置翰林國史院，王鶚請修遼金史，從之。	
景定三年 壬戌 1262	方回登進士第，爲別院省元。	張文謙薦郭守敬於元世祖，授提舉諸道河渠。方岳卒，年六四。蒙古修孔子廟。	本年范晞文以對床夜話授馮去非，方岳撰有深雪偶談一卷。包恢上周禮六官辨。
景定四年 癸亥 1263			
景定五年 甲子 1264	方回爲江東提舉司幹官，提領池陽茶鹽。	牟子才、王應麟請罷公田。元世祖命僧子聰復姓劉賜名秉忠。謝枋得考試宣城及建康，摘賈似道政事爲問，極言權姦擅國，國有亡證，謫興國軍。	
度宗咸淳元年 乙丑 1265		蔡正孫自序所撰詩林廣記。	
咸淳二年 丙寅 1266		袁桷生。王惲編文府英華。	
咸淳三年	方回在歙始讀易，極喜魏了翁周	徐直方進易解六卷。	

丁卯 1267	易集義。	謝枋得放歸田里。	
咸淳四年 戊辰 1268	方回爲江淮大司幹辦公室。	郝經成易外傳八卷，太極演二十卷。包恢卒，年八七。	
咸淳五年 己巳 1269	劉克莊卒，年八三。方回由東諸侯藩府，入爲太學博士，與戴表元定交。	黃子久生。魏克愚卒，年五一。釋志磐佛祖統紀五十四卷成。	王柏作大學沿革論及後論。
咸淳六年 庚午 1270	王應麟知歙州事，訪方回，並刊羅願爾雅翼。	林希逸撰后村先生大全集序，襄樊圍急，而賈似道方恣遊樂，詔十日一朝。	王柏訂古中庸。
咸淳七年 辛未 1271	方回爲沿江制幹。	戴表元成進士。郝經作和陶詩百餘首。林景熙以上舍釋褐，授泉州教授。程端禮生。蒙古改國號爲元。	
咸淳八年 壬申 1272		范梈生。虞集生。郝經成讀後漢書。家鉉翁兼權知紹興府，浙東安撫提擧司事。	朱弁風月堂詩話傳入南宋，觀道人跋云得諸永城人朱伯玉家。
咸淳九年 癸酉 1273	方回奉祠歸歙。	王應麟撰周易鄭注成。袁桷從戴表元遊。二月，呂文煥以襄陽援絕降元	

咸淳十年 甲戌 1274	方回爲安吉州通判，友人尤冰寮刻其曾祖尤袤遺詩二十卷，回爲是正訛謬，並作跋。	揭傒斯生。王柏卒，年七八。劉秉忠卒，年五九。	
帝顯（恭帝）德祐元年 乙亥 1275	方回入朝，上書乞誅賈似道，出知建德府。	二月，賈似道與元戰於魯港、大潰，遂罷賈似道，九月，似道卒。戴表元從王應麟遊。郝經卒，年五三。二月，江西提刑文天祥起兵勤王。十一月，以江東提刑謝枋得爲江西招諭使，胡三省從軍江上，軍潰，間道歸里。	
端宗 景炎元年 丙子 1276	方回守嚴州、降元。	二月，元兵入臨安、宋降。胡三省避地浙之新昌，通鑑注因亂散失，亂定復購得他本注之。元造觀象台於北京城，郭守敬製觀象台銅儀。	
景炎二年 丁丑 元世祖至元十四年 1277	方回爲建德路總管兼府尹。	文天祥兵敗於興國。元以西僧嘉木揚喇勒智總攝江南釋教。	
帝 元年至元十五年戊寅		陸秀夫爲左丞相，與張世傑共柄政，十二月，元張宏範襲執文天祥於五坡嶺。	

祥興二年 己卯 1279 至元十六年	方回覲元世祖於上都。	戴表元歸剡源。二月，張世傑與元張宏範戰於厓山，世傑敗，陸秀夫負帝赴海，卒。	
元世祖 至元十七年 庚辰 1280	方回桐江集初編成。	郭守敬書新曆成，拜太史公。王應麟成通鑑地理通釋。黃震卒，年六八。吳鎮生。	吳鎮著有文湖州竹派。
至元十八年 辛巳 1281	方回罷任。	吳澄孝經章句成。王應麟漢制考成。十月，焚毀道書。馬可孛羅入中國。朱震亨生。許衡卒，年七三。	
至元十九年 壬午 1282	方回至歙，建虛谷書院。	十二月，文天祥卒，年四七。	
至元二十年 癸未 1283	十月方回撰瀛奎律髓序。	吳師道生。歐陽玄生。四月，東擊日本。張雨生。	瀛奎律髓，至虛谷歿時，尚未板行，至明成化三年始由龍遵敍刋於新安郡。元徐明善西洲詩集序云：「黃山谷、陳簡齋、曾茶山振微引墜，式克至於今日」可見元代江西遺風仍盛。張雨生年依張光賓所考。

附：釋江西詩社「學詩如參禪」之說，兼論宋代詩學之理論結構

宋朝，是我國詩學理論發展中慮周而體備的時代；這個時代最突出的理論，就是「學詩如參禪」。以禪喻詩，代表了宋代詩學已提昇到形上層次的思考，也顯示了中國文學思想的精神所在。本文卽擬由此線索，勘探宋代詩學的整體理論結構，並點出中國文學（藝術）之精神。

壹、本文研究之觀點與方法

一、研究途徑之再思

參詩之說，始發自蘇軾；而學詩詩則以吳可爲首唱。其本身皆屬以禪論詩的範疇。以禪論詩，自宋以來談者紛紛，通常的理解是：詩人受到禪宗的影響、或詩境等於禪境、詩與禪融合爲一。推而廣之，則一般也常把宋代富有（知性）內省精神的藝術和文化，看成是佛教禪宗或心宗的產物；以爲唐宋的詩和詩學發展，是受了禪宗的影響①。這類流行而美麗的錯誤，似乎是因爲不甚瞭解文學影響的

範疇、性質和功能，也未詳勘兩者內在的流變和義理結構所致。

試擧一例，稍事說明：

我國的書法、繪畫，都有南北宗之分。畫之分南北宗，始於明代，董其昌『畫禪室隨筆』卷二、莫是龍『畫說』十五條及陳眉公『偃曝談餘』卷下等，都曾用禪宗的南能北秀來譬擬王維、李思訓的畫風差異，認爲北質實而南虛曠，但並未直指文人畫的產生卽是受到禪宗影響漬潤而然②。後人則推求過甚，指實王維曾撰「六祖能禪師碑銘」，而其詩畫之閑澹超遠，則是受了禪宗的影響。其尤甚者，乃更以爲詩中之王孟及妙悟神韻一系，亦如禪之南宗，擧漁洋禪髓論詩之語爲證。——這些論者，似乎並未考慮到：王維某些詩，用禪宗義理來解釋，固然超超玄箸；但若用天臺、華嚴、法相，乃至老莊義理來詮表，亦無不可。王維本人更曾擔任八十卷華嚴經的翻譯工作，何以知道他定屬禪宗呢？至於南北宗論詩文，始自『文鏡秘府論』南卷論文意、賈島『二南密旨』，宋吳沆『環溪詩話』更曾把杜甫、韓愈、李白共稱爲一祖二宗，但這些絕對不可以用禪家祖師及南北宗妄加比附，因爲詩文之分「祖」「宗」，本於歷代宗廟制度；而詩風之有南北，又恰好跟禪家南北宗的性質完全相反，與明末以後所說的南宗北宗也不同③。何況，卽使依明末以後南北宗的劃分來看，神韻妙悟亦不當屬禪宗影響，被視爲南宗的王漁洋就曾說：「近世畫家專尚南宗，而置華原、營丘、洪谷、河陽諸大家；是特樂其秀潤，憚其雄奇。余未敢以爲定論也。不思史中遷固、文中韓柳、詩中甫愈、近日之空同大復，不皆北宗乎？中丞（宋牧仲）論畫最推北宋數大家，眞得祭川先河之義，足破聾瞽，余深服之。其詩之工，又無論矣」。若不知神韻妙悟，實出自襞積重重的宋詩，則於此眞無法索解；而誇大扭曲了禪與藝術間的關係，離題恐怕就更遠了④。

「參詩說」的情形與此相似，自北宋詩人創此名詞以來，參詩學詩便常與禪學併論。東坡跋李端叔詩卷所謂：「暫借好詩消永夜，每逢佳處輒參禪」，就是說詩之佳者，應如禪之能耐人細細參悟領會⑤。這「參」字，本是佛教名辭，併論自無不妥，但是，我們以為：

1. 宋代佛教之與士大夫關係深密者，實不只於禪宗，東坡山谷等人，固然以濡染禪學著名，可是東坡向他弟弟子由借閱的，卻是華嚴宗典籍『法界觀』。漁洋論東坡也說：「淋漓大筆千年在，字字華嚴法界來」（冬日讀唐宋金元諸家詩偶有所感各題一絕於卷後），此與沈德潛所說：「海外何愁瘴癘深，華嚴法界入高吟」（歸愚詩鈔卷六・書東坡集後），於義正同。任淵評陳后山詩，以為：「讀后山詩，如參曹洞禪，不犯正位，切忌死語」（目錄），而后山自已也說：「可復參儂一味禪」（寄晁載之兄弟），但事實上后山所習亦包括華嚴，文集華嚴證明疏說弟子陳師道與妻郭悟，同心共施，因慧嚴大師宗永，買大方廣福華嚴經一部八十一策云云可證。就作者而言，詩有所謂的「禪意」，其根柢卻未必來自禪宗。就讀者評者而言，所謂詩家三昧，亦本華嚴經十定品，而借喻者則不止於詩歌而已，如東坡謙師分茶詩：「來試點茶三昧手」，借以喻茶道；陳簡齋陳叔易賦王秀才所藏梁織佛圖詩邀同賦因次其韻詩：「淪精入此三昧手」，借以喻織絲。我們既不能說煎茶織絲是受了禪宗的影響，或其境界同於禪；又確知許多作者的「禪趣」，其實並不來自禪宗，便應知道禪與詩本無必然的或歷史的關聯。

2. 禪學與詩，並無必然的關係，所以李東陽『懷麓堂詩話』就非常露骨地說：「僧最宜詩，然僧詩故鮮佳句」，僧人之蕭瑟淡泊，本來與詩人很像，但其畢竟非詩人，其詩亦少佳句，則是因爲詩人與僧人對文化和生命的掌握不同，禪之性質，與詩人生命及創作並不相應。爲什麼呢？因爲禪宗本以『楞伽經』爲主，楞伽屬於如來藏系統，是唯識法相之學。其後六祖慧能始因五祖之敎，依金剛經「應無所住而生其心」，悟到「一切萬法不離自性」，以「直指人心，見性成佛」爲宗旨。這自性與空宗所說者不同，乃是指每個人自己的眞性；既是眞性，便無生起，故眞正生起萬法的乃是心，而非性。心本是幻妄緣識之心，但因本性的作用，于幻境上不生念，便是般若淸淨心，故云「性在身心存，性去身心壞」。這種理論進路和內容，與詩大不相應：詩人應物抒感，物色之動，心亦搖焉，禪宗卻要人不在色、聲、香、味、觸、法上生心；詩人含毫吐臆，與境孚會，禪宗卻要人心無所住，在幻境上不生念，存在地實踐地自悟本心本性。因此，依禪宗義理來講，絕對開展不出「詩」來，不僅因爲他們不立文字而已。後代之所謂詩禪，都是單拈一端，賦詩斷章，以供譬說；例如嚴羽說：「大抵禪道在妙悟，詩道亦惟在妙悟」，妙悟是詩禪都講求的一套方法，但其目的指向則不相同，方法的根據亦不同，甚至方法本身也不同（禪必須頓悟，詩家之悟則總在漸修，故呂居仁『童蒙訓』說：「作文必要悟入處，悟入必自工夫中來」，傳燈錄卷廿六則說精修用功只是乾慧、無與根本），絕不能併爲一談。曾茶山曾說學詩如參禪，然其所謂禪，其實仍是儒者之養氣，便是個最值得深思的例子⑥。因此，綜合地看起來，宋代與詩發生關係的既不限於禪宗，以禪論詩又不專就禪宗內部義理來論，參詩說的內涵便不能只以禪來分析，須就普遍的哲學層次予以思考，由詩人生命成就處觀察之。

3. 如上所述，將詩道之參悟和禪宗的證解相提並論，可能會忽略了兩者本質上的若干差異。因爲詩人的慧業必須涉及知解、勒成文字，與無言寂寥、言語道斷的禪，並不相同，故劉克莊跋何秀才『詩禪方丈』就說：「詩家以少陵爲初祖，其說曰：語不驚人死不休。禪宗以達磨爲祖，其說曰：不立文字。詩之不可爲禪，猶禪之不可爲詩也。何君合二爲一，余所不曉」（後村大全集卷九九），元遺山「陶然集詩序」也以爲：「詩家之所以異於方外者，渠輩談道不在文字、不離文字；詩家聖處不離文字、不在文字，唐賢所謂情性之外不知有文字云耳」（文集卷三九），詩是語言藝術，其創作活動即是對符號本身的覺察，不像禪家視言語爲津筏，因此在文字方面，兩者無可比論⑦，要論，只能就修持的工夫和進境上論，元遺山「陶然集詩序」就是這樣處理的，所謂「方外之學，有爲道日損之說，又有學至於無學之說，詩家亦有之」云云，皆就詩人情性生命發展之程序上談。然而，即使是修持之工夫和進境，詩人與禪客亦各異趣，因爲：一、動機和歸結處不同，工夫與進境自不一樣。二、詩人之由技進於道，在於人格修養之完成，而其人格修養則不來自見性與頓悟。三、所謂學至於無學，實包括詩人摶合文字的能力而言，仍以遺山「杜詩學引」爲例，他說：「竊謂子美之妙，釋氏所謂學至於無學耳。……夫金屑丹砂芝朮參桂，識者例能指名之，至於合而爲劑，其君臣佐使之互用、甘苦酸鹹之相入，有不可復以金屑丹砂芝朮參桂而名之者矣。故謂杜詩無一字無來處可也，謂不從古人中來亦可也」，把杜詩融液古人字句而渾化無迹，視爲學至於無學，顯然與禪人修持之道大相逕庭。——在這種種不同之下，詩人仍不妨借禪喻詩，應可瞭解他們是站在文學本身的精神及文化特質上來考慮的，絕非以禪爲基點來掌握詩與詩人。六朝以前，中國並無禪宗，故詩人取義，僅及於老莊和孔門詩教；唐朝中葉以後，始漸借佛家名相義理以闡說詩學，其緣故亦即在此。

4.基於以上各種理由，個人以爲：無論是以禪論詩或參詩說，都不是受禪宗影響而有的觀念，只是在宋代詩學意識之發展中、中國藝術精神之凝形中，詩人默察澄觀其生命與詩歌創作的種種曲折，而提出來的觀念架構。這一觀念架構，事實上又與宋文化及宋代所有詩學內部問題習習相關，不能孤立地處理。但因爲它與當時所有問題互有關聯，而禪宗又是當時的重要思想系統之一，詩家即假借「禪」來譬況、來說明。這種說明，當然也不必非禪莫辦，只要是當時重要的思想系統，都能假借運用裕如，譬如『能改齋漫錄』卷五說：「餉愼由答潘見素詩云：學詩如登仙，金膏換凡骨。蓋用陳無已答秦少章：學詩如學仙，時至骨自換之句」⑧，李勤十章兼寄雲叟之三：「學詩如食蜜，甘芳無中邊，陳言初務去，晚乃換骨仙」（日涉園集卷二）、『泊宅編』：「陳去非謂余曰：陳無已之詩，如養成內丹」之類，都以道教丹鼎來譬況詩人生命成長的過程。至於方回詩思十首之九所云：「生年同孔氏，傳道仰文公，爛卻沙頭月，誰參到此中」（桐江集卷廿八），更是以儒門道學爲參詩法業。足證此事與禪無關，借儒、借道、借佛爲喩，皆無不可。只不過宋代佛學以禪宗較盛，故詩人取譬，常染宗門習氣罷了⑨。在李唐則不然，像王昌齡論詩，即有「改他舊語，移頭換尾，如此之人，終不長進，爲無自性」之說（所謂無自性，是空宗般若學的義理，『中論』觀有無品第十五說，諸法皆因緣生，所以非獨立實有，是假名、是空，故無自性，只能依他起性。王昌齡借此比喩劣等詩人只會抄摘仿襲，依其他作品因緣而生，本無自性，毫不長進，全無眞實獨立之價値）。足見以禪論詩或學詩如參禪，其根本理論建構，在詩而不在禪，不是禪之義理架設使詩之發展如此，也不是「詩人以參禪之法用之於詩」⑩，而是藉仙道禪佛哲理之與詩相通者，來點染、來闡發詩中奧秘。故皎然『詩式』

說：「高手如……蓋皆詣道至極者也。向使此道尊之於儒，則冠於六經之首；貴之於道，則居衆妙之門；精之於釋，則澈空王之奥」。詩之精詣，是可與禪之最上妙義相似，也能和儒學或寂寥芴漠之道相通的。

綜合上述四項理由，本文不擬重蹈舊轍，而將嘗試以一種佛學的普遍義理結構，哲學地來詮釋詩人生命的圓成，並解釋有關「參詩說」所牽涉到的各種詩學內部問題。希望能藉此彰顯整個宋代詩學的重心與精神。既不偏限於禪宗，更不可能認爲參詩說即是兩宋禪學向人生或詩歌延伸的產物。這是全然不同於過去的研究方式，所採取的說明性理論結構，就是『解深密經』所提出的「三自性」。

二、解釋系統的建立

本文的解釋系統，是根據以下幾種考慮而建立的：

一、義理本身的原因——

1.佛教傳入中國以後，枝分派衍，若以天臺華嚴兩宗判教的觀點來看，所謂藏、通、別、圓，或大乘始、終、頓、圓，其中實包涵甚多問題，譬如天臺『法華經』與華嚴之『華嚴經』同爲一乘教義，但一乘中又分同教一乘與別教一乘，若別教一乘是爲圓教，則天臺是否爲圓教就很難判定了。近代方東美視『涅槃經』與天臺『法華經』爲一乘圓頓教，但只是共教、唯華嚴別教始能信圓果滿、成就最高的宗教情操；勞思光則謂天臺華嚴與禪宗皆屬一乘，又皆歸於眞常；牟宗三『佛性與般若』一書卻力陳天臺三觀乃是大乘觀法之通式，而禪宗在義理上則不能獨立，只能與天臺華嚴合會⑪。……

這類爭議，宋代卽已有之，天臺與禪宗之互諍，可勿具論；天臺本身亦因此而啓山家與山外之爭，『釋門正統』五慶昭傳云：「自玆二家觀法不同，各開戶牖，枝派永異，山家遂號（奉先源）清、（慶）昭之學爲山外宗」，卽指此事。這些爭議，牽涉到個人對佛學義理的認識、和判敎標準的差異，甚難梳理。但以作者個人來看，禪宗依其歷史，實屬有宗如來藏清淨心系統，故與華嚴宗關係十分密切；可是它後來的理論發展，則頗接近天臺。而且，單就義理來看，禪宗亦無獨立的宗義，其獨特處不在義理，而在特殊的接引方式。因此，專就禪宗而言，若要討論「以禪論詩」之禪，亦須就有宗唯識理論之如來藏清淨心系統、或空宗以後的天臺般若學系統來論，否則卽只能空洞地說些參、悟和不相干的枝葉問題。因爲禪宗的特色在不立文字和接引方式，詩家既不能脫離文字表現，又不能棒打拳踢，就這一層面來談禪與詩，其實是掛搭不上的。

2.再就唯識與般若兩系統來看，般若空宗發展至天臺，唯識有宗發展至華嚴，才成爲實敎而非權敎。故華嚴判敎，以般若和瑜伽唯識之學爲大乘始敎、起信論和一切如來藏清淨心系統爲大乘終敎。依解釋學的立場來說，唯有權敎才能做爲一種系統分析的解釋架構，透過它，才能開權顯實、發迹顯本；否則圓敎實敎本身就是圓實無諍，實在無法說明⑫。因此，無論我們是否視禪宗爲一圓頓敎，就整個佛學立場上看，借用權敎來解說都是必要的。權敎中，般若乃是共法，以般若智照見一切法空，連有宗也不能不講，所以我們若要在權敎中選擇一種分析的理論，只能求諸唯識法相。

3.以唯識本身義理言之，其與般若之學最大的差異，在於唯識除承認一切法空之外，更要進而研究形成「空性」的「理」，所以它多了有關現象論的成份。換言之，唯識乃討論物質之形變和心靈之識變的一套學問。這套理論，用來解釋詩人生命之成長及詩篇構成的原理，也較其他各宗派合適。例如詩家之所謂「悟入」，歷來皆是描頭畫腳、捕風捉影，弄不清何以要悟、如何悟、悟前悟後之境界差異如何；但如借用「轉識成智」（覺悟）的義理來說明，就清楚得多了：阿賴耶識執着自我，與現象界之迷妄互相雜染，不能超越解脫，是人生最大的困窒，但如果人能破除執妄，不沾滯於一切認知對象，自證本心，轉識成智，則一切宇宙法界皆能顯其究竟眞實，所以龔相的學詩詩說：「學詩渾似學參禪，悟了方知歲是年；點鐵成金猶是妄，高山流水自依然」（詩人玉屑卷一引南濠詩話）。點鐵成金，是文字技巧間事；而悟則爲生命修養的層面，詩家所重，固在此而不在彼也。

二、研究對象的性質——

1.我們都知道：研究對象的性質，決定研究的範疇與方法。依宋人所論參禪學詩的性質來看，它與宋代普遍的「言意之辨」深具關係。言指形式結構的考慮，意指義理內涵的追求，而言究竟能不能盡意，自『易經』『莊子』以下，一直是個爭議不休的論題。龔相學詩詩云：「學詩渾似學參禪，語可安排意莫傳；會意卽超聲律界，不須鍊石補青天」，就是言不盡意的哲學立場。這個立場大抵爲宋人之共識，所以論詩、文、書、畫都普遍講求「韻」「味」，追求言外幽旨；對義理追求的重視也在鍊字煅句等形式要求之上，如『中山詩話』就說：「詩以意爲主，文詞次之。或意深義高，雖文詞平易，自是奇作」，語與龔相若合符契⑬。時人所重者既在意，那麼所謂學詩如參禪，自然就會關切到作者本人的人格修養和識解等問題，例如山谷說：「丈夫存遠大，胸次要落落」（次韻楊明叔見餞十首之七）、『苕溪漁隱叢話』前集卷五引潛溪詩眼說：「學者先以識爲主，禪家所謂正法眼藏」、或韓駒贈趙伯魚論參禪學詩詩說：「爾曹氣味那有此？要是胸中期不俗」，都指向詩人本身修養的層面⑭。

2.言與意的關係，在宋代每與道器關係的思考合併討論。文（器）究竟是貫道、載道、還是達道，正是當時各派詩評文論爭議的中心，對「文」本身的價値，看法也不一致。但基本上他們都主張「文與道俱」，詩文和作者本人生命之探索絕不能分開，比如黃山谷書王知載朐山雜咏復云：「詩者，人之情性也，……其人忠信篤敬，抱道而居，與時乖逢，遇物悲喜……因發爲呻吟調笑之聲，胸次釋然，而聞者亦有所勸勉」（題跋卷二），就指出了詩的生命，並不外在於道，詩人生命若得圓成，詩道也才能完就。因此呂本中論「活法」，即主張要從無意於文處，求詩之圓美如彈丸⑮。這種思考進路，正是北宋末年參禪學詩說的典型，故吳可學詩詩卽說：「學詩渾似學參禪，自古圓成有幾聯？」詩語之不能圓成，正在於作者不悟。

3.經覺悟之作用，而轉識成智，由「偏計執性」轉入「圓成實性」這一生命提昇的歷程，正是唯識論所欲解釋的。借用這一套解釋系統，不僅在義理上非常相應，對宋代詩學意識及其實踐而言，亦是應有之義。這由上文所談言意、道器的思考轉折處，可以淸晰地看出；何況，首倡學詩如參禪的吳可，亦曾標明了「圓成」在學詩歷程中的重要性呢！

三、解說時的方便——

1.南北宋詩人借禪或金丹大道來說明、譬況詩之性質及詩人的創作活動時，禪或仙道都只是個描述系統。而一切描述，都是約定的（Conventional）；被描述者本身並未規定或安排，而是描述者選擇一種語言形式予以設定，並約定俗成的。每個觀察者，都可以就其本身之立場，選擇描述該事件的獨特「語言」。這些描述，若不自相矛盾，就都可以是對等的（equivalent）描述。我們可以在許多對等的描述中，選擇一個描述系統，稱之爲模範系統（normal system）；這個模範系統並不一定是因爲眞，而是因爲它經濟、方便、適用。例如數學中歐氏幾何就是幾何學的一個模範系統，這一系統並不是要把幾何納入一個預鑄的鐵靴裏，而是爲了解說幾何學的具體內容。於詩亦然，我們必須選擇一個模範系統，以便展開我們對宋代詩學的描述。

2.哲學的說解，必須透過語言，必須採用描述的系統觀點，因此也勢必落入假諦，成爲第二義。這是因爲眞諦空諦雖非無法描述，但其描述的方式卻必須是「異法門」的詭譎遮詮方式，而非系統分析的表詮⑯。所以上文才說圓敎實敎本身之圓實無淨，無法說明；所以才不得不借用權敎，選擇有可諍性、有戲論性的唯識宗「三自性」，作爲解析的模範系統。佛敎中以爲佛說不能免於戲論性，是因爲佛不能無方便；研究時的描述，也是一種方便。

3.這個描述系統，不但是我們所選用的，也是宋代批評者所使用的。『詩人玉屑』卷十九引玉林詩話：「方北山有絕句云：舍人早定江西派，句法須將活處參。參取陵陽正法眼，寒花乘霧落毿毿」，可見江西宗派和南宋受江西影響的詩學，唯一關鍵卽在「參活句」處；而參活句，又旨在「圓成」，觀吳藏海學詩詩可證⑰。這實性圓成的理論，出自『解深密經』，意在追探虛幻現象世界產生的原因，並尋求人生實踐過程中應如何提昇與超拔。宋詩的思考途徑，與此正相脗合，所謂「學道期日損，哦詩亦能事」（謝幼槃文集卷一・讀呂居仁詩），詩學合於道學，詩人自須勘破虛妄，提昇自我，務使吟咏聲發，盡爲志意外諭之言；比辭綴文，趨響道德沛然之旨。充其體於立意之始，從其志於造語之際，故有「換骨」「成丹」之喻，而無刻鏤彫琢之病，謝逸所云：「大抵文士有妙思者未必有美才，有美才者未必有妙思，唯體道之士，見亡、執謝，定、亂兩融，心如明鏡，遇物便了，故縱口而筆，肆談而書，無遇而不貞也」（溪堂集卷一・林間錄序），正可代表南北宋一般的見解。廓聞見而去偏執，轉識成智，以臻實性圓成的思考途徑，也極明顯。今天我們研究宋詩，若不緊扣這條線索，要觀察當時的批評標準、理解宋代詩學的整體內容，便不可能。

三、本文的解釋系統

繼空宗般若學而興起的唯識宗思想，是根據『楞伽經』『解深密經』『瑜伽師地論』『攝大乘論』等著作，將宇宙的發生過程、人生的變化程序，藉着識的層次，揭開一切奧秘。在『解深密經』裏，對於人面對宇宙萬象時已覺和未覺的境界，曾提出三自性的觀念予以描述。所謂三自性，是指：遍計執性、依他起性、圓成實性。

所謂遍計執性，是說一般人透過經驗意識的活動，而察識到一切外在對象世界，於是便誤以為這一切外境皆屬本來實有，遂產生妄情。這種妄情之形成，是因執着於自我之虛妄意識活動而來的。

依他起性，是說萬法皆因緣所生，無自性而依他（其他種種因緣）起性：人若能知因緣，自然了解一切法皆非經驗意識之投射，而是依他起性，人之觸、受、愛、取，亦皆為因緣所涵，這樣就可免於遍計執。如白居易詩云：「峽猿亦無意，隴水復何情？為到愁人耳，皆作斷腸聲」，就是針對猿啼聲悲的說法，做一義理上的翻轉。秋聲之苦、猿啼之悲，在於人內在意識之悽怛，投射於外，所謂：

「心緒逢搖落，秋聲不可聞」（蘇廷碩・汾上驚秋），正是我執使然，必須了解秋聲之淒乃物與人之因緣觸受所致，卽能免於遍計所執。然而，這在義理上固較遍計執爲高，卻仍不免溺於猿水等現象，不能照見本眞，譬如遍計執見一繩而以爲是蛇，依他起則逕謂此爲繩，不知其本體原卽是麻也⑳。

以上兩性都指出了人生幻妄的成因，了解幻妄，而透過「轉識成智」（轉俗諦爲眞諦）的覺悟歷程，卽能歸入圓成實性。就唯識學來說，覺悟大略有以下三種方法：

⑴八識中，阿賴耶識本身卽爲眞常淨識，具有覺悟的能力，可轉其他各識。——爲楞伽地論之說

⑵八識之外，另立一第九識：阿摩羅識，以轉八識。——爲攝論宗之說

⑶視阿賴耶識爲染淨同依，迷染未覺時是阿賴耶識，覺悟卽爲清淨如來藏，由心生滅門轉入心眞如門。——爲大乘起信論之說㉑

不論以何種方式開悟，一旦澈知識心之執，卽能超越成心，契會道眞，達到生命的圓成。呂居仁詩說：「文章有活法，得與前古並；默念智與成，猶能愈吾病！」（詩集卷七・大雪不出寄陽翟寧陵）正是指詩人作詩之所謂活法，不是技巧形式上的事，而來自他本身對生命的體認，唯有轉識成智，解脫溺心上下，爲境所牽之苦，實性圓成，才能物我圓融，觸處無礙，「不煩繩削而自合」。此所以張孝祥詩有云：「句法能如此，胸中定自奇」（于湖居士集卷九・贈王茂升）「先生義概雲天薄，千載參渠活句禪」（卷六・和揔得居士康樂亭韻），汪藻亦云：「精神還仗精神覓」（浮丘集卷卅・贈丹丘僧了本），藝術精神之體現，正須由此求之，故郭若虛才會說：「凡畫，氣韻本乎遊心」（圖畫見聞誌卷一），他們的意見，在此是相當一致的。

句法活法，都來自生命境界的充實和提昇，其主要原因之一，即在於詩文都以氣爲主，所以作者必須經由養氣的工夫，來求得詩文的極詣。上文曾擧呂東萊說，以爲要想跟古人並馳爭先，必須具活法，王十朋恰有一句相類似的話：「余嘗語所學：文當氣爲先，氣治古可到，何止科第間？」（前集卷四・別宋孝先），足見所謂活法，亦須來自養氣持志，故陸放翁云：「文章當以氣爲主，無怪今人不如古」（桐江行）。換言之，學古人者，並不在摹仿聲腔筆調，而在學其治氣，若能涵養吾氣，則古人境界之高，亦不難到，方回讀子游近詩後次前韻二首之一說：「孰肯剖腸湔垢滓，始能落筆近風騷」（桐江集八），蓋即此義。一般論者多以爲宋人講句法，論奪胎換骨，是只在技巧形式上用工夫。但事實上宋人幾乎人人詬病純形式的追求，不但認爲詩須以理、以志、以道爲歸，更直接主張「李杜胸中有佳趣，詩酒聊以發其悟」（陳棣・蒙隱集卷一）。因此，其所謂學古，便談不上摹擬或剽竊，因爲所學者是在於古人所秉有的志、意，而所用以達成的工夫則在養氣和悟㉒。姜夔『白石詩說』說得好：「格出於意，先得意也；吟咏情性，貴涵養也」，這個意，並非沿襲古人之意，而即是詩人之意，是胸次玲瓏所具有的佳趣，和對人生實有體悟的倫理禮義之情㉓。

這套工夫和生命修持歷程，當然也可見諸儒者之養氣持志或道家之去執，不是專受禪宗影響而有的觀念，譬如呂居仁學道詩即說：「學道如養氣，氣實病自除」，氣實病除，恰與上文所擧圓成實性以治病之說相符。另外，金李純甫則有詩云：「老蜣被衲染塵緇，轉丸如轉造物兒；道在屎溺傳有之，定中出幻嬋娟姿。金仙未解羽人尸，吸風飲露巢一枝。倚杖而吟如惠施，字字皆以心爲師。千偈瀾翻無了時，關鍵不落詩人詩，屏山參透此一機，髯弟皤兄何見疑？」（中州集卷四・爲蟬解嘲獻臣伯玉不平蟬解）以老莊之勝義，合參悟之玄機，其所取徑，彷彿與呂東萊不同；然轉成心爲道心，認爲詩不能徒求於文字，則又與東萊若合符節。所以呂氏學道詩下文又說：「但能嚴關鍵，百歲終不枯；道苟明於心，如馬得堅車，……所以季路勇，不如顏氏愚」，所謂關鍵在於明心，正與李氏所論相發；吳曾『能改齋漫錄』卷十一致心平易始成詩條更說：「呂與叔嘗作詩云：『文如元凱方成癖，賦似相如只類俳；唯有孔門無一事，止傳顏子得心齋』，楊仲立云：『知此詩，則可以讀三百篇矣』」，爲詩文者在心，尤與呂李所論切合。李純甫之後，金元遺山亦云：「廓達靈光見太初……詩家關捩知多少？一鑰拈來便有餘」「好句端如綠綺琴，靜中窺見古人心」（感興。案遺山此句本諸南軒弟子游誠之詩，詩見羅大經『鶴林玉露』卷六引），以道心爲作詩之關鍵悟入處，可說是英雄所見略同。而其言論之相似處，則來自於對生命的共同體認。這點很可代表宋金詩論的特色，也是取禪悟以喻詩的主要原因，例如講學詩如參禪的包恢，就曾說：

在心為志，發言為詩。……不反求於志，而徒外求於詩，猶表邪而求影之正也，奚可得哉？……惟其志如此，故其詩亦如之，……如李如杜，同此其選也。李之「宴坐寂不動，湛然冥真心」、杜之「願聞第一義，回向心地初」，雖未免雜於異端，其志高於人幾等矣。……所患佳句，大旨雖正，未能無病……大抵真到宏處，其言不假妝點而自合……却幸在在心為志上加功，不然抑末也（答曾子華論詩書）。

論詩而專注在明道於心、在心爲志上，這種思想模式，在詩學中，我們可以用兩句呂居仁的詩來說明：「筆頭傳活法，胸次即圓成」（詩集卷六・別後寄舍第卅韻）！

貳、宋代詩學之理論結構

一、偏計所執的創作型態

形成這樣一種觀念內容，當然和宋人對詩本身及整個詩歌創作活動的看法有關。

宋蔡夢弼『杜工部草堂詩話』引洪邁『容齋隨筆』，說詩基本上乃是「以眞爲假，以假爲眞，均之爲妄境耳」。詩爲什麼多是妄境呢？

以認識論來說，外在世界的一切，都必須透過認知主體——我——的活動，才能具現其一切相；而認知主體，也必然會跟經驗世界主客對立地形成各種關係。清醒時固然是透過見、聞、知、覺，與境相接，種種好惡取捨，萌生心中，不能暫止；即使在睡夢中，夢中的世界也依然是以我的認知「對象」出現。以致於認知心不斷游離奔競於外在的對象上，與物相靡相刃、隨物流盪，境既有順有逆、心便執是執非。不但使自我陷於無限的追逐中，以有涯逐無涯，不能自拔；其所認知的，事實上也只是有限且具分別性的。這不是虛妄是什麼？莊子齊物論說：「其覺也形開，其寐也魂交，與接爲構，日以心鬭……其溺之所爲之，不可使復之也」，就指出了心識流轉、哀樂蕩人的虛妄性。

人與經驗世界的關係，除了認知活動外，還有情意活動的關係。情意活動包括生物本能、生理慾望、意念造作等，它本身必然會藉著感官與外物交接，並使內心執滯於某一對象而不捨，例如見一女子而愛悅不已，見一大官而歆羡不已，終身役役而不見其成功，茫茫追索而不知其所歸，順其心則喜、逆其心則怒，喜怒的關鍵，倒不在乎外境的順逆，而在於主觀意識對於順逆之境的執著。這種執著，是人類一切痛苦煩擾的根源，所以范成大說：「古人賦多情，無事輒愁苦」（觀禊帖有感），愁苦的根源，就在於執著自我，以致成爲「偏計所執」。亞德勒（Adler）心理學嘗謂好譽惡毀之權力要求，是人一切心理中最根本的需索，人之一切心理病態，及各種自傲自卑情緒之產生，皆由此要求之不能充份滿足而來。義亦類似於此。

本來認知我的活動，也可以開展出邏輯認識的系統，成就科學的知識。但因詩本身乃是「緣情而綺靡」的活動，因此認知活動遂恆在情意活動的控制之下進行㉔，以我觀物，物物皆著我之色彩，成爲自我意識的投射，淚眼問花、愁腸聽雨，雨聲花色，莫不淒然魂斷。名實未虧，而哀樂爲用，以詩人之妄執，表現出一種狂花客慧、背覺合塵的境界，龔定庵詩所謂：「幽光狂慧復中宵」（懺心），正是指這種迷而非覺的頑癡之境。雖然他們在創作時，具有意向性，但這種創作，原則上允許產生一些豐富而出人意表的意象，可以構建另一個奇妙的宇宙來替代現實人生，而且可以一種非邏輯的表述程序來陳述作者內在的渴求、揭露作者意識活動的內容，例如李益「早知潮有信，嫁與弄潮兒」、張先「不如桃杏，猶解嫁東風」之類，賀裳『皺水軒詞荃』就把它稱之爲「無理而妙」，表現一種悖謬於事理的頑癡之情、與偏執之意，並成爲傳誦人口的好詩。這是詩的特質之一，所以劉熙載『藝概』說：「文善醒、詩善醉。醉中語亦有醒時道不著者，蓋其天機之發，不可思議也」、錢振鍠『詩話』上卷也說：「詩自有一種詩理，不可以理繩之」。這種詩理，其實就是一種情溺的耽執，如醉如狂，不可理喻㉕。

這種醉，基本上是由詩人之我執而來的，但有所執、必有所繫，因此其本身乃是不自由的，故亦必有所憾，朱弁次韻劉太師苦吟詩云：「痴迷竟作禽塡海，辛苦眞成蟻度絲」（中州集卷三），痴迷辛苦，身與心仇，自是詩家本份。且人心思緒，百態紛擾，騰沸於體內，不能自已；思之來也無端，則斷如復斷、亂如復亂；與之發也無定，則倏忽無見、惝怳難尋。詩人究竟不是哲人，他透過認識活動，而在經驗世界捕捉到的形象，乃是分別心與差別相的組合，本有迷妄之可能；他本身的生命，也可能只是一股盲流，落在蒼茫宇宙中，受造物者所播弄。不但心識中積蓄的印象和經驗，會遞興遞滅，瀑轉旁滋；其本人也常因生命的飄忽無端，而使他產生無名的惆悵。因此，他心靈的表象作用，便也愈發顯得畸零不整。宋人說詩家多是「天地之畸人」，明代竟陵派鍾惺譚元春等人則批評詩人是「幽情單緒」。他「孤行靜寄」「獨行冥索」於天地之間，狂歌以當哭，哀樂以爲歡，茫茫四顧，若噎若嘆，這種不畸於天則畸於人的生命型態，正說明了我執雖是常人共有的生命現象，但因詩人格外耽溺其中，其心理狀態也就特別不平衡；而且常人可因認知邏輯的「我」，紓解情識活動造成的愁苦，詩人則反而讓情意支配了認知活動，以致於一往不返，以哀情孽意，自纏自縛，激盪沈淪而不可解。韓愈贈孟東野序云：「凡物不得其平則鳴」，倘將詩人的道德涵養或知識，暫置勿論，則詩人的生命和性情，泰半是不平衡且有缺憾的。所謂太上忘情，其下不及情，他們與此世界相感相應，造成其所以不能已於言者，則在乎一片深情。詩的傳達，發動於情，而生命之所以不能證入眞源，也只爲了不能忘情的緣故。此卽陳含光所說的：「詩家究是魔非佛」；陳散原詩：「胸腹作魔一大事，只留惘惘在燈前」（冬日徐園看殘菊，晚歸過乙庵，出觀新句），也是此意。

情癡理障，其實都是修道之礙，所以稱之爲「魔」，白居易詩說：「自從苦學空門法，銷盡平心種種心；唯有詩魔銷未得，每逢風月一閑吟」㉖，又說：「人各有一癖，我癖在章句，萬緣皆已消，此病猶未去」，癖就是偏執，由於內在之魔尚未消除，故有此癖，它是生命中病痛之所在，因此也只具有負面的價值意味，宋陳簡齋雨詩：「小詩妨學道」（卷十五）及范成大所說：「詩人類癡頑」（卷十三。自冬徂春道中多雨，至臨江宜春之間特甚，遂作苦語）都指出了這種意味㉗。

就哲學發展的立場來看，要能領會到這層意味，首先必須先察覺到：因妄情我執而認識的經驗世界，並非實相。自然現象的經驗世界，本來是隨序之相理、橘運之相使，窮則返、終則始，如如流行，無有定相。但人所見所察之宇宙則有定相，這是因爲人透過我執的意識，而決定了物之存在，把一切存有物認爲是具有實在性的存有。不但茅庵梅影，視爲眞實；凡當風而泣、對景言愁之際，所見物象，亦以爲即是物之本身。中唐哲學的突破（philosophic break through）以後，詩人才開始意識到有關「認識」的問題，知道這種誤以爲能够直接把握實在的想法，其實極爲幼穉，像白居易「峽猿亦無意，隴水復何情」、杜牧「秋聲無不覺離思，夢澤蒹葭楚雨深，自滴階前大梧葉，干君何事動哀吟」（齊安郎中偶題）、歐陽詹：「啼猿非有恨，行客自多悲」（聞猿）之類說法，都接近大乘有宗根識與分位假法之說：「識」見一白紙，並非物界或大種界之本相，只是物界或大種界中某一部份與我眼根相待而顯之相罷了，這種相，又常因觀者意識內容不同，而賦予不同之意義，一失其本，背離彌甚。故宋葛立方『韻語陽秋』卷十六就直截地說：「人情對境，自有悲喜，而初不能累無情之物也」。這層道理，中唐以前，罕人理會，宋人則言之津津，『鶴林玉露』『艇齋詩話』等書，都曾引山谷等人的詩，加以說明。

如此，由識心本執所決定的萬物實有性，既屬虛幻，識心本身亦是妄情。妄情起滅，變轉不已，詩人若不能由此超越出來，則終究不能免於淍瘁，傷身害性，流蕩不返㉘。宋人對這點是深有體認的，所謂詩能窮人，其窮並不僅指外在的饑寒、流徙、獲罪，而更是指內在情意的汨蕩；且因爲僻執愈甚，詩人外向世界的開拓，也愈形困難，終致蹭蹬蹎躓不已，形成生命中的大病痛，呂居仁學視詩：「若看林中蛇，妄想從何起？忽聞一妙語，初無強料理；回觀積年病，乃是一念使。誰能明此心？香山老居士」（卷四），便明顯地指出：詩人宿疾，在於妄念，因徧計所執，而見到無數幻影（蛇），唯有明心養氣，轉此成心爲道心，才能超越妄執（強料理卽是執），銷除詩魔。金王若虛所云：「窮愁須理遣，不必淚沾巾」（憶之純第三首。滹南集序），於此可謂針芥之應。

二、依他起性與反省之路

徧計執性，主要是就詩人「胸復作魔」的情況而說；因詩人自然生命的奔馳、生理慾望和心理情緒的激盪、以及意念系統的造作，而與起許多無名的悲詫，因成心之執著而執相，以自我之狂醉而幽疑惘惘，元盧摯商調梧葉兒曲子說：「新來瘦、忩悶過，非病酒，爲詩魔」（席間戲作四章之二）就說明了這種內在的耽執，能照境攝境，卻不與境發生互相感應的關係，故詩人對景生情，或寫物敘事之際，宣洩其悵惘難酬的哀樂，表達他對時空飄移的感傷等，事實上乃是依他起性，而非徧計執性。

所謂依他起性，其實本與徧計執性不可分（因爲現象必與認識發生關係），而現在要分開來講，勢必先對依他起性稍做一哲學上的界定：所謂依他起性，包含兩個層面，一是指「執」之依他而起，受現象之導引支配而產生；一是說現象本身亦依他而起，人若知諸法無自性，依他起性，如幻如化，卽可以不執。

詩人的情癡理障，本卽是執，但這執因何而有？不是在他與現實世界相互依存感興時，應物斯感、感物斯應而來的嗎？明徐禎卿『談藝錄』說得好：「情無定位，觸感而興」，無定時無執，依他則有執，這是第一個層次，是『文心雕龍』物色篇所謂：「歲有其物，物有其容，情以物遷，辭以情發」的層次。在這個層次裏，一切法不只是激萌情感的觸媒而已，它對詩人之情執，更有決定性的作用，處秋則悲、逢春則喜，正如佛萊（Northrop Frey）在「文學的原始類型」一文中所說，作者的心境，常被希望新生的春、或蕭條肅殺的秋所支配，帶動出深刻的情感反應，『文心雕龍』也說：「春秋代序，陰陽慘舒，物色之動，心亦搖焉。……是以獻歲發春，悅豫之情暢，滔滔孟夏，鬱陶之心凝；天高氣清，陰沈之志遠；霰雪無垠，矜肅之慮深」。

情既隨物興起變遷，則詩歌也必然須藉物象予以表達，所以『文心雕龍』緊接著上文之後，宣稱：「是以詩人感物，聯類不窮，流連萬象之際，沈吟視聽之區。寫氣圖貌，既隨物以宛轉，屬采附聲，亦與心而徘徊」，這是第二個層次。詩人在其存在活動的經驗場域之中，流連沈吟，而直接地把感動他的物、事，圖寫出來；或間接地把他的情感透過經驗的類比過程，敍述出來時，物象都是極重要的「詩之元素」。循此以往，詩人必然會發展出一種窺情於風景之上，鑽貌於草木之中的「形似」

之風。外師造化、模寫自然。由齊梁「近代以來，文貴形似」，到元結『篋中集』序說：「近世作者，更相沿襲，喜尚形似」，大抵代表了六朝三唐的風格走向㉙。

這種走向，較諸偏計所執，自是略勝一籌。偏計所執，是挾成見而執情強物，心既有執，則不能見物態之萬殊，其觀物也，實與『列子』所說亡斧者視鄰人之子無異；我既有障，物遂失眞，以致詩境成爲幻境，猶如法國批評家包蘭（paulhan）所說，藝術是有欺瞞性的，它交給讀者一個幻像，使讀者迷惑。柏拉圖之不願意讓詩人進入理想國，原因亦卽在此㉚。依他起性則不然，它不以物象著我心境，只觀一切法之因緣和合、生滅變異，而見物之情與我相爲映發。因爲萬法依他，依因緣而生，而因卽是阿賴耶識種子，所以成玄英莊子齊物論疏說：「衆生心識，變轉無窮，審而察之，物情斯見矣」。物起我情，我情觀物，於是兩相映照，風景卽是心境（Un paysage quelconque est un état de l'âme），與人心消息相通。

這就是爲什麼在哲學上或藝術批評上，我們常把「依他起性」認爲卽是已悟境界的緣故。勞思光『中國哲學史』卷二以爲：就佛家義理來說，一旦遣偏計執而顯依他起，卽是由未覺轉向已覺，圓成實性不過是說明已覺境界的「理」而已；錢鍾書『談藝錄』頁六二也直接由破除執心、以顯物境，講到情景相發卽是非我非物的境界。但是，依他起性事實上是兩頭通的，就依他起泯除偏計執，卽能見到圓成實，固然不錯；但染濁依他，其中就仍有分別見存在，而且情景雖然相發，物我之相卻未刮除，錢鍾書所云：「相未泯，故物仍在我身外可對而賞觀；情已契，故物如同我衷懷，可與之融會」，正是衣也叵灼生質，一方面固然可以物我交融，非物非我，一方面卻主客對立，有物有我。

既然是主客對立，自然就牽涉到偏計執的認知關係和情意活動等問題。一切法與阿賴耶識交互相引的結果，可能不再執相，卻會執生。有迷執的依他起，即有各法底相貌顯現；並因此相貌再起虛妄分別，即是分別性的相惑。緣「相」而起「惑」，其非究竟了義，顯然可知㉛。

如何由迷執依他轉入清淨依他，而成爲圓成實性，是宋代詩學的主要內容之一。他們對六朝三唐追求形似的作風，頗爲不滿，認爲：「取成於心，寄妍於物；融會一法，涵受萬象，此唐人之精也。然厭之者，謂其纖碎而害道」（葉水心文集卷十七・徐道暉墓志銘）㉜。取成於心、寄妍於物云云，即上文所說偏計執性的創作方式；融會一法、涵受萬象，即前文所舉依他起性的創作型態。這些創作型式，爲什麼會害「道」呢？可見他們的批評，原有哲學上的考慮，因爲宋人那種不講「形似」的作風，目的就是要透過分別性的物，而追探超越的道或理。

葉石林詩話說：「詩禁體物語，此學詩者類能言之」、許彥周詩話也說：「寫生之句，取其形似，故詞多迂弱」。體物，即深入觀察物形、物態、物情，而藉語言文字表現出來，非以物來就我之性情，而是以我即物，體貼其性情容貌，巧構形似。詩禁體物，則是不以形似爲貴，如蘇東坡所說：「論畫貴形似，見與兒童鄰；賦詩必此詩，定知非詩人」，晁說之謝邵州五郎博詩卷則說：「念彼形似徒，澀舌吞杜菌」（嵩山集卷五）。他們一致認爲諸法不但皆屬因緣所生（緣起），亦非實有（性空），故在現象上不應起執。體物，就是執定一個對象；賦詩必此詩，也是執相，因爲詩本身也是因緣所生法。詩人面對詩創作時，雖然不能沒有一詩篇結構做爲「對象」，但基本上此一對象是可因創作型態之不同而予以轉化清除的，不是無「詩」、即是無「己」，譬如繪畫，董逌『廣川畫跋』卷六書范寬山水圖說：「神凝智解，無復山水之相」，卽是無了「詩、畫」；東坡書晁補之藏與可畫竹第一首說：「與可畫竹時，見竹不見人。豈獨不見人。嗒然遺其身。其身與竹化，無窮出清新。莊周世無有，誰知此凝神？」卽是無了「我」。無，是種工夫，消除主客對立的工夫，唯有解消對象，獨立無待，才可以無窮出清新，而不必賦詩定此詩。雖作詩，而能忘言得意，體物得神；雖寫象，而能超以象外，進入道的領域。象尙且須超，則似與不似，自非詩人畫家所關心的了。『夢溪筆談』卷十七說得好：「書畫之妙，當以神會，難可以形器求也。世之觀畫者，多能指摘其形象位置、彩色瑕疵而已，至於奧理冥造者，罕見其人。……雪中芭蕉，此乃得心應手，意到便成，故造理入神，逈得天意。……歐公盤車圖詩云……忘形得意知者寡……此眞爲識畫也」㉞。得心應手，意到便成，則無復山水蕉雪之相；忘形忘相，而獨見眞實，見「道」。宋人之所謂句中有眼者，其意蓋卽在此：

> 凡詩之言有眼者，蓋不滯於題，詩外有所見，大抵謂道也。豈特風花雪月，區區以自蔽惑而已？（李季可『松窗百說』詩眼條）㉟

不滯於題，就是作詩不定爲此詩，是『漫叟詩話』所說的不可太著題；不只蔽惑於風花雪月之間，則是『天厨禁臠』所說的言意不言名，物外見道。據他們的看法，詩雖亦寫物，但此物卻不應是意識與概念活動的「對象」，唯有超以象外，不爲物之名相所囿，才能表現一超越層次的道。宋人之所以稱贊杜甫「雖皆出於風花，然窮盡性理，移奪造化」，就是因爲他能由象見道㊱。

在這兒，「道－象」「理－物」「意－形」，是一種類似的區分。物指經驗世界諸相，而它們是透過人類意識與概念才被認知的；但是，就知性的認知活動而言，凡經驗知識皆有其概念系統的封閉性，其相之呈現，也具有分別對立性。詩，基本上是描述物的，但因爲經驗世界既受類概念（Class Concept）所指涉，語言又是概念的外在化，當然就僅能及於經驗世界。可是經驗世界，正如上文所述，具有封閉性分別性，所以它本身即有所執，語言又僅能指向經驗世界，則它當然無法描述超越之道。這，便構成了「言不盡意」或「意不可言傳」的問題。陳簡齋春日詩：「忽有好詩生眼底，安排句法已難尋」（詩集卷十），講的就是這個問題。

欲了解這一問題，須分幾方面來談——

第一、語言之限制及現象本體之區分。

語言在表達意義時，意義所涉及的對象，可能是經驗對象（如形、色、聲、名等），也可能是超越對象；語言對於前者頗能充份把握，對後者則往往力有不逮，因此詩人若要由象見道，勢必超乎言外，釋居簡『北磵集』卷四說：

> 少陵何人斯？曰似司馬遷。太史牛馬走，於此何有焉？曹者曹不理，知言超言前。正如春在花，春豈必醜妍？又如發清彈，意豈必在弦？（大雅堂詩）

春由花顯、意以弦傳，花與弦代表聲色，這是語言所能及的範圍，但意與春呢？莊子「天道篇」說得好：「意之所隨著，不可以言傳也」成疏：「意之所出，從道而來，道既非聲非色，故不可以言傳說」。春由花顯，但花乃是分別性的經驗對象，故有妍醜可議；道由言見，而語言卻是有爲性的符示工具，故有限制。花弦兩喻，正是成疏非聲非色之說，居簡用此兩喩來說明知言者必須超以言外，不能僅及於經驗概念所可及的範圍之內，因爲道是不可言傳的。執著於語言文字，更不可能眞正了解詩道，所以下文他又接着說：「（山谷）至今百歲後，此意唯心傳；炎宋諸王孫，傳癖不復痊……奪胎換骨法，妙處尤拳拳。……亦有老斲輪，堂下時躡蹕」。道不能以言傳、不能以相見，故只有以心傳了。所謂傳心者，以心見道，是呂居仁詩所說明道於心之意。遺山詩：「詩印高提敎外禪，幾人針芥得心傳」（感興）「詩爲禪客添花錦，禪是詩家切玉刀，心地待渠明白了，百篇吾不惜眉毛」（答俊學記學詩），論此義亦不愧爲山谷嫡傳。可惜南宋以後，學江西山谷詩者，多只能在文字上用力，未得其道，僅得其癖。癖卽是執，執於文字，正與莊周斲輪之喻所譏諷的得其糟粕無異。居簡此詩，與當時普遍的覺悟相似，都是主張詩外求詩，得意、得心，而不斤斤於語言文字之技巧形似。不但摹擬古人是法執，徒然死於句下（如吳可學詩詩所云：「學詩渾似學參禪，頭上安頭不足傳；跳出少陵窠臼外，丈夫志氣本衝天」）；費力推敲鍾煉，亦非詩家正道，元張觀光屏巖小稿論詩云：「三百餘篇豈苦思？個中妙處少人知，籟鳴機動何容力，才涉推敲不涉詩」，還是客氣的講法，若江西諸子，則竟直斥言語雕琢爲「俗」了㊲。俗卽俗諦，不近道眞。這是就他們認識到語言之限制的一方面而說的㊳。

再就本體與現象的劃分來看，徧計執是執相、依他起是執生。但『莊子』至樂篇成疏說：「從無出有，變而爲生」，執生可說是執有。有是象，執有執象，卽是執於用而未見其體。因爲據宋代哲學的一般看法，理是體、象是用，有體卽有用，而且卽用可以見體。譬如海水，海水顯現爲衆漚，海水是本體，衆漚則是本體散而在個別事物上的呈現；一個個的漚，絕非海水之全體，但這個本體，也並非超脫在無數漚水之上而獨在的㊴。猶如春顯於衆花，但姸媸分別的一朵朵花卻非春之本體，因爲道是全整無封閉性的存有；即用可以見體，即花可以見春，但花只是全體之春的直接顯現，而非即是本體㊵。詩人藉言顯意，藉象見道，與由花見春相似，都是由用見體，因此『漫叟詩話』就說：「前輩謂作詩當言用勿言體，則意深矣」㊶。

作詩言用不言體，是因爲即用可以見體，故有言外之意，『朱子語錄』卷四二說：「文振說樊遲問仁曰愛人一節。先生曰：愛人知人是仁知之用，聖人何故但以仁知之用告樊遲？卻不告以仁知之體？文振云：聖人說用則體在其中。曰：固是！蓋尋這用，便可知其體，蓋用即是體中流出也」，與漫叟所言，若合符節。既然每一物上皆可見其體用，則不但說用而體在其中，用由體中流出；離用也不能見體。故姜夔『詩說』云：「文以文而工，不以文而妙，然舍文無妙」。詩能有體有用、亦可即用見體，卻不能有體無用，『詩人玉屑』卷十「體用」一節，曾引胡五峯論晦庵詩有體無用一段，可爲此說佐證：

先生送胡藉溪有詩云：「甕牖前頭列翠屏，晚來相對靜儀刑，浮雲一任閑舒卷，萬古青山只麼青」，胡五峯見之，因謂其學者張敬夫曰：「吾未識此人，然觀其詩，知其庶幾能有進矣；特其言有體而無用，故吾為是詩以箴警之」。五峯詩云：「幽人偏愛青山好，為是青山青不老；山中出雲雨太虛，一洗塵埃山更好」。

浮雲舒卷聚散，譬喻現象隨時變滅；青山不老，譬喻道體兀然自存。胡五峯的意思是說不能捨用見體，雲自山出，即是由體中流出，雲又降雨，也是一事之上又有體用；用能顯體，故雨後青山應當比無用之體美好。這裏之所謂體用，與春花、海漚之喻，稍有差異，因爲裏面另外牽涉了一個「物自身」(Being in itself) 的問題。

第二、現象的兩種區分。

依上文所說，朱熹的詩以青山喻體，這種譬況，跟「春」「海」不甚相似，因爲山也是現象之一，胡五峯何以說它是有體而無用呢？同例，陳簡齋春日詩所謂安排句法已難尋的，也是春日眼中所見的景物、現象，若說語言所能指涉的正是經驗的現象世界，何以簡齋又有語言難尋之嘆？

如果以徧計執性所執的相，和佛家所說的「物如實相」來說明，以上這個難題自將豁然而解。所謂執相，是因爲它成爲認知主體的對象，而認知心是識心的一種形態，所以它是由識心之執而有的一種「現象」(Appearance)。物如實相，則類似康德所說的「物自身」(或譯物自體)，是物以其自身本來面目而存在，這種存在，並不是另一個對象，而只是同一物之另一面顯現。這相因爲是物以其自己的身份而存在，因此它也是物的自在相，未受到識想之扭曲。自在相並非對象(Object)，故不能被識心所知，它只是海德格所說的「內在的自生相」(Eject)，所以也「不生不滅、不常不斷、不一不異、不來不去」。萬古青山只麼青，就是以這種不生不滅、不常不斷的物如實相呈現着，『詩人玉屑』卷一引龔相學詩詩云：「學詩渾似學參禪，悟了方知歲是年；點鐵成金猶是妄，高山流水自依然」、卷十九引方北山詩云：「舍人早定江西派，句法須將活處參，參取陵陽正法眼，寒花乘霧落毵毵」，皆須就此來理解。——點鐵成金，是文字技巧上的工夫，猶有執於文字；高山流水自依然、寒花乘霧落毵毵，則是物如實相，爲悟後所見。前者虛妄，後者眞實。「歲」是指時間和人識心發生交感後，成爲人類內在經驗的知識；「年」則指時間光陰本身。由經驗我(Empirisches Ich)的感官世界認識，回到物自身（Zurück Zu den Sachen Selbst），中間須有一「悟」。

悟，指轉識成智、轉俗成眞。因爲在現象與物自身的超越區分中，物自身非感性主體與認知主體所能知（因爲這些都只是有執的識心），要能知物如實相，須以無執的智心，來靜觀萬物皆自得，見其自在相。譬如莊子所說之天籟：風吹萬竅，衆竅激聲，是爲地籟，比竹喝聲，則爲人籟；地籟人籟，都是心靈仍在因果條件之序列中所見，所以是有待；至於天籟，則吹萬不同，使其自己，心靈超越了條件之序列，獨觀每一物的物如實相，皆具天地之大美，此則可以無待。天籟地籟與人籟，並非不同的聲音，而是不同的心靈觀照所致。故姚鼐曰：「喪我者聞衆竅比竹，擧是天籟。有我者聞之，只是地籟人籟而已」㊷。喪我，即是如何無待的工夫，這工夫是要人喪「我」、無「己」、無「耦」，由主客相對而提昇到絕對的境地。換言之，人猶人也，而今之隱几者非昔之隱几者，其差異即在心靈層次之不同；同一物，以識執之心見之爲現象、以智心見之則爲物如實相，兩者爲層次之差異，而非對象之不同。因此，是否能由象見道、是否能解脫識執而無待，在心，不在物。心若能悟、能無我，則「以法眼觀之，無俗不眞」（山谷題意可詩後）。康德所謂：「物自身的概念、與現象之概念間的區分，不是客觀的，而只是主觀的」（康德遺稿・E. Adlckes編次・頁653），殆即此義。墮形體、黜聰明，倫與物忘，大同乎涬漠，自能廓除理障，直觀其自在自然之道。『韻語陽秋』卷十二：「妙明眞心，不關諸象」、與李伯時畫自在觀音時所說：「世以趺坐爲自在，自在在心，不在相也」，都具同一體認。而這種體認，又可見諸陳善『捫蝨新話』上集卷四：

> 天下無定境，亦無定見，喜、怒、哀、樂、愛、惡、取、捨，山河大地皆從心生。此心在焉，

則管蒯不可以代匱、糟糠不可以下堂，是未嘗有正色也；心不在焉，則鼓吹不及池蛙、絲竹不如山鳥，是未嘗有正聲也；舌欲綦味也，而世有餐痂之士；鼻欲綦香也，而海上有逐臭之夫。天下事如是多矣。杜子美曰：「感時花濺淚，恨別鳥驚心」，至於悶詩則曰：「出門惟白水，隱几亦有山」，山水花鳥，此平時可喜之物，而子美於恨悶中惟恐見之。蓋此心未淨，則平時可喜者，適足與詩人才子作愁具耳。是則果有定見乎？論者多怪孟東野方嘆出門之礙，而復誇馬蹄之疾，以為唐詩人多不聞道；此無他，心見不同耳！故釋氏之論曰：心淨則佛土皆淨，信矣！

這份文獻，不但與上文所說：「宋人察覺到因妄情我執而認識的經驗世界，基本上是虛幻的」的思考內容相符合，更由此展開心淨則佛土皆淨的體會。所謂無定境，是說諸法皆由識顯，依他起性，無自生；所謂無定見，是說識心流轉，變滅無常，相無自性。識心既執是執非、乍喜乍悲，境當然也就隨之變轉無定。陳善的講法，是就依他起之上，加以偏計執，故說山河大地皆從心生。因爲是偏計執，所以底下擧證也只談色聲香味等經驗知識；而這些以感觸直覺爲底子的經驗知識，正是執的知識。若能放下此執，清淨其心，自然轉識成智，轉俗成眞；智心所見，即不再是執妄的世界，而是般若淨土了。此處顯然是用如來藏清淨心系統的講法。心既有眞常心和妄心的分別，所見之境自有現象和物自身的差異。若以心爲體，則現象和物自身都是用，不過物自身是本體界的存有、而現象只是現象界的存有，故上文擧朱熹詩以青山爲體、白雲爲用，只是一事之上顯其體用而已，眞正的本體依然是心。

這種思考路向，亦可見之於天臺宗。——『般若經』說：「不壞假名而說諸法實相」、『維摩詰經』說：「但除其病而不除法」，天臺遂據此而講「法門不改」「除無明有差別」，認爲法本身無論好壞，都是客觀的，問題只在執與不執，執是病，不執卽無病（呂居仁詩所說的積年之病，就是指這種執），所以只除病不除法。因爲法對識而言，是有執相的現象；對智而言，卻是如相實相。人若能通過止觀的工夫，卽能掌握淸淨法門，見到眞正客觀存在的實相，故知禮『十不二門指要鈔』說：「圓家斷證迷悟，但約染淨論之，不約善惡淨穢說也」，斷、證、迷、悟，是主觀工夫上的事，善惡淨穢則是客觀物如本有之事，修道人只論前者，不必管後者。因爲心若能淨，境無不淨者，智顗『四念處』卷四說：「實相卽一實諦，亦名虛空佛性，亦名大般涅槃。如是，境智無二無異，如如之境卽如如之智，智卽是境。……亦名心寂三昧、亦名色寂三昧；亦是明心三昧、亦是明色三昧」，卽指此理。心得神解，則眞意實諦，靡不具呈，境智無二，主客合一，斯與『韻語陽秋』所云：「淵明深入理窟，但見萬象森羅，莫非眞境，故因見南山而眞意具焉」（卷四），脣脗不殊。詩人作詩，本來卽是與至道同一關捩的。

詩人作詩，旣與至道同一關捩，則消除識執，以智心照境，自爲不二法門。所謂詩思多生於杳冥寂寞之境，而志意所如，往往出乎埃壒之外㊸，試看陸放翁示子聿詩：「正令筆扛鼎，亦未造三昧。汝果欲學詩，工夫在詩外」，而這詩外工夫就是：「豈惟凡骨換，要令頂門開」（卷五七·讀梅宛陵先生詩）。只能在文字上下工夫，卽或筆力可以扛鼎，亦無與於眞實，工而不妙；因爲語言所能捕捉的是經驗現象，卻無法掌握超越對象，而這種經驗對象又隨執識流轉而變滅，所以只有轉識成智、轉俗成眞，物自身才能呈現。龔相學詩詩：「會意卽超聲律界，語可安排意莫傳」「欲識少陵奇絕處，初無言語與人傳」，都告訴了我們，爲什麼要傳心，因爲整個提昇生命的關鍵、由虛妄轉入眞實的關鍵、以及詩句由俗弱轉入高妙的關鍵，卽在透過轉識成智而「悟入」㊹。

三、轉識成智的工夫進程

「詩人滿腹著清愁，吐作千詩未肯休」（誠齋集卷十・紅葉），因爲執著，而且是耽執，造成詩人性格的偏宕與痛苦，五官之動，迷而不反，以致於賊莫大乎德有心而心有睫。這種識執，宋人稱爲「病」。病之起，既爲妄念之執，則所謂詩病，便只是由作者內在之妄念延伸到詩句中去的疵累。此所以宋人論「詩病」，每兼就思想內容和法度形式兩方面來談（前者如蘇轍『詩病五事』、後者如姜夔『白石詩說』）；但若要治病，則勢必拏住根本緊要處。宋人這類觀念，起自山谷呂居仁，山谷次韻向和卿詩：「覆卻萬方無準，安排一字有神；更能識詩家病，方是我眼中人」，首句卽陶鈞萬物之意，第三句言更者，方爲主旨所在，故後文又云：「覓句眞成小技，知音定須絕弦；景公有馬千駟，伯夷垂名萬年」，聽於無聲、視於無形，可以見其推崇陶淵明之故：以淵明意在無弦而又能淡泊其志也。一般雕琢章句、安排句法者，不足以知此，故其病亦不可瘳。

因內在的魔心不除，於境便有所癖。就詩而言，其所癖者又在於文字。呂居仁寄江端本諸人詩不是說了嗎：「誤沾文字癖，虛覺鬢毛斑」（詩集卷七），嘔出心肺，盡精力於詩，但文字本身卻非眞實、卻不能盡道㊺。學者若不能跨出文字所指涉的經驗概念世界，朝向超越的層面，則其精力只是虛擲，其詩亦終不免於只是癖而已。

面對內在妄念與文字執癖這兩項困局，若借東坡的話來說，一要解除識心之執，了解詩和詩人「不比狂花生客慧」；二要超越文字之癖，澈知「賦詩必此詩，定知非詩人」。張鎡『南湖集』卷五就曾用兩句話來概括此二事：「胸中活底仍須悟，若泥陳言卻是癡」。換言之，整個問題的關鍵，在於悟，若悟，則識執自去、言語不泥。

悟，具有工夫的過程意義。本來詩必須悟，是呂本中『童蒙詩訓』中早已揭櫫的，但呂氏同時又警告詩人：「悟入必自工夫中來，非僥倖可得，如老蘇之於文、魯直之於詩，蓋盡此理也」。學詩猶如學仙，換骨自非一日之功，但所謂工夫，並非刻意苦學、日日斵鍊，而更在於涵養胸襟：

△謝逸：「意到語自工，心真理亦邃」（溪堂集卷一‧讀陶淵明集）

△謝薖：「要將餘事付風騷，已悟玄機窺佛祖」（幼槃文集卷三‧有懷覺範上人）

△丁鶴年：「蠅頭小楷寫烏絲，字字鍾王盡可師；忽悟庖犧初畫象，工夫原不在臨池」「南窗薄暮雨如絲，茗盌薰爐共論詩，天地悠然人意表，忘言相對坐多時」（元、丁鶴年集卷一‧雨窗宴坐與表兄論作詩寫字之法）

未悟之前，是識心執心；既悟之後，則解縛去執，能見物如實相、天地悠然，這就是實性圓成的階段。然而，在依他起性之上著偏計執，必須藉轉識成智的工夫進程，才能見圓成實，則一切工夫自然都必須落在怎麼樣轉化識心爲智心之上。

這種轉化，正如前文所述，可以有許多不同的途徑，唯識學本身即有三種方法，天臺也可以以止觀的工夫來達成；依宋人詩文評論的觀點來看，在佛家方法之外，如莊子的心齋坐忘、或儒者的道德主體，也是當時人所極重視的。譬如陳后山文集卷十九「談叢」裡，記載韓幹有匹走馬圖，絹壞了，馬足也毀損不可見了，李伯時卻說：「雖失其足，走自若也」。足已失去，便是象已不存；而走自若，正是意仍可見。元劉靜修評論此事時，就引用莊子「齊物論」中嗒然喪我的理論，說：「足不能行氣自馳，天機深處幾人知？世間無物能形此，除我南窗兀坐時」。南窗兀坐，主要是致虛守靜的一套工夫，藉著這套工夫而喪我，消除我執；而忘象，消除對象之執。所謂喪、忘，可依胡賽爾（Edmund Husserl）現象學的觀點稍做說明：據他的看法，經驗活動的客觀對象，可以存而不論，中止判斷；而由感官世界走入超越世界。「由經驗我（Empirisches Ich）的感官世界認識，到超越世界之眞實境界之間，有一條通路。要走的這條通路，第一步就是把經驗我存而不論」。風花雪月諸象，是經驗我的感官認識，但經由「喪我」「忘象」之後，卻可由感官世界的認識通往超越世界，忘象見道、忘言得意，得「象外之象，境外之境」（季洪・芸庵類稿卷六・檝株集序）。這不是技巧間事，更不可由形迹上求，所以劉靜修才說世間無物能形容此一南窗兀坐、嗒然喪我的境界。這個境界，卽是董逌『廣川畫跋』中所說畫者凝念不釋、論與物忘，則「心術之變，化有而出，擧天機而見者皆山也，故能盡其道」（書李成畫後）的境界。擧天機而見之山，乃是實相如相。必須如此，然後文字與線條才能盡其道，因爲它本身已經超以象外，呈現出一種超越的層次了。謝逸所謂體道之士，見忘執謝，則心如明鏡，遇物便了，意卽在此[46]。宋詩所強調的亡言得意、不貴形似，都可以透過這條線索來理解。

由此可知，每位藝術創作者，都跟生命的證驗者相同，一定得悟，可是每個人悟入的方法卻未必相同，禪家開悟，也是人人不同的。不過這種不同並非目的或原理之異，所以依儒、依道、依佛也無根本之殊，且其方法本身也可以納入同一義理進程中，合併討論。例如陳善『捫蝨新話』下集卷一：「老杜詩當是詩中六經，他人詩乃諸子之流也。杜詩有高妙語，如云：『願聞第一義，回向心地初』，可謂深入理窟，晉宋以來詩人無此句也。『心地初』乃莊子所謂遊心於淡、合氣於漠之義」，事實上心地初乃佛家語，他卻併於儒道兩家義理中，來說明杜詩之所以高妙。又、周必大『益公題跋』卷九：「侍讀胡公平生未嘗啓梵夾、效膜拜，戲爲證老作此庵記，而辭理超詣，便得儒釋之妙」（跋此庵記）亦復如此。可見在同一義理進程底下，只要是能轉化執癖、呈顯本心，由物象超越至於道意、而圓融不二者，都能提供詩人作爲依據。

以下，我們便稍說這轉識成智的幾種途徑。

參、轉識成智的幾種途徑

林希逸『竹溪鬳齋十一稿』續集卷廿九：「放翁曰：『俗人爲俗詩，佛出救不得』」，此語最佳。但何以爲不俗、何以爲俗，此須分別得仔細，方可下筆」。離俗全眞、轉俗成眞，一直是宋詩第一序列的要求；所謂俗人，並非市井民氓之謂，而是俗學窒之、俗慮汩之的人。唯有解脫纏縛，「懷抱清眞」，才能免俗㊼。但解脫纏縛卻有不同的途徑，而途徑雖不相同，所造則一，放翁與兒輩論李杜韓柳文章偶成詩所云：「未言看到無同處，看到同時已有功」（卷廿八）即指此言，可見放翁於此深有體悟。然而陳仁子序其集時，卻忙不迭地問了：「世之詩，陶者自沖澹處悟入、杜者自忠義處悟入、蘇者自豪邁處悟入，吾不知放翁詩悟入，當自何處？」（牧萊脞語卷七）

陳氏此問，我們未必能夠回答，但宋人幾種轉識成智的悟入之途，卻可以概略介紹一下。

我們的分析模式，是葛立方在『韻語陽秋』中所推薦的。該書卷十二載：「柳展如，東坡甥也。不問道於東坡而問道於山谷，山谷作八詩贈之，其間有『寢興與時俱，由我屈伸肘；飯羹自知味，如此是道否』之句，是告之以佛理也。其曰：『咸池浴日月，深宅養靈根。胸中浩然氣，一家同化玄』，是告以道教也。『聖學魯東家，恭惟同出自。乘流去本遠，遂有作書肆』，是告之以儒道也」。道有三途，所造則同；詩之欲見道，蓋亦同此。

一、儒家：由道德意識顯露自由無限心

無論途徑之異同，整個問題所關涉到的重點大抵有三：一是作者本身如何悟入的問題。二是作者與外物關係的問題。三是作者如何創作的問題。

儒者處理這些問題，基本上是由泯除識之執知，而挺立道德實體這條路子來的。換言之，其重心在於作者本人人格的修養。修養深厚，則如水有淵源，詩文皆沛然若自其胸中流出；不假外求，故亦可免於現象之執著。李綱云：「信筆輒千餘言，理致條暢，文不加點，信乎道學淵源自其胸襟流出」

（梁谿先生集卷一六三・書陳瑩中書簡集卷）、周必大云：「觀其字如其詩、詩如其人，後世不待識面，當知爲伊洛勝流矣」（益公題跋卷十・跋汪季路所藏朱希眞帖），都代表了共同的體認㊽。

由詩既可以覘人之養，則涵養之道究當如何？固可以有許多不同的看法，但總其大要，則不外讀書與治心養氣二事。這也是儒者尊德性與道問學的傳統，然而二事先後次第，卻很難論定。

尊德性而道問學，可以黃山谷爲代表，山谷書舊詩與洪龜父跋其後說：「龜父筆力可扛鼎，他日不無文章垂世，要須盡心於克己，不見人物臧否，全用其輝光以照本心。力學有暇，更精讀千卷書，乃可畢茲能事」（文集卷卅），不但直以養心爲「學」，更認爲讀書與治心不可偏廢。此與白石詩說謂：「思有窒礙，涵養未至也，當益以學」，以學爲涵養之一端者，正復相同。

道問學而尊德性，可以朱熹爲代表。朱子早年以爲知言而後始能養氣，知言卽指知識思慮地格物致知；晚年則以涵養致知兩相穿透。這種轉變，並非其哲學立場有所遷移，而是轉識成智一般的現象㊾。前者就其工夫言，後者就其悟入之後的狀況言。換句話說，也必須讀書養心二者兼攝，涵養才算周至。

以下分別說明之。

甲、治心養氣

晁補之曾說黃山谷「於治心養氣，能爲人所不爲，故用於讀書爲文字，致思高遠，亦似其爲人」（鷄肋集卷卅三・書魯直題高求父楊淸亭詩後），治心養氣，何以能令人文章致思高遠呢？作詩文又何以必須藉治心養氣以求致思高遠呢？

就宋人的哲學觀點而言，天地以生生爲心，生生之仁，又內具於人，所以經由仁心之發露，人可以見天地之心。但天本身只是一元之氣，這一元之氣運行周布，則爲雲漢星斗、春夏秋冬，爲文；天地之心見於元氣成文，人心之仁自亦如之，只有人得其氣之正，不偏不塞，此心才能通貫天地，人文也才能秩然相應。張耒所說：「詞生於理，理根於心，苟邪氣不入於心、僻學不接於耳目，中和正人之氣溢於中，發於文字語言，未有不明白條暢」（答汪信民書），卽是此義。文與心之中和，自須於理氣之間求之。

以氣言之，文固出於氣，才亦根於氣。——文爲天地元氣之所發露，故欲爲文，須先養氣，劉宰『漫堂文集』卷廿四說：「文章所以發天地鬼神之秘……必其氣之淸也，故物不得而汨之；必其氣之直也，故物不得而撓之；必其氣之和且平也，故物不得而激之；必其氣之果毅奮發也，故物不得而沮之。……故論者曰：文章以氣爲主」（書惲敬仲詩卷後），這個氣，是由人心之仁所發，理論上應是純善中和的，但性理本身不能活動，能活動發露的是氣稟之才情，才情有善有不善，所以必須通過後天的工夫，使其符合於性理，此則有待於養[50]。職是，所謂養氣也者，應是使情氣之動合於性理，朱子答張敬夫書：「感於物者心也，其動者情也。情根乎性而宰乎心，心爲之宰，則其動也無不中節矣，何人欲之有？」（文集卷卅二）人欲就是識執[51]，詩必須得性情之正、發性情之和，當然要透過養氣的工夫，使其中節，宰乎心而得乎理。魏了翁說文辭「根於性，命於氣，發於情，止於道」，講的就是這個道理。文或人若能止於道、得乎理，都將如孔子之從心所欲，無入而不自得了，汪藻所云：「理至而文隨之，如印印泥、如風行水上，縱橫錯綜，燦然而成者，夫豈待繩削而後合哉？」（浮溪集卷十七・鮑吏部集序）之所以爲宋人論文之最後祈嚮所在，道理亦在於此。

養氣，是要使情氣之動合於性理，勿受外物所汩蕩。這是偏於泯除其識執之知的一面，但只有這一面工夫是不夠的，儒者之精采處尤在道德實體之挺立，此卽須要治心。前引趙汝回「雲泉詩序」所說作詩若能養性識體，則詩隨人格之所養而自然呈露，初非因想生見云云，最可說明此義。

養性識體，是要人自得其良心，並以此自得而見天地之生機。韓元吉『南澗甲乙稿』卷十六「深省齋記」說：

> 世之人蓋有聞鐘磬之聲，而自得其良心，以進於道者，非鐘磬使然也。……杜子美遊龍門寺詩：「欲覺聞晨鐘，令人發深省」，子美平生學道，豈至此而後悟哉？特以示禪宗一觀而已，是於吾儒實有之，學者昧而不察也。曾子曰：「吾日三省吾身」。夫識其遺忘，謂之省；審視其微，亦謂之省。人能內省其身，如識其遺忘與審視其微，則所以存其心者，蓋當如何！

趙汝回的講法是要詩人知體、養性，韓元吉則要人存心、內省。試比較他們的說法，就可知道此心此性，卽是道德之實體，是仁、是良心；而存養此一良心，則又有賴於反省和識察的工夫。這就顯示了：無論採取任何途徑來轉識成智，都以得心爲主，佛家如此，儒家亦然，此可與前文所述者相印證；且顯仁必在克欲，也說明了消除識執與顯現智心仍是不可分的。識其遺忘、察其幾微，微，指慾念之浮動而言，所以反省識察，實際上卽是恭敬存養、克己復禮的一套工夫，爲儒者「悟入」所必須。黃山谷所謂盡心於克己，全用其輝光以照本心，不但開宋人以克己存養論詩之漸，也與宋代一般的哲學體認相通。南宋時，上蔡、龜山、湖湘、朱熹等各系理學，對於仁的理解，雖有異同，但克己去私，以明其本心，大抵則是相似的52。朱子尤其主張必須通過識察才能成其涵養，文集卷七七有「克齋記」一文，以爲克塞人欲，則其心藹然若春陽之溫，亦可與韓元吉說互參。

由道德意識所顯露的這顆心，藹然若春陽之溫的心，其實卽是自由無限心。所謂自由無限，是因爲心體仁體本爲人人皆具的良心，克私去欲之後，仁體呈露，此心之體既無所壅蔽，則皇皇四達，感通無礙、覺潤無方，其用遂亦無所不行。以自得其心來見天地之心，所以無礙，所以「活」；因見天地之心，所以人雖有限而可以無限，可以超越客觀條件的限制與阻礙，知命樂天，不憂不懼，所以又是自由。宋人詩論中喜歡稱贊某某人外物不移，雖遭橫逆險巇而夷然溫粹，具見所養。卽是就這一面而說的。

乙、讀　書

宋人論詩文，都極重視書卷，這點不待強調，人人皆知。然而，讀書事實上是與治心養氣密不可分的，試看陳后山答江端禮書說：「文……正心完氣，廣之以學，斯至矣」（文集卷九）及韓拙『山水純全集』說：「天之所賦於我者性，性之所資於人者學。能因其性之所悟，求其學之所資，未有不業精於己者也。古人以務學而開其性」等記載，便知無論文章或書畫，莫不講求積學養心，而這點實隱含了宋代詩學中一個絕大的問題。

原來宋人一直認爲作詩必須以積學窮理爲工夫，但詩之眞正成就處卻不在於學問，而在心靈之超越，所以必須要「悟」。嚴羽所謂：「詩有別材，非關書也；詩有別趣，非關理也。然非多窮理，則不能極其至」，就是這個傳統下的產物53。站在這裏講詩道在於妙悟，其言當然與周必大、樓鑰等人相同：

△公由志學至從心，上規賡載之歌、刻意風雅之什，下逮左氏、莊、騷、秦、漢、魏、南北朝、隋、唐，以及本朝，凡名人傑作，無不推求其詞源、擇用其句法。五六十年之間，歲鍛月鍊，朝思夕惟，然後大悟大澈，筆端有口、句中有眼，夫豈一日之功哉？（益公題跋卷四・跋楊廷秀石人峯長篇）

△詩……非積學不可為，而又非積學所能到；必其胸中浩浩，包括千載，筆力宏放……而後為不可及（攻媿集卷五二・雪巢詩集序）

△與武子評詩，謂當有悟入處，非積學所能到也。……山谷晚年詩，皆是悟門。……遽讀之或不易了，而中有理窟，覽者當自知之（同上卷七十・書張武子詩集後）

悟，非積學所能到，但必須積學至此，然後有悟，不學則無悟也。且悟入之後，既是從心所欲之境，則所謂悟者，當指心而言。包恢與留通判書論此義有切：「今之學者，終日之間無非倚物。倚聞見、倚議論、倚文字、倚傳注語錄，以此爲奇妙活計；此心此理，未始卓然自立也」（敝帚稿略卷二），讀書在儒家，爲聞見之知；此心此理之卓然自立，則屬德性之知。「閱之多、考之詳、鍊之熟、琢之工」，目地固然在於剝落皮膚、求造眞實，但若不能自得，則亦無用。魏了翁所云：「須從諸經字字看過，思所以自得」，羅大經所云：「不求之六經固不可，徒求之六經，而不反之吾心，是買櫝而棄珠也」（鶴林玉露卷六），皆就詩文而言，恰與陳后山桴鼓相應，只不過后山較強調詩人須藉書中學問來超拔擴充心靈罷了。山谷題宗室大年小年畫說：「若（大年）更屏聲色裘馬，使胸中有數百卷書，便當不愧文與可矣」（文集卷廿七），亦是此意。因其性之所悟，務學以開其性，這兩句話眞是講得好極了。

另外，由志學到非積學所能到的境地，也就是元遺山所說的學至於無學。『玉屑』卷一趙章泉詩法條云：「問詩端合如何作？待欲學耶無用學？今一秃翁曾總角，學竟無方作無略。欲從鄙律恐坐縛，力若不加還病弱，眼前草樹聊渠若，子結成陰花自落」，講的也是學至於無學。無學無作，而草花樹子自我呈現。這便牽涉到作者與外物的關係、和作者如何創作的問題了。

*　　*　　*

儒者轉化僻執與障溺而悟入，歸結處旣在此心仁體之自立自得，則透過此一道德實體，不難觀見天地之心；且可以觀此天地之心所卽物而在的物，而見其自得。「仁之爲道，乃天地生物之心卽物而在」，語雖出自朱子「仁說」（文集卷六七），但羅大經『鶴林玉露』講得很淸楚：「古人觀理，每於活處看……故曰：『觀我生觀其生』、又曰：『復見天地之心』，學者能如是觀理，胸襟不患不開濶，氣象不患不和平」，所謂觀理，是指卽物而窮理之理。心能觀物，但何種心觀何種物，由觀物之活，正可反襯出心中甚活，所以文中又強調「如是觀理」，如是，指觀物之方法態度而言。

這種態度，亦見諸羅氏同書卷八，文曰：「杜少陵絕句云：『遲日江山麗，春風花草香。泥融飛燕子，沙暖睡鴛鴦』，上二句見兩間莫非生意，下二句見萬物莫不適性。於此而涵泳之、體認之，豈不足以感發吾心之眞樂乎？大抵古人好詩，在人如何看，在人把做什麼用。如『水流心不競，雲在意俱遲』『野色更無山隔斷，天光直與水相通』『樂意相關禽對語，生香不斷樹交花』等句，只把做景物看亦可，把做道理看，其中亦儘有可玩索處。大抵看詩，要胸次玲瓏活絡」。——唯胸次活絡，才能見物見詩之活，已如上述。但此處事實上是詩人觀物、而讀者又觀詩。詩人卽或觀物得活，能見天地之心；仍有賴讀者之修養始能知見，否則則以爲只是景物現象而已；任淵注后山詩，警告讀者「讀后山詩如參曹洞禪，不犯正位、忌參死語。若以色見、以聲音求，是行邪道，不見如來也」，原因卽在於此，這仍是種超越的區分。某些人之所以能不以聲色景物求詩，能「把做道理看」「把做什麽用」，是因爲他們觀物的態度，不是認知地指向景物事件本身，而是因涉及物而引起他們有關行爲思想方面的思考，反求諸己，在自己的良心上見物我無礙。這就是宋人所說的「用」與「活」。

活卽不滯礙之意。於活處觀物，則鳶飛魚躍，固是心活也是物活，這樣才能在現象景物之外，看出一層道理；於活處作詩，也能因象見道、卽物窮理，具有含蓄之美。這種美，兼指道德之美與美學意義之美兩方面，吳子良『荆溪林下偶談』卷二謂意尤遠而語加活者，意含蓄而語不費，屬於後者；『鶴林玉露』卷五謂楊慈湖詩句意淸圓，足覘所養，則兼含二者。宋人之所謂活法，尤當如此理解[54]。

至於用，則不含美學的意義，亦與實際事物的作爲無甚關係。那位「所造詣有在言語之外者，非世俗所能測」的戴石屏，在論詩絕句中說：「陶寫性情爲我事，留連光景等兒嬉；錦囊言語雖奇絕，不是人間有用詩」（詩集卷七），認爲流連光景、雕琢語言，皆是依他起性，無與眞實，唯有陶寫性情，才能見道、才是有用。這種觀點，頗可代表當時的評價標準，故羅氏『鶴林玉露』亦云：「天以雲漢星斗爲文、地以山川草木爲文，要皆一元之氣所發露，古人之文似之。巧女之刺繡，雖精妙絢爛，才可人目，初無補於實用，後世之文似之」（卷一）。此語不但可爲戴詩註腳，他以一元之氣所發露來論文，也點出了詩人創作時的態度。

天地以一元之氣發露爲文，人亦以其氣流顯爲文。這種流顯發露，乃是自然而然的，如風水相觸、如泉源噴湧，只是自然地呈現，而非作出來的。作，代表人爲的創造，自然則爲天機暢發，不假思索模擬而至，張元幹亦樂居士集序所云：「韓杜門庭，風行水上，自然成文，俱名活法」（蘆川歸來集卷九），即指此言㊺。施德操『北窗炙輠錄』講得更透澈：「子美讀盡天下書、識盡萬物理，天地造化、古今事物，盤礴鬱積於胸中，浩乎無不載，遇事一觸，輒發於詩。淵明隨其所見，指點成詩，見花卽道花、遇竹卽說竹，更無一毫做爲」（卷下）。妙識物理、盤瀁胸中，即是「含蓄」；含蓄既厚，遇事輒發，初無意於造作；而見花道花、見竹說竹，則是其心無所繫累，所以能照見物如實相，「以物觀物，而不牽於物；吟咏情性，而不累於情」（魏了翁・費元甫陶靖節詩序）。這是在道德主體流行中，心與行爲物一體呈現，心固自得，物亦現其如相實相自在相。物既是自我呈現，則非「寫物」甚明。寫物形似之所以不佳，正因其不能自得，故『玉屑』卷十引復齋語錄說：「詩吟函得到自有得處，如化工生物，千花萬草，不名一物一態。若無自得，只如世間剪裁諸花，見一件樣，只做得一件也」，涵養自得，則物不待雕琢剪裁、揣摸刻繪，以物觀物，物物自然呈現。

詩人觀物時的情形如此，其作詩亦然。在「物色入眼來，指點詩句足」的情況下，詩並非「作」出來的，而是自我呈現的，所以楊萬里有詩云：「好詩排闥來尋我，一字何曾撚白鬚」（曉行東園）「鍊句鑪錘豈可無，句成未必盡緣渠。老夫不是尋詩句，詩句自來尋老夫」（晚寒題水仙花幷湖山）。

詩句自我呈現，所以是天機而非人力，「默契神會，不知其然而然」。這種機籟鳴發、不假造作的詩觀，顯然有兩點值得注意：一、以上整個理論結構，與易傳關係邃密，由天地生物講到觀我生觀其生、復見天地之心，正是顯露自由無限心，而物皆見其自己、一如人之自得其良心在其自己；物皆見其自己、呈現其本來面目，則是佛家所謂如相實相，呂本中題晁恭道善境界圖詩：「疇昔相從三十年，如今休去不逃禪，知君參見法輪老，始知蒼蒼便是天」，講的就是這種儒釋之妙的境界。同詩第二首說：「境界本來無善惡，人間何處有新圖。欲知個裏眞消息，臘月寒松永不枯」，發揮尤切：既悟之後，只是中和，靜動言爲皆自然而然，無所謂善惡；而心有本源，自也無礙自在，雖臘月亦不枯萎。二、作品出於自然，無意造作，即產生以文爲寄寓的創作態度，終身言而未嘗言；而作品本身則形成文以見道、意餘於文的狀況，亦與易之象相似。呂本中夏日詩：「閉門觀易象，反復看如何？——妙處元非晝，微言不在書」（詩集卷十五），與滄浪所謂詩妙處如相中之色、鏡中之象，言有盡而意無窮云云，正可互參。淸宋大樽『茗香詩論』說：「易取象、詩譎諫，猶之寓言也」，於此可謂善於祖述。

* * *

當然，這條途徑之精采處猶不在此。因爲無論是含蓄、或由文以見道所導出的氣韻風神之說，也都可見諸佛道兩家轉識成智的逕路中。但唯有經由懲忿窒欲，而挺立道德實體這條路子，才能透出對社會的關懷。——

儒者一方面愼乎所養、一方面學問充富，「寤寐食息，必念於是；造次顚沛，必念於是，則將超然懸解、躐等頓進，逕至妙處，一日萬里」（李　答趙士舞德茂宣義論宏詞書）。達到佛家所謂妙悟、道家所謂換骨的境地。這一境地，主要是在自我道德主體的挺立與修持，以存心養性爲其工夫。而存心，又以敬以直內、義以方外爲其精一操存之道㊻，所以理論上它必不止於自我安頓爲已足，必須再透出義以方外的一面，展示他對社會人羣的關懷與責任。魏了翁答丁大監黼書說：

愈疾古詩見懷唐律，蕩然有懷人憂世之意。非但詞工味雋，而所示近著，又以見二三年間樂天知命、從容自得之趣（文集卷四六）。

樂天知命、從容自得，這種由道德意識所顯露的自由無限心的作用，正是與懷人憂世之意完全結合爲一體的。此所以爲「適用」。戴復古、眞西山、羅大經等人之所以抨擊雕繪章句、留連光景的作品，原因就像許尹在「黃山谷詩集注序」文中所說的：「曹、劉、沈、謝之詩，非不工也，如刻繪染縠，可施之貴介公子，而不可用之黎庶。……唯杜少陵之詩，出入古今，衣被天下，藹然有忠義之氣」。藹然，是形容仁者之言的狀詞，可見所謂忠義之氣、憂懷黎庶之意，本是內在仁心所發，義以方外，出乎自然。李綱道卿鄒公文集序曰：「士之養氣剛大，塞乎天壤，忘利害而外死生，胸中超然，則發爲文章，自其胸襟流出。……唐韓愈文章號爲第一，雖務去陳言，不蹈襲以爲工；要之操履堅正，以養氣爲本。……進諫陳謀，屢挫不屈，皇皇仁義，至老不衰」（文集卷一三八），頗能說明此義。士先涵養胸中之浩然，存此仁心，則義可以不蘄然而見諸外。

因爲義是不蘄然而見諸外的，所以是自然流出，與發爲文章相似，而非有意爲之。既非有意爲之，則其吟咏情性之間，自然能見禮義之所止，傷閔哀思，若有所諷諭，這就是「興」，是葛立方所說觀物有感而近乎訕的興，也是上文所說如易之有象的譎諫。這有諫諷，與訕謗不同的是它本身並無直斥痛詈之辭，只在文外見其興諭感諷之意，其本身即是意餘言外的一種表現，故亦能興起讀者的仁心。眞德秀跋南軒送定叟弟赴廣西任詩十三章說：「棠棣之作，至今千載矣，藹然忠厚之情，惻然閔傷之志，讀者猶爲興起。南軒先生此詩，於怡怡之中，有切切偲偲之意，雖使不令兄弟觀之，友悌之心尚當油然而生，況綽綽有餘裕者乎？」（文集卷卅六）殆即指此而說。本來文學與藝術純就其美學價值而言，詩篇是否具有道德意識、是否能導出社會的關懷，與詩之所以爲詩，並無直接而必然的關係。但基於下列兩點考慮，宋人勢必要強調道層意義：(1)就一切文學藝術之欣賞與創作而言，欣賞與創作之所以可能、其本身何以存在，這一類文學藝術的根本問題，事實上即是哲學的問題，西方美學自始即隸屬哲學之內，是個最明顯的例證。同理，在討論詩文時，宋人認爲欣賞與創作之所以可能，必須預設人心主體可以互相感通才行。而因爲人心可以感通，讀者才能透過作品，諦聽作者的生命與呼吸，並興起自我的仁心；這就是他們論興、論詩之教化功能的基礎。換言之，由哲學預設到文學之美感及社會功能，這周密貫串的一整套理論，不管後人是否同意，都必須承認它們並未用道德原理來替代文學原理，而是論詩文與藝術題中應有之義。(2)在一個反省觀照的時代，窺探文「心」，對個人精神志氣與境物接遇的關係，作一省視，本是極爲自然的現象。但思索所得，未必相同，對創作及欣賞所持的態度，亦復相異。轉識成智，是他們共同的路向，但如何轉、轉後境界如何，皆不免小有參差，這點我們只須着看宋人往往將杜陶合論，而又說杜甫如六經，陶如老氏的情形，便可知道。挺立道德實體、開展社會關懷，正是儒者氣象與佛道妙悟不同之所在，無怪乎他們要屢屢言之了。

這樣的不同，當然只是一種分別罷了，宋人在論哲學文學時，往往求同多於別異，我們只能說含道應物、澄懷味象，是儒道之所同，不過在應物時小有差異而已（道家主要在講詩人應物而不傷、儒者則或更要講應物而化物）。因爲程伊川呂與叔論詩文，就是引莊子「心齋」爲說的。

二、道家：以虛靜心消除造作而顯一切有

爲什麼要以心齋來論詩文是否知本呢？陸放翁夜坐示桑甥詩：「好詩如靈丹，不雜羶葷腸；子誠欲得之，潔齋祓不祥」（詩集卷十九），頗能點出此中消息⑰。宋人論學詩，輒曰如學仙、如養成內丹、如金膏換凡骨，這雖是受當時宗教背景影響而產生的一些比擬，但也可知詩人作詩，雖有靈丹一粒，可以點鐵成金，也必須先滌腸去垢，始能得之。齋祓，就是蕩識遣執的工夫，其工夫的目的，不在詩語的刻鏤，而在識心之轉化，『畫苑補益』載張懷論畫有曰：「昧於理者，心爲緒使、性爲物遷，汨於塵坌、擾於利欲，徒爲筆墨所使，安足以語天地之眞哉？」心爲緒使，故不能忘我；汨於塵坌，故不能忘象；徒爲筆墨所支配，故不能忘言。此卽爲俗！轉俗，才能成眞。

這種創作的進程，基本的了解是：藝術並不只於媒介之表現，如何使用筆墨線條文字媒介，是作者的技巧，但藝術創作本身，當是技進於道的過程，放翁稱贊梅聖俞杜甫的詩是，「豈惟凡骨換，要是頂門開，鍛鍊無餘力，淵源有自來，平生解牛手，餘力獨恢恢」，便是承認詩人可由鍛鍊之精，漸至於恢恢有餘之境，忘其爲技與習，而獨得道眞。由技與習而到忘其爲技與習，則其創作，已在不用心、不用意之中完成了，山谷題李漢擧墨竹，說古人繪事妙處，類如輪扁斲斤，不能以教其子，「近

也崔白畫竹，幾到古人不用心處」（文集卷廿七），便是技進於道的最好說明。這其中，技進於道，正如輪扁庖丁，必須得乎手而應乎心，心識其所以然，而手亦能著其然，始能成爲一種藝術創造，否則卽只能止於美的觀照和內在的修養，這便是哲學家與藝人最大的不同㊽。東坡在書文與可篔簹谷偃竹紀中，將手如何應心的鍊鍛，稱之爲「學」，因此我們也可以知道技進於道的藝術創造歷程，其實卽是學至於無學的歷程。一位大作家，基本上必須手能應心，然後才能得心應手。心與手合、物與心合，則其能達人所不能達者，事實上只是能見人所不能見、能想人所不能想。周必大等人稱畫與詩是心畫，原因卽在於此。詩文若爲心聲心畫，則其高妙與庸俗，正是心境澄濁之外顯；欲使詩文佳妙，卽非治心不可。心齋之作用，就在於此，它是整個轉識成智的中心，也是詩人是否能夠化俗成眞的關鍵。

就技進於道的藝術創作而言，得心應手，必須凝神不紛、「官知止而神欲行」。心齋也是如此，它是轉化成心的工夫，希望透過這種工夫，官知止而神欲行：「勿聽之以耳，而聽之以志；勿聽之以心，而聽之以氣；聽止於耳、心止於符。氣也者，虛而待物者也。唯道集虛，虛者心齋也」（莊子·人間世）——這些不同的認知態度中，聽之以耳的是感官知覺，聽之以心的是概念思考，所謂心止於符，是指外物與概念的符應，所以成疏說：「心有知覺，猶起攀緣；氣無情慮，虛柔任氣」，情慮知覺與攀緣符應之知，都屬識知，心若止於這類認知方式，則其爲妄心無疑。如何由妄心轉入常心（常心見德充符）？只有藉著齋心的工夫了。妄心與常心，並非兩顆心，而是心的兩種不同狀態，前者爲妄心執心，此類妄執，若能經由集虛養氣、斷除知障等工夫，卽能廓掃塵翳，成爲虛靜心。

虛靜心虛而待物，所以能見物之本然，荀子曰：「心何以知道？曰虛一而靜」，就是指此而言。它由忘知而呈現，故為虛、為靜；因為虛，所以意識自身的作用和被意識的對象，才能同時呈現；因為是靜，所以富、貴、嚴、顯、名、利，不能在心上起執。東坡送參寥師所言：「欲令詩語妙，無厭空與靜；靜故了羣動，空故納萬境」，於此體會甚切。空與靜都不是指詩句而言，而是說唯能虛靜其心者，才能照見萬境、才能掌握羣動，不以物撓心，而優遊自得，詩語也才能妙。游誠之詩：「閑處漫遊當世事，靜中方識古人心」、陸放翁詩：「人情靜處看方見」，都是就此而言。因為這種靜，是存心之靜，故外在形迹之靜動與否，實不相干，『鶴林玉露』卷六：「列子曰：『仲尼廢心而用形』、淵明詩云：『形迹憑化往，靈府常獨閑』說得更好。蓋其自彭澤賦歸之後，灑然悟心為形役之非，故其言如此。果能行此，則靜亦靜、動亦靜，雖過化存神之妙，不外是矣」，淵明上句之根，卽在下句，靈府獨閑，是用莊子德充符物不足以滑和之意。靈府虛湛，自然行迹隨化，動靜無礙。此與朱子論心之所以為體者寂然不動相似：「寂而常感、感而常寂，君子卽可以此致中和」（見文集卷卅二・答張敬夫書）。

致中和，必須同時講到天地位、萬物育，於虛靜心亦然；但偏重在萬物皆自得這方面：以虛靜心觀一切物，而物皆在其自己，各以其物自身呈現。東坡書王定國所藏王晉卿畫著色山詩：「我心空無物，斯文何足觀。君看古井水，萬象自往還」（詩集卷三一），就是說至人之用心若鏡，物各以其本貌呈現。因其面貌並不被我所扭曲，所以靜觀萬物，物皆自得。這，就是虛靜心的作用——以「無」刮除一切造作與膠著，而觀照以顯一切有。

「無」，是指洗濯塵垢、斷絕知見的工夫，在莊子卽名爲心齋、坐忘。

* * *

老莊哲學中，無，本有工夫與境界二義，像蘇轍祭文與可文中所說的：文氏畫竹「遇物賦形，得於無心」，就是由工夫轉化而出的境界。這種無的工夫，可以概括老子的「無爲」、「無知」、「無欲」、「無身」、「虛其心」、「致虛極、守靜篤」，莊子的「無己」、「無功」、「無名」等，而都落實在心上。心有執有知，所以要去執忘知，層層剝落，以顯純粹意識。齊物論一開始就談「吾喪我」，逍遙遊也載堯「往見四子藐姑射山，窅然喪其天下焉」，可見他們對這一問題的重視。喪，卽是忘，成疏說：「喪之爲言忘，是遺蕩之義」、郭注也說：「都忘內外，然後超然俱得」。遺、蕩、喪、忘、滌除玄覽、損之又損，其目的都在無爲，使物無所容心，而達到無爲而無不爲的境地。這種進路，頗與宋人之論克私去欲相似，故其歸趣，亦往往合轍。

這種合轍，當然也是基於文學本身的考慮。朱子書屏山先生文集後說：「其精微之學、靜退之風，形於筆墨，有足以發蒙蔽而銷鄙吝之萌者」；陸游序曾裘父詩集，也認爲詩的最高境界，應能讓「讀之者遺聲利、冥得喪，如見東郭順子，悠然意消」，這都是就文學作品的效應上說的。但，要讓人如見東郭順子，須得自己是東郭順子。這就非用到莊子這套心齋坐忘的工夫不可了。

正如郭象所講，忘，必須內外皆忘，才能超然自得。在內，必須忘我；在外，則必須外物、忘象。詩人本來皆不免於偏執，甚且以此偏執自樂，方勺『泊宅編』卷上嘗說韓詩多悲、白詩多樂，袁文『甕牖閑評』卷五也說：「情之惑人甚矣，自非胸中有過人者，而能以理自遣，不爲陷溺者幾希矣」，清趙吉士卽本此說，謂：「詩本性情，多悲多樂，不免性情之偏」。詩人本身多是性情有偏的，而其所以有情有偏有執有病有愁有苦有大患者，爲其有身。他們雖然也常因其本身才性、感情、思想秉賦之異常，及對理想世界追求之渴望，而隱含有宇宙萬物的同情或哀矜，體念出人世靡常、我執非眞的道理。但那往往仍只是一種知解，並未切實深下無已的工夫。是以閉門造愁，吐作千詩；而詩裏清愁，又惹閑情；如斯輾轉，遂至沈溺不可收拾，不死不已。要想脫執解縛，唯有在生活或藝術創作中，實踐地忘我：東坡謂文與可畫竹時，見竹不見人，「豈獨不見人，嗒然遺其身」，就是說文氏在藝術創造活動中，能因神凝智解，而消解我執，與竹冥化；郭熙謂畫家詩人，「不因靜居燕坐，明窗淨几，一炷爐香，萬慮消沈，則佳句好意，亦看不出；幽情美趣，亦想不成」（圖畫見聞誌・畫意篇），則是說藝術家必須在生活上體驗虛靜，以養其心、澄其慮。前者逕用齊物論，後者則與莊子達生篇梓慶爲鐻，必齋以靜心，然後成見鐻，完全相同，也是一種神凝智解的工夫。神凝，故可以「齋」來形容，東坡子由都曾說文與可畫竹，是「縱橫放肆，久而凝神；晚歲好道，耽悅至理，洗濯塵翳，湛然不起」，可見這種實踐地忘己工夫，實乃誠敬篤實、眞積力久所致，伊川喜敎學者靜坐，又以主敬代替主靜，原理亦與此相似，非可以放閑隨意得之，而須以齋敬之心處之。一位藝術家若能凝神不釋，自然神與物化；能主客合一，自然遺去機巧；能意冥玄化、遺去機巧，自然陶融太和，如飮醇酎、如享太牢。在沛然充足中，顯現心之自由與無限。這便是技進於道的境界了。

所謂神與物化，正是『鶴林玉露』卷六紀曾無疑論畫草蟲所說的：「不知我之爲草蟲耶？草蟲之爲我耶？」我與物、主與客之間，無一毫間隔，化合爲一。董 說范寬作畫「神凝智解，無復山水之相」者，卽是此境。——忘象之境。

忘象也者，如前文所擧雪中芭蕉、六月冰峯之類，皆是忘象所得。作者玄覽冥契，自然無定象可執，所以它與忘我是相依而生的。在虛靜心的觀照下，見物我之同一，將外物所附著的和解與誘引，完全消納喪忘，於是我執遂也因喪失了對象而無所掛搭，由內至外、由外至內，層層擺落，而顯虛靈不昧、覺而能照之心。

在這種情況下，物我自然玄同爲一。這是主客合一或無主客對立的超經驗觀悟，我見物之自然，我本身也隨物之自然呈現而存在，人見其人、物見其物。此事在哲學修爲中不難理解，但在藝術創造中卻成爲一種弔詭。因爲無論作詩、畫畫、或彈琴，都必須藉象而不能忘象，其經營與表現，更須藉助線條、文字、和音符，此卽有「迹」，有迹便有執著，便不能見道。此所以宋人要說「小詩妨學道」，而老莊也要強調言不盡意了。然而，事實上語言與線條等，乃是無法拋棄的，『容齋隨筆』更說：「老莊滅絕禮學，忘言去爲，而五千言與內外篇，極其文藻」（卷十六），直接指出這層弔詭。要解開這個弔詭，只有仍回到老莊的系統裏，採取「言無言」的態度。

本來所謂忘言，卽類似前文所說佛家異法門的遮詮方式。因爲言不能盡意，故所言者並非意之本身，但言畢竟不能完全拋棄，那麼就只好「忘」了。忘言，故其言乃是「言無言」、其無言乃是「淵默而雷聲」：無言之中有至言妙道，而至言妙道雖瀾翻泉湧、言之不窮，而終若未嘗言。

以東坡爲例，他曾有詩說：「師已忘言眞有道，我除搜句百無功」，有道僧人之忘言，本是與詩人搜句恰好相反的態度，但等到詩人轉而說：「淸吟雜夢寐，得句旋已忘」時，便是雖得句而未嘗有句，雖言而忘言了。且句而曰得，又顯示了文章本天成，詩句本身乃是自然浮現的，詩人天機輻湊，妙手偶得，並非由我創造而來，故又有詩云：「春江有佳句，我醉墮渺茫」。曰醉、曰夢，其實都是「放入括弧」（Einklammern）中止判斷的處理方式，也就是忘。他並不否定詩句可以爲一客觀的存在對象，但他忘了。他是詩人，但也已忘言了。

這種處理方式，爲道釋所同，山谷文集卷七七題趙公佑畫：「余未嘗識畫，然參禪而知無功之功、學道而知至道不煩，於是觀圖畫悉知其巧拙功楛、造微入妙」，無功亦見莊子逍遙遊，可見此處山谷乃是會合而言之的，態度與東坡相同，故其論言與默亦相似。聽崇德君鼓琴詩：

> 兩忘琴意與己意，乃似不著十指彈，禪心默默三淵靜，幽谷清風淡相應，絲聲誰道不如竹？我已忘言得真性，罷琴窗外日沈江，萬籟俱空七弦定（外集卷二）

琴（客）我（主）兩忘，言相俱遣，卽是崇德君琴聲的高境。彈者既不似十指所彈、知音亦在絕弦，豈不是與董『廣川畫跋』卷四書李營丘山水圖說：「爲畫而至相忘畫者」、卷六書記室藏山水圖說：「初若可見，忽然忘之」，手眼相似嗎？非言非默，所以言無言，終身言，未嘗言；終身不言，未嘗不言。這是因爲所言者爲物自身，而物自身是物以其自己而存有，因此言雖出自我口，卻等於非我所言；我本身並無心無情附麗於物上。——

關於前者，蘇轍「墨竹賦」講得最好：「始也余見（竹）而悅之，今也悅而不自知也，忽乎忘筆之在手與紙之在前，勃然而興，而修竹森然。——雖天造之無朕，亦何以異於茲焉？」（欒城集卷十七）竹雖是我手所畫，而且畫在紙上，但那卻只是物自身之呈現，天機森然，並無造使之者。其所以如此，是因作者忘言、而且絕待，故竹紙筆皆非聳立在我面前的對象⑥⓪。

關於後者，眞德秀「送蕭道士序」講得最精采：「今子戒於言而歸於默，善矣；顧未能亡琴與詩焉。是知多言之害，而未知多藝之累也。子默然而笑，曰：『有是哉？然琴以養吾之心，而吾本無心；雖終日彈，而曰未嘗彈可也。詩以暢吾之情，而吾本無情，雖終日吟，而曰未嘗吟可也。琴未嘗彈，與無琴同；詩未嘗吟，與無詩同。曾何累之有哉？』余曰：『子之言達矣！』」（文集卷廿八）以無心無情應物，何晏所謂聖人無情，人哭亦哭、人慟亦慟；陶潛所謂眞意既得，方欲辨之、即已忘言，都是此說的遠源。他們視有心有情於物，爲知識與耳目的錯覺或陷溺，所以要擺脫自我情識的執著，因物付物，藉無心而忘言⑥①。

透過這些方法來忘言，究竟有什麼好處呢？一眞絕待的「道」，固然是超絕言詮，非語言所能見能盡，但詩所表達的經驗，並不等於「道」，何以也必須忘言呢？

忘言在藝術創作活動中最大的好處，便是：唯有忘言，才能發揮語言最大的功能，並最精確地表現宇宙。杜夫潤（Mikel Dufrenne）所說：「藝術家的語言，越缺少表現力——亦即越沈默、越謹愼、越非個人——他越能表現自己」，或可爲此提供一個註腳⑥②。凡是注重語言表現的藝術家，其執溺愈重，因爲他在創作時，對象兀然森然矗立眼前，他一方面受這個對象（文字）所牽引、限制，無法超越文字所提供的認知經驗，而獨觀萬物；一方面又視文字爲外在的敵手，與之搏鬭，努力地去馴服它、鍛鍊（依自己的意思去扭曲）它。其結果便是陷落在文字中，左纏右縛，如涉大海。山谷說今之詩人，玩於辭，以文物爲工，終日不休若舞，故其聲譬如候蟲（文集卷十六・畢憲父詩集序），指的就是這種情況㊸。放翁也宣稱：「恨我未免俗，吟諷勤雕鐫」（夜雨）「林逋語雖工，竟未脫纏縛」（湖林梅開），並叮嚀詩人：「叮嚀一語宜深聽：信手題詩勿太工」（和張功父見寄）。文字工巧，只是俗調，避俗求雅，唯在信筆，信筆，正是無所用心之意，與「忘」有相同的效果。

*　*　*

『苕溪漁隱叢話』前集卷十九引『蔡寬夫詩話』說：

> 子厚之貶，其憂悲憔悴之嘆，發於詩者，特為酸楚，……卒以憤死，未為達理也。樂天既退閑，放浪物外，若真能脫屣軒冕者，然榮辱得失之際，銖銖校量，而自矜其達，每詩未嘗不著此意。是豈真能忘之者哉？亦力勝之耳。唯淵明則不然，觀其貧士、責子與其他所作，當憂則憂、遇喜則喜，忽然憂樂兩忘，則隨所遇而皆適，未嘗有擇於其間，所謂超世遺物者，要當如是而後可也。

透過一切的工夫，剝除人我言象諸障，而顯萬法自在，則其虛靜心自不膠滯於任何人、事，與世澹然相忘。如陶淵明之類，便是宋人所欣賞的一種典型。然而我們若再看郭思載其父郭熙作畫時，「每乘興得意而作，則萬事俱忘」，便可知道：藝術創作本身便是剝除桎梏、澹然忘世的工夫，一位心法無執的作家，他不但可以藉詩畫而忘世，也忘了詩畫本身，不用智巧，臻於無待。

無待，是從一切形器之拘限中，得到大自由、大解脫，如樓鑰『攻媿集』卷七十跋東坡題韓幹馬詩所云。就作者而言，其無待必須擺落的「待」（對象、憑藉），包涵一切人事與所要創造的藝術作品兩方面，已如上述。前者是忘我忘世、後者是忘象忘言。一切藝術評價的標準，即以能否經此忘喪而無待來判斷。例如山谷「畢憲父詩集序」分析詩的三個層次：⑴以文物為工者，如候蟲之聲。⑵不得其平而鳴者，如澗水之聲。⑶寂寞無聲者，如金石絲竹之音。——第一種未嘗忘言，第二種未嘗忘我忘世，第三種才是淵默而雷聲的大雅之聲。陸放翁也有類似的區分，文集卷十五「曾裘父詩集序」說：「若遭變遇讒，流離困悴，自道其不得志，是亦志也。然感激悲傷，憂時閔己，託情萬物，使人讀之，至於太息流涕，固難矣。至於安時處順，超然事外，不矜不挫，不誣不懟，發爲文辭，沖澹簡遠，讀之者遺聲利，冥得喪，如見東郭順子，悠然意消，豈不又難哉？」專指山谷所說後二者而言，高下顯然可判。且放翁此文專談詩人之志，而不及其藝術表現，也可以讓我們知道山谷所說寂寞無聲的無待之境是包括這兩方面的。

今若不管詩人之志，專就藝術表現來看，則我們也應該考慮兩方面：一是忘言的創作活動本身、二是忘言時作者與其描寫對象之關係。

就如山谷放翁一樣，當時人多認爲詩歌創作活動中，境界最高的應是忘言的創作型態。徐瑞論詩詩：「大雅久寂寥，落落爲誰語？我欲友古人，參到無言處」（松巢漫稿）、鄧允端題社友詩稿：「詩裏玄機海樣深，散於章句領於心。會時要似庖丁及，妙處應同靖節琴」，都代表了這種看法。靖節琴，就是彭澤意在無弦的無弦琴，琴意既在無弦，詩意亦當忘言無言[64]。何以如此？言以表意，但意卻非言語所能盡，因此讀者必須因言以求意，勿泥言語以爲即是意，所以要忘言而得意；至於作者亦然，技巧與語言本是工具媒介，意雖藉此以傳達，言語卻非道意本身，所以山谷才說：「覓句眞成小技，知音定須絕弦」，陷落在文字窟裏的人，是不能了解詩意的。葛立方『韻語陽秋』卷三說：「劉夢得稱白樂天詩云：『郢人斤斲無痕迹，仙人衣裳棄刀尺；世人方內欲相從，行盡四維無處覓』，若能如是，雖終日斲而鼻不傷，終日射而鵠必中，終日行於規矩之中，而其迹未嘗滯也。山谷嘗與楊明叔論詩，謂『以俗爲雅、以故爲新，百戰百勝，如孫吳之兵，棘端可以破鏃；如甘蠅飛衛之射，捏聚開放，在我掌握』，與劉所論，殆一轍矣」，呼應山谷，頗得其實。詩人唯有在忘言的藝術創作活動中，才能擺脫語言的限制，並發展其無限地可能。詩人既能轉識成智，以法眼觀之，無俗不眞；其語言之運用，當也應能化俗爲雅，揑聚開放，在我掌握，「無窮出清新」。這種推論，完全合理。但我們應注意：詩既以忘言無聲爲最佳，畫本身卻是無聲詩，因此這一類詩往往與畫相同，東坡云「詩畫本一律」、又說「味摩詰之詩、詩中有畫」；山谷也認爲蘇李畫枯木道士，是「取諸造物之鑪錘，盡用文章之斧斤」（文集卷一）；此與歐陽修盤車圖詩所講：「忘形得意知者寡，不如見詩如見畫」（文集卷二），原理相同，畫既畫意不畫形，詩若不能忘言得意，何以能如畫呢？

就作者創作時跟描寫對象的關係而言，也會碰觸到同樣的問題。就如子由論文與可畫竹，是天造之無朕那樣，在忘言絕待之中，藝術創作本身乃是天機而非人力，「得句若有神」。其所以爲天機者，在於作者不但不以作品爲一對象(忘言)，其所面對的宇宙萬物，他也不視爲一峙立在我身心之外的對象。不是捫毛辨骨、揣色侔聲；而是身與物化，人與畫會，深得其性，盡得其情，故能傳其神。其畫物寫物，不以目視而以神遇，一出於玄心與達觀，所以物皆自得，自我呈現。換言之，這是在創作時，以我之凝神，來掌握物之神，而相與俱化，晁補之跋李遵易畫魚圖說：「遺物以觀物，物常不能廋其狀……大小惟意，而不在形；巧拙繫神，而不以手」（鷄肋集卷卅二），卽是此意。前兩句指觀物之態度，必須以遺物的方式爲之，隳几傝然去智，以觀天機之動，不以物爲對象，忘象而得意，則物之精神特性才能呈現。中兩句說觀物須得其意、得其神，而不可執著於物象，藝術創作時亦然。後兩句則說藝術創作之高下，在於作者能否以我之神見物之神，卻不在手筆技巧之中。

關於我之凝神，可以董　評李咸熙畫的話爲代表，他說咸熙「於山林泉石，蓋生而好也。積好在心，久則化之；凝念不釋，神與物忘。則磊落欹奇蟠於胸中，不得遁而藏也」。因神凝，而至物忘，自我與物化合爲一，正是郭熙所謂：「欲奪造化，莫神於好……目不見絹素，手不知筆墨，磊磊落落，杳杳漠漠，莫非吾畫」之境。作者由摹擬外物，變成自己與物共同參與天地之造化。

關於得物之神，是與物之形相對而說的，張耒詩：「少年詞筆動時人，末俗文章久失眞，獨愛詩篇超物象，祇應山水與精神……」（卷廿六・李賀宅）凝神不分的創作型態，本是官知止而神欲行的，以此精神觀取外象，其所見，當然亦屬象外之精神，而非象內之妍媸，得「象外之象，境外之境」（李洪・芸庵類稿卷六・橛株集序）。東坡題文與可墨竹說與可竹石「荒怪軼象外」、又說李龍眠陽關圖「畫出陽關意外聲」，關捩皆與此同。唯其超以象外，得物之神，故其作品有韻味。山谷題摹燕郭尚父圖說：「凡書畫當觀其韻。往時李伯時爲余作李廣奪胡兒馬……余因此深悟畫格，此與文章同一關紐，但難得人人神會耳」（文集卷廿七），韻味是因得其神而來，觀者欲賞其韻，亦當以神會之，此文講得非常清楚。葛立方『韻語陽秋』卷十四分析歐陽修蘇東坡等人的不論形似之說，云：「非謂畫牛作馬也，但以氣韻爲主耳」，也是此意。宋人論詩文之「高格」，亦往往以此辨之，故邵博『聞見後錄』卷廿七說：「意不在似者，太史公之於文、杜少陵之於詩也。獨長安中隱王正叔以余爲知者」。前面，毫無問題，是以形似和神似爲價值判斷的依據。最後一語，則似乎可以兜回我們的論旨上：這不正是道家型式的轉識成智途徑嗎？

三、禪宗：經三關而透脫

道家之淵默忘言，在宋朝詩人畫客的理解中，往往與禪合論，如上文所述禪心淵靜，則可忘言得眞性者，實不鮮覯。據晁迥『法藏碎金錄』所說：「白樂天有詩云：『是非都付夢，語默不妨禪』，余因擬之，稍加增易，別爲七字句云：『色空辨相何妨道，語默由心不礙禪』」（卷四）「是非都付夢，南華眞人指歸也；語默不妨禪，竺乾先生指歸也；和會發明，西鄂居士指歸也」（卷五），可知當時人在這裏往往是合會莊禪而說的，語默既皆不妨，故未必定屬言語道斷，這才可以開展出詩來。

然而，老莊以忘爲工夫，常「無」以觀其妙，禪宗卻不許用工夫，卽用工夫亦無一定之法則，這便與老莊異趣，也與詩無關了。何謂不許用工夫？這並非指禪宗之禪定禪觀不是修行工夫，而是說它與一般的工夫涵義不同。一般哲學或宗教之講求內心修養時，若要求此心之自主，必以求得此心之能定爲其目標；而其工夫下手處，則都是求此心的止於或定於其知之對象，而更與之冥合。大學的「定、靜、安、慮、得」、或老莊之虛靜觀照，皆是如此。禪宗則不然，禪觀禪定工夫，只在對一義一境已知已解，而更求定止於其中而觀之時，才有禪定禪觀可說㊅，蘇轍書白樂天集後二首，論此義甚晰：「欲兩不墮，必辨眞妄，使眞不滅則妄不起，妄不起，而六根之源，湛如止水，則未嘗息念自靜矣。如此乃爲眞定；眞定旣立，則眞慧自生，定慧圓滿而衆善自至，此諸佛心要也」（欒城後集卷廿一）；所謂兩，是指動念與息念，一般修行工夫，都是撥亂反正的路子，如儒者之克己去私、老莊之無知無嘗，都主張澆熄妄念，則本心虛靈可顯；獨此不然，先辨眞妄，唯有對眞性已知已解時，妄心自然不起，慧善自然而至，日夜遊於六根而兩不相染；這事實上乃是無工夫的工夫，未嘗息念而念自靜，就是說未嘗用修行工夫而能達成修行的目的（已達此目的，而欲定止於其中遊觀，才須要禪觀禪定的工夫）。傳燈錄所說精修用功無與根本，正須如此理會。

一入手即擒住根本，明心見性，自然成佛，這在理論上固然精采，但實際修行時卻很難如此，仍不能不有一定的修行次第。早期的禪觀，多主張須歷種種位次（如五停心、四背捨）等以成觀；慧能以後，既以明心見性爲宗旨，理論上即不得不排斥修行次第之說，如永明禪師『萬善同歸集』中引思益經云：「入正位者，不從一地至十地」，並說：「楞伽經之寂滅眞如，有何次第？何乃揑目生華，強分行位？」但事實上唯識法相的楞伽經本身，是講修行位次的，禪言雖在理論上否定修行位次，而實際修持中卻不能捨棄，所以又爲調停之說云：「於無次第中而立次第，雖似昇降，本位不動……」。這種理論上的變轉，證諸後期禪家實際參悟的情況，尤爲明顯。

據宗密對禪宗的分析，禪家略可分爲三宗：一爲息妄修心宗，息我法之妄，修唯識之心，爲禪宗之漸教，與天臺及神秀門下意趣不殊。二爲泯絕無寄宗，萬法本來空寂，法界固爲假名，心亦無有，故無法可拘、無心可修，石頭、牛頭、徑山屬之。三爲直顯心性宗，自性本來清淨，若明本心，立地成佛。宋代禪學，如臨濟、曹溪、洞山諸宗，大抵都屬第三類，而尤以直顯本心爲主。但這些直顯本心的禪師們卻無不講究參禪，參本身即是工夫義，這種工夫固然是「於無次第中立次第」，不須有一定之次第，而可隨機自運，構成禪機，然其爲工夫自若。不但如此，禪師之參悟，也必求人印可，

『宋元學案』衡麓學案引胡寅崇正辨說：「自達磨而後，凡參禪悟徹者，必求人印證」，卽指此言。何以要印證呢？因爲無任何工夫保障時，直指、立地，其所見之心、所明之性，究竟是邪魔？外道？小乘？還是大乘？印證就是要對參禪者的境界和工夫作一估量[66]。禪本身是不講工夫的，修行中雖不能不有工夫，卻無一定次第；但這一印證、這一估量，卻顯出次第來了。

這個次第，便是禪宗的「三關」之說，三關之作，始於百丈大師，而自南嶽青原二支以下，五家七派，花樣百出，參其旨歸，則都不外乎三關。有趣的是：三關與華嚴四法界、天臺五略三諦，原理幾乎完全一致，所以宋人往往喜歡講禪敎合一，如本嵩『華嚴七字經題法界觀三十門頌』一書，就以禪宗的具體譬喻解釋華嚴的眞空觀、理事無礙觀、事事無礙觀中之各門；法眼宗之十玄六相、曹洞宗之依理事言五位君臣，也有取於華嚴。至於永嘉玄覺證道歌及臨濟之重破奪等，由天臺轉手，尤不待論。敎外別傳者，寖假而同於敎下，關鍵就在工夫之不可捨。

就詩來說，詩人消除生命中的雜染、勘破文字的執障，都是息妄修心宗，而非直顯心性或泯絕無寄，後者開展不出詩來。詩人論參禪工夫，也僅就辨詩道之正邪與得人印可上說，初不管詩人是否能無念寂照、直顯本心。如滄浪之辨大小乘與邪魔外道；韓子蒼之論詩文須得文人印可，乃自不疑。都與參禪學詩之說有密切的關係。尤其是韓子蒼，一方面講飽參得正法眼，一方面又主張詩須本之於學[67]，可見參詩也者，著重其工夫義；其工夫之進程，則爲三關。不同的工夫，顯出不同的境界，故三關同時也顯示了參禪學詩者的造詣。

再就禪與老莊的分際來看，直顯心性的禪宗，認爲一切衆生皆具如來智慧，爲本覺。覺則爲佛，不覺卽有妄想、卽爲衆生。確與莊子喪我則爲天籟、執我則爲地籟人籟之說相似；但莊子以心齋坐忘爲其工夫，禪則無此工夫；有之，則爲三關之說所顯現的工夫進境。巴壺天『藝海微瀾』一書中曾擧莊子應帝王篇壺子四示一段，與禪宗三關相比較：

莊子應帝王篇有關壺子四示一段原文	鄭有神巫，曰季咸，知人之生死、存亡、禍福、壽夭，期以歲月旬日如神。鄭人見之，皆棄而走。列子見之而心醉，歸以告壺子，曰：「始吾以夫子之道爲至矣，則又有至焉者矣。」壺子曰：「吾與汝既其文，未既其實，而固得道與？衆雌而無雄，而又奚卵焉？而以道與世亢，必信，夫固使人得而相汝。嘗試與來，以予示之。」明日，列子與之見壺子。出而謂列子曰：「嘻！子之先生死矣，弗活矣，不以旬數矣！吾見怪矣，見溼灰焉。」列子入，泣涕沾襟，以告壺子。壺子曰：「鄉吾示之以地文，萌乎不震不正。是殆見吾杜德機也。嘗又與來。」
成玄英說（見莊子疏）	壺子示見義有四重，此第一示，妙本虛凝，寂而不動也。
釋德清說（見莊子內篇注）	此下三見，壺子示之心不測之境，此卽佛門之止觀。乃安心之法也。地文乃安心於至靜之地，此止也。
楊文會說（見南華經發隱）	此以奢摩他顯眞諦，理證空如來藏。
胡遠濬說（見莊子詮詁）	地文示以純坤，老子所謂歸根也。而巫咸但見其靜，故謂之死。

明日又與之見壺子，出而謂列子曰：「幸矣，子之先生有瘳矣。全然有生矣。吾見其杜權也。」列子入以告。壺子曰：「鄉吾示之以天壤，名實不入，而機發於踵。是殆見吾善者機也。嘗又與來。」	此第二示，垂迹應感，動而不寂也。	天壤謂高明昭曠之地，此即觀也。	此以三摩鉢提顯俗諦，理證不空如來藏。	天壤示乾坤交媾，老子所謂虛而不屈，動而愈出也。巫咸但見其動，故謂之有生。
明日又與之見壺子，出而謂列子曰：「子之先生不齊，吾無得見焉。試齊，且復相之。」列子入以告。壺子曰：「鄉吾示之以太冲莫勝，是殆見吾衡氣機也。鯢桓之審爲淵，止水之審爲淵、流水之審爲淵。淵有九名，此處三焉。嘗又與來。」	此第三示，本迹相即，動寂一時也。	言動靜不二也。初偏於動、次偏於靜、今則安心於極虛，動靜不二，猶言止觀雙運，不二之境也。	此以禪那顯中諦理，證空不空如來藏，衡氣機止觀平等也。	太冲莫勝，示以太極，陰符經所謂相勝之術也。而巫咸但見其動靜無端，故謂之不齊。
明日又與之見壺子，立未定，自失而走。壺子曰：「追之」「列子追之不及，反以報壺子曰：「已滅矣！已失矣！吾弗及也！」壺子曰：「鄉吾示之以未始出吾宗，吾與之虛而委蛇，不知其誰何，因以爲弟靡、因以爲波流。故逃也。」	此第四示本迹兩忘，動寂雙遣也。	宗者謂虛無大道之根宗。安心於無有，了無動靜之相，即佛氏之攝三觀於一心也。		至未始出吾宗，則示以無極，動靜泯絕。巫咸莫測誰何，宜其走矣。

右列表中成玄英釋德清楊仁山等人所釋四示境界，均援用佛理，「雖有四示，實爲三關」：有→空→雙照雙遣。宋人之所以能以莊合禪，基本上亦建立在此一基礎上。明乎此，而後可以論轉識成智的禪宗途徑。

* * *

葉夢得『石林詩話』卷上：「禪宗論雲門有三種語，其一爲隨波逐浪句，謂隨物應機，不主故常。其二爲截斷衆流句，謂超出言外，非情識所到。其三爲函蓋乾坤句，謂泯然皆契，無間可伺。其深淺以是爲序。余嘗戲謂學子言老杜詩亦有此三種語」。雲門三句卽是三關，據『五燈會元』十五德山緣密章，此三句可依起信論一心開二門之說爲釋，函蓋乾坤爲一心門、截斷衆流爲眞如門、隨波逐浪爲生滅門。萬物生滅流轉、心識隨之，故爲隨波逐流，如春照陽和花織地，滿林初囀野鶯聲，如落花遊絲白日靜，鳴鳩乳燕青春深，妄念流轉，對外境攀緣不止。這是有境、是重關、是立一切法之假諦。外止諸緣，息滅妄念，則爲截斷衆流，石林以「百年地僻柴門迥，五月江深草閣寒」、天柱靜以「昨夜寒風起，今朝括地霜」擬之，都是指其刮除剝落或遠離一切境之攀緣，「遠離憒鬧，心如牆壁以入道」。這是初關、是空境、是泯一切法的空諦。至於涵蓋乾坤，則爲統一切法之中諦，首山念以「普天匝地」、石林以「波漂菰米沈雲黑，露冷蓮房墜粉紅」、柏子地以「祥雲彌宇宙」擬之，表示十方虛空、地水火風、諸色聲香味觸法，盡是本份，皆是菩提，無一物非我身，無一物非我自己。境智融通、色空無礙，獲大自在，所以是牢關、是最上關(68)。

這重關、初關、牢關，就是石林所說：「其深淺以是爲序」的修道歷程，可以見工夫之深淺。所以他又說：「若有解此，當與渠同參」。學詩如參禪云者，應從此處談起：

△參透黃陳向上關，肯將風月乞揚播？（劉克莊・後村大全集卷十九・又和張使君八首之五）

△士貴切磋寧獨學？僧雖苦硬有同參（同上卷廿二・寄題徐仲晦）

△少日曾經諸老學，傳家自有祖師關（張孝祥・于湖居士文集卷七・次韻黃子餘）

△受業初參且半山，終須投換晚唐間，國風此去無多子，關捩挑來只等閑（楊萬里・誠齋集卷卅五・答徐子材談絕句）

△吾友蕭東夫，今日陳后山；……鄰邑黃永豐，與渠中表間。黃語似蕭語，已透最上關（同上卷卅六・答賦永豐宰黃巖老投贈五言古詩）

△要知詩客參江西，正似禪客參曹溪（同卷卅七・送分寧主簿羅宏材秩滿入京）

在這些文獻裏，所謂參三關與透達向上一關，指的都是工夫進程，例如楊誠齋所說，學詩須由半山上溯晚唐，再進探國風；拏定關捩，則其事不難，正如禪家之一鏃破三關。這樣的講法，完全不觸及心識轉變或見性修心等義理問題，而只表示了一種詩學的工夫意義（雖然這種工夫意義必須建立在類似嚴滄浪韓子蒼那樣對詩道劃分的基礎上，才能成立；但所謂大小乘聲聞辟支果等分判，原是佛家通義，與天臺華嚴之判敎相同，與禪宗義理本身並無關聯）。在此處論學詩如參禪時，參可能就只是指多讀多看多作多想多學等純粹用功的層面，而這也是宋人論參詩時最基本的層面。參之參之，經之營之，以待其不日成之，則豁然透悟，四竅玲瓏。韓駒贈趙伯魚詩所云：「學詩當如初學禪，未悟且遍參諸方」、葉茵二子讀詩戲成所云：「翁琢五七字，兒親三百篇，要知皆學力，未可以言傳」，均指此言。

這種工夫（參），是始境而非終境；是用功處，而非歸趨處，所以葉詩又說覺悟之後，「殊途歸一轍，飛躍自魚鳶」。

飛躍自魚鳶，是指「覺」「得」之後，見物自身活活潑潑自得自在。這在理學家也常如此說，可見從釋從儒，其參與學之目的並無二致；而參詩之參，除了工夫意義之外，也還常有目的的指向。這是宋人論參詩時的第二個層面。上文所舉劉克莊及楊萬里最後一語，都顯示了詩人參詩，所參之對象、或參詩時的心理活動，皆與其目的指向有關，也與作者本身對詩歌創作活動之體認有關。試看葛天民寄楊誠齋詩所說：「參禪學詩無兩法，死蛇解弄活潑潑；氣正心空眼自高，吹毛不動全生殺。生機熟語卻不俳，近代唯有楊誠齋。才名萬古付公論，風月四時輸好懷。知公別具頂門竅，參得徹兮吟得到。趙州禪在口頭邊，淵明詩寫胸中妙」，可知參詩是以四竅玲瓏，透闢無礙，活潑自在爲目的；認爲一旦參徹，則氣正心空，所見即是所吟，口邊胸中，了無罣礙。這種看法，當然必須了解他們對詩歌創作活動的體認，才能確實地了解。

根據他們的看法，詩道有邪正之分、文章也有皮骨之別。皮者文字聲律、骨者胸襟性情；學者若想換骨洗髓，不墮入邪魔外道，就必須參。參是以悟爲目的的，悟者悟心，心若能活潑無礙，則口頭筆下無不外現爲跳脫自在。戴復古論詩絕句中有云：「欲參詩律似參禪，妙趣不由文字傳，個裏稍關心有悟，發爲言句自超然」，徐瑞雪中夜坐雜咏也說：「文章有皮有骨髓，欲參此語如參禪；我從諸老得印可，妙處可悟不可傳」。參是工夫，悟是歸趣；參是深究於文字之間，悟是參到無言之處；參而未悟，只是力學不成的半截人；參徹而悟，則胸中流出、心底快活，觸處皆詩，自不必學、也不必「作」。戴徐諸氏所論，大抵即是這類見解。張鎡題尚友軒詩說：「作者無如八老詩，古今模軌更求誰？淵明次及寒山子，太白還同杜拾遺，白傅東坡俱可法，涪翁無己總堪師。——胸中活底仍須悟，若泥陳言卻是癡」（南湖集五），也是此意。詩人之參詩，猶如禪客之參公案，未悟時遍參諸方，悟後一齊放下。若執著於公案詩句，則仍是癡、不是悟。換言之，詩人之「未悟且遍參諸方」，正是爲了「一朝悟罷正法眼，信手拈出皆成章」。

信手拈來皆成章這種悟後之境，所強調的大約有三點：一是無言之言、二是無法之法、三是觸見成句。

所謂無言之言，是說詩人本爲心悟，而非筆傳，他雖有豐富的知解知識、熟稔的詩學訓練，但基本上他的心靈或性情，若無詩人之敏感或其他特質，他便不能成爲一位詩家。所以詩人之所以爲詩人，主要是心悟。語言本身乃是媒介工具，其所能觸及者亦只是經驗現象，甚至只是美的幻覺（esthetic illusion）；如果作者不能自悟本心，而想將他人文字所表述的現象或幻覺，轉化爲自我的心源，那便是筆傳學語，而非心悟創作了。對此，詩人們呼籲：

△心非言傳，則無方便；以言傳之，又成瑕玷（惠洪・石門文字禪卷廿）

△李北海以字畫之工，而世多法其書，北海笑曰：學我者拙，似我者死。當時人不知其言之有味，余滋愛之。蓋學者所貴，貴其知意而已，至其蹤迹繩墨，非善學者也（同上卷廿三）

△忘言之言，未始有言也；可道之道，未始有道也（宋祁文集卷四五・雲門錄序）

言既不足以傳心，所以必須得意忘言。不獨觀覽詩文時必須忘言得意，即使在創作時，也講究忘言而言，山谷所說「我已忘言得眞性」，是一明顯的例證。

旣是忘言而言，則其創作亦屬無法之法；無法之法，卽是活法。活水死水之分，始見於東坡「書蒲永昇畫後」㊵；於詩，亦有死法活法之分，石林詩話卷中：「今人多取其（杜）已用字模倣用之，偃蹇狹陋，盡成死法；不知意與境會，言中其節，凡言皆可用也」。活法因基本上只是心活，所以任何表現均可，本無一定規律。張元幹認爲「風行水上，自然成文」，就是活法；張孝祥認爲「縱橫運轉，如盤中之丸」，也是活法。都極盡形容之妙。尤其是彈丸之喻，自呂居仁以來，詩家無不奉爲圭臬，楊萬里云：「句似金盤柘彈流」（和李子壽喜雨口號）「烱如柘彈走盤圓」（和尤袤），也可以看出他們主張活法，是希望「句法天然自圓熟」的，如魚躍、如鳶飛、如水流、如風動，其中並不摻雜個人意念的造作，而是自然成文，意與境會。

這種意與境會的活法，就是我們所說的觸見成句。詩人在此，猶如「千載參渠活句禪」的悟道老僧，心機既活，則死蛇解弄，萬物無不以其本來面目示現，他信手拈來，無非禪機，更不必有心做作。山谷敎徐俯作詩「不可鑿空強作，待境自生則自佳爾」，即是此意。南宋以後，如楊夢信題亞愚江浙紀行集句詩：「學詩元不離參禪，萬象森羅總現前，觸著見成佳句子，隨機飣餖便天然」、張鎡攜楊秘監登舟詩：「造化精神無盡期，跳躍騰踔卽時追，目前言語知多少，罕有先生活法詩」、覓句詩：「覓句先須莫苦心，從來瓦注勝如金；見成若不拈來使，箭已離弦作麼尋」、詩本詩：「詩本無心作，若看蝕木蟲。旁人無鼻孔，我輩豈神通？風雅難齊駕，心胸未發蒙。吾雖知此理，恐墮見聞中」……等，皆屬山谷嗣響。張氏覓句詩後二語，卽東坡「作詩火急追亡逋，清景一失後難摹」之意，注重觸境成句的「觸」，猶如風水相觸，亦是此理。在人境交觸中，作者無心以應物，而見物如實相，萬法森然，活活潑潑，展現於眼前。這，就是參禪或參詩的最後境界：境智融通、色空無礙的最上關。

要能見這種物我無礙的最上關，必須具備一雙「正法眼」，楊萬里送彭元快北歸詩：「近來別具一雙明，要蹈唐人最上關」、范溫『潛溪詩眼』：「學者先以識爲主，禪家所謂正法眼；直須具此眼目，方可入道」，講的就是這雙眼。山谷所云「句中有眼」，也須如此理解。

*　　*　　*

由上所述，可知轉識成智的禪宗途徑，乃是冀求作者能够由參而悟，悟此本心圓覺，則一切自然實性圓成，不墮文字障中。三關之說，卽在點明這種工夫的歷程，學詩者苦參硬參、遍考前作，然後在最上關的關卡上，豁然大悟，打透關隘，跨入本體現象相卽相涵的聖凡無礙境地。李之儀與季去言書所說：「說禪做詩本無差別，但打得過者絕少」（姑溪居士前集廿九）就是說詩人要勘破文字之執障，而進入牢關，必須具有大魄力大見識才行。此處卽須有悟，悟了才能打得過。換言之，轉識成智，關鍵卽在此一轉，宋人每教學詩者要拈住關捩、要悟，正顯示了這是整個問題的中心。曾茶山讀呂居仁舊詩有懷云：「學詩如參禪，愼勿參死句。縱橫無不可，乃在歡喜處。又如學仙子，辛苦終不遇，忽然毛骨換，正用口訣故。——居仁說活法，大意欲人悟」，辛苦學習，退筆如山，只是工夫，爲學不能沒有工夫，工夫卻非終極歸趣，倘不拈住這個關鍵訣竅，便很可能終身不悟，所以張煒學吟詩又說：「池塘春草英靈處，水月梅花穎悟時，我亦學吟功未進，每將此理叩心師」，池塘春草、水月梅花，皆自然呈現的物如實相，要見此相，須叩悟本心，此處說得極爲清楚。

由此，我們可以發現：在參透三關的歷程中，擬學詩如參禪的先生們，在消除情念、斷絕妄緣、照見諸幻皆空等方面，幾乎毫無發揮；他們重視的是直顯心性而澈悟這一方面。這，當然十分脗合禪宗的特質。但是，正如前文所說，在實際修行時，它必須具有工夫，這工夫不只是要求學者參公案參詩而已，它的目的在悟。目的既然在悟，它便須在心上下工夫；若完全不談息妄修心，它的工夫又著在哪兒呢？試看所有學詩如參禪的文獻，他們對隨波逐浪、截斷衆流等心識活動，雖然談及甚少，但對詩人朝向文字這種外境的攀緣，卻非常在意，不斷警告詩人禪客勿參死句，勿執著於文字。然而，要不執於文字，必須先是心法無執，唯其「無」心，故能「無」言。要「無」心，即不能不藉重修行息妄的工夫。禪者在此，並無工夫，於是整個討論便很容易由「無言」而滑入莊子的系統，例如上文所舉張鎡詩本詩，謂詩本無心，如蟲蝕木，在山谷「題李漢舉墨竹」一文中就是以莊子的輪扁斲輪來解釋的（文集卷廿七）。我們雖不必如徐復觀那樣，斷言一切以禪論詩文藝術者，講的其實都只是莊子⑳。但也應知道：在所有轉識成智的途徑中，禪宗的途徑最爲奇特，看似熱鬧，其實門庭最爲寥落；而且因它本身與詩文創作不甚相應，所以以參禪擬喻寫詩時，糾葛也最多。一般學者，不了解這些糾葛，往往發生誤會。例如郭紹虞『中國文學批評史』下卷第二篇論嚴羽之妙悟，誤以爲嚴羽只談學者須從最上乘具正法眼，而不太論重在工力方面的一旦超悟。正是因爲他不了解悟與工夫方面的糾葛所在，所以認爲前者本之范溫、後者則爲江西詩人所重。其實范溫詩眼之說，本諸山谷，原爲江西詩人之共識，故誠齋才有「要和詩客參江西，正似禪客參曹溪」之說。郭氏誤分爲二，遂成了笑話。又如嚴羽『滄浪詩話』中論「悟有淺深、有分限、有透澈之悟，有一知半解之悟。漢魏尚矣，不假悟也；謝靈運至盛唐諸公，透澈之悟也」，幾乎所有的研究者都搞不懂他的意思，認爲滄浪既說漢魏晉唐詩爲第一義，又說漢魏不假悟，晉唐爲透澈之悟，「不免有些虛玄，措辭失於含混籠統」㉑。實則第一義與小乘、聲聞辟支果等，均指其成就之高下而言，不假悟云云，則指其工夫進境而言。透過工夫修持而悟，其悟有深有淺，謝靈運至盛唐，是悟而透澈的，所以其成就，是大乘的境界。但同屬大乘境界的漢魏詩，乃是本來如斯，自然呈現，不待工夫歷鍊，故與晉唐不同。學者不能沒有工夫，所以他要人「工夫須從上做下」，博取楚辭漢魏晉屬詩集，朝夕諷誦，醞釀胸中，「久之自然悟入」。換言之，就參之工夫言，才有悟的問題；如果只是直顯本心，照見山河大地，則亦無所謂悟，就三關來看，悟亦是一種工夫的歷程，必有此工夫、必經此歷程，才能入道。包恢「答傅當可論詩」說：「前輩嘗有『學詩渾似學參禪』之語，彼參禪固有頓悟，亦須有漸修始得」（敝帚稿略卷二），只是惑於禪者頓悟之談，不知所謂一旦頓悟，即是漸修所得；但他發現了學詩參禪之說必須要講漸修，識力仍是超人一等的。我們今天處理參詩的問題，對於這些前車之鑑，自須格外留意。因爲包氏這種參詩如參禪的講法，才是宋代深受理學漬潤的文人詩客所能接受的，嚴羽朝夕諷誦以待其久而自然悟入，不是與朱子『大學補傳』所說：「至於用力之久，而一旦豁然貫通焉，則衆物之表裏精粗無不到，而吾心之全體大用無不明矣」，同一路數嗎？

肆、結　語

一國的文學，必與其思想背景有密切地關聯，而我國之文學創作和批評，又特別重視作者人格生命之完成，因此，整個詩論或藝術精神之發展，往往與思想之架構及走向相符應。宋代之詩論及其他各種藝術理論，雖然流派龐雜，人各異辭，但其整體結構仍是可以勾勒的，其基本原理仍是可以描述的。我們的描述，借用了唯識宗轉識成智的理論模式。此一模式，大抵爲儒道釋三教所共有，故宋祁『筆記』卷中說：「釋迦文殊，劉言之瘢、刮法之痕，與中國老聃、莊周、列禦寇之言相出入。大抵至於道者，無古今華戎，若符契然」。値得注意的是：這一模式不但顯示了儒道釋三教的基本特質，也是宋代或我國文藝理論的基本結構。我們可以斷言：要了解整個宋代詩學，除此之外，別無他途；而金元明清的文藝評論，基本上仍是衍宋之緒，故亦不能自外於此一途徑⑫。雖然他們本身不一定能如宋人那樣，對創作或批評活動有充份地自覺，但幢幢來往於此一思想文化系絡中，大筋結大根本處仍是不可移易的。

從前的研究者，因爲對此較無認識，其研究自然頗有些指鹿爲馬的錯誤。例如郭紹虞，對宋詩可謂用破工夫，但其議論，如「宋詩爲純形式主義」「反對浮華，爲江西詩人時至骨換的關捩所在」「陸放翁證悟到熾熱的現實生活才是創作的無盡寶藏，以此爲前提，藝術技巧才能有用地爲積極的思想內容服務」……等，可謂觸處皆誤⑬。郭氏如此，其他自不必論。近數十年來，能約略認識到這一模式特質之重要性者，似乎只有徐復觀、劉若愚、葉維廉三氏。

徐復觀『中國藝術精神』一書，對超越主體的抉發、與莊學精神在詩畫方面的展現，論析甚精。但他忽略了儒釋兩家也都能開展出這一藝術精神，以致於把魏晉以後的藝術精神發展完全歸功於莊學之影響，並認爲此一藝術精神只宜於山林淡泊之士、欠缺社會投入的一面。因此，就他的講法，幾乎根本無法處理理學詩如參禪的問題；對宋代以後詩學理論的整理，也罕有助益。這點可以用徐氏自己的文章來證明：像他在「宋詩特徵試論」一文中，對參詩的問題便毫無解釋，對詩與人格修養的問題也草草滑過，對山谷詩之剝落浮華、澄汰感情，則以感情之理性化爲說。殊不知澄汰感情，透見物之本性實質，正是轉識成智的工夫，唯有轉化情識，才能進入道的境界；理性本身也是識執，識執加上識執，怎麼可能「要求詩像莊子之所謂道的境界與形象」呢？這些都是徐氏明而未融之處。

劉若愚『中國文學理論』一書，特闢形上理論一章，根據徐氏所論，更加推衍，並援引現象學批評家杜夫潤（Mikel Dufrenne）之說輔助說明，非常清楚。然而，他雖一再申言表現理論與形上理論之不同，但事實上，所謂形上理論與表現理論乃是不可分的，必須就詩言「志」上說，才能發展出參悟之說，嚴羽滄浪詩辯劈頭就說學者入門立志須高，可以隅反；而且，像表現理論、審美理論、技巧理論、實用理論……等平列的劃分，是否能表現中國文學理論的整體結構呢？據我們所知，技巧理論、形上理論……之間，並非分隔的，而是一個系統之內的層次劃分，因此在評價時也有高下。像戴復古黃山谷等人在參悟說的系統中談詩之實用問題，即不能脫離這一理論系統而單獨地了解。所以我們有必要將這幾類理論重新調整爲立體的架構，許多理論間的複雜關係也才能得到清理。

徐氏強調的心齋坐忘，其本人曾以純粹意識來說明，劉若愚稱之爲二度直覺（second intuition）、葉維廉則名之爲具體經驗或純粹經驗。「嚴羽與宋人詩論」一文中，葉氏認爲像蘇東坡虛懷納物那樣的理論，正是直取具體世界或自然本身，而擺脫知性干擾的直覺主義（intuitionism）；而黃山谷等人則偏重法度格律的一面。因此而形成宋代詩論的兩大發展。這當然是種誤解，誤解來自於葉氏對山谷之所謂「眼」及嚴羽之所謂「悟」不太了解，以致把主張無意於文的山谷視爲「刻意用心創作的詩人」、把主張多讀多參多諷誦的嚴羽視爲不待工夫而悟。不過他文中也提到了兩個值得深思的問題：一是嚴羽禪悟之說似乎來自宋儒；二是這類理論，帶有心學的色彩。這兩個問題，葉氏並未詳予說明，但它在我們這一解釋系統中則都有完整的解答⑭。

現在我們推薦的這一理論系統，不但能補充上述諸家的缺憾，也能符合並解釋宋代所有的詩學文獻、說明中國藝術精神的特質。而這一特質在與西方對照時，更具特色：

西方文學批評的理論，夙以重視邏輯分析、情慾之掙扎與衝突、悲劇精神爲特色。而此一特色，可說是全屬於偏計所執、依他起性等識執的範圍；轉識成智、經由純粹意識之直覺而達成的自由與無限，在他們認爲，乃是人所不能達到的，只有上帝才具備此一能力；因此它們是不能提升的，要提升只有迅速轉入宗教，在皈依中得到澄靜與安寧。

我們必須指出：不能經由純粹意識之直覺而展現人的無限，乃是西方哲學最大的侷限。人不能具有這一直覺，觀見物自身便不可能；不能見物自身，物便永遠是人類識心之執的對象，形成主客對立的世界觀；由此世界觀發展出來的，乃是認識論、範疇、法則、邏輯、數學、理性……等⑮。然而，這一切認知或感情對象之存有，可能正如佛家所說，是虛幻的。人如何肯定它們的存有和價值呢？這就只好歸入上帝了。以笛卡兒爲例，笛卡兒懷疑一切事物的眞實性，認爲只有憑藉著理性之光所直覺出來的一些基本原理，才是眞理。理性之光是什麼呢？卽是「我」、我的思維。笛卡兒曾說：「我思，故我在 (je pense, donc je suis)」，這個我，是個思維我，思維的本體。這是一切存有被肯定的基礎。不過，此一思維我之存在，必須另外承認兩個實體：上帝與物質世界。上帝是人類先天本有的觀念（所謂內在觀念 innate idea），也是我之所以能恆存的保證；而因爲上帝存在，祂令我們感受到的物質世界也必然存在。這種哲學見解，把中世紀以前人類的存有觀念，拉回到對自我主體的關注上，實爲一大進步，但笛卡兒最大的困局，就在於他不能擺脫西方哲學傳統，要由理性、透過上帝來肯定物之存在。上帝雖然是整個肯定的保證，可是有內在的上帝觀念並不能保證上帝是眞正的實體存在，所以在他的哲學中，眞正的實體只有「我」，而這個我與客觀的物質世界又無路可通，這便如何是好呢？

在知識論中，「所有想藉由概念來擴展我們對象先驗知覺的嘗試都已失敗了」之後，康德提出了新的處理方法：將對象劃分爲「現象」與「本體」（Thenomenon and Nounenon），物自身本體的對象，是人類純粹理性所無法達到的領域，唯有假借一種人類所沒有的直觀模式，才能察見。這種直觀模式，蔡美麗譯爲叡知的（intellectual）、牟宗三則譯爲智的直覺。基本上他承認具有此一直觀能力的乃是「無條件者」（The unconditioned）、是不在因果序列中的第一因、是上帝；但是，人類的純理批判只能想到本體、卻不能對本體有任何「先天的綜合知識」，我們對本體依然不能了解。所以到了最後，康德在第二版純理批評的序文中，只好說：「我發現必須否定知識、以讓位給信仰」，信仰：意志自由、靈魂不滅、上帝存在⑯。

海德格常說西方哲學自柏拉圖開始，就走錯了路，因爲他們將存有從我們的世界搬走了。亞里斯多德以迄中世紀哲學家固無論矣，即使是康德，仍然認爲就純粹理性而言，本體是不可知的。胡賽爾與海德格的現象學方法，就是要突破此一困境，找回一個被排斥掉的世界。

胡賽爾的存而不論（époché）方法，是要把外在世界和自我存而不論，單獨處理二次存而不論之後的純粹意識，處理超越主體（Transcendental Subjectiuity）。他把傳統的主客對立化解爲意識內容（Noema）和意識作用（Noesis），而意識作用本身乃是一種指向性，意識內容必須有指向性才能構成。於是主客合而爲一，跨過了西方哲學裏的鴻溝。

海德格沿用了現象學的方法，並宣稱現象學即是本體論。然而，這套方法其實仍是認識論的老路。脫胎於笛卡兒，對本體之掌握，似乎仍有困難，海德格本人的哲學著作迄未完成，便是一個例證。

相對西方這個蹇困的傳統，中國哲學不需要上帝，便很自然地能在主客合一中求得自由與無限，實在是椿值得欣慰的事。在認識論系統中，人們對詩歌的了解，必須透過認知活動，思維地觀察，運用邏輯與分析；在主客合一的系統中，則詩本身不能視爲外延的知識對象，而必須與主體發生聯繫。

這裏我們稍就外延眞理與邏輯概念分析二者，加以說明。——海德格嘗云：凡通過概念、範疇等概念的分解（conceptual analysis）活動，而將一對象之各方面表示出來的，都是表象的思想（representative thought），這類思想不能進入存有論之堂奧。又、凡不牽涉主體，而可以客觀判斷（objectiuely asserted）者，都只能成爲外延眞理（extensional truth）。——詩歌之鑑賞與批評，基本上乃是一種主客交融的美感過程，因此它必須是不能客觀判斷的內容眞理(intensional truth)；它不能以知性的語言和概念的分解活動來獲得，因此它的批評方式，也必須以詩的語言來喚起讀者的美感，成爲創作的批評或抒情式的批評（lyrical criticism）[77]。『周易正義』豫卦象辭疏說：「凡言不盡意者，不可煩文其說，且嘆之以示情，使後生思其餘蘊，得意而忘言也」。正是我國詩評語言與觀念最好的說明。

這種觀念，和沒有悲劇精神一樣，都應視爲中國文學的優點。所謂優點，是就轉識成智的理論系統所揭示的層次劃分、和西方思想本身的障礙而說的[78]。我們深知價值判斷非僅不易，也易引起誤解，但卽或不用優劣等字眼，我們也當知道彼此殊異的原因和狀況。而不應如朱光潛之流，隨隨便便地就說中國詩長在哲學思想荒瘠的土壤中；老莊哲學輕視努力、主張人類回到原始時代的愚昧……[79]。至於新批評一派，所強調的：純就作品本身予以客觀分析，並詬病中國文學評論缺乏邏輯分析一類看法，尤應放棄。這是我們從宋代詩論中籀繹出中國藝術精神時，所附帶論及的。

【附　注】

① 如 Arnold Sijcock 著『中國美術史導論』（王德昭譯・五十年・正中書局）頁一〇五，卽如此說。另見杜松柏『禪學與唐宋詩學』（黎明書局）「禪宗成立前後中國詩與詩學之比較」（中外文學七卷六期）等。

② 詩與畫之南北宗問題，可參錢鍾書「中國詩與中國畫」（文學研究叢編第一輯），徐復觀『中國藝術精神』（學生書局）第十章。

③ 詳龔鵬程「知性的反省——宋詩的基本風貌」（聯經出版公司・中國文化新論・文學篇二）「試論江西詩社宗派的形成」（學生書局・古典文學第二集）。

④見宋牧仲『西陂類稿』論畫絕句王漁洋評點。漁洋論詩，雖以神韻著名，當時人則稱其爲清秀李于鱗，原因就在於妙不關文字者，正來自襞積細緻之中。觀『香祖筆記』及『古夫于亭雜錄』一再強調宋景文詩無一字無來歷，不難窺見此中消息。漁洋之根柢如此，故論詩特重黃山谷，以爲「涪翁掉臂自清新，未許傳衣躡後塵」「豫章孤詣誰能解，不是曉人休浪傳」，又說：「山谷與摩詰貌相似」（帶經堂詩話卷廿七引居易錄）。持論如此，故能合骨力沉穩與興象脩然者爲一，『帶經堂詩話』卷三引蠶尾文云：「唐宋以還，自右丞以逮華原營丘洪谷河陽之流，其詩之陶謝沈宋射洪李杜乎？董巨其開元之王孟高岑乎？降而倪黃四家以逮近世董尙書，其大歷元和乎？非是則旁出，其詩家之有嫡子正宗乎！」不但將王維詩文分開處理，又合古淡閑遠與沈鬱厚實爲一，而統稱之爲南宗，其言若與評點宋牧仲詩不同，其實就漁洋詩學根柢來看，並無扞閡。

⑤見『潛溪詩眼』，然范氏以爲：「蓋端叔詩用意太過，參禪之語，所以警之」，未免誤會東坡原意。其所以誤會者，正因宋人之論學詩如參禪，目的是要自得、要自然，范溫先入爲主，故不免於誤會。詳後文。

⑥『詩人玉屑』卷一：「贛川曾文清公題吳郡所刋東萊呂居仁詩後語云：詩卷熟讀，治擇工夫已勝，而波瀾尙未濶；欲波濶之瀾，須令規模宏放，以涵養吾氣而後可。……（趙）蕃嘗苦人來問詩，答之費辭，一日閱東萊詩，以此語爲四十字，異日有來問者，當膽以示之云：若欲波瀾濶，規模須放弘；端由吾氣養，匪自歷階升，勿漫工夫覓，況於治擇能；斯言誰語汝？呂昔告於曾。」

⑦近人頗有輯宗門語錄所載傳法偈子爲詩集者，其實偈子與詩不論其形式是否相同，都不應混爲一談，猶如道士金丹歌訣和寺廟籤條，不能視之爲詩一樣。故『丹鉛總錄』卷十九譏嘲陳白沙邵堯夫詩，是：「傳燈錄偈子也，非詩也」，方回『桐江續集』清濱上人詩集序亦云：「偈不在工，取其頓悟而已，詩則一字不可不工」。

⑧又見『漫齋語錄』。『苕溪漁隱叢話』又云：「無己詩云：學詩如學仙，時至骨自換。山谷亦有學詩如學道之

句，若語意俱勝，當以無己爲優。王直方議論不公，遂云陳三所得，豈其苗裔耶？意謂其出於山谷，不足信也」，后山所云，未必即出自山谷，但江西宗派中人，無不注意及此，則是可以確定的。

⑨由上舉數例，可以想見：在北宋末期，學詩如參禪尚未成爲一句口頭禪，故或喻爲學仙、或喻爲學道、或喻爲養內丹、或喻爲服金膏，至南宋則普遍以參禪來擬喻了。

⑩同注一引杜書、頁三七五。又清徐增『而菴詩話』亦云：「作詩除去參禪，更無別法」，與此同誤。

⑪見方氏『華嚴宗哲學』（黎明書局），勞氏『中國哲學史』（三民書局），牟氏『佛性與般若』（學生書局）下册第三部。

⑫詳龔鵬程「林明峪『禪機』序」（聯亞出版社）。其意與牟宗三較爲接近，認爲禪宗本身並無理論體系及思考法則，其思考方法即是簡化了的天臺華嚴觀法（此所以傳燈錄中即攀引天臺智者大師爲禪林達者），只不過配合他們特殊的接引方式和不立文字的精神表現出來罷了。但牟氏不承認禪宗不立文字的精神，具有與他宗對抗的特色，未免極端了些；因爲不立文字固然不是禪宗獨有之義，但他宗並未以此表現其精神與價值，禪宗強調此事，形成特色的情形確是不容置疑的。

⑬這就是前人根據禪義來分析「以禪論詩」，而總是模糊玄妙、無法捉摸的原因。大抵說來，境界義，仍可藉圓敎實敎所開顯的境界來遮表；過程義，則斷不能不以權敎來說明。「學詩如參禪」云云，注重的是個「學」字、「參」字，這都是工夫歷程之義，所以宋人才用三自性的理論來詮析，觀下文自見。

⑭龔詩第二句「語可安排意莫傳」出自陳簡齋詩：「忽有好詩生眼底，安排句法已難尋」（春日）。第三句「會意即超聲律界」，出自范溫「東坡作文，工於命意，必超然獨立於衆人之上」（詩眼），都是言意之辨的問題。

⑮這種思考模式，亦影響及於元明，如元葉顒云：「筆端妙語誠須識」（樵雲獨唱詩集・軍中彥士），明鍾惺云：「要以古人眼，深着今人詩，直期於見道，迂豈至阿私，亦自關吾識，安容苟爾爲」（選蔡敬夫詩訖寄示三律）之類，輒可與此相發。正因爲宋人這些見解，已逐漸成爲中國文學與藝術精神之所在，所以本文在討論時，也偶引宋元以後文獻，借供參驗，並示其影響承襲之迹，讀者幸勿誤會我們是以後證前。

⑯見呂居仁「夏均父集序」（四部叢刊影舊鈔本後村先生大全集卷九五江西詩派引）。陸游有答鄭舜卿詩，謂：「文章要須到屈宋，萬仞靑霄下鸞鳳。區區圓美非絕倫，彈丸之評方誤人」（詩稿卷十六），意若不安於圓美彈丸，但事實上是陸游對呂氏此語有所誤解，因爲陸游本人也主張「外物不移方是學，俗人猶愛未爲詩」（詩稿卷四六・朝饑示子聿）。

⑰詳鄭正博「語言形式的約定原則」（鵝湖月刊四卷九期），卡納普「卡納普與邏輯經驗論」（環宇出版社・六十・馮耀明譯述）。此所說語言的約定原則，也可以補充注九所說，學詩如參禪逐漸成爲口頭禪的原因。

⑱不僅佛家義理如此，道家如『老子』所說：「道可道，非常道」，即是此義。

⑲好句圓美如彈丸、活法，都由呂居仁所倡。活句須圓，「圓」者在意不在辭，非詩語流利之謂，故謝邁讀呂居仁詩有云：「居仁相家子，歛退若寒士，學道期日損，哦詩亦能事，自言得活法，尙恐宣城未。……徐俟南州傑，論文極根柢，讀君詩卷終，曰此有餘地，期若高無上，二謝以平視，要當掣鯨魚，豈但看翡翠」（謝幼槃文集卷一）。必須學道日損，始爲詩文根柢，其意亦可見諸『詩人玉屑』卷四，文曰：「苟無意與格以主之，才雖華藻，辭雖雄贍，皆無取也，要在意圓、格高」「物象爲骨，意格爲髓」。宋詩最高的評價標準，在於高格，而格主乎意，意圓則格高，則爲活法。金王若虛嘗有詩云：「妙理宜人入肺肝，麻姑搔癢豈勝便？世間筆墨成何事，此老胸中具一天」「百斛明珠一一圓，絲毫無限徹中邊，似渠屢從羣兒謗，三害三光萬古懸」（滹

南先生文集卷四五・王子端云：近來徒覺無佳思，縱有詩成似樂天。其小樂天甚矣，余亦嘗和爲四絕），不但說明了樂天精采處在思理而不在文字，其論圓亦本呂氏故蹊。

⑳三性是唯識學通義，但因前後期唯識學發展不同，對它們的解釋亦頗有差距。遍計所執性、圓成實性，皆玄奘改譯，眞諦原譯爲分別性和眞實性。由玄奘的成唯識論立場來看，以依他起泯除遍計執，就能見到圓成實性；但依眞諦所譯「三無性論」所說，則分別性與依他起性事實上糾結不可分，都是俗諦；因爲依地就是染濁依他，其中就存有分別性。本文因爲只是借用唯識學的描述系統，所以在此合併兩家說法，態度與純講哲學不同，特予聲明。

㉑這裏也將成唯識論的看法併入合敍。理由是成唯識論視阿賴耶爲藏識，其中含有無漏種子，可以經由薰習而轉化爲眞如，確與『大乘起信論』基本的理論相近；且成論事實上無法轉識成智，所以也無法別立一條。成論的困境，請參看方東美『華嚴宗哲學』第十三章「就緣起論漫談中國大乘佛學思想演變過程中嚴重的疑難」，勞思光『中國哲學史』第二卷第三章，霍韜晦「如來藏與阿賴耶——從思想史上考察」（鵝湖月刊四卷八期九期）、龔鵬程「孔穎達周易正義與佛敎之關係」（孔孟學報三九期）。

㉒由學句法詩法而到得古人之意，以周必大跋米元章書講得最淸楚：「因古人之法，而得三昧自在之力，此詞此字之所以傳世」（益公題跋卷九），這是由志學到從心的過程。推求詞源，擇用句法，歲鍛月鍊數十年，然後經大澈大悟後，筆端有口、句中有眼，心聲心畫，唯意所適。另詳卷四「跋楊廷秀石人峯長篇」，卷五「跋文與可草書李賀銅仙人辭漢歌」「跋東坡秧馬歌」。

㉓姜夔『詩說』：「三百篇美刺箴怨皆無迹，當以心會心」，既是以心會心，則所謂句法自須內求於己，此所以『梅磵詩話』載趙師秀論句法云：「飽吃梅花數斗，胸次玲瓏，自能作詩」。誠齋集卷四也說：「不是胸中

別，何緣句子新」（蜀士甘彥和寓張魏公門館用予見張欽夫詩韻作二詩見贈和以謝之），又云：「句妙元非作」（明發弋陽縣），句妙非由「作」來，與氣韻之不可「學」，原理正復相同，皆天機而非人巧也。

㉔偏計所執，即是識心之執。凡知性、想像、以及感性所發的感觸直覺，皆屬識心。而這一切識心之執，在佛家說來，都是情。華嚴賢首大師說偏計執是「情有理無」，情有是因爲執著定相而產生虛妄，理無是因爲所見並非物如實相。這種區分，用來解釋宋詩，非常方便，因爲宋人的哲學立場，正是以性爲正，以情爲邪的。情是人慾而非天理，故宋詩主於理而不主於情。『朱子語類』卷一三九論文上：「言文士之失曰：今曉得義理底人少，間被物慾激搏」，可以參看。

㉕陳含光論詩絕句：「如醉如狂畫不成，詩人豈有理堪評？」「待向宗門細細探，七情顚倒苦沈酣；詩家自是魔非佛，一語爲君來發凡」，是我國論詩絕句中對這層執妄講得最精刻的。據此而談詩禪之異，當然較一般所說立文字與不立文字之分深入。另外，他有自注云：「詩人之情，當如醉如癡，如狂如寢，乃爲至再，理與情相敵，故最忌理語……理語而不出於情則不佳」，也說明了詩人的認知活動恒在情意活動的控制下進行（唯陳氏誤以是非分別見爲詩中所不須要的元素，未免一間未達，因爲情執也必起分別見）。

㉖錢氏詩話嘗云這種不可以理繩之的詩理，唯詩人知之。但事實上這是具有普遍性的認識問題，在哲學中可屬於主觀的觀念論，視物爲我主觀意識內容所決定。在西方，此義最先見諸特嘉爾，其後則有巴克雷，至休謨而此說乃定，謂實在等於知覺（Esse＝percipi），近代則由此而發展純粹經驗論等。然此類理論在哲學中亦如在詩學中所遭遇之批評，如羅鴻詔『認識論入門』即說：「主觀的觀念論中有一種奇怪的思惟傾向，在實踐行爲上難以容納的，甚或可說是背理的；這不獨素朴的實在論者覺得如此，即我們大家都覺得如此的」（商務）。

㉗以詩爲魔，自中唐以來，漸成俗語，蓋凡能令人沈耽消散者，皆可名爲魔也。如『詩人玉屑』卷十九：「劉良

佐平生用力爲詩，見稱於范石湖，誠齋亦喜其睡魔正與詩魔戰，窗外一聲婆餅焦之句」，是其例。

㉘其他類似之語甚多，以下數例，較爲著名：放翁讀唐人愁詩戲作：「清愁自是詩中料，向使無愁可得詩？」「此懷豈獨騷人事，三百篇中半是愁」（詩稿卷八十）范成大：「詩人多事惹閑情，閉門自造愁如許」（石湖十七・陸務觀作春愁曲甚悲，作詩反之）。二人觀點互異，正是對詩人是否應留居於愁中的思考。

㉙詩能窮人之說，起自宋代，基本上是由中唐之認識到詩人生命的僻執而來，韓愈荆潭唱和集序：「和平之音淡薄，而愁思之聲要眇；懽愉之辭難工，而窮苦之言易好也」，啓其先聲，歐陽炯、歐陽修繼之，加以強化，則成爲詩窮而後工的理論。所謂詩窮而後工，一般皆就詩人外在的不得意而說，其實歐陽修已說詩人之窮包括了「不得施於世」和「內有憂思感憤之鬱積」兩方面（梅聖俞詩集序）。周必大也說：「昔人謂詩能窮人，或謂：非止窮人，有時而殺人。蓋雕琢肝腸，已乖衞生之術；嘲弄萬象，亦豈造物之所樂哉？唐李賀，本朝邢居實之不壽，殆以此也」（題羅焯詩稿）詩能殺人，說雖驚人，其實正緊扣住了詩人內在的病痛，楊萬里「陳晞顏和簡齋詩集序」說：「大抵責則遜，險則競，此文人之奇也，亦文人之病也。而詩人此病爲尤焉。惟其病之尤，故其奇之尤。……然則險愈甚，詩愈奇；詩愈奇，病愈痼矣！」（卷七九）論之最晰。

㉚有關六朝形似之風，參看王文進『論六朝詩中巧構形似之言』（師大國研所碩士論文）。與王文不同的是：我們以爲三唐六朝固然詩以形似爲主，畫也尚未完全脫離形似之風。南齊謝赫之六法中，氣韻生動其實是與經營位置、傳模移寫、隨類傅彩、應物象形等形似之風相結合的；唐張彥遠也以爲繪畫應：「詳辨古今之物，商較土風之宜，指事繪形，可驗時代」（歷代名畫記）。到張璪才開始說：「外師造化，中得心源」，這是種極大的轉變。另詳錢穆「理學與藝術」（中國學術思想史論叢六）、錢鍾書『談藝錄』頁六六。

㉛根據柏拉圖的講法，自然是完美而永恒理念的不完美模擬，詩人和藝術家則模擬自然，因此藝術和詩在他的理

論體系中地位中地位甚低，離眞實有兩層。此與佛敎所云：現實是種幻象，而詩只是幻象的幻象相似。

㉜『韻語陽秋』卷十六：「人之悲喜，雖本於心，然亦生於境。心無繫累，則對境不變，悲喜從何而入乎？淵明見林木交蔭，禽鳥變聲，則歡然有喜；人以爲達道，余謂未免著於境者也」。上半段說明了依他起與偏計執本不能分；下半則說明了依他起並非究竟義。

㉝宋人對唐詩頗爲不滿，除葉適此文外，如惠洪云：「世稱唐文物特盛，雖山林之士輒能以詩自鳴。以余視之，如雙井茶，品格雖妙，然終令人咽酸耳！」（石門文字禪卷廿六・題權巽中詩）、張耒云：「唐人作詩，用思甚苦，而所得無多」（卷五八・答李援惠詩書），皆可爲代表。「得」也是指得道而言，因不得道，故終令人咽酸。

趙汝回雲泉詩序：「世之病唐詩者，謂其短近，不過景物，無一言及理。……人之於詩，其心術之邪正、志趣之高下、氣習之厚薄，隨其所作，無不呈露……自然而然，初非因想而生見者……故作詩貴識體，尤在養性，不養性則無本，不識體則無法」，指出了唐人之所以不得道的原因，在於：(1)因想生見、(2)寄妍於物。此與葉適所論相同，故可視爲當時之共識。

許多宋詩研究者都以爲葉適本文是在替唐詩張目，以羽翼四靈，但事實上葉適本人對四靈及唐詩皆不滿意，序王木叔詩曾說：「爭妍鬪巧，極外物之意態，唐人所長也；反求於內，不足以定其志之所止，唐人所短也」，正可爲徐道暉墓志銘作一注脚，也可見其宗旨本是一貫的。

以上這些說法，可能是熟悉『滄浪詩話』的讀者所無法接受的，因爲滄浪認爲唐詩全在興趣，不在形似。這個問題，『詩人玉屑』卷十九引玉林詩話卽已提出（「水心所謂驗物切近四字，於唐詩無遺論矣。然與嚴滄浪之說相反」）；其根本原因，在於嚴羽是以宋詩見唐，故所謂唐詩妙境，實只是宋詩高處而已，非唐詩本貌。

㉞誠齋送彭元忠縣丞北歸詩：「近來別具一雙明，要踏唐人最上關，三春弱柳三秋月，半溪清冰半峯雪，只今六月無此物，君能喚渠來入筆」（卷十六）——⑴六月無冰雪柳月，卻要入筆，顯然與雪中芭蕉相同，強調詩人忘形得意的一面。⑵忘形得意爲唐人最上關，此所謂關，是用禪宗三關的哲學理論。⑶誠齋所見唐詩，與滄浪相似，皆因宋求唐者。

㉟此所謂詩中有眼，與五七言第三五字鍊字之說不同。說創自黃庭堅，庭堅贈高子勉詩云：「拾遺句中有眼，彭澤意在無弦」，又評東坡「我攜此石歸，袖中有東海」，曰：「此皆謂之句中眼，學者不知此妙，語韻終不勝」（冷齋夜話卷五引）。語又見范溫『潛溪詩眼』，據范氏記山谷語云：「學者先以識爲主，禪家所謂正法眼藏」「直須具此眼目，方可入道」，溫卽據其說以作詩眼一卷，稱：「識文章者，當如禪家有悟門」。此與惠洪所說：「句中眼者，世尤不能解。語言者，蓋其德之候也，故曰有德者必有言」（冷齋夜話卷四），都顯示了詩眼主要是指作者本身的人格識解而言，具詩眼，才能詩外見道；不滯於題，而有餘韻無窮。一般論山谷句眼，皆就鍊字而說，大謬。

㊱宋人經常討論杜陶是否見道的問題（大抵多爲肯定），其原理正在於當時人極強調由象見道。

㊲宋人論詩、文、書、畫，皆以刻意爲工者爲俗，太精、太切、太工，在評價上都不高，故『竹坡詩話』云：「詩人造語用字，有著意道處，往往頗露風骨。不惟語稍崢嶸，兼亦近俗」，『劍南詩稿』卷四八：「恨我未免俗，吟諷勤雕鐫」（夜雨）亦是此義。

㊳依此，辭本不能達意，故宋人所謂辭能達意者，必須卽是能言外見義，蘇軾答謝民師書：「求物之妙，如繫風捕影，能使是物了然於心者……是之謂辭達」，是明顯的證據。達者，達物之妙，故須捕捉其形象之外者，陳

模『懷古錄』卷上所說：「杜詩……辭皆足以達其意也……而可憐之意，自溢於言外矣」，即是此理。章士釗『柳文探微』通要之部卷九論文一痛斥言盡而意不盡之說，而主張辭以達意，殆不知此也。

㊴『玉屑』卷一趙章泉謂可與言詩條載有詩兩首：「山窮雲起初無意，雲在水流終有心，儻若不將無有判，渾然誰會伯牙琴」「誰將古瓦磨成硯，坐久歸遲總是機，草自偶逢花偶見，海漚不動瑟音希」。上首言勿執於有，下首海漚不動，言不惑於象而見其體。此所以可與言詩。

㊵可參閱劉若愚『中國文學理論』（杜國清譯・聯經公司）頁一〇九。

㊶據『冷齋夜話』說，言其用而不言其名，或「比物以意，而不指言一物」，就是象外句。

㊷朱自清不解此理，「論逼眞與如畫——關於傳統的對於自然和藝術的態度的一個考察」一文引清王鑒『染香庵跋畫』「形影無定法，眞假無滯趣，惟妙悟人得之；不爾，雖工未爲上乘也」語，而懷疑：「他這些話並不曾解決了他想像中的矛盾，反而越說越糊塗」（朱自清古典文學論文集・頁一二二）。其實朱氏雖糊里糊塗，王鑒姚彝卻是清清楚楚的。

㊸參見『韻語陽秋』卷二，杳冥寂寞皆形容心與道化的境界。又放翁文集卷十三：「夫文章，小技耳，然與至道同一關捩。唯天下有道者，乃能盡文章之妙」（上執政書），亦可參看。

㊹劉應時讀放翁劍南集：「飽參要具正法眼，切忌錯下將毋同，茶山夜半傳機要，斷非口耳得其妙」（頤庵居士集卷上），即指悟入在心而言。

㊺羅大經『鶴林玉露』卷六：「繪雪者不能繪其清，繪月者不能繪其明，繪花者不能繪其馨，繪泉者不能繪其聲，繪人者不能繪其情。然則語言文字固不足以盡道也。」

㊻有關心如明鏡之喻，可另詳劉若愚前揭書，頁九五—九八。

㊼懷抱清眞，見『劍南詩稿』卷十七暮春詩。另詳劉後村「跋傅自得文卷」「跋毛震龍詩稿」。

㊽宋人論淵源，恒包括這兩方面：一是內在的心源、二是外在的師友傳習。

㊾朱子早年依胡五峯說，先察識後涵養；晚年則數經變易後，主張涵養與致知如車之兩輪、鳥之雙翼，不可分割，且相穿透，認爲「存養之中便有窮理工夫，窮理中便有存養工夫」（語類卷六三）。但就爲學次第言，則「須當以涵養爲先」（同上卷一一五）。

㊿理氣，在宋儒的講法中分歧很大，但基本上當是就氣以顯理，視氣爲宇宙流行運化的實現原理，在氣化流行廿顯其善否。

(51)識執，包括情欲與知識，已在上文論徧計執與依他起時申述頗詳。這不是佛家獨有的看法，而是儒者傳統的區分，『禮記・樂記』：「知誘於外」、鄭注：「知猶欲也」；易乾元：「各正性命」疏：「天本無情，何情之有？而物之性命，各有情也。所秉生者謂之性，隨時念慮謂之情」。都顯示了知慮與情欲原本不分。

(52)上蔡、龜山及朱子等各系理學，對於仁的爭議，詳劉述先『朱子哲學思想的發展與完成』（學生書局）第一部第四章。

(53)互詳後文論轉識成智的禪宗途徑處。

(54)同上，但禪家之講活法，多偏重於「活句」方面，參活句禪者，乃是不沾滯於語言文字之意，對於詩人的觀物態度則較少涉及。

(55)風行水成文，是宋人常用的譬喻，『困學記聞』卷廿說蘇洵「仲兄字文甫」是衍毛詩「伐檀」釋漣爲風行水成文之語。但毛傳此釋，當亦衍自易渙卦「象曰：風行水上，渙」。另詳錢鍾書『管錐編』頁一一八。

(56)詳朱熹文集卷六七「觀心說」。

57 心「齋」與祓垢，其實也都是易繫辭上傳所說：「聖人以此洗心，退藏於密」的洗心。傳又曰：「聖人以此齋戒，以神明其德」注：「洗心曰齋」，莊子本之，云：「汝齋戒，疏瀹爾心，澡雪爾精神」（知北遊）「願君刳形去皮，洒心去欲」（山木）。

58 心手相應，參看錢鍾書『談藝錄』頁二四七、『管錐編』頁五〇七。又，因爲是得乎心而應乎手，所以也是不能言傳的，莊子輪扁之喻，又見諸歐陽修書梅聖俞稿後：「樂之道深矣，故工之善者，必得於心應於手，而不可述之言也。聽之善，亦必得於心而會於意，不可得而言也」（外集卷廿三）；詩爲樂之苗裔，當然也是如此。所謂茶山後半傳機要，斷非口耳得其妙者，與『宗鏡錄』卷四引古教所云：「無一法可得」「無智亦無得」「不得一法，疾與授記」等，正相符合。『困學紀聞』卷十說：「莊子所謂傳，傳以心也。屈子所謂受，受以心也。目擊而存，不言而喻。耳受而口傳之，離道遠矣」，似乎也認爲凡得乎心而應乎手的藝術，傳習者也應以得乎心爲要，不是聲聞知見之類知識所能處理的。

59 所謂都忘內外，是連其忘也須忘的，不但無是非利害之辨，亦泯人我心物之分，渾淪冥漠，內外皆盡，達到『維摩詰所說經・文殊師利問疾品』第五：「空病亦空」、『肇論・般若無知論』第三：「聖心虛靜，無知可知，可曰無知，非謂知無」的境地。

60 這種創作型態，正是『五燈會元』卷一二曇穎達觀章次記谷隱蘊聰語所說的：「此事如人學書，點畫可效者工，否則拙，蓋未能忘法耳。當筆忘手、手忘心乃可也」。由這條引文，不但可以知道當時談藝者每徵引哲學以爲譬況，也可以看到他們用藝術創作來譬喻修道法則的例子。

61 此卽無心無意於文，呂本中批評曹植七哀詩宏大深遠，「非復作詩者所能及，此蓋未始有意於言語之間也」（與曾吉甫論詩第二帖）。無心無意於文字，則其創作便不是「作」，正是言無言的型態。

62 詳劉若愚『中國文學理論』頁一一〇。

63 文字本身有其局限，亦具虛妄。前者如黑格爾、尼采等人所說，文字宣示心蘊既過而又不及（dass diese Äusserungen das Innere zu sehr, als dass sie es zu wenig ausdrücken），或如歌德所說：事物之本質特性非筆舌所能傳。後者如邊泌謂語言能幻構事物（fictitious entities）、斯賓諾莎謂文字爲迷誤之源（the cause of many and great errors）。皆可與此處所論相參證。

64 禪家有時也把本心稱爲「沒弦琴」。這也是藝術創作與人生境界之追求完全密合的情形。

65 參見唐君毅『中國哲學原論・原道篇』卷三第十四章「宗密論禪原與禪宗之道」第三節（學生書局）。

66 『滄浪詩話』詩辯：「禪家者流，乘有大小、宗有南北、道有邪正。學者須從最上乘，具正法眼，悟第一義。若小乘禪、聲聞辟支果，皆非正也」、『詩人玉屑』卷五：「韓子蒼云：作詩文當得文人印可，乃自不疑」「公云：詩道如佛法，當分大乘、小乘、邪魔、外道」。

67 韓駒論詩人須本於學，見『玉屑』卷五。嚴羽也說：「若以爲不然，則是見詩之不廣、參詩之不熟耳」，所以他主張取漢魏晉宋南北朝沈宋王楊盧駱陳拾遺開元天寶李杜大曆十才子元和晚唐蘇黃以下……等詩而熟參之。這幾乎是無書不讀了。

68 歷來對石林這段文字皆無解釋，張健『宋金四家文學批評研究』頁二〇六、金英淑「葉石林的詩論」（韓中國語文學第二輯）雖有解釋，但因二氏對佛學完全外行，遂把函蓋乾坤解爲技巧高妙、把截斷衆流釋爲開門見山，把隨波逐浪視爲不用典不說教，大謬。

69 見『經進東坡文集事略』六十卷。他說蒲氏「性與畫會，始作活水」，與葉夢得把「意與境會」稱爲活法的創作基礎，機杼相同。

⑩見徐著『中國藝術精神』頁三七一—三七四。『中國文學論集續編』頁一—廿一：儒道兩家在文學中的人格修養問題。

⑪見張健『滄浪詩話研究』（臺大文史叢刊）頁廿二。

⑫在此必須特別提醒讀者：詩學文獻中，雖然基本架構相似，而時代前後自有參差，派別不同，論點亦多爭議，其中的個別差異仍是很大的。

⑬參見郭氏『宋詩話考』頁十、七九、八六，及其主編之「中國歷代文論選」中册頁二二二、二三六。

⑭此處所談，僅就涉及宋代詩學的部份而言。其他相關的文章與論旨，可參看鄭樹森「現象學與當代美國文評」（中外文學・九卷五期）。

⑮悲劇精神，基本上必須建立在「對立」上，人與外在世界對立，形成命運悲劇的問題；人與自我對立，則形成性格悲劇的問題。性格悲劇之所以爲一根源性的掙扎與撕扯，正因爲它本身是相矛盾的。

⑯另詳蔡美麗『存在主義大師——海德格哲學』（環宇出版社）第二章：存有概念的歷史性的發展以及海德格對傳統本體論的批評。

⑰抒情式的批評，詳高友工「文學研究的美學問題」（中外文學七卷十一、十二期）。

⑱這點，將另文處理。另外，有關如何產生轉識成智思想型態之原因，它與中國藝術精神之關係等問題，也將留待另文再詳。

⑲朱光潛說，見「中西詩在情趣上的比較」（『詩論新編』、洪範書店・頁一三二—一四五）。

參考文獻舉要

甲

舊唐書	劉　昫等	鼎文
新唐書	宋祁歐陽修	鼎文
五代史	歐陽修	鼎文
宋史	脫　脫	鼎文
宋史紀事本末	陳邦瞻	華世
資治通鑑	司馬光	中新
通鑑紀事本末	袁　樞	里仁
續資治通鑑長編	李　燾	世界
續資治通鑑	畢　沅	宏業
通典	杜　佑	新興
唐會要	王　溥	世界
宋會要輯稿	徐　松	世界

新舊唐書互證　趙紹祖　藝文
宋史新編　柯維琪　新文豐
宋史翼　陸心源　文海
東都事略　王禹偁　文海
東京夢華錄　外四種　孟元老等　大立
中國通史　傅樂成　大中國
中國通史簡編　范文瀾
國史大綱　錢穆　商務
廿二史劄記　趙翼　廣文
廿二史考異　錢大昕　樂天
隋唐五代史　呂思勉　九思
隋唐五代史　藍文徵　商務
唐史　章群　華岡
江西通志　陶成等　雍正十年刊本
江西通志　趙之謙等　光緒八年刊本
江西考古錄　王仁圃　光緒十七年刊本
歷代名人年譜　吳榮光　商務

歷代名人生卒年表　梁廷燦　商務
歷代人物年里碑傳綜表　姜亮夫　商務
宋人生卒考示例　鄭騫　華世
中國美術年表　傅抱石　鼎文
宋元理學家著述生卒年表　麥仲貴　新亞
昌黎先生年譜　顧嗣立　道光廿年刊本
劉夢得年譜　羅聯添　文史哲學報八期
呂和叔學譜　馬承驌　洪氏
元微之年譜　薛鳳生　學生
柳宗元事蹟繫年　羅聯添　中華叢書
玉谿生年譜會箋　張爾田　中華
范仲淹先生年譜新編　申時方　唯勤
歐陽修年譜　林逸　商務
王荊公年譜考略　蔡上翔　洪氏
增補蘇東坡年譜會證　王保珍　台大文史叢刊
山谷先生年譜　黃罃　學海
陸游年譜　歐小牧　木鐸

朱子年譜　王懋竑　商務
李燾父子年譜　王德毅　商務

乙

唐代政教史　劉伯驥　中華
宋代政教史　劉伯驥　中華
唐代文化史　羅香林　商務
唐代經濟史　陶希聖　鞠清遠　商務
宋元經濟史　王志瑞　商務
魏晉南北朝隋唐經濟史稿　李劍農　華世
宋元明經濟史稿　李劍農　華世
中國經濟史研究　全漢昇　新亞
中國經濟史研究　鄭合成　古亭
中國行會制度史　全漢昇　食貨
中國經濟史考證　加藤繁　華世
中國經濟社會史概說　加藤繁著　杜正勝　蕭正誼譯　華世

中國文官制度史　張金鑑　中華文化事業出版委員會
宋代新聞史　朱傳譽　商務
中國美術史導論　Arnold Silcock 著　王德昭譯　正中
中國畫史評傳　呂佛庭　華岡
中國社會之史的分析　陶希聖　食貨
讀通鑑論　王夫之　里仁
通鑑隋唐紀比事質疑　岑仲勉　九思
五朝門第　王伊同　龍門
九品官人法の研究　宮崎市定　京都大學文學部東洋史研究會
兩晉南北朝士族政治之研究　毛漢光　商務
陳寅恪先生論文集　陳寅恪　九思
張蔭麟先生文集　張蔭麟　九思
漢唐史論集　傅樂成　聯經
唐宋官私工業　鞠清遠　食貨
唐史新論　李樹桐　中華
唐人行第錄外三種　岑仲勉　九思
唐代統治階層社會變動　毛漢光　政大博士論文

中國中古賢能觀念之研究	毛漢光	史語所集刊四八本三分
唐代大士族的進士第	毛漢光	中研院五十周年論文集
唐史漫抄二則	宋德喜	史原十一期
進士科與唐代的文學社會	羅龍治	台大文史叢刊
唐代三省制之發展研究	孫國棟	新亞
論唐宋文獻中的莊園	吳泰	歷史學一九七九年四期
從部曲到佃戶	宮崎市定著 杜正勝譯	
敦煌唐代氏族譜殘卷之商榷	毛漢光	史語所集刊四三本二分
敦煌唐寫姓氏錄殘卷考	牟潤孫	文史哲學報三期
唐代宦官權勢之研究	王壽南	正中
唐代藩鎮與中央之關係	王壽南	大化
唐德宗奉天定難及其史料之研究	任育才	商務
唐代牛李黨爭與當時文學之關係析論	傅師錫壬	博士論文
牛僧孺研究	朱桂	正中
李德裕研究	湯承業	嘉新
韓愈研究	羅聯添	學生
柳文指要	章士釗	華正

柳宗元寓言文學探微	段師醒民	文津
柳子厚黨事之剖析	王　詠	大陸雜誌廿九卷五、六期
柳宗元與佛教之關係	蘇文擢	大陸雜誌五五卷五期
唐代士風與文學	臺師靜農	文史哲學報十八期
試論唐代書畫和文飾的風格	譚旦冏	東吳藝術學報
唐宋之際社會門第之消融	孫國棟	新亞學報四卷一期
宋史研究集		中華叢書
宋代開封府研究	鄭壽彭	中華叢書
宋人疑經改經考	葉國良	台大文史叢刊
宋代教育散論	李弘祺	東昇
歐陽修的治學與從政	劉子健	新亞
蒙古漢軍與漢文化研究	孫克寬	東海大學
元代漢文化之活動	孫克寬	中華
中國歷代社會研究	楊錬譯	學生
中國文化地理	陳正祥	龍田
中國史學上之正統論	饒宗頤	宗青
道統論之形成與發展	龔鵬程	師鐸第十二期

皇權與紳權　吳晗等　觀察社
史學與傳統　余英時　時報
文化形態史觀　林同濟 雷海宗　地平線
中國史學史論文選集　杜維運編　華世
中國通史集論　查時傑編　華世
史學方法論文選集　黃俊傑編　華世
史學與史學方法論集　李弘祺等　食貨
歷史學與社會科學　康樂 黃進興編　華世
史學與史學方法　許冠三　萬年青
史學方法論叢　黃俊傑　學生
文化人類學選讀　李亦園編　食貨
人與文化的理論　赫屈著 黃應貴等譯　桂冠
社會及行爲科學研究的中國化　楊國樞 文崇一編　民族學研究所

丙

宋元學案　黃宗羲 全祖望　河洛

徂徠集　石介　四庫珍本
范文正公集　范仲淹　四部叢刊本
二程全書　程顥 程頤　四部備要本
二程語錄　朱熹編　叢書集成簡編本
河南程氏遺書　朱熹編　萬有文庫本
楊龜山先生全集　楊時　學生
羅豫章集　羅從彥　商務
李延平集　李侗　商務
張南軒先生文集　張栻　偉文
朱子遺書　朱熹　藝文
朱子語類　張伯行輯訂　商務
眞文忠公文集　眞德秀　四部叢刊本
鶴山先生大全集　魏了翁　四部叢刊本
象山全集　陸九淵　四部叢刊本
中國學術思想大綱　林師景伊　學生
中國學術思想論叢（三、四、五、六）　錢穆　東大
中國思想史論集　徐復觀　學生

中國思想與制度論集　段昌國等譯　聯經
中國政治思想史　陶希聖　食貨
中國政治思想史　蕭公權　華岡
中國哲學史　勞思光　東大
中國哲學史　馮友蘭
中國哲學原論（導論篇、原性篇）　唐君毅　新亞
歷史哲學　牟宗三　學生
歷史與思想　余英時　聯經
魏晉玄學論稿　湯用彤　廬山
佛性與般若　牟宗三　學生
心體與性體　牟宗三　學生
史學評論五期（朱子專號）　史學評論社
禪門逸書　明復編　明文
寒原道論　孫克寬　聯經
中國佛教研究（三）　横超慧日　法藏館
中國仏教文化史の研究　山崎宏　法藏館
隋唐仏教史の研究　山崎宏　法藏館

現象與物自身　牟宗三　學生
朱子論集　陳榮捷　學生
朱子哲學思想之發展與完成　劉述先　學生
儒家思想的實踐　孫隆基譯　商務
中國文化新論　劉岱編　聯經
宗廟制度論略　龔鵬程　孔孟學報四三、四四期
莊子轉俗成眞之理論結構　林鎭國　師大國研所集刊廿二號

丁

四庫全書總目提要　紀昀等　漢京
昭德先生郡齋讀書志　晁公武　四部叢刊本
直齋書錄解題　陳振孫　叢書集成本
唐集敍錄　萬曼　明文
昌黎先生文集校注　馬其昶　世界
韓昌黎詩繫年集釋　錢仲聯　河洛
柳河東全集　柳宗元　河洛
西崑酬唱集　楊億等　粵雅堂叢書本

宛陵集	梅堯臣	四部備要本
宛陵集	梅堯臣	新文豐
梅堯臣詩選注	夏敬觀	商務
歐陽修全集	歐陽修	河洛
臨川先生文集	王安石	商務
王荊公詩文沈氏注	沈欽韓	古亭
箋注王荊文公詩	李璧	廣文
王安石詩選注	夏敬觀	商務
蘇東坡集	蘇軾	世界
豫章黃先生文集	黃庭堅	四部叢刊本
山谷詩集注	任淵　史容	世界
豫章先生遺文	黃庭堅	鐵琴銅劍樓影鈔本
宜州家乘	黃庭堅	知不足齋叢書本
雞肋集	晁補之	四部叢刊本
後山先生集	陳師道	適園叢書本
後山詩注	任淵	四部叢刊本
後山詩注補箋	冒廣生	廣文

後山談叢　陳師道　適園叢書本
溪堂集　謝　逸　豫章叢書本
洪龜父集　洪　朋　四庫珍本
晁具茨先生詩集　晁冲之　海山仙館叢書本
謝幼槃文集　謝　邁　續古逸叢書本
日涉園集　李　彭　豫章叢書本
東萊先生詩集　呂本中　四部叢刊
東萊呂紫薇師友雜誌　呂本中　十萬卷樓叢書本
官箴　呂本中　百川學海本
石林燕語　葉夢得　稗海本
陵陽先生室中語　范季隨　商務
邵氏聞見後錄　邵　博　津逮秘書本
茶山集　曾　幾　聚珍叢書本
增廣箋注簡齋詩集　胡　穉　四部叢刊
陳簡齋詩集合校彙注　鄭　騫　聯經
陳簡齋詩選注　夏敬觀　商務
捫蝨新語　陳　善　儒學警悟本

南澗甲乙稿 韓元吉 聚珍叢書本
能改齋漫錄 吳曾 筆記小說大觀本
容齋隨筆 洪邁 明文
渭南文集 陸游 四部叢刊本
陸放翁集 陸游 世界
老學庵筆記 陸游 津逮秘書本
雲麓漫鈔 趙彥衞 世界
誠齋集 楊萬里 四部叢刊本
朱文公文集 朱熹 四部叢刊本
于湖居士文集 張孝祥 四部叢刊本
呂東萊文集 呂祖謙 金華叢書本
螢雪叢說 俞成 儒學警悟本
章泉稿、淳熙稿 趙蕃 聚珍叢書本
葉適集 葉適 河洛
澗泉集 韓淲 聚珍叢書本
白石詩詞集 姜夔 華正
石屏詩集 戴復古 四部叢刊本

後村先生大全集	劉克莊	四部叢刊本
鶴林玉露	羅大經	商務
小學紺珠	王應麟	津逮秘書本
法帖譜系	曹士冕	百川學海本
文文山文集	文天祥	世界
閑閑老人滏水文集	趙秉文	四部叢刊本
滹南遺老集	王若虛	四部叢刊本
遺山先生文集	元好問	四部叢刊本
元遺山詩集箋注	施國祁	廣文
中州集	元好問編	四部叢刊
桐江集	方回	商務
桐江續集	方回	四庫珍本
瀛奎律髓（附紀批）	方回	佩文書社
癸辛雜識	周密	學津討原本
武林舊事	周密	筆記小說大觀本
齊東野語	周密	筆記小說大觀本
月泉吟社	吳渭	汲古閣本

社事始末　杜登春　藝海珠塵本
證人社約　劉宗周　學海類編本
慶元黨禁　樵川樵叟　知不足齋叢書本
元祐黨籍碑考慶元僞學逆案考　嶺南叢書本

戊、

欽定全唐文　清仁宗敕修　文友
全唐詩　呂祖謙　文史哲
宋文鑑　清聖祖敕修　世界
唐宋文舉要　高步瀛　宏業
唐宋詩舉要　高步瀛　宏業
宋詩紀事　厲鶚　鼎文
宋詩鈔　吳之振　世界
宋詩精華錄　陳衍　廣文
宋詩選注　錢鍾書　木鐸
宋詩選　戴君仁　華岡
方東樹評古詩選　方東樹　聯經

方東樹評今體詩鈔　方東樹　聯經
杜甫卷（上編）　明倫
柳宗元研究資料彙編　明倫
白居易卷　明倫
黃庭堅和江西詩派卷　傅璇琮編　九思
楊萬里范成大卷　明倫
隋唐五代文學批評資料彙編　羅聯添編　成文
北宋文學批評資料彙編　黃啓方編　成文
南宋文學批評資料彙編　張健編　成文
金代文學批評資料彙編　林明德編　成文
元代文學批評資料彙編　曾永義編　成文
中國歷代文論選　郭紹虞等編　華正
歷代詩話　何文煥編　藝文
續歷代詩話　丁仲祜編　藝文
清詩話　丁福保編　明倫
百種詩話類編　臺師靜農編　藝文
詩話叢刊（增訂螢雪軒叢書）　弘道

宋詩話輯佚	郭紹虞輯	華正
宋詩話考	郭紹虞	學海
宋詩話敍錄	陳幼睿	師大國研所集刊五號
詩人主客圖	張為	
苕溪漁隱叢話	胡仔	長安
環溪詩話	吳沆	廣文
容齋詩話	洪邁	廣文
後村詩話	劉克莊	廣文
詩林廣記	蔡正孫	廣文
詩人玉屑	魏慶之	里仁
薑齋詩話箋注	戴鴻森	木鐸
甌北詩話	趙翼	廣文
西江詩話	裘君弘	廣文
石州詩話	翁方綱	廣文
石遺室詩話	陳衍	商務
淳化秘閣法帖考正	王澍	四部叢刊本
法帖考六種	楊家駱編	世界

美術叢書　鄧實黃賓虹編　廣文
美術叢刊（二、三）　虞君質輯　中華叢書

己、

中國文學批評史　郭紹虞　文史哲
中國文學批評史　羅根澤　學海
中國文學批評大綱　朱東潤　開明
中國文學理論　劉若愚　聯經
中國文學論集　徐復觀　學生
中國文學論集續編　徐復觀　學生
中國藝術精神　徐復觀　學生
中國文學批評論集　張健　天華
海日樓札叢　沈曾植　河洛
談藝錄　錢鍾書　明倫
管錐編　錢鍾書　中華
文學研究叢編第一輯　錢鍾書等　木鐸
高明文輯　高師仲華　黎明

朱自清古典文學論集　朱自清　源流
朱自清古典文學論集續編　朱自清　源流
中國文學演講集　錢穆　三民
汲古新議續編　成師惕軒　商務
中國文學批評家與文學批評　朱東潤等　學生
藝海微瀾　巴壺天　廣文
詩與詩人　孫克寬　學生
詩文述評　孫克寬　廣文
詩詞散論　繆鉞　開明
禪與詩　杜松柏　黎明
讀詩隅記　龔鵬程　華正
飲之太和—葉維廉論文集　葉維廉　時報
中國詩學縱橫論　黃維樑　洪範
文學概論　王夢鷗　帕米爾
文藝美學　王夢鷗　晨鐘
藝術的奧秘　姚一葦　開明
美的範疇論　姚一葦　開明

美學新探	丁履譔	成文
現代美學	劉文潭	商務
藝術的意義	杜若洲譯	巨流
西洋美學與藝術批評	劉文潭	環宇
西洋美學史資料選輯		仰哲
西方美學史	朱光潛	漢京
文學研究的美學問題	高友工	中外文學七卷十一、十二期
詩歌鑑賞中的評價問題	龔鵬程	中外文學十卷七期
文學理論	梁伯傑譯	大林
文體與文體論	何欣譯	成文
文心雕龍注	范文瀾	開明
詩品注	汪師雨盦	正中
六朝風格論之理論與實踐	蔡英俊	台大碩士論文
老莊言意觀對僧肇與禪宗的影響	王煜	新亞學術年刊十五期
六朝文論	廖蔚卿	聯經
中古文學史論	王瑤	長安
唐傳奇的性情與結構	龔鵬程	古典文學第三集

唐代詩評中風格論之研究　黃美鈴　師大碩士論文
詩品集解　郭紹虞編　清流
文鏡秘府論　遍照金剛　蘭臺
杜甫詩律探微　陳文華　師大國研所集刊廿二號
元和詩體之演進　呂正惠　稿
五代文學　楊蔭深
宋代文學　呂思勉
宋詩研究　胡雲翼　宏業
宋詩概說　吉川幸次郎　聯經
宋詩派別論　梁　昆　東昇
江西詩派研究　葉光榮　文化碩士論文
江西詩派十八家詩鈔　汪辟疆　中文季刊
宋金四家文學批評研究　張　健　聯經
宋人理趣與山谷詩中的倫理精神　汪師雨盦　中研院漢學會議論文集
梅堯臣詩之研究及其年譜　劉守宜　文史哲
黃山谷的交遊及作品　張秉權　中文大學
黃山谷的詩與詩論　李元貞　台大文史叢刊

杜黃吳體詩析辨	曹淑娟	中國學術年刊四期
論陳師道七絕	簡錦松	中外文學七卷二期
葉石林的詩論	全英淑	中國語文學二輯
杜甫戲為六絕句元好問論詩三十首箋解		木鐸
論詩絕句發展之研究	周益忠	師大碩士論文
楊萬里及其詩學	歐陽烱	東吳碩士論文
滄浪詩話校釋	郭紹虞	河洛
滄浪詩話研究	張　健	台大文史叢刊
嚴羽以禪喻詩試解	王夢鷗	中華文化復興月刊十四卷八期
禪學與唐宋詩學	杜松柏	黎明
詞與禪悟	饒宗頤	清華學報七卷一期
方虛谷研究	潘柏澄	新文豐
方虛谷之詩及其詩學	許清雲	東吳博士論文
明人詩社淵源考	黃志民	中華學苑十一期
明末の文人結社について	横田輝俊	史學研究八五
清代詩學初探	吳宏一	牧童
同光詩派研究	尤信雄	師大國研所集刊